W0410474

Schriftenreihe

Schriften zur Vergleichenden Sprachwissenschaft

Band 36

ISSN 1865-3308 (Print)

Verlag Dr. Kovač

Stefanie Siebenhütter

Mehrsprachigkeit und Identität

Zur Identitätskonstruktion mehrsprachiger Minderheiten
am Beispiel der Kui in Nordostthailand

Verlag Dr. Kovač

Hamburg
2022

VERLAG DR. KOVAČ GMBH
FACHVERLAG FÜR WISSENSCHAFTLICHE LITERATUR

Leverkusenstr. 13 · 22761 Hamburg · Tel. 040 - 39 88 80-0 · Fax 040 - 39 88 80-55

E-Mail info@verlagdrkovac.de · Internet www.verlagdrkovac.de

Bibliografische Information der Deutschen Nationalbibliothek
Die Deutsche Nationalbibliothek verzeichnet diese Publikation
in der Deutschen Nationalbibliografie;
detaillierte bibliografische Daten sind im Internet
über http://dnb.d-nb.de abrufbar.

ISSN: 1865-3308 (Print)

ISBN: 978-3-339-12804-1
eISBN: 978-3-339-12805-8

Zugl.: Habilitationsschrift, Johannes Gutenberg-Universität Mainz, 2022

Umschlagbild: Elefanten, Surin, Nordostthailand, 2019. Foto: Stefanie Siebenhütter

© VERLAG DR. KOVAČ GmbH, Hamburg 2022

Printed in Germany
Alle Rechte vorbehalten. Nachdruck, fotomechanische Wiedergabe, Aufnahme
in Online-Dienste und Internet sowie Vervielfältigung auf Datenträgern wie
CD-ROM etc. nur nach schriftlicher Zustimmung des Verlages.

Gedruckt auf holz-, chlor- und säurefreiem, alterungsbeständigem Papier.
Archivbeständig nach ANSI 3948 und ISO 9706.

Vorwort

Identität und Mehrsprachigkeit gehören sicher zu den Themenbereichen, die in den Geisteswissenschaften in den letzten Jahren wachsende Beachtung finden. Einzig, das Identitätsthema taucht in sprachwissenschaftlichen Arbeiten zwar häufig auf, bisherige Studien zu Sprache und Identität bleiben jedoch meist eher an der Oberfläche im Sinne von bloßer Übernahme des Identitätsbegriffs, ohne genauer auf das Konzept selbst einzugehen und seine Anwendbarkeit für die sprachwissenschaftliche Forschung zu hinterfragen. Diese Lücke sucht die vorliegende Forschungsarbeit am Beispiel der Minderheit Kui zu schließen, die im politischen Grenzgebiet von Thailand, Laos und Kambodscha auf dem südostasiatischen Festland leben.

Die Autorin erkundet seit 2004 Sprachen und Gesellschaften des südostasiatischen Festlands (Siebenhütter 2013, 2016a, 2016b, 2018a, 2018b, 2018c, 2019a, 2019b, 2019c, 2019d, 2020a, 2020b, 2020c, 2021a, 2021b). Zahlreiche Forschungsaufenthalte in Thailand, Laos, Kambodscha, Vietnam und Indonesien verlangten auch die Einarbeitung in die Landessprachen der Region sowie das zumindest basale Erlernen kleinerer Sprachen Südostasiens wie die Sprache der Kui-Minderheit. Diese Erfahrungen erwiesen sich als große Hilfe für die Arbeit mit den Kui und bei dem Vorhaben das Identitätsthema und das Selbstverständnis der Kui für das vorliegende Buch zu untersuchen.

Ausgehend von Überlegungen zum Sprachwandel durch Sprachkontakt sowie von der Mehrsprachigkeitsforschung wird die Situation der Kui mit dem Ziel betrachtet, die Mechanismen sprachlicher Phänomene in einer speziellen Konstellation zu verstehen. Unter Einbeziehung sozialpsychologischer Gesichtspunkte nähert sich die Studie der Identitätsentwicklung der mehrsprachigen Kui an und verhandelt im Besonderen die Rolle der Sprache im Prozess der Identitätskonstruktion. Dahingehend beleuchtet die vorliegende Studie die sprachliche Identität mehrsprachiger Sprecherinnen und Sprecher, um daraus entstehende Entwicklungen in mehrsprachigen Gesellschaften abzuleiten. Sie geht also von der Mikroebene des Individuums aus und betrachtet mögliche Auswirkungen auf der Makroebene. Die Fragestellung wird vor dem Hintergrund multiplen Sprachkontakts ethnischer und sprachlicher Minderheiten erörtert. Während zum größeren allgemeinen Themenkomplex Sprache, Minderheit und Identität bereits reichlich geforscht wurde, stehen Arbeiten zu soziolinguistischer und soziokultureller Identität der mehrsprachigen Kui noch aus.

In sprachwissenschaftlichen Arbeiten meist als „sprachliche Identität(en)" bezeichnet, wird – so das Resümee der Autorin nach monatelangem Sichten der Literatur – der Terminus „Identität" in der Regel verwendet, ohne dessen Nutzen für den sprachwissenschaftlichen Zusammenhang zu prüfen. So ist es zwar richtig, dass sich die Begriffe „Identität" und „sprachliche Identität" in den Publikationen der letzten Jahre vermehrt finden; eine nähere Auseinandersetzung mit den dahinterliegenden Definitionen und eine Überprüfung der grundsätzlichen Passung der Zusammenstellung „Identität" und „Sprache" findet sich aber nur in Ansätzen, etwa in der Dissertationsschrift von Kresic (2006). Gerade weil die Fragen zur Identität im Jahr 2021 eine hohe Aktualität haben, wenn nicht gar eine wachsende Bedeutung erfahren, erschien es mir wichtig, das Konzept der „sprachlichen Identität" in dieser Monographie ganz grundlegend zu bearbeiten und unter Einbezug der Wissens- und Forschungsstände anderer Grundlagendisziplinen wie der Soziologie, Psychologie und Philosophie zu berücksichtigen. Dies ist nicht zuletzt daher nötig, weil die überwiegende Literatur aus diesen Fachgebieten stammt, während in sprachwissenschaftlichen Arbeiten zumeist lediglich die Terminologien jener Disziplinen übernommen werden, ohne diese auf eine tatsächliche Passung zu reflektieren. Mit der umfassenden Auseinandersetzung in diesem Buch mit dem Konzept einer „sprachlichen Identität" soll ein Beitrag zur Weiterentwicklung der typologischen Sprachwissenschaft geleistet werden, der über eine bloße Übernahme von Terminologien aus anderen Fachdisziplinen hinausgeht. Für ein solches Vorhaben eignet sich die Mehrsprachigkeitsforschung in besonderem Maße, da gerade in diesem Bereich die Schwierigkeiten, die aus der unreflektierten Verwendung von „sprachlicher Identität“ resultieren, besonders deutlich werden: Dann ist schnell die Rede von „multiplen sprachlichen Identitäten“, eine bei genauerem Hinsehen nicht haltbare Komposition von Konzepten, wie in diesem Buch zu zeigen sein wird.

Damit verfolgt die vorliegende Studie mehrere Ziele: Zum einen geht es darum, einen Beitrag zur Mehrsprachigkeits- und Minderheitensprachenforschung zu leisten. Mehrsprachigkeit und die Frage nach der sprachlichen Identität spielen nicht nur eine gewichtige Rolle für die angewandte Forschung in der Diskussion um Integration und Spracherwerb, sondern auch für die Forschung zu mehrsprachigen Kontaktphänomenen und Identitätsfragen in der typologischen Sprachwissenschaft.

Die im Zeitraum von drei Jahren durchgeführte Forschung basiert auf empirischen Feldforschungsdaten und Onlinestudien, erhoben im Rahmen eines BMBF-Drittmittelprojekts, und untersuchte die Rolle der Sprache bei der Entwicklung sozialer Identität einer sprachlichen Minderheit in Nordostthailand. Damit ist das zweite zentrale Ziel des Buchs benannt: Die Erkenntnisse zu dieser Minderheitensprache sollen in den großen Rahmen Sprache und Identität, sprachliche Identität, sprachliche Grenzen und damit zusammenhängender Phänomene des Sprachkontakts und Sprachwandels sowie in Diskussionen um Muttersprache und ethnische, politische wie ideologische Einflüsse eingeordnet werden, die ganz generell die typologische Sprachwissenschaft betreffende Fragen beinhalten.

Die Autorin beschränkt sich dabei ganz bewusst nicht auf die Auswertung der gesammelten Daten zur Minderheit Kui in Südostasien, sondern stellt am Beispiel dieser kleinen Sprache ganz gezielt die generelle Frage nach „sprachlicher Identität“, die nur unter Einbeziehung fachübergreifender Terminologien und Ansätze geklärt werden kann. In jedem Fall sind bei der Klärung der Begrifflichkeiten zwangsläufig Themen mehre-

rer Fachdisziplinen berührt, anders lasse sich „die Entwicklung der paradoxen Natur von ‚Identität' nicht verstehen" (Mumm 2018: 7). Die Identität der Kui steht also beispielhaft für das Verständnis von Identität und wie diese Auffassung für die linguistische Forschung als Konzept hilfreich angewendet werden kann.
So sind die zum Teil vor Ort und online erhobenen Daten und Untersuchungen zu einer „kleinen" Sprache und Gemeinschaft einerseits in Zusammenhang zu bringen mit dem regelrecht „riesigen" Konvolut an theoretischen Vorüberlegungen zur Identität aus diversen Disziplinen, die aufgrund der Breite des Konzepts Identität betrachtet werden wollen. Dies alles geht in den vorliegenden Band ein, und zwar, indem zur Betrachtung der Minderheitensprache Kui unterschiedliche Blickwinkel eingenommen werden: Ein Teil des Buchs befasst sich mit Sprache und Grenzen (Teil II), der andere mit Sprache und Identität (Teil III). Vorangestellt wird ein umfassender theoretischer Teil, der ein Verständnis schafft für die Herangehensweise und den grundsätzlichen theoretischen Rahmen sowie die in der Literatur allzu häufig unklar bleibenden oder gar verwirrenden Begrifflichkeiten (Teil I). Im abschließenden Teil IV werden die wichtigsten Erkenntnisse in knapper Form zusammengefasst. Es ist unverkennbar, dass es hier Überlappungen vor allem in den theoretischen Erörterungen geben wird, denn jeder diskutierte Blickwinkel dieses komplexen Themenbereichs verlangt eine Verortung in der vorliegenden theoretischen Literatur, deren Umfang gewaltig ist. Die Aufteilung in mehr oder weniger unabhängige Blöcke mag allerdings der Leserschaft den Vorteil bieten, jeden Teil für sich zur Kenntnis zu nehmen.
Abschließend werden Vorschläge zum weiteren Umgang mit der Identitätsthematik in der zukünftigen sprachwissenschaftlichen Forschung gegeben. So bleibt zu hoffen, dass dieser Band auch als Diskussionsgrundlage dienen kann und eine Weiterentwicklung des Fachs ermöglicht. Dies soll insbesondere die Wahrnehmung der Sprachwissenschaft für die notwendige Auseinandersetzung mit den Zusammenhängen von Mehrsprachigkeit und Identität, von Sprache und sprachlicher Identität sensi-

bilisieren, da diese in den nächsten Jahren sicher wichtige Themenfelder bleiben werden, die die typologische Sprachwissenschaft nicht ohne fundierte Basis wird erkenntnisfördernd für sich nutzen können. Das Konzept der Identität und seine Anwendbarkeit auf spezifisch sprachwissenschaftliche Fragestellungen wird im vergleichenden Blick auf vorliegende Modelle zu *sprachlicher Identität* vorgestellt. Es erweist sich, dass ein solches Modell weniger auf der korrekten Benennung oder Definition beruht – die per se unvollständig bleiben muss –, denn eine Frage der Auslegung des Konzepts Identität ist. Abschließend kann festgestellt werden, dass ein Modell zur Beschreibung *sprachlicher Identität* weder isoliert möglich noch erstrebenswert erscheint, da die Gleichsetzung ebenso wie die Zusammensetzung von *Sprache* und *Identität* irreführend ist und zur Klärung des Phänomens der Mehrsprachigkeit wenig beizutragen vermag. Vielmehr kann einzig ein disziplinenübergreifendes Konzept von Identität zu einem Erkenntnisgewinn über vorhandenes Wissen hinaus und einem besseren Verständnis des Konzepts Identität für die Sprachwissenschaft führen.

Die Autorin hat im Rahmen der in diesem Buch vorgestellten Forschung mit Sprecherinnen und Sprechern gearbeitet. Sofern die Unterscheidung nach Geschlechtern inhaltlich wichtig ist, wird dies auch explizit betont. Zudem richten sich die Ergebnisse an eine breite Leserschaft, an Leser und Leserinnen. Aus Gründen der besseren Lesbarkeit wird auf durchgängige Erwähnung dieser – aus Sicht der Autorin – Selbstverständlichkeit verzichtet.

Besonderer Dank geht an Suwilai Premsrirat, Saowanee T. Alexander, Rungrot Tatiyawongwiwat, Siriwat Chaiwiset, Rungrat Sawutsuk, Sapphud Mit, Sanong Suksaweang und seine Frau Nasa, Chalermchai Wongrak, Yutaka Tomioka, Kraisorn Hardkadii für Hinweise, Gespräche und Unterstützung bei der Kontaktaufnahme mit potentiellen Studienteilnehmern. Dank gilt auch den vielen weiteren anonym bleibenden Kui-Muttersprachlern und -Muttersprachlerinnen. Des Weiteren dankt die Autorin Prof. Dr. Walter Bisang für die Möglichkeit, diese Forschungsar-

beit am Institut für Sprachtypologie mit viel Freiheit durchführen zu können. Des Weiteren sei an dieser Stelle gedankt für Grafik und Lektorat.
Die Studie wurde durch Mittel des Bundesministeriums für Bildung und Forschung (BMBF) unterstützt und vom Nationalen Forschungsrat in Thailand (NRCT) genehmigt. Die Autorin befolgte Standardverfahren, um die ethische Solidität der Forschung zu gewährleisten.

Im August 2021
Stefanie P. Siebenhütter

Abkürzungen im Text

IfSdUF	Institut für Soziologie der Universität Freiburg
p. K.	persönliche Kommunikation
Ü. d. A.	Übersetzung der Autorin
SES	Socioeconomic Status – Sozioökonomischer Status
zit. n.	zitiert nach

Inhalt

Teil I: Theoretischer Hintergrund und methodischer Zugang

Eine Forschungsarbeit steht und fällt mit den Grundlagen und dem Forschungsdesign. Nur wenn die richtigen Fragen gestellt und die geeigneten Methoden angewendet werden, sind verwertbare, objektiv gültige und belastbare Ergebnisse zu erwarten. Die folgenden Kapitel geben einen Überblick über die theoretischen Hintergründe und Überlegungen, die der empirischen Untersuchung vorausgegangen sind. Zudem werden das Forschungsdesign und die verwendeten Methoden mit ihren Vor- und Nachteilen diskutiert, ihre Anwendung erläutert sowie ihre letztliche Kombination begründet.

Die Herausforderung besteht darin, dass es sich sowohl bei Sprache als auch bei Identität um fließende, dynamische Konzepte handelt, für die sich kein abgeschlossener Zustand festlegen lässt. Das heißt, sie befinden sich in ihren Ausprägungen in stetiger Veränderung. Ebenso variabel sind sowohl physische als auch symbolische Grenzen.

1. Minderheit – Sprache – Identität

1.1 Die ethnische und sprachliche Minderheit Kui als Untersuchungsgegenstand

Mehrsprachige Gesellschaften und Identitätsbildungsprozesse ein- und mehrsprachiger Sprecher sind allgegenwärtig[1], doch wenig erforscht. Anhand von Fallstudien richtet sich die vorliegende Untersuchung daher auf Identitätsfindungsprozesse mehrsprachiger Minderheiten in der Grenzregion Laos, Thailand, Kambodscha auf dem südostasiatischen Festland. Dabei werden *die sprachlichen Grenzen der Identität* und die Zusammenhänge der drei Konstrukte *Identität*, *Sprache* und *Grenzen* erörtert. Den ersten Teil der Untersuchung bilden Fallstudien zur Minderheit Kui und zu deren Mehrsprachigkeit, wobei sowohl individuell-biografische als auch kollektiv-gesellschaftliche Dimensionen thematisiert werden.
Der spezielle Fall der Kui, die in der Grenzregion dreier Länder beheimatet sind, bietet an sich bereits eine sehr geeignete Basis für die Analyse mehrsprachiger Kontaktphänomene und Identitätsfragen, denn Stigmatisierung, Sprachwechsel und sprachpolitische Überlegungen stehen in den untersuchten Regionen ganz selbstverständlich im Zentrum einer andauernden Debatte um Rechte und Grenzen der Minderheitensprachen im alltäglichen Miteinander. Zugleich unternimmt die Untersuchung mittels dieser Fallstudie eine Annäherung an den wissenschaftlichen Diskurs der Mehrsprachigkeit in heterogenen Gesellschaften, der sich weltweit finden lässt. Mehrsprachigkeit spielt eine wichtige Rolle in der Diskussion um Integration und Spracherwerb. Wie sprachliche Identität aus Sicht der multilingualen Sprecherinnen und Sprecher selbst auf

---

[1] Weltweit ist man heute auf dem Weg zu einer multikulturellen, multiethnischen, multireligiösen und mehrsprachigen Gesellschaft mit „alten“ Minderheitensprachen und „neuen“ Einwanderungssprachen (Goebel Noguchi & Fotos 2001).

der Mikroebene aussieht und inwiefern dadurch die Makroebene zunehmend mehrsprachiger Gesellschaften bereichert wird, hat die bisherige Forschung noch kaum thematisiert.
Die Studie nimmt den Blickwinkel der interkulturellen Kommunikation und der Soziolinguistik ein. Sie ist nicht darauf ausgerichtet, primär die Defizite der mehrsprachigen Gesellschaften herauszuarbeiten, um vorrangig den Zweit- und Drittspracherwerb und damit die Integration anderssprachiger Individuen in die Mehrheitssprechergruppe einer Gesellschaft zu fördern. Vielmehr sollen (auch) die Vorteile des Phänomens Mehrsprachigkeit in den Blick gefasst werden. Ausgangsüberlegung ist, dass die interkulturelle Kommunikation und die Soziolinguistik Überschneidungen aufweisen, die gewinnbringende Einsichten in die psychosozialen und soziokulturellen Beweggründe für spezifisches Sprachagieren ermöglichen. Die Studie ist somit weniger defizitorientiert als vorangegangene soziolinguistische Untersuchungen im Sinne Labovs.
Ausgangspunkt ist die Prämisse, dass Sprachkontakt immer Kulturkontakt und Sozialkontakt bedeutet – zumal Sprache als „fait culturel“ (Schulze I. 2014) wie auch „fait social“ (Saussure 1967) als ein Teil der Kultur verstanden werden kann. Somit wäre eine Kontaktsituation, in der mehrere Sprachen beteiligt werden, eine Form der interkulturellen Kommunikation. Die Lage der Kui und auch vieler anderer kleiner Sprachen in Südostasien bringt einen multiplen Sprachkontakt zahlreicher kleiner und großer Sprachen mit sich. Zum Alltag der Kui gehört in allen drei Ländern der stetige Wechsel von einer Sprache zu einer anderen, je nachdem, was die Situation und die sprachlichen Kompetenzen der beteiligten Gesprächspartner erfordern. Grundsätzlich beschreibt Sprachkontakt die wechselseitige Beeinflussung von zwei oder mehreren Sprachen oder Varietäten, wobei die in Kontakt miteinander stehenden Sprachen von einem Individuum abwechselnd oder in derselben Gruppe ge-

braucht werden (Riehl 2013: 390; Weinreich 1953).[2] Eine Untersuchung zum Phänomen Sprachkontakt darf demnach den kulturellen Austausch und die soziale Komponente der sprachlich in Interaktion tretenden Menschen nicht außer Acht lassen.

Was die erste sprachliche Sozialisation der ethnischen Minderheit Kui in Thailand, Laos und Kambodscha angeht, so kann die Mehrsprachigkeit als der „Normalzustand" angenommen werden, der von Geburt an für die Sprecher zum Alltag gehört. Die Sprachentwicklung erfolgt über die soziale Umwelt, und die Sprache selbst eignet sich ein Mensch als soziale Praxis an (Maas 2008: 266). Zur Internalisierung der Sprache weist Fix (2003: 113) unter Bezug auf Berger und Luckmann (1966: 145f.) darauf hin, dass die speziellen Inhalte, die mit der primären Sozialisation[3] internalisiert werden, zwar von Gesellschaft zu Gesellschaft andere seien, es aber vor allem die Sprache sei, die internalisiert werden müsse. In der vorliegenden Untersuchung wird zu prüfen sein, welche Bedeutung es für die Herausbildung von persönlicher und sozialer Identität hat, wenn die Mehrsprachigkeit und die eigene Zugehörigkeit zu einer Minderheit sozusagen von Geburt an als Sozialisationsbedingungen gegeben sind und weitere Sprachen nicht erst im späteren Verlauf der Kindheit oder im Erwachsenenalter als eine mehr oder minder bewusste Wahl des Individuums hinzukommen. Sicher hängt die (Selbst-)Wahrnehmung und Einschätzung von Mehrsprachigkeit stark davon ab, welcher Stellenwert den jeweiligen Sprachen bei der Identitätsbildung (sowohl des Indi-

---

[2] „Wenn Sprachen sich wechselseitig beeinflussen, dann spricht man von Sprachkontakt. Diese wechselseitige Beeinflussung kann natürlich nur stattfinden, wenn zumindest ein Teil der Sprecher der beiden Sprachen bilingual ist. Dass Sprachkontakt zunächst beim einzelnen bilingualen Sprecher stattfindet, spiegelt sich auch in der Definition Weinreichs (1953) wider: Zwei oder mehrere Sprachen stehen miteinander in Kontakt, wenn sie von ein und dem selben Individuum abwechselnd gebraucht werden." (Riehl 2013: 390)

[3] Berger und Luckmann (1966) unterscheiden nach primärer und sekundärer Sozialisation.

viduums als auch der Gruppe) überhaupt zukommt (Oppenrieder & Thurmair 2003: 56).

1.2 Warum Minderheiten untersuchen?

Unabhängig von der speziellen sprachlichen Situation der Kui stellt sich die Frage, warum es sinnvoll ist, Minderheiten zu untersuchen. Die Antwort lautet: Wissen über Minderheiten ist wichtig, weil infolge demografischer Veränderungen, Migration usw. die meisten Gesellschaften womöglich bald nur noch aus Minderheiten ohne eindeutige Mehrheit zusammengesetzt sind. Zumindest in europäischen Großstädten wird es in einigen Jahren kaum mehr eindeutige Mehrheiten geben. An ihre Stelle tritt eine Gemeinschaft aus Minderheiten. Schon heute wissen wir, was das sprachlich bedeutet. Um Mehrsprachigkeit und das Aufeinandertreffen vieler unterschiedlicher Sprachen im Alltag zu erleben, reicht ein Gang in eine hiesige Schule aus: In Deutschland spricht ein Fünftel aller Schüler bei der Einschulung nicht genug Deutsch, um dem Unterricht zu folgen (Hanke 2020). Wie Michael Becker-Mrotzek vom *Mercator-Institut für Sprachförderung und Deutsch als Zweitsprache* erläutert, geht man aktuell davon aus, dass die Anerkennung von Mehrsprachigkeit im Unterricht auch das Erlernen von Deutsch fördert (Hanke 2020). Die Zwei- oder Mehrsprachigkeit bzw. die Sprachkompetenzen an sich seien mithin nicht das Problem. Die eigentliche und viel gravierendere Schwierigkeit mehrsprachiger oder minderheitensprachiger Kinder sei die sozial schlechtere Stellung der Herkunftsfamilien (Becker-Mrotzek & Knopp 2018). Dadurch erfahren Kinder eine dauerhafte strukturelle Benachteiligung, die allein durch sprachliche Kompetenzerweiterung schwerlich auszugleichen ist. Auch Sprachprestige spielt eine wichtige Rolle. Zweisprachig Deutsch/ Englisch stößt auf Anerkennung, zweisprachig Rumänisch/Deutsch in Deutschland schon weit weniger. Den größten Erfolg haben Kinder in der koordinierten bilingualen Erziehung, das heißt in Klassen, in denen der Unterricht ab der ersten Klasse in Deutsch und der Herkunftssprache gleichermaßen stattfindet (Hanke 2020). Bilinguale Schulen (z. B. Deutsch und Englisch oder Französisch) sind hochangesehen und weit verbreitet. Sprachen mit weniger Prestige dagegen haben es schwerer.

Zur Definition von *Minderheit*

Abgesehen davon, dass die Begriffe Minderheit und Minderheitensprache einigermaßen problematisch sind, steht die Frage, wie Minderheit definiert werden soll und was eine Minderheit ausmacht. In soziolinguistischer Literatur ist die Definition von Minderheitengruppen und die Wahl von Kriterien zur Definition von Gruppenmitgliedschaft eine sehr komplizierte Angelegenheit (Laakso et al. 2016: 14). Zusätzlich können ethnische und sprachliche Identitäten und Zugehörigkeiten auf verschiedene Weise angegangen und verstanden werden, warum die verwendeten Definitionen und Bezeichnungen häufig mit einer Vielzahl persönlicher, emotionaler, sozialer und politischer Faktoren zusammenhängen (Laakso, Sarhimaa, Åkermark & Toivanen 2016: 14). Die unterschiedlichen Typen von Minderheitsdefinitionen variieren erheblich; so finden sich alte und neue, eingeborene, autochthone, migrantische und weitere Minderheiten (Laakso et al. 2016: 15).[4] Häufig beschreibt der Begriff „Minderheit" weniger eine Zahl als das Machtgefälle, das innerhalb einer Gesellschaft herrscht (Busch 2017: 121). Eine so definierte Minderheit sieht sich in der Regel gesamtgesellschaftlich gesehen diversen mehr oder weniger offenen Stigmatisierungen ausgesetzt (Suraratdecha 2014).
Zusammenfassend bringen Laakso et al. (2016: 17) das grundlegende Bedürfnis dieser terminologischen Fragen zum Ausdruck: der Wunsch aller

[4] Zu den autochthonen versus allochthonen Minderheiten: Während in Europa die bodenständigen (autochthonen) Minderheiten – wie etwa die Deutschen in Südtirol und im Elsass oder die Dänen und Sorben in Deutschland – abnehmen, wächst die Zahl der zugewanderten (allochthonen) Minderheiten (Riehl 2013: 378; vgl. Nelde 1994: 119).

Minderheitensprachengemeinschaften, ihre Sprachen und die mehrsprachigen Realitäten, in denen ihre Mitglieder leben, zu erhalten und weiterentwickeln zu können (Laakso et al. 2016: 17). Sie argumentieren, diese mehrsprachigen Realitäten könnten nur verstanden werden, wenn es sich um eine breiter und flexibler verstandene Mehrsprachigkeit handle (Laakso et al. 2016: 17). Um vom beschriebenen Monolingual Bias zu einem breiten Verständnis von Mehrsprachigkeit und Diversität zu gelangen, etablieren Laakso et al. (2016) den ELDIA Approach (Laakso et al. 2016: 17)

Minderheitenrechte und homogene sprachliche Identität

Zu kritisieren sei auch die Art und Weise, wie Minderheitensprachen im aktuellen Diskurs über Minderheitenrechte diskutiert würden (Toivanen 2001, 2007; Laakso et al. 2016: 197). Toivanen argumentiert, dass die Minderheitenrechte, die geschaffen wurden, um die Sprachen von Minderheiten zu emanzipieren und anzuerkennen, auch einen einschränkenden Rahmen geschaffen haben, der Minderheitenaktivisten dazu zwinge, eine einheitliche und homogene Sprachidentität zu beanspruchen. Minderheiten, die nicht in der Lage seien, eine einzige „wahre Sprache" für sich selbst zu identifizieren, liefen Gefahr, diesen Schutz für Minderheitenrechte überhaupt nicht beanspruchen zu können (Toivanen 2007; zit. n. Laakso et al. 2016: 197).

Während sich insbesondere in der englischsprachigen Literatur noch immer der größte Teil der Forschung auf die großen, nationalen Sprachen konzentriert, fokussiert die vorliegende Forschungsarbeit auf eine kleine Sprache in einer klar abgegrenzten Region des südostasiatischen Festlands. Gegenwärtig lässt sich in Südostasien beobachten, dass Regierungen das Ziel verfolgen, multiethnische Regionen (und damit auch politische Ideologien) zu vereinen bzw. in ihrem jeweiligen Land eine gewisse sprachliche und politische Einheitlichkeit zu erreichen. Es geht ihnen also darum, eine politische Einheit über die sprachliche Einheit zu erreichen (Badenoch 2018). Zu dem Zweck beeinflussen sie auch die ethnischen Originalsprachen zunehmend. So werden z. B. in Laos über Radioprogramme in ethnischen Sprachen laotische Sprachstrukturen, Lexikon, Syntax und Phonologie eingeführt.

Noch erlauben es geteilte soziokulturelle Praktiken, wie von Badenoch (2019) am Beispiel der Poetik der mehrsprachigen *Bit* in Südostasien beschrieben, die Komplexität von sozialer Geschichte und Wissenssystemen, die im Kontakt unterschiedlicher Kulturen entstehen können, zu erforschen. Die vorliegende Untersuchung setzt genau an diesem Punkt an, indem tradierte Praktiken aufgenommen werden, die einen tieferen Einblick in die Lebenswelt der mehrsprachigen Kui ermöglichen. Durch Dokumentation von rein mündlich überlieferten Sprachdaten kann Vielfältigkeit erhalten werden. Andernfalls droht sie gänzlich in Vergessenheit zu geraten. Für die Angehörigen der Kui-Minderheit lässt sich eine solche Gefahr des Verlusts der nicht schriftlich fixierten Erinnerungen sowie der damit in Zusammenhang stehenden sozialen Bedingungen für die weitere kollektive Existenz der Minderheit feststellen. Damit geht eine erhöhte Dringlichkeit der sprachlichen und soziokulturellen Dokumentation einher. Zudem haben angesichts des hohen Stellenwerts der Schriftlichkeit und normativer Sprachvorstellungen in den Industrieländern wenig standardisierte Sprachen geringe Chancen auf institutionelle Unterstützung (Lüdi 1996b: 324). Dies gilt auch für den Fall der Kui, die aufgrund von fehlender Schriftlichkeit wenig „Nachweismöglichkeit" ihrer Sprache haben.

Schließlich begründet sich die Relevanz der Untersuchung von Minderheiten in der Frage nach Wahrnehmung und Selbstwahrnehmung in Bezug zur Mehrheit. Dass die (Selbst-)Wahrnehmung der Minderheit in der Mehrheitsgesellschaft im Kontext der Sprache sehr unterschiedliche Ausprägungen annehmen kann, macht wieder ein Vergleich deutlich: Das Sorbische, die Sprache der 60.000 Sorben und Sorbinnen in

Deutschland (November 2020)[5], findet sich als Schulfach, in Artikeln, Büchern, Radio- und Fernsehsendungen. Es gibt eine Reihe sorbischer Autoren und Autorinnen, die sowohl in ihrer Muttersprache als auch in deutscher Sprache schreiben. Die Kui-Minderheit in Thailand, Laos und Kambodscha ist zahlenmäßig mit rund 400.000 Menschen, davon etwa 220.000 in Thailand, deutlich größer.[6] Doch verfügt sie über eine viel geringere mediale und öffentliche Präsenz, es gibt keine Schriftsprache – die Kui bedienen sich wie die jeweiligen nationalen Mehrheitssprecher der Thai- oder Khmerschrift oder des Laotischen, wenn sie sich schriftlich mitteilen wollen – und entsprechend keine Literatur in Kui. Eine grundlegende Aufgabe von Forschung über Minderheitensprachen besteht folglich in der Dokumentation, Beschreibung und Analyse mündlich überlieferter Geschichten und weiterer Sprachdokumente der bedrohten Minderheitensprache.

In Deutschland gilt eine Gruppe als nationale Minderheit, die einen besonderen Schutz und spezifische Förderung erhält, wenn sie die folgenden Kriterien erfüllt:

- „ihre Angehörigen sind deutsche Staatsangehörige,
- sie unterscheiden sich (…) durch eine eigene Sprache, Kultur und Geschichte (eigene Identität),
- sie wollen diese Identität bewahren,
- sie sind traditionell (…) in Deutschland heimisch,
- sie leben innerhalb Deutschlands in angestammten Siedlungsgebieten."[7]

---

[5] Bundesministerium des Innern (BMI): Nationale Minderheiten Minderheitensprachen und die Regionalsprache Niederdeutsch in Deutschland, 4. Auflage, November 2020. https://www.bmi.bund.de/ (Zugriff 18.06.2021).

[6] Die Gesamtbevölkerung Thailands wird mit Stand 2021 mit rund 70 Millionen angegeben: https://de.statista.com/ (Zugriff 18.6.2021).

[7] Bundesministerium des Innern (BMI), Nationale Minderheiten, Minderheiten- und Regionalsprachen in Deutschland, Berlin 2020, https://www.bmi.bund.de/ (Zugriff 18.06.2021).

Auf Thailand übertragen würden alle fünf Kriterien auch von den Kui erfüllt. Im Schulunterrricht, in Artikeln, Büchern, Radio- und Fernsehsendungen werden die Kui aber gar nicht oder äußerst selten thematisiert, und dann meist in einer stereotypen Weise, die das stereotype Bild von Minderheiten nährt. So wird etwa die Geschichte vom Aussterben („extinction narrative") reproduziert, die mit der Lebenswirklichkeit der Kui häufig nur sehr wenig zu tun hat (vgl. Laakso et al. 2016: 215). Zudem seien derlei an die Geographie gebundene Kriterien bei weitem nicht von allen Minderheiten zu erfüllen. Angewendet auf die Kui würden solche Kriterien Fragen aufwerfen, welcher Zeitraum mit *traditionell heimisch*" assoziiert wird und wie eng „*leben in angestammten Siedlungsgebieten*" zu definieren ist.

Wahrnehmung, Anerkennung und Prestige von Minderheitensprachen

Laakso et al. (2016: 3) merken kritisch an, dass Minderheitensprachen oft so behandelt würden, als wären sie für niemanden außerhalb der Sprachgemeinschaft selbst von Interesse, und die sie betreffenden Praktiken und Richtlinien könnten zu völlig anderen, oft regionalen sprachpolitischen Rahmenbedingungen gehören. Im schlimmsten Fall führe der propagierte einsprachige Habitus – sogar in mehrsprachiger Schulen – in der Praxis der Sprachplanung und -erziehung dazu, dass potenziell zweisprachige Sprecher (mit weniger angesehenen ‚ethnischen' Minderheiten- und Migrantensprachen) einsprachig werden, während gleichzeitig versucht würde ursprünglich einsprachige Mehrheitssprachen-Sprecher in internationalen Verkehrssprachen mehrsprachig auszubilden (Laakso et al. 2016: 3).

Minderheiten-Sprache, Mutter-Sprache und Heritage-Sprache

Minderheit und folglich *Minderheitensprache* sind nicht unproblematisch und „Minderheit" wird häufig mit Stigmatisierung und negativer Konnotation assoziiert. Deshalb präferierten beispielsweise in der Untersuchung von

Laakso et al. (2016: 14) die ungarischen Informanten den offiziellen Begriff „Volksgruppe“ gegenüber „Minderheit“.[8] Zur Diskussion um die Begriffe *mother tongue* vs. *heritage language* stellen Laakso et al. (2016: 11) fest, dass mother tongue in vielerlei Hinsicht problematisch sei. Für ihre Ausarbeitung bevorzugten sie den Begriff „heritage language“ (2016: 12), denn dieser sei insbesondere in der amerikanischsprachigen Soziologie und Minderheitenforschung gebräuchlich sowie breiter und flexibler definiert. Er decke eine breite Gruppe von Sprachen ab, die in drei Haupttypen unterschieden werden können: „indigcnous languages“, „colonial languages“ und „languages of the latterday immigrants“. Daneben seien in Amerika „*native, ethnic, ancestral or primary languages*“ üblich (2016: 12), während in Europa die Begriffe „*language of origin* (German: *Herkunftssprache*), *minority language*, *migrant language*, *community language* (…) or *home language*“ gebräuchlich seien (Laakso et al. 2016: 13). Die zentrale Begründung für die Präferenz von *heritage language* sei, dass der Begriff im Gegensatz zur Muttersprache keine sogenannten „native-speaker level“ oder „perfekte“ Sprachkenntnisse impliziere, da in der Realität viele *Heritage-language-Sprecher* fließender (insbesondere in schriftlichem oder formellem Sprachgebrauch) seien oder sich in der Mehrheitssprache – die häufig auch ihre Unterrichtssprache ist – sicherer fühlten (Laakso et al. 2016: 13).

---

8 Doch auch die positive Stigmatisierung einer Minderheit ist vorstellbar, wie beispielsweise bei der japanischen Minderheit Brasiliens, die einen höheren sozioökonomischen Status als die Mehrheit der Bevölkerung genießt (Adachi 2014). Diese „positive minority“ oder „model minority“ hinterlässt den Eindruck, die Minderheit werde mehr akzeptiert als anderenorts (Adachi 2014: 65). Aber wie Adachi (2014) betont, ist diese positive Zuschreibung auch nicht mehr als eine Stigmatisierung. Vielmehr ist auch die Zuschreibung vermeintlich positiver Eigenschaften wie Strebsamkeit eine Stigmatisierung, die bei Nichterfüllung durch einzelne Individuen zu weiterer Diskriminierung führen kann:
„Being a positive minority or a model minority is not a subjective characteristic of a minority group, but is a perspective imposed upon them from the outside. In this case, terms like ‚positive minority‘ or ‚racial democracy‘ are oxymoron. They are no different from being called a negative minority.“ (Adachi 2014: 69).

Ein breites Verständnis von Mehrsprachigkeit

Strategien zur Vermeidung einsprachiger Voreingenommenheit bestehen etwa darin, Vielfalt anzuerkennen, die Wahl der Sprecher zu respektieren und das „Muttersprachen-Mysterium“ zu vermeiden (Laakso et al. 2016: 17).

In ihrem Forschungsansatz beschreiben Laakso et al. (2016), dass Mehrsprachigkeit mehr bedeutet als nur das Zusammenleben von Sprachen (Laakso et al. 2016: 18). Die noch in weiten Teilen der Betrachtung vorherrschende enge Sicht auf Mehrsprachigkeit sei ein Problem für den Sprachunterricht und die Sprachpolitik im Allgemeinen (Laakso et al. 2016: 20).

1.3 Fragestellung und Zielsetzung

Ausgangspunkt vorliegender Studie ist die Frage, welchen Beitrag die soziolinguistische Sprachwissenschaft auf Basis empirischer Daten zur Modellbildung einer sprachabhängigen Identitätskonstruktion leisten kann. Das übergeordnete Ziel besteht darin, bisherige Ansätze auch anderer Disziplinen auf ihre Anwendbarkeit zu überprüfen.

Kresic (2006) legt zwar ein umfassendes Modell der Identitätskonstruktion auf Grundlage bisheriger theoretischer Daten unterschiedlicher Disziplinen, insbesondere der Sozialpsychologie, vor. Doch ist dieses Modell zum einen sehr abstrakt (Pugliese 2008; Sdroulia 2007), zum anderen hat das sozialpsychologische Verständnis von Identität folgenreiche logisch inkonsistente und irreführende Bedeutungen hinzugefügt, die einer Klärung eher entgegenstehen (Mumm 2018) und daher zu hinterfragen sind. Auch fragt Kresic in „Sprache, Sprechen und Identität“ (2006) bereits danach, welchen Beitrag Sprachwissenschaft und Sprachtheorie in Ergänzung zu sozialpsychologischen Identitätskonzepten zur Bearbeitung des komplexen Zusammenhangs von Sprache, Sprechen und Identität leisten können, wenn das Konzept der Identität den Ausgangspunkt bilden soll (Sdroulia 2007). So nützlich Theorien und Modelle auf theoreti-

scher Basis auch sein mögen – wünschenswert für die Sprachwissenschaft wäre eher ein aus der *empirischen Sprachpraxis* abgeleitetes Modell zur sprachlichen Dimension von Identität. Bisherige Ansätze berücksichtigen zwar die theoretischen Modellierungen, lassen aber die spezifischen Aufgaben und die Situationsstruktur mündlicher Kommunikation, die spezifisch mündlichen Genres (z. B. das Erzählen) sowie Beteiligungsstrukturen weitgehend außer Acht (Sdroulia 2007).
Das Anliegen ist folglich, ein sprachlich begründetes und umfassenderes Verständnis von Identitätsbildung exemplarisch am Beispiel einer sprachlichen Minderheit zu entwickeln. Dieses Ziel soll erreicht werden durch die genauere Analyse der Sprache der Kui, im Einzelnen deren

- Sprachgebrauch und Sprachkompetenz,
- Sprachbewusstsein und soziolinguistische Einstellungen,
- Selbstidentifikation innerhalb ihrer mehrsprachigen Situation.

Das beinhaltet zugleich die

- Ermittlung der Motivationen der Sprecher und weitere Motivationen für ihren jeweiligen (mehrsprachigen) Sprachgebrauch, der Sprachwechsel beinhaltet,
- die Überprüfung des angenommenen Prestigestatus von Kui als Minderheitensprache und
- die Überprüfung und Bewertung ausgewählter Sprachwandelmodelle und ihre Anwendbarkeit.

Da sich die Fragestellung auf überwiegend dynamische Phänomene und abstrakte Konzepte bezieht, werden mehrere grundlegende Definitionen notwendig. Das betrifft in erster Linie die Begriffe *Sprache*, *Ethnizität*, *Kultur*, *Identität* (personale, soziale, kollektive, nationale und sprachliche) und damit zusammenhängend *Nation*, *Wissen*, *Gesellschaft* und *Sprachgemeinschaft*. Nicht zuletzt ist auch *Mehrsprachigkeit* ein Terminus, für den sich diverse Definitionen finden lassen, sodass auch er genauer bestimmt werden muss. Diese Begriffsklärungen folgen an jeweils passender Stelle im weiteren Verlauf des Buches, da sie einer ausführlichen Diskussion bedürfen und immer wieder in unterschiedlichen Zusammenhängen aufgegriffen und unter einem anderen Blickwinkel betrachtet werden.

1.4 Verortung in der bisherigen Forschung zur Sprache der Kui

Die Grenzregion, in der die Kui leben (s. Abbildung 1), ist von besonderem linguistischen Interesse, weil sich hier eine komplexe Kontaktsituation mit drei Nationalsprachen[9] und mehreren Minderheitensprachen ergibt.

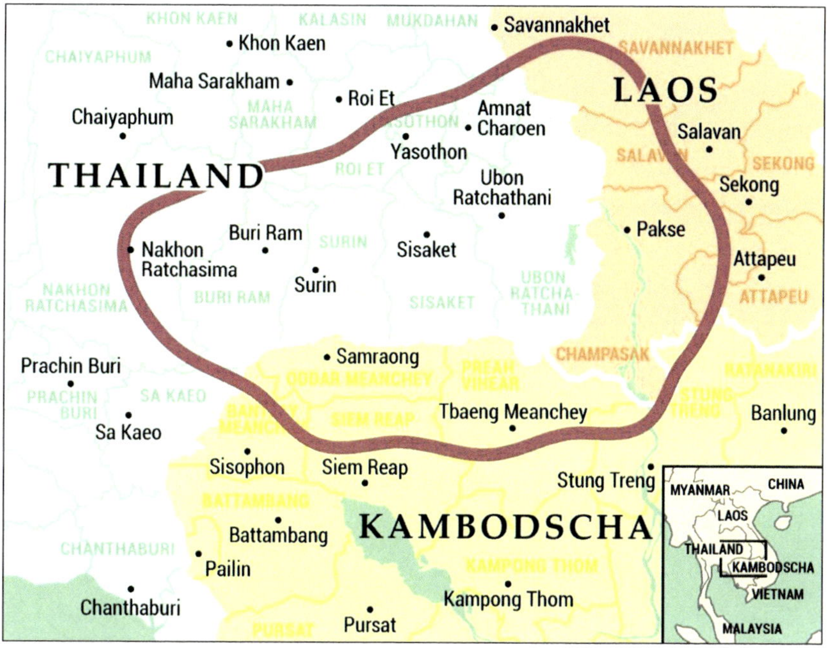

Abbildung 1: Hauptverbreitungsgebiet von Kui-Sprechern auf dem zentralen Festland Südostasiens

[9] Die Nationalsprache, zu der sich die Muttersprachler in der Regel bekennen, ist historisch als übergeordnete Norm eingeführt worden (Mumm 2018: 42).

Eine dieser Minderheitensprachen ist eben das Kui, eine östliche Mon-Khmer-Sprache, die in Kambodscha, Thailand und Laos gesprochen wird.
Bisher liegen nur wenige Studien über die Kui vor, die sozio- und ethnolinguistische, kulturelle und religiöse Perspektiven einnehmen (Dufossé 1934; Keiji o. J.; Seidenfaden 1952; Woykos 1989; Burusphat 1993a). Einen skizzenhaften Einstieg in die soziokulturelle Selbstwahrnehmung der Kui-Minderheit und deren Identität bieten für Kambodscha Markowsik (2005) sowie Mann und Markowski (2005) und für Thailand Tomioka (2016). Diese Arbeiten liefern schwerpunktmäßig phonologische Daten und erste grammatikalische Skizzen (Bos 2008; Gehrmann 2016; Johnston 1976; Markowski 2005; Mann & Markowski 2005). Es gibt einige wenige Beobachtungen zu Orthografie, Schriftsprache und Sprachplanung sowie Wortlisten zum Grundvokabular, die nicht unmittelbar für vorliegende Studie relevant sind.
Die mäßige Forschungslage verwundert etwas, ist das geografische Grenzgebiet des zentralen Festlands Südostasiens (MSEA) doch ein ideales Forschungsgebiet für Sprachkontaktphänomene, weil es (1) eine besondere ethnische und sprachliche Vielfalt aufweist, d. h. eine vergleichsweise große Anzahl verschiedener Sprachen in einem begrenzten Gebiet (Bisang 2006a; Enfield & Comrie 2015), und (2) das geografisch kleine Gebiet ein ideales Forschungsfeld für multiple Kontaktsituationen bietet. Dies ist für die Erforschung von Sprachkontakt deswegen günstig, da mehr als zwei Sprachen verglichen werden können und die Wahrscheinlichkeit von auf Zufällen basierenden Konvergenzen reduziert wird (Weinreich 1964, 2011).
Insgesamt wird Kui[10] in grenznahen Gebieten der drei Länder Kambodscha, Thailand und Laos von etwa 400.000 Sprechern in Thailand (2006

[10] Alternative Schreibweisen sind Kui, Kuay, Suai, Sui, Soai, Souei, Lao-Sui, Khmer-Sui etc. (Sidwell 2014: 144ff.). Seltener wird auch Kamen-boran verwendet, was mit „antikes Khmer“ übersetzt werden könnte.

census Mahidol University), 10.000 Sprechern in Kambodscha (2007 census E. Pawley) und 46.600 Sprechern in Laos (2015 census) gesprochen, davon gelten wenige als monolingual (Eberhard et al. 2021). In Kambodscha werden nach aktuellem Forschungsstand Kui Ntua und Kui Ntra als die Dialekte mit der größten Vitalität angenommen (Bos & Sidwell 2014: 837). In Thailand zählen die Dialekte Kuay und Kuuy zu den größeren Kui-Sprachgruppen (Van der Haak & Woykos 1990). Für Laos werden die Sprecherzahlen aus unterschiedlichen Quellen (Eberhard et al. 2021; Joshua Project[11] etc.) hochgerechnet. Aufgrund der politischen Situation, die nur sehr kontrollierte Forschung erlaubt, ist hier die Forschungslage am unklarsten. Fast alle Kui sind in der Lage, die jeweiligen Landessprachen (Thai, Khmer und Lao) zu sprechen. Häufig haben Kui-Sprecherinnen und -Sprecher in Thailand zusätzlich gute Lao- und viele auch Khmer-Kenntnisse. Die Nationalsprache Khmer[12] wird von rund 14 Millionen Menschen auf dem südostasiatischen Festland gesprochen (Bisang 2014: 677). Die Nationalsprache Thailändisch[13] sprechen mehr als 60 Millionen Menschen.[14]

Auf diesem Grundlagenwissen baut dieses Buch auf. Soziologische und kulturelle Muster von Sprachgebrauch und Spracheinstellung der Kui-Sprecher wurden bislang kaum untersucht. Besonders eine vergleichende Studie zu Kui-Dialekten fehlt in der aktuellen Forschung. Diese Lücke gilt es zu schließen. Analysiert werden aus Kontakt zwischen Standardsprache und Dialekt resultierende Phänomene in Kui-Dialekten in Thailand, Kambodscha und Laos: in erster Linie *Kui Ntua* und *Kui Ntra* in Kambodscha sowie *Kuay* und *Kuuy* in Thailand (Van der Haak & Woykos 1990) sowie noch nicht benannte Dialekte in Laos.

[11] Projekt, das sich christliche Missionierung von indigenen Menschen weltweit zum Ziel gesetzt hat.

[12] Standard-Khmer oder Central Khmer wird hier als Khmer bezeichnet. Northern Khmer muss zusätzlich berücksichtigt werden.

[13] Central Thai wird hier als Thai bezeichnet.

[14] Ein Drittel als L1 und zwei Drittel als L2 (Eberhard et al. 2021).

Ich versuche zu beantworten, inwiefern sich die sprachliche Situation der Kui in den drei Ländern unterscheidet bzw. welche Form von Austausch zwischen Kui-Sprechern über Staatsgrenzen hinweg besteht. Es wird erwartet, dass Kui-Sprecher aufgrund soziokultureller Faktoren wie Prestigedenken, Zugehörigkeit, Gruppenidentität, Stolz, Angst vor Ausschluss aus einer Gemeinschaft dazu neigen, zumindest situativ zu den Landessprachen Thai, Khmer und Lao zu wechseln. Berücksichtigt werden traditionelle Geschichten und Überlieferungen der Kui, die bisher nur mündlich tradiert wurden. Eine weitere Besonderheit der Herangehensweise ist die soziolinguistische Ausrichtung auf den Sprachgebrauch und die Sprechersicht auf den eigenen Minderheitenstatus (Innenperspektive).

1.5 Die Besonderheit der Innenperspektive

Angesichts gesellschaftlicher Veränderungen oder gar „kultureller Werteverschiebungen" sei „entscheidend, ob die differenzierte Sicht auf den gesellschaftlichen Wandel seitens derer, die diese Veränderungen ‚bedingen', wahrgenommen und thematisiert wird", konstatiert Vossmiller (2018: 48). Mit denjenigen, die den Wandel „bedingen", sind die sprachlichen und/oder anders definierten Minderheiten genannt. Die Autorin schließt sich der Ansicht an, dass es wesentlich ist, ob eine Außen- oder eine Innenperspektive eingenommen wird. Mit Blick auf die Zielgruppe der mehrsprachigen Minderheitensprecher stellt die Studie, anders als dies häufig in der sprachwissenschaftlichen Forschung der Fall ist, die Innenperspektive der Interviewten ins Zentrum des Interesses. Sprache und sprachliches Handeln werden demnach nicht als ein von außen, aus der Forschendenperspektive zu beurteilender und bewertender Prozess verstanden, sondern als eine Entwicklung, die sich im Individuum, im Sprecher oder der Sprecherin selbst, abspielt. Die persönliche Einstellung und Sichtweise auf die eigene Mehrsprachigkeit steht im Fokus. Um der Innenperspektive Rechnung zu tragen, müssen Daten zu der

Motivation für die jeweilige Sprachwahl und generell zum Sprachverhalten der Untersuchungsgruppe erhoben werden.

1.5.1 Motivation für sprachliches Handeln

Daten zur Motivation für sprachliches Handeln können noch recht direkt durch Befragung der Sprecher erhoben werden. Selbst wenn diesen nicht alle Motivationen jederzeit bewusst sind, veranlasst die direkte Abfrage der Beweggründe für die spezifische Sprachwahl und sprachliche Handlungen eine Reflexion und erlaubt einen Einblick in das Selbstverständnis der Befragten.

Wie für anderes Handeln lassen sich für Sprachwahl, Sprachverwendung und für die sprachliche Kompetenzerhöhung intrinsische und extrinsische Motivationen unterscheiden. Extrinsische Motivation umfasst beispielsweise Lob und Anerkennung durch Geld oder eine Beförderung, während zu den intrinsischen Motivationen Ergebnis (Problemlösung), Selbstwert (Stolz), Betätigung (z. B. Freude an Sport), Interesse (an einer Thematik) gehören (Schiefele & Schaffner 2020: 165f.; Maderthaner 2017: 322). Eine trennscharfe Abgrenzung ist allerdings nicht immer möglich. Nach Vossmiller (2018: 53) wird Mehrsprachigkeit zwar von den einzelnen Akteuren – hier mehrsprachige (Russisch/Deutsch) Studierende – „individuell bewertet, bleibt aber weiterhin von der gesellschaftlichen Akzeptanz abhängig".

Nach Keller (2003 [1990]) beruht sprachliches Handeln darauf, dass ein Sprecher oder eine Sprecherin erfolgreich sein möchte. Das heißt, Sprecher werden vermutlich so zu sprechen versuchen, dass man sie mutmaßlich versteht (Keller 2003 [1990]: 131). Weiter werden sie nach Möglichkeit so sprechen, dass ihre Intention für die jeweiligen Adressaten erkennbar wird (Keller 2003 [1990]: 135). Die Analyse junger Kui-Sprecher zur intrinsischen Motivation bestätigte, dass sich die befragten unter 30-jährigen Kui sprachlich an die für ihr tägliches Leben erforderliche und nützliche Sprache und Sprechweise anpassten, um soziales Prestige, Zugehörigkeitsgefühl, Gruppenidentität oder Stolz zu befördern (Siebenhütter 2020c).

Aus sozialpsychologischer Sicht kann davon ausgegangen werden, dass jeder Mensch sich wenigstens einer Gruppe zugehörig fühlen möchte. Daher wird er zum einen möglichst so sprechen, dass er beachtet wird. Zum anderen wird er durch seine Art und Weise des Sprechens zeigen, welcher Gruppe er sich zurechnet oder nicht (Keller 2003 [1990]: 139). Die Sprache und die Sprechweise des Individuums ist demnach stark intrinsisch motiviert, denn: „Der Mensch hat das Ziel, sozial erfolgreich zu sein, und die Beeinflussung vermittels der Sprache ist ein wesentliches Element der Erklärung des sozialen Erfolgs." (Keller 2003 [1990]: 121) Eine Definition von sozialem Erfolg bleibt hier offen, muss jedoch an späterer Stelle geleistet werden – nicht zuletzt, weil sozialer Erfolg zu einem gewissen Grad eine kulturabhängige Größe ist.

Keller betont die Rolle des Inviduums und dessen Motivation nochmals ausdrücklich, wenn er anmerkt, dass bewusste Sprachpolitik oder Sprachplanung „von oben" die Mechanismen des natürlichen Sprachwandels nicht außer Kraft setzen könnten:

> „Sie stellen lediglich einen Faktor – möglicherweise einen sehr wirksamen Faktor – der Ökologie des Handelns der Sprecher dar. Es gibt nichts, weder eine Struktureigenschaft noch eine Macht oder ‚Kraft', die direkt auf die Sprache wirkt. Jeder sprachliche Prozeß geht den langen Marsch durch das Handeln der Individuen und muß durch ihn erklärt werden. Es kann, schreibt Coseriu, ‚keine von außen kommende Triebkraft irgendeiner Art ‚auf die Sprache' einwirken, ohne durch die Freiheit und die Intelligenz der Sprecher hindurchzugehen." (Keller 2003 [1990]: 129)[15]

In diesem Zusammenhang sei an die Konversationsmaximen von Grice (1975, 1978) erinnert, die ebenfalls den Zweck der Konversation und damit eine Handlungsmotivation des Sprechers bzw. der Sprecherin umfassen:

---

[15] Keller zitiert Coseriu ([1958] 1974: 169): Coseriu, Eugenio. [1958] 1974. *Sincronía, diacronía e historia: El problema del cambio* lingüístico. [Dt.: Synchronie, Diachronie und Geschichte. Das Problem des Sprachwandels.] Montevideo.

> „Mache deinen Gesprächsbeitrag jeweils so, wie es von dem akzeptierten Zweck oder der akzeptierten Richtung des Gesprächs, an dem du teilnimmst, gerade verlangt wird." (Grice zit. n. Rolf 1994: 103)

Die Maximen von Grice lassen jedoch die Frage nach dem Zweck der Kommunikation bzw. des Sprechakts offen. Wenn der Zweck, wie Keller (2003 [1990]: 121) annimmt, nicht *die Kommunikation an sich* sein kann, muss das, was gemäß Grice „verlangt wird", bestimmt sein durch den Zweck oder die Richtung des Gesprächs, in dem der Sprecher oder die Sprecherin sich befindet. Hilfreich erscheint das Kooperationsprinzip von Grice insofern, als davon ausgegangen werden kann, dass der Sprecher oder die Sprecherin eine Intention mit seinem/ihrem sprachlichen Handeln verfolgt und aus diesem Grund tatsächlich kooperieren will. Die Ausführungen von Keller (2003 [1990]), die den Zweck des sprachlichen Handelns eindeutig im Wunsch, sozial erfolgreich zu sein, sehen, gehen einen Schritt weiter.

Für die weiteren Überlegungen sei festgehalten, dass die intrinsische Motivation, sozialen Erfolg zu haben, eine wesentliche Rolle für sprachliches Handeln spielen kann. Hier stellt sich die Frage, inwieweit Sprache und Zugehörigkeit eine alternativlose Festlegung bilden. Das Identitätsgefühl lässt sich zwar grundsätzlich zunächst dem Individuum zuschreiben, „doch fließen darin auch dessen soziale Einbindung und Zugehörigkeiten mit ein" (Hans-Bianchi 2016: 243). Die Sprache kommt unter anderem deshalb ins Spiel, weil sie es dem Individuum ermöglicht, seine Zugehörigkeit zu einer Gruppe zu verdeutlichen, sich selbst mit der Gruppe zu identifizieren. Gleichzeitig erlaubt spezifischer Sprachgebrauch in Gruppen auch den gezielten Ausschluss einzelner Individuen, sofern diese nicht über die gleichen sprachlichen Kompetenzen verfügen wie die restlichen Gruppenmitglieder.

Haarmann (1996: 222) spricht von der „ein- oder mehrsprachigen Identität", die einem Individuum „Zugehörigkeit zu einer oder mehreren Sprachgemeinschaften" verleiht. Zudem stellt er den „Identifikationsprozeß" heraus, der geprägt sei „durch das Wechselspiel von Abgrenzungsstrategien und Solidaritätssuche" (Haarmann 1996: 222), mit der das Individuum seine Individualität und seine sozialen Gruppenzugehörigkeiten, weltanschaulichen Orientierungen und eben die Zugehörigkeit zu Sprachgemeinschaften bewerkstelligt. Der Prozess der Identifikation des Individuums ist zentral für den Einzelnen, denn ohne ihn wäre keine Einbindung in eine relevante sprachliche oder soziale Gruppe möglich. Da das Individuum in der Regel „in mehreren, meistens sogar in vielen Gruppen" agiert, definiert es sich und seine soziale Identität notwendigerweise „über mehrere Gruppenzugehörigkeiten" (Fix 2003: 107). Solche Zugehörigkeiten seien allerdings nicht unveränderlich; sie können ebenso „verlorengehen" wie Identifizierungen und Identitäten, behauptet Fix weiter.[16]

Doch mag diese Veränderlichkeit im Falle der Sprache etwas schwieriger sein, folgt man einem Gedankengang von Haarmann (1996: 223): Im Rahmen der Gruppenbeziehungen führt er die Unterscheidung zwischen der „individuellen und kollektiven Identität" ein. Diese beiden schließen sich nicht aus, vielmehr handle es sich um „eine Dualität, wobei die individuellen Bedingungen der Identitätsfindung aufs engste mit den kollektiven Formen des Gruppenverhaltens verflochten" seien. Die kollektive Zugehörigkeit des Individuums – sei es durch Sprache, Wohnverhältnisse, Lebensstil usw. – werde dem Individuum von seinen Eltern vorgegeben, noch „bevor es sich dieser Inhalte seiner individuellen Identität überhaupt bewusst" werden könne. Und während es bezüglich Faktoren wie der Wohnsituation und des generellen Lebensstils einen größeren Spielraum gebe, so bestehe, was „die sprachliche Sozialisation" insbesondere im einsprachigen Milieu betrifft, eine weitaus geringere Flexibilität bis hin zur Alternativlosigkeit (Haarmann 1996: 223). Das Individuum würde, folgt man dieser Auffassung, festgelegt und bliebe seiner Sozialisationssprache zunächst einmal verpflichtet. In einer mehrsprachigen Gesellschaft bestehe allerdings bezüglich der sprachlichen Sozialisation

[16] Fix (2003) analysiert diese Fragen am Beispiel der DDR-Zugehörigkeit und DDR-Identität, die seiner Ansicht nach schließlich habe verlorengehen müssen.

des Individuums ein größerer Freiraum, der es ermögliche, sich mittels der eigenen „Mehrsprachigkeit positiv zu identifizieren oder sich bewusst als Mitglied einer bevorzugten Sprachgemeinschaft zu gerieren" (Haarmann 1996: 223). Ob sich diese Erkenntnisse für die Kui bestätigen lassen, wird zu prüfen sein.

Ebenso ist zu hinterfragen, ob eine Festlegung letztlich wirklich unabdingbar ist. In bisherigen Studien mit erwachsenen und jugendlichen Einwanderern konnte nämlich festgestellt werden, dass die Beteiligung an zwei Kulturen (im Sinne einer Integration) dazu dient, eine bessere psychologische und soziokulturelle Anpassung zu fördern, während die Beteiligung an keiner Kultur oder eine Verwirrung über die eigene Situation (Diffusion) beide Formen der Anpassung untergräbt (z. B. Berry 1997; Berry& Sam 1997; Berry et al. 2010).

1.5.2 Bedürfnisse als Anlass für sprachliches Handeln

Der zweite Fokus liegt auf den Bedürfnissen, die dem sprachlichen Handeln aus sozialpsychologischer Sicht zugrunde liegen. Sie werden im Gegensatz zu den vom Individuum mehr oder minder bewusst wahrgenommenen Motivationen kaum offen zutage treten. An diesem Punkt können qualitative Methoden aus der Sozialpsychologie wertvolle Dienste leisten. Durch gezielte Interpretation der Interviewtranskripte lassen sich Hinweise auf Muster und die ihnen unterliegenden Bedürfnisse entdecken. Die sozialpsychologischen Faktoren und aus psychologischer Sicht zu befriedigenden Bedürfnisse, die sprachlichem Handeln zugrunde liegen, sind bislang wenig erforscht.[17] Doch gibt es seit Langem zahlreiche Überlegungen zu persönlichen Bedürfnissen und Grundbedürfnissen, aus denen einige populäre Modelle hervorgegangen sind.

Die Hierarchisierung von Grundbedürfnissen, nach der sich menschliche Bedürfnisse ordnen lassen, ist seit den 1950er Jahren durch Maslow

[17] Ebenso wenig erforscht ist die Beschreibung von Bedürfnissen, die politischen Einstellungen und radikalen Handlungen zugrunde liegen.

(1954) weithin bekannt (Dörfler et al. 2018: 454; Maderthaner 2017: 311). Trotz hoher Plausibilität und der noch immer häufigen Darlegung vor allem in allgemeinpsychologischer Ratgeberliteratur spielt das Hierarchiemodell von Maslow in der neueren wissenschaftlichen Diskussion eine geringere Rolle, da es eine Reihe von Schwächen aufweist (Krapp & Hascher 2014: 240). Insbesondere wird kritisiert, dass zentrale Begriffe wie „Selbstachtung oder Selbstverwirklichung nicht eindeutig genug definiert" seien, sodass es nicht möglich sei, die Gültigkeit der theoretischen Aussagen – beispielsweise zur Struktur und Funktionsweise der höheren Bedürfnisse – empirisch zu überprüfen (Krapp & Hascher 2014).
Zudem ist ein Strukturmodell der menschlichen Persönlichkeit, das sogenannte 16-Faktoren-Modell, zu nennen. Ihm gemäß kann die Gesamtheit aller Eigenschaften fünf übergeordneten Faktoren zugeordnet werden: Extraversion, Unabhängigkeit, Ängstlichkeit, Selbstkontrolle und Unnachgiebigkeit. Zur Messung der in diesem Modell berücksichtigten Eigenschaften wurde unter anderem der 16-Persönlichkeits-Faktoren-Test entwickelt, der bis heute Verwendung findet (Schneewind, Schröder & Cattell 1986; Krapp & Hascher 2014: 240). Das jüngere Big-Five-Modell (Myers 2014: 573; Laux & Geßner 2008: 178ff.) hingegen unterliegt einer kritischen Betrachtung, da es zu wenig „den gesamten Menschen" und die „individuelle Organisation von Komponenten der Persönlichkeit und ihrer Einbettung in situative und lebensgeschichtliche Kontexte" berücksichtige (Laux & Geßner 2008: 192).
Das, was den Menschen ausmacht, scheint schwer zu fassen und Kritik an Theorien des Selbst resultiert daraus, dass „so viele Dinge relevant für das Selbst und das Selbstkonzept sind" (Dörfler et al. 2018: 539). Weder ist ohne Weiteres zu klären, welche Faktoren am wichtigsten für ein bestimmtes Verhalten sind, noch ist die Betonung des Selbst als soziales Konstrukt in jeder Hinsicht konsistent mit Modellen zur Vererbung einiger Facetten der Persönlichkeit. Die Theorien des Selbst können – wie andere Theorien auch – nur einen Teil dessen erfassen, was unter Persönlichkeit verstanden wird (Dörfler et al. 2018: 539). Dies liegt sicher-

lich nicht zuletzt daran, dass das Selbstkonzept und damit die Identität eines Menschen, seine Persönlichkeit und charakteristischen Eigenschaften von einer Vielzahl an Faktoren wie biografischen Begebenheiten, externen Einflüssen und weiteren Lebensbedingungen abhängen, die überwiegend dynamischen Prozessen unterliegen.

Für die hier vorgelegten Erörterungen sind natürlich weniger die physiologischen Bedürfnisse nach Nahrung, Sauerstoff und Schlaf von Relevanz, die kulturunabhängig als gesetzt angenommen werden dürfen (Heckhausen 1980; Weiner 1984). Wichtig sind hingegen soziale und erweiterte Bedürfnisse, die für ein bestimmtes Verhalten, insbesondere sprachliches Verhalten, in unterschiedlichen Situationen verantwortlich sind.

Grundsätzlich wird davon ausgegangen, dass jeder Mensch neben physischem Wohlbefinden und der Erfüllung physiologischer Bedürfnisse auch nach Nähe und Zugehörigkeit strebt, also ein Bedürfnis nach sozialer Wertschätzung und Bindung aufweist (Dörfler et al. 2018: 454; Lindenberg 1990: 92; Maderthaner 2017: 311; Steinbach 2004: 45). Das Bedüfnis nach Bindung könnte noch wichtiger sein, wenn Individuen aus Gemeinschaftskulturen[18] betrachtet werden. Wenn ein Mensch die Ziele für sein Handeln persönlich als bedeutsam erachtet, hat er das Gefühl, selbstbestimmt zu handeln (Dörfler et al. 2018: 454; Krapp & Hascher 2014: 249).

Zusammenfassend lässt sich sagen: Dem Menschen ist es über die Grundbedürfnisse hinaus ein ureigenes Anliegen, einer Gruppe zugehörig zu sein, ein stabiles Selbstverständnis entwickeln zu können und letztlich sozial erfolgreich zu sein. Im weiteren Verlauf der vorliegenden Monographie spielt das Bedürfnis nach sozialen Beziehungen, Integration und Austausch sowie nach nach sozialem Erfolg eine Rolle.

[18] Während in individualistischen Gesellschaften der Enfaltung des Individuums ein hoher Stellenwert beigemessen wird, werden in sogenannten Gemeinschaftskulturen häufig das soziale Miteinander und die Familie als hohes Gut angesehen (vgl. Myers 2014: 522).

1.5.3 Identität als Außensicht und Selbstbewertung

In dieser Studie findet primär die Selbsteinschätzung der Kui-Sprecher Beachtung. Aber auch die Außensicht kann einen erheblichen Einfluss auf die Identität von Individuen und Gruppen haben – es spielt also eine Rolle, wie jene, die sich außerhalb der Grenzen der eigenen Gruppe befinden, diese Gruppe sehen und bewerten. Im gegebenen Fall ist dies also zum Beispiel die Sicht der Gesellschaften in Thailand, Laos und Kambodscha auf die Kui.

Abbildung 2: Selbstbild, Fremdbild und Zusammensetzung der Identität der Kui

- **Selbstbild**: Das Selbstverständnis oder Selbstkonzept der Kui wird erfasst anhand der Geschichten, die die Kui von sich selbst erzählen. Diese Geschichten zeigen die eigene Sicht der Kui auf ihre Erfahrungen und deren Auswahl und reflektieren – wenigstens zu einem Teil – die eigenen Einstellungen, unter anderem zu ihrem sprachlichen Minderheitenstatus (s. Methoden: qualitative Interviews und Erfassung von Erzählungen und Geschichten).
- **Fremdbild**: Hierzu gehören die offizielle Sicht (Auswertung bisheriger Forschung mittels Literaturrecherche) und Ideologie in den Nationalstaaten sowie die durch teilnehmende Beobachtung über einen längeren Zeitraum erfassten Verhaltensweisen, die ebenso in qualitativen Analysen ausgewertet werden (s. Abbildung 2: Selbstbild, Fremdbild und Zusammensetzung der Identität der Kui).

Zu Selbsteinschätzung und Fremdbild kommt noch die offizielle Sicht hinzu, also die in der Öffentlichkeit kommunizierte Sichtweise, wie die Menschen eines Staates oder Territoriums zu sein haben. Meist sind dies ideologische oder politische Ansichten und Werte (s. Abbildung 2). Diese Thematik wird in Kapitel 9 noch einmal ausführlich betrachtet.
Eine weitere Vergleichsbasis wird erreicht durch die Erfassung paralleler Entwicklungen und inhaltlicher Überlappungen innerhalb der Geschichten, die sich die Kui in drei Nationalstaaten (Thailand, Laos und Kambodscha) erhalten und weitergegeben haben. Das können ähnliche oder identische Entwicklungen und Handlungsabläufe in den Erzählungen sein oder sich annähernde Quintessenzen und Lehren, die die Geschichten für die Menschen bereithalten bzw. die die Sprecher selbst diesen zuschreiben – kurz gesagt: kulturelle Überlappungen in Form von Textmaterial und gespeichertes kulturelles Material in Form von Ideen, die durch die (biografische) Erzählung von Geschichten festgehalten und tradiert werden.

1.6 Zum Verständnis von Identität als Ausgangspunkt der Untersuchung

Der hauptsächliche Gegenstand der vorliegenden Untersuchung ist das Verhältnis von Sprache und Identität vor dem Hintergrund sprachlicher Kontaktsituationen. Dies verlangt eine Annäherung an den Begriff der Identität. Ausführlicher soll dies in Kapitel 2 geschehen, wo die theoretischen Zugänge und speziell in Kapitel 2.6 auch das psychologische und sozialpsychologische Verständnis von Identität ausführlich erläutert werden. Zudem werden in Kapitel 8 in Teil III dieses Buches detaillierte Definitionen und terminologische Abgrenzungen zu Mehrsprachigkeit und zum Identitätsbegriff gegeben.
An dieser Stelle sollen einige einleitende Bemerkungen genügen: Zum Identitätsbegriff findet sich eine geradezu unüberschaubare Fülle an – nicht nur wissenschaftlicher – Literatur. Gerade in den letzten Jahren er-

reichte dieser Begriff ungemeine Popularität und unter den zahlreich erschienenen Publikationen für eine breitere Öffentlichkeit finden sich auch Werke zu Sprache, Identität und Grenzen.[19] In diesem und ähnlichen Beiträgen zum Thema geht es häufig um die Auseinandersetzung und Sensibilisierung junger Menschen für das Leben in Gesellschaften mit wachsender Multikulturalität. Schlagworte sind „Identitätskrisen", „Identitätsstiftung", „Zugehörigkeit" und „Grenzen" im Zusammenhang mit den Fragen nach den Möglichkeiten von Integration und Transnationalität (Quasem & Karakuyu 2018). Fragen nach dem Verständnis von Identität, nach Identitätsfindung und Identitäten bestimmter Gruppen sind demnach schon seit einigen Jahrzehnten keine der Wissenschaft vorbehaltenen Themen mehr.

Abgesehen von dieser aktuellen breiten Rezeption, in der Identität meist eher vage als ‚Übereinstimmung mit sich selbst' verstanden wird, haben das Konzept und der Begriff in den Sozialwissenschaften eine lange Geschichte. Die wegweisenden Publikationen von George Herbert Mead (1863–1931) und seiner Schüler der Chicagoer Schule haben nichts an Relevanz eingebüßt, wurden jedoch durch jüngere Entwicklungen in einen neuen Kontext gestellt (Schäfer 2015: 3). Ein Blick in diese soziologische Literatur zeigt, dass „Identität" sich nicht so einfach umschreiben lässt und die Verwendung des Wortes umstritten ist; manche Forscher wollen den Terminus sogar ganz unter den Tisch fallen lassen,[20] wie Dahm (2008) in der Einführung zum Schwerpunktheft „Identitäten in Europa" feststellt. Je nach Zusammenhang und Benutzer ruft das Wort

---

19 Es sei an dieser Stelle nur ein Beispiel genannt: „Was geht?", ein „Heft zu Identität, Sprachen und Grenzen" der Bundeszentrale für politische Bildung (2018).

20 Beinke (2008) weist auf den Vorschlag hin, den Begriff „Identität" in der wissenschaftlichen Debatte ganz zu streichen. Dazu Reinhard Kreckel: Soziale Integration und nationale Identität. In: Berliner Journal für Soziologie 4 (1994), S. 13–20; Lutz Niethammer: Kollektive Identität. Heimliche Quellen einer unheimlichen Konjunktur. Hamburg 2000.

unterschiedliche Assoziationen und sogar Abwehrreaktionen hervor (Beinke 2008).
Neben der Soziologie wurzelt die Identitätsdebatte in der Psychoanalyse im Gefolge von Sigmund Freud (Erikson 1970). Folglich liegen die Ursprünge der Identitätsdiskussion weit in der Vergangenheit – und entsprechend vielfältig und umfangreich sind die Versuche, eine umfassende und allgemeingültige Definition für „Identität" zu finden (Beinke 2008). Als gemeinsamer Nenner der meisten vorliegenden Definitionen lässt sich immerhin feststellen, dass sie Inklusion und Exklusion als die beiden grundlegenden Triebkräfte bei der Herstellung von Identität verstehen (Beinke 2008). Zudem hat sich eine Unterscheidung zwischen individueller und kollektiver Identität in vielen wissenschaftlichen Annäherungen durchgesetzt, wobei auch die kollektive Identität immer vom jeweiligen Individuum ausgeht (Beinke 2008).
In Übereinstimmung mit Kresic (2006) und Pugliese (2017) sei festgestellt, dass personale Identität nicht ohne Sprache gedacht werden kann. Kresic beschreibt ausführlich die unterschiedlichen geisteswissenschaftlichen Zugänge zum umfassenden Identitätskonzept, die auch in diesem Band ausführlicher behandelt werden müssen:

Identität (Kresic 2006)

- Psychoanalytischer Zugang (Freud, Erikson)
- Sozialpsychologischer Zugang (Mead)
- Interaktionistische Ansätze (Goffman)
- Gruppenphänomenologischer Ansatz
    - Soziale Identität (Tajfel & Turner)
- Postmoderne Selbstsuche (Keupp et al.)
- Konstruktivistischer Ansatz (Berger & Luckmann, Gergen)

Eine Typisierung von Identität lässt sich mindestens hinsichtlich folgender Unterkategorien vornehmen:

- nationale
- personale
- soziale
- kulturelle
- religiöse
- politische
- sprachliche

Identität, wobei diese Liste noch keinen Anspruch auf Vollständigkeit erheben soll. Einige dieser Untergruppen scheinen mit anderen Identitäten stark zu überlappen bzw. nicht ohne diese gedacht werden zu können: Zum Beispiel beinhaltet die soziale Identität auch religiöse, politische, persönliche usw. Tendenzen und Werte-Vorstellungen. Je nach Definition ergeben sich diese Überlappungen, wenn beispielsweise Sprache als Teil der Kultur oder der Gesellschaft gesehen wird. Und hier zeigt sich bereits ganz deutlich, dass die bisher in geradezu unüberschaubarer Fülle gegebenen Definitionsversuche und Typisierungen von Identität noch nicht zu einem allseits anwendbaren Ergebnis gekommen sind. Wie sinnvoll diese Typisierung insbesondere in Hinblick auf die *sprachliche Identität* ist, wird im Verlauf dieses Bandes ausführlich behandelt.

Wie sich zeigen wird, ist für die vorliegende Arbeit insbesondere die soziale Identität von Bedeutung, wobei diese natürlich den Einflüssen nationaler, politischer, persönlicher, religiöser und nicht zuletzt sprachlicher Praktiken, Einstellungen usw. ausgesetzt ist. Die Lebensumgebung spielt daher eine ebenso wichtige Rolle bei der Konstruktion der sozialen Identität eines Individuums wie die Kontaktmöglichkeiten, die sich in ihr anbieten.

Für vorliegende Untersuchung erscheint folgende Feststellung hilfreich:

> „Identität setzt sich aus mehreren sozialen, psychologischen, geographischen und anderen Faktoren zusammen, von denen die ‚individuelle' Sprache, der Erwerb der verschiedenen ‚Lekte' (individuelle Sprachbiographie) und deren Gebrauch im sozialen Kontakt eine wichtige Rolle spielen." (Löffler 2016: 151)

Der eigene Antrieb und die individuellen Beweggründe (Le Page & Tabouret-Keller 1985) sind auch für das sprachliche Handeln zentral.[21] Die folgenden Grundannahmen sind daher für die nachfolgenden Betrachtungen hervorzuheben (zu allen aufgeführten Punkten Beinke 2008):

- Erst, wenn eine kollektive Identität seitens des Individuums als relevant erachtet wird, ist es bereit, sich für eine Gruppenidentität zu engagieren, und richtet sein Handeln und Denken danach aus. Kollektive Identität kann erst, wenn sie als ein Teil des Selbstkonzepts des Individuums verstanden wird, im Denken und Handeln wirksam werden. Um dies an einem Beispiel zu illustrieren: Erst, wenn sich jemand als Europäerin oder Europäer fühlt, ist sie/er gewillt, sich für Europa einzusetzen.
- Zur Herausbildung von Gruppenidentität bedarf es einer institutionellen Ordnung, eines Territoriums, einer gesellschaftlichen Bewegung oder eines Staats.
- Eine weitere Voraussetzung für die Herausbildung kollektiver Identität ist eine historische Gemeinschaft, die sich über gemeinsame Wertorientierungen und geteilte Traditionen definieren kann.
- Kollektive Identität entsteht daraus und lebt davon, dass über die Gruppenidentität nachgedacht werden kann, dass Konflikte gelöst werden und Konsens über wichtige Themenbereiche besteht. Kommunikation macht dies möglich. Ohne den kommunikativen Austausch, ohne Aushandeln, kann es keine Identität geben.

Folgende übergreifende Annahmen lassen sich ableiten, die als Ausgangspunkt der Untersuchung dienen werden:

1. Wenn sich junge Kui ihrer eigenen Gruppe, also den ethnischen Kui, zugehörig fühlen, sind sie auch bereit und interessiert daran, sich für

[21] Zum Sinn des sozialen Handelns siehe auch Kapitel 3.7 zum Nutzen der Biografieforschung, mittels derer die jeweiligen Beweggründe zu erfassen versucht werden.

den Erhalt dieser Gemeinschaft in Denken und Handeln zu engagieren. Im Gegenzug wird sich bei fehlender Identifikation mit der Gruppe kein Wunsch nach deren Fortbestehen herausbilden.

2. Die soziale Wirklichkeit ist von mehrfachen Identitäten geprägt. Dies legt den Schluss nahe, dass der symbolischen Grenzziehung ein weniger hoher Stellenwert für die Herausbildung oder den Erhalt von Identität (der Minderheit Kui) zukommt als anderen Parametern, die für die kollektive oder soziale Identitätsbildung eine Rolle spielen.

Weitere, sich konkret auf die Sprache fokussierende Hypothesen werden in Kapitel 3 vorgestellt. Letztlich wird es darum gehen, diese beiden Stränge – Identität und Sprache – zu verfolgen, um der Identitätskonstruktion einer sprachlichen Minderheit näherzukommen.

1.7 Gliederung des Buches

Das vorliegende Buch gliedert sich in vier Hauptteile:

Teil I stellt als überwiegend theoretischer Teil Methoden, Fragestellung und Analyseschritte vor.

Teil II widmet sich den sozialen Grenzen und deren Auswirkungen auf die sprachliche Selbstverortung mehrsprachiger Minderheitensprecher im sozialen Raum. Diese kann beispielhaft für Sprecher kleiner Sprachen in politischen Grenzgebieten und deren Erfahrungen im Sprachkontakt an der Minderheit Kui analysiert werden.

Teil III beschreibt anhand von bisherigen Modellen zur sprachlichen Identität die mehrsprachige Gesellschaft. Zudem geht es um Rituale und Praktiken der Kui und ihre Funktion sowie um die Bedeutung des Vorhandenseins oder der Abwesenheit von eigener Schrift für eine Sprechergemeinschaft.

Umfassend ergänzt wird die Untersuchung zur Identität in allen Teilen um theoretische Positionen und vorhandene Sekundärlitertur zu allen behandelten Aspekten in ihren verschiedenen Facetten.

Teil IV bietet eine Gesamtschau in übersichtlicher Form. Es soll zudem diskutiert werden, inwiefern die erörterten Ansätze und Analysen auf die Kui-Minderheit und andere mehrsprachige Settings angewendet werden können.

2. Identitätsbildung im Sprachkontakt als disziplinenübergreifende Forschung

2.1 Prinzipielle Herangehensweise

Der Frage des Sprachkontaktes kann man sich aus verschiedenen Perspektiven nähern: erstens über eine Untersuchung der soziologischen Situation, die mit Tests zu *Awareness* hauptsächlich aus der Dialektologie arbeitet, aber auch Kriterien zum Vitalitätszustand von Sprachen im Kontakt mit anderen heranzieht; zweitens über strukturelle Merkmale und drittens über eine Kombination von beidem. Zum Zusammenhang von Sprache und Identität findet sich zunehmend umfangreichere Literatur in mehreren Wissenschaftsdisziplinen. Nach Phinney und Ong (2007: 274) kann unter Identität ein psychologisches Konstrukt verstanden werden, das in einem komplexen Entwicklungsprozess vom Individuum aufgebaut wird (Hans-Bianchi 2016: 243). Dieses Konstrukt dient dabei der Aufrechterhaltung von „Stabilität und Kontinuität des eigenen Ich und leitet die Handlungen des Individuums in den Kernbereichen des Lebens" (Hans-Bianchi 2016: 243). Zu den Kernbereichen des Lebens zähle auch der Bereich der Sprache. Für Evans (2019) ist Sprache ein wesentlicher Bestandteil der Konstruktion persönlicher, soziokultureller und soziopolitischer Identitäten. Sprache, Identität und symbolische Kultur untersuchen genau die Beziehung zwischen Sprache und Identität und bieten einen umfassenden und dennoch fortschrittlichen Einblick in die Beziehung zwischen Linguistik und Entwicklung und Bildung, sowohl in theoretischen als auch in realen Anwendungen.
Die vorliegende Untersuchung fokussiert insbesondere auf die soziologische Situation. Dass sprachlicher und interpersoneller Kontakt zentral ist für die Sprachen in Südostasien, liegt auf der Hand, aber konkrete Erkenntnisse zu den Faktoren, die diesen Kontakt determinieren, gibt es

kaum.[22] Aussagen zu kontaktinduzierter Konvergenz basieren im Grunde zumeist auf ausschließlich strukturellen Vergleichen über Sprachfamilien hinweg, sagen aber wenig über die Art dieser Kontakte aus. An diesem Punkt setzt die vorliegende Studie an, hat sie sich doch zum Ziel gesetzt, die Faktoren und Motivationen zu beleuchten, die den mehrsprachigen Kontakt determinieren. Zu dem Zweck scheint es aus psychologischer oder sozialpsychologischer Sicht notwendig, die dem (sprachlichen) Handeln zugrunde liegenden Bedürfnisse zu erkennen und zu verstehen. An dieser Stelle geht die Studie neue Wege, denn: Wenn neue Ergebnisse angestrebt werden, muss zwingend über neue Wege und Anordnungen im Vorgehen nachgedacht werden. Somit bewegt sich die vorliegende Ausarbeitung auf einem vielversprechenden sprachwissenschaftlichen Feld an der Schnittstelle zur Soziologie, zur Psychologie und zur interkulturellen Kommunikation.

Identität, Grenzen und sprachliches Verhalten schließen in dieser Forschungsarbeit die folgenden theoretischen Bereiche mit ein[23]:

Sprachwissenschaft

- Sprachkontaktforschung (Bisang, Nassenstein, Riehl, Sarhimaa)
- Sprachwandel (Bisang, Keller, Thomason, Weinreich)
- Angewandte Sprachwissenschaft (Kresic, Vossmiller)
- Soziolinguistik
    - Dialektologie/Variation (Gumperz, Heller, Labov, Trudgill)
    - Mehrsprachigkeit (Cheshire, Riehl, Fridland)
    - Minderheitenforschung (Åkermark & Toivanen, Nassenstein, Sarhimaa)

[22] Einen ersten Einblick in das Thema der Interaktion von Sprachwandel und Kontakt gibt der allgemeine Übersichtsartikel von Bisang (2016).

[23] In Klammern werden insbesondere die für dieses Buch herangezogenen Vertreter genannt; diese Liste soll keinesfalls als vollständig oder abschließend verstanden werden.

- Indogermanische und Allgemeine Sprachwissenschaft (Mumm, Schulze)

Philosophie und Soziologie

- Mikro-, Makro- und Mesosoziologie
- Wissenssoziologie (Weber, Durkheim, Berger & Luckmann)
- Verstehende Soziologie (Bourdieu, Goffman, Halbwachs, Schütze, Simmel)
- Sprachsoziologie (Maas)
- Kultursoziologie (Lamont, Otte)
- Kontaktsoziologie (Hartig) und Border Studies (Minnich, Nassenstein, Laakso et al., Sarhimaa)

Psychologie

- Sozialpsychologie
    - Gruppendynamik (Tajfel & Turner, Frey)
    - Sozialisation & Identität (Erikson, Mead, Keupp)

Ethnomethodologie und Anthropologie

- Feldforschungsmethoden (Garfinkel, Schütz)

Die Aufzählung der Forschungsrichtungen, ergänzt um die für diese Untersuchung wichtigsten Vertreter, macht nicht nur deutlich, wie viele Disziplinen beteiligt sind, sondern auch, dass es Überschneidungen und wechselseitige Bezüge gibt. Je nach Gewichtung lässt sich die Hierarchisierung auch in anderer Weise vornehmen. Es geht nicht um die Wertung der einzelnen Disziplinen, sondern vielmehr um die optimale Zusammenarbeit.

Die für die Studie relevanten Aussagen der aufgelisteten theoretischen Zugänge zum Themenkomplex Identität und Sprache (einschl. Sozialisation, Kultur, Ethnie) werden nachfolgend im Einzelnen skizziert. Dies geschieht notwendigerweise zum Teil sehr kurz, erscheint jedoch unabdingbar, um den theoretischen Rahmen aufzuspannen.

2.2 Der ethnomethodologische Ansatz

Der ethnomethodologische Ansatz lässt sich nach Schütz (1962) und Garfinkel (1967) kurz zusammenfassen als das Anliegen, „die Methoden aufzudecken, deren sich die Gesellschaftsmitglieder bedienen, um die Vielzahl ihrer Alltagshandlungen durchzuführen“ (Abels 2010: 116). Garfinkel gehe dabei davon aus, „dass es in jedem sozialen Gebilde (ethnos), sei es eine Gruppe, ein soziales Milieu oder die Gesellschaft insgesamt, *typische Methoden* gibt, mit denen die Individuen ihren Alltag bewältigen und eine gemeinsame Wirklichkeit konstruieren“ (Abels 2010: 116). Diese Methoden sind, wie Abels (2010) weiter ausführt, keine bewussten Strategien, sondern die mehr oder weniger bewusste Art und Weise, wie die Individuen sich gegenseitig den Sinn ihres Handelns im Alltag anzeigen. Jedenfalls sei für die Ethnomethodologie zentral, dass nicht das *Warum* für die Durchführung bestimmter Handlungen relevant ist, sondern das *Wie* (Abels 2010: 116). Das Individuum muss gemäß der Ökonomie des Handelns davon ausgehen, von den anderen im Alltag verstanden zu werden (Abels 2010: 118).

2.3 Ethnographische Studien zu Sprachen und Sprachminderheiten

Anthropologie und Ethnographie

Die soziologische Anthropologie interessiert sich für die kulturellen Unterschiede und Gemeinsamkeiten im menschlichen Leben, wobei sie sich weitgehend auf den Menschen als soziales Wesen konzentriert, weshalb Sprache als Mittel der sozialen Interaktion eines ihrer zentralen Interessen ist (Laakso et al. 2016: 195).

Als Unterdisziplin der Anthropologie erforscht die linguistische Anthropologie den Sprachgebrauch in einem sozialen Kontext und untersucht, wie Sprachen und Sprachgebrauch die Kommunikation formen und soziale Identität und Gruppenzugehörigkeit bilden, aber auch, wie Sprache eine Rolle bei der Organisation kultureller Überzeugungen und Ideologien spielt (Laakso et al. 2016: 195). Gleichzeitig muss berücksichtigt werden, dass eine gemeinsame Sprache allein keine Gemeinschaft begründet. Es genügt keineswegs dieselbe Sprache zu sprechen, um auch eine „Sprachgemeinschaft" zu bilden (Lüdi 1996b: 324).

Die linguistische Anthropologie hat ihre Wurzeln bereits im späten 19. Jahrhundert und wurde in den 1960er Jahren zu einem „cover term" für das Studium von Sprache im sozialen Leben und die Rolle des sozialen Kontextes bei der Ausformung sprachlicher Struktur und ihrer Anwendung (Gal, 2006: 172; zit. n. Laakso et al. 2016: 195).

Für die Anthropologie ist die ethnografische Methode von zentraler Bedeutung; sie kann durch ihr Engagement für die untersuchten Individuen charakterisiert werden, wodurch diese Individuen eine wesentliche Rolle bei Theoriebildung und im gesamten Forschungsdesign spielen (Laakso et al. 2016: 195)

2.4 Die interpretative Soziologie

Identität und Gesellschaft bei Mead

Zur Verwirklichung der Identität in der gesellschaftlichen Situation schreibt Mead (1995: 244ff.) der Aufrechterhaltung unseres Selbstrespekts eine zentrale Rolle zu, die sich in gewissem Sinne dadurch verwirklichen lässt, dass sich die Mitglieder einer Gruppe gegenüber anderen Gruppen überlegen fühlen. Diesen Umstand jedoch gilt es zu verschleiern und diese Möglichkeit zur Verwirklichung der eigenen Identität sei nicht mit den Ausdrucksformen des egozentrischen Menschen gleichzusetzen (Mead 1995: 249).

Nach George Herbert Meads (1934) Theorie zur Sozialisation versteht das Kind die Wirklichkeit, indem es sich in andere Personen hineinversetzt, also die Fähigkeit zu einer *Theory of Mind* entwickelt. Diese „Fähigkeit, von der Position des Anderen aus zu denken, nennt Mead *Rollenübernahme* (‚taking the role of the other')" (Abels 2010: 23). Sich selbst aus Sicht der anderen wahrnehmen zu können, befähige wiederum dazu, sich mit den Erwartungen der anderen zu identifizieren und damit eine eigene Identität herstellen zu können (Mead 1934: 399). Nur über den „Umweg des Anderen" ist Identität („self") möglich, denn „das Individuum wird sich seiner Identität erst bewusst, wenn es sich mit den Augen der Anderen sieht" (Abels 2010: 25). Dieser Umweg besteht in der menschlichen Kommunikation (Abels 2010: 25). Nach Mead wird Identität also durch das Gegenüber geprägt, mit dem das Individuum eine emotionale Bindung unterhält.

Mead (1995: 267) beschreibt zwei mögliche Prozesse zum Zusammenhang von gesellschaftlichen und individualistischen Theorien der Identität, bei dem einmal die gesellschaftlichen Prozesse der Herausbildung einer individuellen Identität zugrunde liegen und im anderen Fall das Individuum, dessen individueller Erfahrungsbereich dem gesellschaftlichen Prozess vorauszugehen hat. Mead (1995: 268) kommt zum Schluss, dass der (individuelle) Geist niemals hätte Ausdruck finden können, gäbe es keine gesellschaftliche Umwelt. Gleichwohl wird eine Wechselwirkung zwischen individueller und gesellschaftlicher Identität im Netz der gesellschaftlichen Beziehungen eingeräumt.

Schlussfolgern lässt sich aus dem oben Gesagten wohl, dass die individuelle oder persönliche Identität nicht ohne die gesellschaftlichen Strukturen bestehen könnte und dass sich beide Formen der Identität, also die individuelle und die gesellschaftliche oder gruppenbezogene Identität gegenseitig bedingen und beeinflussen.

2.5 Die wissenssoziologische Auffassung von Selbst und Wirklichkeit

In Anlehnung an Berger und Luckmann (1966) entsprechen die Äußerungen von Individuen – auch jener, die im Rahmen einer Studie an Interviews teilnehmen – nicht der objektiven Wirklichkeit, sondern spiegeln immer eine subjektive Wirklichkeit wider, eine „vom Einzelnen konstruierte Welt" (Fix 2003: 113). Denn Wirklichkeit besteht gar nicht für sich als objektive Größe, sondern lediglich für konkrete Individuen in einer Gesellschaft. Im soziologischen Sinne könne Wirklichkeit also „nur gedacht werden als Wirklichkeit für konkrete Individuen, die in einer bestimmten Gesellschaft leben“ (Abels 2010: 106), und diese Gesellschaft wird unter anderem durch das dort kolportierte Wissen und die vorhandenen Institutionen beeinflusst. Identität selbst sei ein Phänomen, das durch „die Dialektik von Individuum und Gesellschaft entsteht (Berger & Luckmann 1966: 186; vgl. Abels 2010: 106).

Diese Dialektik betrifft die Sozialisation des Individuums innerhalb einer Gesellschaft (Abels 2010: 107), die sich in eine primäre und eine sekundäre Sozialisation unterteilen lässt (Berger & Luckmann 1966: 150). Unter der *primären Sozialisation* wird demnach verstanden, dass die Welt des Kindes zunächst durch andere konstruiert wird. Diese Welt des Kindes ist eine subjektive, zweifelsfreie Wirklichkeit, die „alles, was gedacht oder getan werden kann“ (Abels 2010: 107), einschließt und zunächst nicht infrage gestellt wird. Unter der *sekundären Sozialisation* ist der Prozess zu verstehen, der beginnt, sobald das Kind die Möglichkeit hat, aus seiner ersten konstruierten Welt heraus- und in Kontakt mit anderen Routinen des Handelns zu treten. Es trifft also „auf alternative Muster des Denkens und Handelns“ (Abels 2010: 107), sobald sich sein Umfeld erweitert. Es ergeben sich neue Alternativen für das Individuum und die vormals „eine Wirklichkeit“ zerfällt in mehrere Wirklichkeiten. Das Individuum lebt von nun an also in mehreren Wirklichkeiten und übernimmt in diesen unterschiedlichen Wirklichkeiten auch unterschiedliche Rollen. Diesen Rollen messen Berger und Luckmann eine zentrale Bedeutung zu: „Mittels der Rollen, die er spielt, wird der Einzelne in einzelne Gebiete gesellschaftlich objektivierten Wissens eingewiesen, nicht allein im engeren kognitiven Sinne, sondern auch in dem des ‚Wissens‘ um Normen, Wert und sogar Gefühle.“ (zit. n. Abels 2010: 102) Daraus konstruieren sich mehrere rollenspezifische, als „Teil-Selbst“ bezeichnete Konzepte. Innerhalb von Normen und Rollen ergeben sich mittels „Rollendistanz“ „wissensabhängige Handlungsspielräume“ (Schweizer 2007:

462), die es dem Individuum ermöglichen, eine „persönliche Identität" zu konstruieren, die sich auch durch vielfältige, inkonsistente Merkmale auszeichnet, indem jeder Akteur explizit oder implizit aufgefordert ist, „seinen Halt in sich selbst zu suchen" (Schweizer 2007: 462).

2.6 Das psychologische und sozialpsychologische Verständnis von Identität

2.6.1 Defizitäre und erfolgreiche Selbstkonstruktion

Eine Annäherung an den Identitätsbegriff der Psychologie ist über die detaillierten Überlegungen zu problematischen Entwicklungen möglich, die – mit aller Vorsicht – Umkehrschlüsse für definitorische Fragen zulassen können. Dammann et al. (2011: 281) nennen eine Reihe von Unterscheidungsmerkmalen zwischen Ausprägungen von Identität von der reifen Identität über Identitätskonfusion, -krise, -konflikt, -diffusion bis hin zur Identitäsfragmentierung. Eine schwere Identitätsstörung sei dadurch gekennzeichnet, „dass fast gar kein kohärentes Selbstbild oder Identitätsgefühl ausgebildet" sei (Dammann et al. 2011: 281). Die Abstufungen machen deutlich, dass Identität eine bestimmte Qualität haben kann und keineswegs von einer bei allen Menschen gleich gut ausgebildeten Identität im Sinne einer qualitativen Fähigkeit auszugehen ist. Eine defizitär ausgebildete Identität kann durchaus zu erheblichen Schwierigkeiten für ein Individuum führen, die nach ICD[24] (ICD-10 GM 2021) pathologischen, mithin behandlungsbedürftigen Charakter haben. Die Psychologie weist der Identität eines Individuums und insbesondere dem Selbstverständnis der eigenen Identität eine zentrale Rolle für die menschliche Befindlichkeit zu.

Nach Bleuler (1987) geht es im Leben darum, die verschiedenen, sich oft widersprechenden inneren Bestrebungen zu harmonisieren, sodass man

[24] ICD 10: Internationale statistische Klassifikation der Krankheiten und verwandter Gesundheitsprobleme: 10. Revision.

allen Spannungen zum Trotz dauerhaft ein Ich, eine ganze Persönlichkeit ausbilden könne. Gleichzeitig habe sich der Mensch damit auseinanderzusetzen, dass äußere Lebensverhältnisse nie den inneren Bedürfnissen voll entsprächen, sondern Anpassung an Umwelt und Realität verlangten (Bleuler 1987: 18). Eine Psychose verweise darauf, dass ein Mensch vor der Anforderung kapituliert habe, die Harmonisierung seiner inneren Welt und die Anpassung an die äußere Welt zu leisten (Bleuler 1987: 18f.). Es handelt sich im Grunde um einen Lösungsversuch für ein unlösbares Problem, was Identitätsarbeit im Sinne kontinuierlicher Passungsarbeit zu leisten hat (Keupp 2000; Faltermaier et al. 2014: 107).

In der Psychologie wird Identität natürlich nicht nur über die Problematisierung definiert, sondern zumeist (vereinfacht) gefasst als die Antwort auf die Frage: „Wer bin ich (wirklich)?“ (Myers 2014: 212; Breitenbach & Köbel 2016: 13ff.; Keupp 2000; Keupp & Höfer 1997: 7), ergänzt um „Wohin gehe ich?“ (Smith, Nolen-Hoeksema, Fredrickson & Loftus 2007: 130). Zunächst einmal kläre die Identität, wer man selbst oder wer jemand anderer sei (Keupp 2000). Identität im psychologischen Sinne verweise auf die Bedingungen, die eine lebensgeschichtliche und situationsübergreifende Kontinuität in der Selbstwahrnehmung möglich machen, also die Wahrnehmung von innerer Einheitlichkeit trotz Veränderungen in der äußeren Lebenswirklichkeit (Kienbaum & Schuhrke 2008: 268; Keupp 2000).

Nach Erikson besteht „das Kernproblem der Identität in der Fähigkeit des Ichs, angesichts des wechselnden Schicksals Gleichheit und Kontinuität aufrechtzuerhalten“ (Erikson 1964: 87). Identität sei ein Grundgefühl: „Das Gefühl der Ich-Identität ist [...] das angesammelte Vertrauen darauf, daß der Einheitlichkeit und Kontinuität, die man in den Augen anderer hat, eine Fähigkeit entspricht, eine innere Einheitlichkeit und Kontinuität (also das Ich im Sinne der Psychologie) aufrechtzuerhalten.“ (Erikson 1966: 107) Identität entwirft Erikson also als ein Konstrukt, mit dem das subjektive Vertrauen in die eigene Kompetenz zur Wahrung von Kontinuität und Kohärenz formuliert wird (Straub 2019: 120ff.; Keupp 2000; Faltermaier et al. 2014: 83ff.). Diese Kompetenz wird in einen umfassenden biografischen Zusammenhang gestellt, woraus sich die Ich-Entwicklung durch „Lösung sozial und psychogenetisch determinierter Entwicklungskrisen“ begründen lässt (Asanger & Wenninger 2006: 712).

Eriksons Überlegungen zur Identität wurden in den letzten Jahrzehnten weiterentwickelt (Smith et al. 2007: 131). Insbesondere die Vorstellung eines kontinuierlichen Stufenmodells, dessen adäquates Durchlaufen bis zur Adoleszenz eine identitäre Basis für das weitere Erwachsenenleben sichern würde, wird seit den 1980er Jahren kritisiert (Keupp 2000). Nach aktueller Auffassung wird nicht mehr davon ausgegangen, dass ein Individuum im frühen Erwachsenenalter sozusagen ein „inneres Kapital“ (Erikson 1966: 107) erzielt hätte, das ihm eine erfolgreiche Lebensbewältigung sichern würde (Keupp 2000). Vielmehr wird die Entwicklung der Identität als ein dauerhafter, lebenslanger Prozess verstanden (Faltermaier et al. 2014: 204).

Von Eriksons Phasenmodell über Tajfels und Turners Social Identity Theory bis zur modernen multiplen Identitätskonstruktion der Postmoderne wurden unzählige Versuche unternommen, das Konzept der Identität in klar definierbare Bezüge einzubetten. Das Konzept der Identität im weiteren Sinne wurde in der Literatur aus unterschiedlichen Gesichtspunkten betrachtet, von denen die folgende Auflistung nach Kresic (2006: 60ff.) nur eine unvollständige sein kann:

- Identität als Entwicklungsziel
- Identität aus sozialpsychologischer Sicht (u.a. Mead)
- Identität als Imagearbeit (u. a. Goffman, Habermas und Krappmann)
- Identität als Gruppenphänomen (Stichwort „soziales Selbst“ und die Social Identity Theory nach Tajfel und Turner)
- Identität als Vielfalt und ein plurales, multiples Phänomen
- Identität als sprachlich-diskursives Selbstkonstrukt.

Kresic (2006: 227ff.) stellt ein „Modell der multiplen Sprachidentität" vor, das an Simmels Modell der sozialen Kreise erinnert. Beiden liegt der Versuch zugrunde, die komplexen Beziehungsgeflechte, die einem menschlichen Individuum zu eigen sind, in ein anschauliches Modell zu überführen. Das Konzept der „hybriden Identität" wird in Kapitel 8.3 in Teil III, bei der Diskussion zu den Zusammenhängen von Sprache und Identität, nochmals aufgegriffen werden.

Die Vorstellung von Identität als eine fortschreitende und abschließbare Ausbildung eines entsprechenden inneren „Kapitals" wird also zunehmend von der Idee abgelöst, dass es bei Identität um „Projektentwürfe" geht oder um die Abfolge oder gar das Nebeneneinander von „Projekten" des Selbst, die teilweise sogar widersprüchlich sein können (Keupp 2000; Straus & Höfer 1997).

Es seien an dieser Stelle zehn Punkte zitiert, die Keupp (2000, 2001: 809) in Anlehnung an Giddens (1991: 74ff.) entwickelt hat. Obwohl sie weithin bekannt sind, möchte ich sie hier wiederholen, weil einige davon für vorliegende Studie erhellend sind. Sie beschreiben, was Selbst- oder Identitätskonstruktion aus heutiger sozialpsychologischer Sicht ausmacht:

1) „Das Selbst wird zum reflexiven Projekt: ‚Wir sind nicht[,] was wir sind, sondern was wir aus uns machen.'
2) Das Selbst bildet eine entwicklungsmäßige Verlaufskurve. Im Entwicklungsgeschehen zwischen Kindheit und Zukunft wird deren innere Kohärenz durch die jeweilige Lebensspanne erzeugt.
3) Die Reflexivität des Selbst ist kontinuierlich und alles durchdringend: ‚Was geschieht gerade mit mir? Was denke ich? Was tue ich? Was fühle ich?'
4) Identität entsteht in einem narrativen Prozeß: ‚Ich erzähle mich selbst.'
5) Selbstverwirklichung bedeutet die Schaffung persönlicher Zeitzonen, die bewußt gegen die äußere Zeit gesetzt werden.
6) Die Selbstreflexivität bezieht den Körper ein.
7) Selbstverwirklichung wird im Spannungsfeld von Chancen und Risiken verstanden.
8) Authentizität wird zum Leitfaden der Selbstverwirklichung.

9) Identität vollzieht sich in ‚Übergängen', die ohne gesellschaftliche Stützrituale gelebt und gestaltet werden.

10) Die Verlaufskurve der Identitätsentwicklung ist unheilbar selbstreferentiell: Ich muß meine Lebenserzählung in sich stimmig präsentieren." (Keupp 2001: 809)

Im Kontext der Identität der Kui gebührt den Stichworten Reflexivität, Selbstreflexivität, Selbstverwirklichung sowie Authentizität und Narrativität ausdrücklich Aufmerksamkeit. Reflexivität und Selbstreflexität meinen dabei die Selbstsicht der Kui-Minderheitensprecher unter Bezugnahme auf andere Mitglieder der eigenen und anderer Gruppen (zum Beispiel Khmer, Thai, Laoten). Selbstverwirklichung ist im Sinne der Möglichkeiten zu verstehen, die der eigene sprachliche Hintergrund eröffnet (z. B.: „Wie kann ich meine sprachliche und ethnische Herkunft einsetzen, um meine Chancen zu verbessern?"; „Wann möchte ich meine Herkunft sprachlicher oder ethnischer Art verbergen[25], um mich nicht unnötig Risiken auszusetzen oder meine Chancen auf Erfolg zu mindern?"). Authentiziät steht eng in Verbindung mit Narrativität, der stimmigen Lebenserzählung. Gerade eine Gesellschaft, die ohne eigenes Schriftsystem und ohne eigene schriftlich dokumentierte Geschichten auskommt, lebt über die mündlich tradierten Erzählungen, die an die nachfolgenden Generationen weitergegeben werden, weiter.

2.6.2 Der kulturvergleichende Blick

Ein Aspekt von Identität ist, dass sie innerhalb einer Gemeinschaft sozial und kulturell konstruiert wird, was gerade für eine Minderheit in Abgrenzung zur Mehrheit relevant ist. Das Selbst oder ein anderer Mensch wird

[25] Dass Sprecher gelegentlich eine bewusste Sprachwahl treffen, um ihre Herkunft zu verbergen, ist aus vielen Studien bekannt: Nassenstein (2015: 9f.) beschreibt, wie Sprecher bei Besuchen in Nachbarschaften ihre Sprache bewusst wählen, auch um zu verbergen, dass sie nicht aus dieser Gegend stammen. So entstünden regelrecht spezielle „homoglottale Zonen", in denen die Sprachen klar auseinandergehalten werden und die Sprecher angeben, in diesem Gebiet noch nie Zeuge von Gesprächen in einer anderen als der dort üblichen Sprache gewesen zu sein (Nassenstein 2015: 9).

in einem Bedeutungszusammenhang verortet (Keupp 2000). Selbstkonzepte und Selbstentwicklung werden konsequenterweise von unterschiedlichen kulturellen Einflüssen und Bedingungen geprägt.

Eine Reihe von Forschungsergebnissen basiert auf Theorien und Konstrukten, die der Art und Weise, in der das Selbst in westlichen Kulturen begriffen wird, angepasst sind (Dörfler et al. 2018: 539). Mittlerweile ist jedoch erwiesen, dass die Art der Kultur die Selbst- und Identitätsentwicklung beeinflusst. Ein westliches Konstrukt, das einer individualistischen Kultur entstammt, lässt sich mithin nicht einfach übertragen. Die Weltbevölkerung umfasst über 70 Prozent kollektivistische, nicht individualistische Kulturen (Dörfler et al. 2018: 539). Während in individualistischen Kulturen die Bedürfnisse des Individuums betont werden, sind es in kollektivistischen Kulturen die Bedürfnisse der Gruppe (Triandis 1994, 1995). Diese gesellschaftliche Perspektive wirkt sich maßgeblich darauf aus, wie Mitglieder einer Kultur ihr Selbst begreifen. Man geht davon aus, dass jede Kultur auf ein anderes Konstruktionsprinzip des Selbst zurückgreift (Markus & Kitayam 1991; Kitayama et al., 1995; Markus et al. 1997; Dörfler et al. 2018: 538). Individualistische Kulturen fördern ein eigenständiges, unabhängiges (independentes) Verständnis des Selbst:

> „Um das kulturelle Ziel der Unabhängigkeit zu erreichen, muss man sich selbst als Individuum verstehen, dessen Verhalten in Bezug auf das eigene innere Repertoire an Gedanken, Gefühlen und Handlungen organisiert ist und Bedeutung erlangt, und nicht durch den Bezug auf die Gedanken, Gefühle und Handlungen anderer." (Markus & Kitayama 1991: 226)

Kollektivistische Kulturen fördern dagegen ein wechselseitig abhängiges (interdependentes) Verständnis des Selbst:

> „Die Erfahrung der Interdependenz beinhaltet, dass man sich selbst als Teil umfassender sozialer Beziehungen sieht und erkennt, dass das eigene Verhalten dadurch bestimmt wird, davon abhängt und größtenteils dadurch strukturiert ist, was Handelnde als die Gedanken, Gefühle und Handlungen anderer in der Beziehung wahrnehmen." (Markus & Kitayama 1991: 227)

Im sogenannten Twenty Statements Test (TST) von Kuhn und McPartland (1954) werden Antworten auf die Frage „Wer bin ich?"

abgefragt. Es erweist sich, dass Menschen mit großer Wahrscheinlichkeit in Abhängigkeit ihrer jeweiligen Kultur antworten (Dörfler et al. 2018: 538). Unterschiede zwischen Männern und Frauen sind dagegen insgesamt gering ausgeprägt – die Kultur war entscheidender (Dörfler et al. 2018: 537). Vergleichende Studien mit Menschen europäischer und asiatischer Abstammung zeigen auf, dass es ganz generell eine Rolle für die Forschung spielt, ob die Teilnehmenden europäischer oder asiatischer Abstammung sind (z. B. Dhawan et al. 1995; Ma & Schoeneman 1997; Ma-Kellams & Blascovich 2011). Die jeweilige Zugehörigkeit von Menschen zu Kulturen hat großen Einfluss darauf, wie sie ihr Selbst wahrnehmen (Dörfler et al. 2018: 537).

Es gilt daher in empirischen Studien darauf zu achten, wie die Ereignisse im Umfeld eines Menschen Einfluss auf sein Selbst als Individuum und auf sein Selbst als Mitglied einer größeren sozialen Struktur haben (Dörfler et al. 2018: 539).

2.6.3 Drei Gegensätze als Rahmen einer Annäherung

Ungeachtet der beschriebenen kulturellen Unterschiede gibt es auch Gemeinsamkeiten, die für alle Menschen universell gelten. Die beiden Pole *Einzigartigkeit und Generalisierung* markieren einen von drei Gegensätzen, die der Annäherung an Identität dienen. Das zweite Begriffspaar ist *Beständigkeit und Veränderung* und das dritte *Innensicht und Außensicht* (Dörfler et al. 2018: 410f., 419; Straus & Höfer 1997: 286).

Beispielsweise werden in der Psychologie grundlegende Gesichtsausdrücke bei den meisten Menschen ähnlich und weitgehend unabhängig von der eigenen Kultur gedeutet (Elfenbein & Ambady 2002, 2003; Myers 2014: 509). Hinsichtlich des zweiten Gegensatzes ist das Individuum auch (oder gerade) bei stabiler Identität durchaus in der Lage, sich weiterzuentwickeln. Es muss auf neue Situationen nicht immer mit den gleichen schematisierten Handlungen reagieren. Identität beinhaltet damit Beständigkeit und Veränderung bzw. Zuverlässigkeit und Kontinuität (Straus & Höfer 1997: 286). Damit etwas zum Teil der Identität eines Menschen werden kann, muss es zeitlich überdauernd, das heißt über einen längeren Zeitraum andauernd, und zudem umfassender sein als nur ein Teil einer Rolle, die ein Individuum ausfüllt. Diese Zuverlässigkeit betrifft sowohl die Selbst- wie auch die Fremdwahrnehmung: „Ich bin so, wie ich früher war und kann mich darauf verlassen, mich in ähnlichen Situationen ähnlich zu verhalten. Ebenso können andere sich darauf verlassen, dass ich mich in ähnlicher Weise verhalten werde." Kurz gesagt, lässt sich Identität in diesem Sinne verstehen als einen „sich entwickelnden, stabilen und zugleich dynamischen Persönlichkeitskern" (Köbel 2018: 14).

Identität ist folglich nicht gleichzusetzen mit der sozialen Rolle – in der jeweiligen Rolle wird nur ein Teil der ganzen Identität benötigt oder gezeigt. In der Psychologie wird dieses Vorhandensein von Teilidentitäten bei gleichzeitigem Beibehalten derselben Identität als *soziale Kohärenz* bezeichnet (Dörfler et al. 2018: 541).[26] Dabei gilt es zu unterscheiden, ob eine Eigenschaft tatsächlich nur der aktuell ausgeführten Rolle geschuldet ist, oder ob sie Teil der Identität des Menschen ist (Dörfler et al. 2018: 700). Wenn sich die Lebensverhältnisse ändern, wandelt sich die Identität in ihren Teilen, die Identität an sich bleibt jedoch stabil (Köbel 2018: 13; Dörfler et al. 2018: 185). In einigen Publikationen wird daher auch von „Identitäten" oder „Teilidentitäten" gesprochen (Keupp 1999), in anderen taucht Identität im Plural nur zur Beschreibung pathologischer Ausprägungen auf (Dörfler et al. 2018: 578).

Die Pole Außensicht und Innensicht sind prägende Faktoren für die Identität des Individuums (Köbel 2018: 15). In der Kindheit ist die

[26] „[Die kollektive] Identität einer sozialen Bewegung geht vielmehr hervor aus einer *Balance zwischen Kohärenz und Inkohärenz* im Netz der Dispositionen. Nach diesem Verständnis ist Identität dann gegeben, wenn die Akteure durch ihre raumzeitliche Praxis genügend Kohärenz hervorbringen, um von anderen Akteuren und von sich selbst an ihren Aktionen wiedererkannt und zu einem Gegenstand von Erwartungen gemacht zu werden." (Schäfer 2015: 663, Hervorh. im Original).

Affektspiegelung – das *mirroring* (Keupp 1997: 101; Kohut 1971, Winnicott 2019 [1971]: 128) – entscheidend für die Entwicklung des Selbst (Keupp 1997: 99ff.) Nahestehende Menschen haben bei der Konzeption des Spiegelselbst einen starken Einfluss auf die Konstruktion des Selbstkonzepts (Möller & Trautwein 2020: 190) und noch im Erwachsenenalter spielen die Referenz auf andere und der Abgleich mit anderen eine Rolle. Aus diesen – sicher sehr verkürzt dargestellten – Zusammenhängen lassen sich drei Aussagen ableiten: Identität entsteht immer sowohl aus (Selbst-)Reflexion als auch in Relation zu anderen (Köbel 2018: 13); Außensicht und Innensicht beeinflussen sich gegenseitig; Fremdbild und Selbstbild stimmen in der Regel nicht überein (Möller & Trautwein 2020: 190).

2.6.4 Erzeugen von Identität durch Identitätsarbeit und Narration

Identität konstitutiert sich, wie in Teil I schon besprochen, zum einen durch Gemeinsamkeiten, zum anderen durch Abgrenzung. Daher ist die Frage nach der eigenen Identität eng damit verbunden, zu wissen, wer oder was „nicht dazugehört". Auf individueller Ebene lässt sich mit der Frage „Wer oder was will oder kann ich (nicht) sein?" auf das Selbstverständnis abzielen. Doch auch Gruppen kann man ein gemeinsames Verständnis von Zugehörigkeit und Nicht-Zughörigkeit zuordnen. Besonders häufig äußert sich dies im Zuge von politischen und gesellschaftskritischen Debatten. In diesem Kapitel sollen Identitäten als Gruppen-Phänomene betrachtet werden. Eine Annäherung ist allerdings nicht ganz einfach, wie schon folgender Versuch von Löffler (2016) illustriert, die Beziehung zwischen den beiden Identitäten zu klären: Während die individuelle Identität eine „reale, geradezu ‚messbare' Größe" darstelle, sei die Gruppenidentität „eine virtuelle Größe" und die persönliche Identität könne als „eine Ansammlung oder Mixtur verschiedener Gruppen-Identitäten" verstanden werden (Löffler 2016: 152).

Nach Keupp (2000) ist Identität als konzeptioneller Rahmen zu verstehen, innerhalb dessen eine Person ihre Erfahrungen interpretiert und der die alltägliche Identitätsarbeit bestimmt. Identitätsarbeit ziele darauf ab, „ein individuell gewünschtes oder notwendiges ‚Gefühl von Identität' zu erzeugen" (Keupp 2000). Voraussetzungen für dieses Gefühl seien soziale Anerkennung und Zugehörigkeit. Mittels alltäglicher Identitätsarbeit leiste das Individuum die Passungen zwischen Innen und Außen und verknüpfe unterschiedliche Teilidentitäten (Straus & Höfer 1997: 281f.). An dieser Stelle sei bereits darauf hingewiesen, dass die hier nach Straus & Höfer benannten „Teilidentitäten" und ähnliche Konzepte mehrfacher Identitäten durchaus kritisch gesehen werden, worauf in Teil III noch ausführlich zurückzukommen sein wird.

In der Wahl seiner jeweiligen Identitätsentwürfe, so Keupp (2000) weiter, sei das Individuum weniger frei, als es vielleicht wünschenswert wäre. So hingen Qualität und Ergebnis dieser Identitätsarbeit, die in einem machtbestimmten Raum stattfinde, nicht einzig von den individuellen Vorlieben und Möglichkeiten ab, sondern maßgeblich von den vorhandenen Identitätsentwürfen. Das vorhandene Repertoire erschwert eine spezifische Wahl und erleichtert eine andere, favorisiert einen Entwurf und zwingt vielleicht den einen oder anderen sogar auf. Qualität und Ergebnis der Identitätsarbeit hängen zudem von den Ressourcen eines Menschen ab, von individuell-biografisch begründeten Kompetenzen über die kommunikativ vermittelten Ressourcen sozialer Netzwerke bis hin zu gesellschaftlich-institutionell vermittelten Ideologien und Strukturvorgaben.

Identität wird auf diese Weise zu einem Projekt, das es bestmöglich zu bewältigen gilt, die Identität wird laut Kraus (1996: 185ff.) zu einer Projekterzählung. Er schlägt ein „Konzept der narrativen Identität" vor, demgemäß Identität erzählend konstruiert wird (Kraus 1996: 93ff.). Dabei stellt er seine Überlegungen zu einer narrationsorientierten Identitätsforschung unter anderem in den Zusammenhang mit einer grundlegenden Problematik der qualitativen Forschung: der Validität und der ungelösten Frage, wie qualitative Forschung aufzubereiten ist, um

mit einem vertretbaren Aufwand rezipierbare Ergebnisse zu produzieren (Kraus 1996: 243).
Für die weiteren Überlegungen ist es wichtig, festzuhalten, dass narrative Identitätsforschung durchaus fruchtbare Erkenntnisse zutage fördern kann. Sie nutzt die Möglichkeiten der qualitativen Forschung, nicht Erwartetes zu entdecken und damit neue Wege beschreiten zu können. Dass die beschriebenen Aspekte und Herangehensweisen durchaus eine kritische Betrachtung verdienen, zeigt Mumm (2018) in seinem Beitrag, in dem er darlegt, dass *Identität*, ein ursprünglich rein logisches Konzept, von der Sozialpsychologie logisch inkonsistente, irreführende und folgenreiche Bedeutungen übernommen habe (Mumm 2018: 1). Diesen und anderen Einwänden zur aktuellen Debatte um die Identität zu den Zusammenhängen von Sprache und Identität wird in Teil III genauer nachgegangen. An dieser Stelle wird auch eine detaillierte Begriffsdefinition und terminologische Abgrenzung vorgenommen (Kap. 8.3).

Gemeinschaft als Narrativ

Wenn sich dieses Kapitel von den Grenzziehungen über Netzwerke nun doch wieder zu gemeinschaftsstiftenden Aspekten bewegte und von der Gruppenidentität zurück zum Habitus des Individuums kam, bestätigt dies nur die eingangs getroffene Feststellung, dass eine Annäherung schwierig und die Wechselwirkungen komplex sind.
Festzuhalten ist, dass die Identifikation mit einer bestimmten Gruppe maßgeblich durch ein gemeinsam erlebtes Narrativ, also eine gemeinsame „Geschichte“, zustande kommt. Diese gemeinsamen „Erinnerungen“ und „Erzählungen“ sind zudem umso wirkmächtiger und stärken die Gruppenidentität umso mehr, je mehr sie emotional verinnerlicht sind. Sobald sich eine Gruppe also gemeinsamer Geschichten, Mythen, Erinnerungen und Erzählungen bedienen kann, ist die Wahrscheinlichkeit eines selbst wahrgenommenen Zugehörigkeitsgefühls und damit der Identifikation des Selbst mit dieser Gruppe umso höher. Die „Zeichen der Vergangenheit“ können also zu „Symbolen kollektiver

Identität" werden, die „narrative Vertrautheit in einer Gesellschaft" sichern können (Eder 2007: 206). Dieser narrative Aspekt wird im Folgenden eine wesentliche Rolle spielen.

Grenzziehung, ein narratives Projekt?

Identitätskonstruktion von Gruppen findet – vereinfacht gesagt – nach innen durch eine Kombination geteilter Werte, Einstellungen, Erfahrungen und Praktiken statt. Genannt werden in diesem Zusammenhang in der Regel die Herkunft und die Sprache als eindeutig verbindende Faktoren, sofern sie geteilt werden.

Allerdings argumentiert Eder für den europäischen Kontext, dass unter den transnationalen Bedingungen, wie sie gegenwärtig in Europa vorzufinden sind, eine gemeinsame Sprache und gemeinsame Werte oder gemeinsame Herkunft nicht mehr ausreichen, um „genügend kollektiv geteilten und narrativ plausiblen Sinn" zu erzeugen (2007: 205). Vorgeschlagen werden daher „Zeichen, die sich zur Herstellung von Symbolen mit Identitätswirkung eignen", die jedoch „keine historischen Vorbilder" hätten und daher neu zu konstruieren seien (Eder 2007: 205). Drei Wege der Konstruktion von Grenzen stünden (für Europa) zur Verfügung (Eder 2007: 205):

1. Normierung des Exklusions-/Inklusionsverhältnisses durch eine abstrakte Staatsbürgerschaft, die die rechtlichen Grenzen bestimmt.
2. Affektive Besetzung des Inkludierten durch die Erfahrung einer effizienten Sicherung von Kollektivgütern und eine faire Verteilung der Lasten zur Sicherung dieser Kollektivgüter.
3. Symbolische Repräsentation eines Inklusionszusammenhangs von Wohlstand und Sicherheit durch kollektiv geteilte Geschichten, also narrativ vertraut gemachte Grenzen.

Dieser doch sehr konstruiert wirkende Ansatz einer gemeinsamen (bei Eder: europäischen) Identität lässt erwarten, dass die Konstruktion einer

„neuen“ Identität nicht in wenigen Jahren gelingen kann. Dass in einer zunehmend durchmischten Welt Sprache allein kein hinreichender Grund für die Herausbildung einer gemeinsamen Identität sein kann, ist allerdings nachvollziehbar.

Folgt man Eder, wäre für die in vorliegender Forschungsarbeit zu untersuchende Minderheit Kui analog zu konstatieren, dass zwar die Kui als Gruppe verstanden werden könnten, deren Mitglieder gemeinsame Werte, Sprache und Herkunft teilen, dies aber womöglich zur Gruppenidentitätsbildung nicht ausreicht. Das heißt, die Individuen mit geteilter Herkunft und Sprache und sicher auch geteilten Werten könnten sich dennoch nicht als eine Gruppe mit einer Identität verstehen.

Im Folgenden wird daher auf die Grenzen eingegangen, die physisch – als Territorium oder geografisches Gebiet – bestehen können oder im Sinne einer „symbolischen Grenzziehung“ verstanden werden können (Lamont & Molnar 2002; Mijic & Parzer 2017).

Vorab ist wichtig zu erkennen, dass die Herausbildung und Weiterentwicklung einer gemeinsamen Identität mittels Grenzziehungen ein Prozess ist, auf den sehr wohl Einfluss genommen werden kann. Weder räumliche noch andere Grenzen sind einfach vorhanden oder entwickeln sich selbsttätig. Soziales Handeln ermöglicht es, Räume aufzuteilen und, je nach Machtverhältnissen und Kriterien der Zugehörigkeit, zu gestalten (Hettlage 2007: 276f.)

Politische und geografische Grenzen

Politische Grenzen dienen häufig als Grund (oder Vorwand), der in einem geografischen Gebiet lebenden Bevölkerung eine nationale Identität zu oktroyieren (oder dies zu versuchen). Gleichzeitig gibt es Tendenzen einer Sehnsucht nach Zugehörigkeit, einer Einheit, die nicht zuletzt wirtschaftliche Zwecke bedienen soll. Man denke nur an die vielen Äußerungen zu einer europäischen Identität, die vielfach in den Medien, aber auch in der Wissenschaft zu finden sind (um nur einige Beispiele zu nennen: Eder 2007; Muschg 2008; Wehler 2008). Eine gemeinschaftsbildende Identität mag dem persönlichen Wohl der sich im geografischen Gebiet angesiedelten Menschen förderlich sein, vor allem aber dient sie auch dem zielgerichteten flächendeckenden Erlass von Gesetzen und Regelungen, die beispielsweise das wirtschaftliche Handeln der dort ansässigen Unternehmen erleichtern sollen. Bestehende Differenzen lassen sich mit einer gemeinsamen Identiät vielleicht nicht überwinden, aber zumindest stehen sie nicht im Vordergrund, wenn gemeinsames Handeln förderlich ist. Laut Eder (2007: 188) besteht beispielsweise die „Einheit Europa" aus „der Vielfalt der Differenzen", was die historisch-komparativ orientierte Sozialwissenschaft schon seit Langem beschäftigt. Weiter führt Eder (2007: 188) aus, dass „Kommunikation von Differenz" Identität zu erzeugen vermöge und dass gleichzeitig „Kommunikation von Identität" Differenz erzeuge. Dieser reziproke Zusammenhang stehe als „Ausgangspunkt eines kommunikationstheoretischen Verständnisses von Grenzziehung in nicht-hierarchischen Systemen", wie sie bei den Kui und gegebenenfalls auch häufiger in Südostasien vorzufinden sind.

Symbolische Grenzziehungen

Eine Gefahr der bedeutungsorientierten Kulturkonzeption besteht laut Otte (2017: 88) darin, „sich empirisch in den unendlichen Bedeutungsnuancen zu verlieren", und so gelte es, den Fokus zu schärfen, um die Kultursoziologie zu profilieren. Bedeutungszuschreibungen werden besonders wichtig, „wenn *Interaktions- und Intergruppenprozesse* erklärt werden sollen" (Otte 2017: 88). Subjektive Wahrnehmungen und Kategorisierungen anderer Menschen seien oft mit Wertzuweisungen im Rahmen der Einstellungsbildung verknüpft, wie Lamont (2012) in einer Studie zur Aufrechterhaltung von Heterarchien und zu Bewertungspraktiken darstellt.

> „Welchen Interaktionspartnern wendet man sich zu? Welche ihrer Praktiken oder Artefaktausstattungen imitiert man? Welchen symbolischen Identitätsmarkern steht man distanziert oder konflikthaft gegenüber? Das Spektrum dieser Interaktionspartner reicht von engen persönlichen Beziehungen bis zu

medial vermittelten, parasozialen Interaktionen mit Prominenten." (Otte 2017: 88)

Auf dieser Basis würden symbolische Grenzen gezogen, so Otte weiter. Gemeint sind damit „kognitive Unterscheidungen, die der Kategorisierung und Bewertung von Akteuren, Artefakten bzw. Praktiken dienen" (Otte 2017: 89).

Symbolische Grenzen werden nicht zwangsläufig offen kommuniziert, zumindest nicht verbal. Lamont (2014 [1996]) unterscheidet die symbolische Grenzziehung am Beispiel einer Studie zur französischen und amerikanischen Mittelschicht in *kulturelle*, *moralische* und *soziale* Grenzen.[27] Sie sind definiert durch Eigenschaften, Verhaltensweisen und Einstellungen, die die Individuen für sich selbst und für jene Menschen, die sie in ihre Kreise aufnehmen, reklamieren. Auf der anderen Seite der Grenze gibt es Personen, die sie aufgrund ihrer nicht akzeptablen Eigenschaften, Verhaltensweisen oder Einstellungen ablehnen, geringschätzen oder ignorieren. Menschen, die *kulturelle Grenzen* ziehen, seien an Intellektualität und Kultiviertheit, Intelligenz und Bildung interessiert und lehnen diejenigen ab, die „ihnen intellektuell nicht ebenbürtig sind"; „engstirnigen Menschen" fühlen sie sich überlegen (Lamont 2014: 388). Jene, die *moralische Grenzen* ziehen, sind dagegen stärker an Charaktereigenschaften wie Aufrichtigkeit und Redlichkeit interessiert und verachten Menschen, die ihren moralischen Ansprüchen nicht genügen (Lamont 2014: 388). Diejenigen schließlich, die *soziale Grenzen* ziehen, definieren Wert weniger oder gar nicht über persönliche Eigenschaften, sondern auf der Grundlage materieller Erfolge, von Status und Prestige; sie fühlen sich gegen-

[27] „In ihrer komparativen Studie zeigt Lamont (1992), dass Angehörige der US-amerikanischen oberen Mittelschicht ihre Kolleginnen und Freunde häufig anhand sozioökonomischer Statussymbole klassifizieren, während ihre Pendants in Frankreich eher auf die ästhetische Kultiviertheit achten. Das soziologische Grenzziehungskonzept hat Ähnlichkeiten mit den mehrstufigen Prozessmodellen der sozialpsychologischen Stereotypenforschung." (Otte 2017: 89)

über offensichtlich wohlhabenderen, statushöheren Menschen unterlegen (Lamont 2014: 389).
Der für vorliegende Studie wichtige Ansatzpunkt ist: Nach Lamonts Ansicht könnten Vergleiche symbolischer Grenzen in Subkulturen und Milieus dazu beitragen, die moralische und pädagogische Orientierung von Gruppen zu verstehen (Lamont 2014: 395). Für die Untersuchung der Minderheit Kui – mit oder ohne Vergleich zur Mehrheit der Thai, Khmer oder Laoten – kann diese Herangehensweise durchaus hilfreich sein. Wie Lamont zeigt, sind diese symbolischen Grenzziehungen nicht kulturneutral und können für ein besseres Verständnis einzelner Gruppen wertvolle Beträge leisten.

Identität als Netzwerk im sozialen Raum

Nach Schäfer (2015: 389) werden Identitäten sozial konstruiert, bilden sich also im sozialen Handeln heraus. Der Herausbildung von kollektiven Identitäten sozialer Bewegungen liegen Konkurrenz und Kampf um Ressourcen als Rahmenbedingungen zugrunde (Schäfer 2015: 389). Sie wirken demnach „in einem durch Macht- und Konkurrenzverhältnisse sowie durch ungleich verteilte Ressourcen strukturierten gesellschaftlichen Raum und in den für das jeweilige Interesse der Akteure relevanten Praxisfeldern“ (Schäfer 2015: 389). Kollektive Identitäten sind demnach ebensowenig wie individuelle Identitäten unabhängig von Begrenzungen. Identität kann sich immer nur im gegebenen Rahmen entwickeln. Die Entwicklung und Entfaltung der Identität einer Gruppe ist damit ebenso begrenzt wie die des Individuums und kann nur auf Basis der äußeren Umstände umgesetzt werden.
Von Relationen, also von den gelebten Beziehungen ausgehend, lasse sich kollektive Identität einfacher und plausibler erklären (Schäfer 2015: 6). Hierzu schlägt er die Vorstellung eines Netzwerks von Relationen als Voraussetzung für ein fruchtbares Arbeiten mit dem Begriff der Identität vor: Eine „entsprechende Sozialtheorie“ helfe dann die kollektiven und

individuellen Identitäten von den gesellschaftlichen Bedingungen her zu verstehen (Schäfer 2015: 7). Er greift dazu auf Bourdieus Praxistheorie zurück:

> „Dem Ansatz bei Bourdieu entsprechend stellt sich das Identitätsproblem als Frage nach dem Verhältnis von *Habitus* und *Identität.* Dieses Verhältnis wäre missverstanden, wenn man unter Habitus oder Identität geschlossene Einheiten verstehen würde. Bourdieu weiterführend fasse ich Habitus nicht als Einheit (‚Kugel', ‚Fundament von...' etc.) auf, sondern als Chiffre für die Gesamtheit von netzwerkartig verflochtenen kognitiven, affektiven und leiblichen Dispositionen der betreffenden (kollektiven und zugleich individuellen) Akteure." (Schäfer 2015: 7, Hervorh. im Original)

Diese Dispositionen ermöglichen nach Schäfer Wahrnehmung, Urteil und Handeln in den Handlungskontexten der Akteure. Identität steht somit nicht mehr in erster Linie als Resultat des reflexiven und affirmativen Rückbezuges eines Habitus auf sich selbst; sie resultiert vielmehr daraus (Schäfer 2015: 7):

> „Identität artikuliert sich – gemäß dieser Betrachtungsweise – fortwährend aus dem *Gebrauch* (Wittgenstein) *jener* Dispositionen eines weitläufigen Netzes, die für einen bestimmten Praxiszusammenhang (Felder mit Anforderungen, Chancen, Begrenzungen etc.) relevant sind. Insofern hat der Ansatz einen pragmatischen Charakter und schließt Handeln bzw. Wirkung von Zeichen immer gleich mit ein. Damit gewinnt gesellschaftliche Praxis, Interaktion, Handeln etc. für die Identitätsbildung eine entscheidende Bedeutung. Erst in diesem Rahmen ereignet sich Reflexion als eine *partielle* Aktualisierung von bestimmten Dispositionen des Habitus zur Selbstverortung der Akteure." (Schäfer 2015: 7, Hervorh. im Original)

Habitus versteht Schäfer dabei als Chiffre für netzwerkartig verflochtene kognitive, affektive und leibliche Dispositionen der betreffenden kollektiven oder individuellen Akteure (Schäfer 2015: 9). Im Zentrum dieses Netzwerkansatzes steht – ähnlich wie bei den kultursoziologischen Betrachtungen von Otte (2017; s. Kap. 2.8) und den Überlegungen zum Sprachkontakt von Hartig (1996; s. Kap 2.7) – die Handlung des Individuums in der Gesellschaft. Art und Weise dieses Handelns im Netzwerk von Kontakten wird bedingt durch den Habitus der jeweiligen Individuen.

2.7 Zum Zusammenhang zwischen Sozialkontakt und Sprachkontakt

2.7.1 Sprachkontaktforschung und die soziologische Dimension von Grenzen

Da Sprachkontakte Resultat von sozialen Kontakten sind, liefert die sozialwissenschaftliche Disziplin der Kontaktlinguistik wesentliche Kategorien und Beschreibungsmuster. Das Pendant zum Begriff „Kontakt" ist „Grenze".[28] Der soziale Raum definiert den Bereich der sozialen Handlungsmöglichkeit der Individuen und vor allem der sozialen Gruppen, wobei diese beliebig abgrenzbar sein können. Aus Sicht der Soziologie sind seit Max Weber innerhalb dieser begrenzten Räume nur bestimmte Arten sinnvollen Handelns möglich, wie auch jeder soziale Raum zugleich von der Begrenzung gegen andere Räume abhängt.

Simmel (1903: 35) bezeichnet die soziologische Dimension von Grenzen als „Raumgestaltung", eine soziologische Konstruktion, die als geografische Grenze bedeutungslos, aber aufgrund ihrer Struktur sozialer Bedeutung bedeutungsvoll ist (s. Eigmüller & Vobruda 2016 zur „Grenzsoziologie") (Nassenstein 2019: 210). In diesem Denken verwandelt sich eine Grenze in einen sozialen Raum, der mit Grenzlandschaften, also visuellen Indexdarstellungen und Konfrontationen von Sprachen, Traditionen und Werten gefüllt ist (Nassenstein 2019: 210). Die soziale Grenze bzw. die „soziale Begrenzung" (Simmel 1908: 624–628) bestimmt dann erst die Möglichkeit der kategorialen Erfassung dieser begrenzten Bereiche: Ebenso, wie sich die Bestimmung sozialer Rollen in einer Institution wie der Familie durch die Delimitation sozialer Rollen (Vater, Mutter, Kind) ergibt, stellt die soziale Grenze das definitorische Darstellungsmittel der Sprachkontakte dar (Hartig 1996: 23).

[28] Der Begriff „Kontakt" wird als solcher in den Sozialwissenschaften jedoch nicht verwendet. In den Sozialwissenschaften spielen nach Simmel (1908) der soziale Raum und in Abhängigkeit davon die soziale Grenze eine wichtige Rolle (Hartig 1996: 23).

Da soziales und sprachliches Handeln dynamische Kategorien sind, die sich immer nur als Prozess und nicht als statische Zustände beschreiben lassen, wird eine umfassende Bestimmung des Sprachkontakts von einer „ubiquitären Phänomenologie des Kontakts ausgehen, der sich von der Abgrenzung von Individuum zu Individuum bis hin zur Abgrenzung von großen sozialen Gemeinschaften zeigt“ (Hartig 1996: 24). Gerade die Verbindung von Einzelkontakten und Gesamtkontakt ist ein herausragendes Merkmal sozialen Kontakts. Wenn Gesellschaften in Kontakt bleiben, bedeutet dies, dass die Individuen einerseits in einer Vielzahl von Verbindungen stehen und gleichzeitig dieser Gesamtkontakt doch mehr als die Summe der Einzelkontakte repräsentiert (Hartig 1996: 24).
In der Sprachsoziologie werden unter anderem ethnografisch fundierte Analysen zum Management von mehrsprachigen Ressourcen vorgenommen. Oft ist hier die „Frage leitend, wieweit dabei Universalien des Sprachbaus sichtbar werden – was dazu führt, die sozialen Determinanten der Sprachentwicklung auszublenden, statt [...] sie als Determinanten der beobachteten sprachlichen Verhältnisse in den Blick zu nehmen.“ (Maas 2008: 708) Sprache ohne die Gemeinschaft mit anderen ist ebensowenig denkbar wie eine Gesellschaft ganz ohne sprachlichen Austausch.
Hartig (1996: 24) beschreibt den kommunikativen Kontakt als eine Grundvoraussetzung von Veränderung der sozialen Lebenswelt zum Guten, was sich besonders darin zeige, dass der kommunikative Kontakt die Entwicklung der Individualität fördere. Auch hier zeige sich wieder die integrale Funktion dynamischer Veränderung,

> „denn erst durch die Wechselseitigkeit von Veränderung und Kontrolle der Veränderung über den kommunikativen Kontakt ist eine Stabilisierung der Individuierung möglich. Da sich Sprachkontakte als soziale Kontakte nicht nur an den Grenzen von Gemeinschaften zeigen, sondern viel häufiger innerhalb der Gemeinschaften abspielen, ist es nötig, den Begriff Sprachkontakt im soziologischen Sinne so zu erweitern, daß der weitere Horizont des Sprachkontakts abgedeckt werden kann.“ (Hartig 1996: 24)

In diesem Sinne biete erst der Kontakt in der Gemeinschaft die Möglichkeit zur Selbstverortung des Individuums und damit ein Selbstverständnis eigener Identität, was sich mit Erkenntnissen aus anderen Bereichen der Soziologie deckt. Um den weiteren Horizont des Sprachkontakts mit einzubeziehen, müsse Sprachkontakt als ein makrosoziologisches Phänomen bezeichnet werden, da Sprachkontakte als Sozialkontakte sich vor allem in Institutionen wie großen Firmen, politischen Parteien, der öffentlichen Verwaltung oder der Armee abspielen (Hartig 1996: 24f.).

> „Sprachkontakt im makrosoziologischen Bereich eröffnet vor allem die Beschreibung der Verbindung von Persönlichkeit und Gesellschaft. Diese Verbindung, die wechselseitig die Entwicklung sowohl der Einzelpersönlichkeit als auch der gesellschaftlichen Institutionen gestattet, organisiert aber auch die Kontrolle der sprachlichen Handlungsfähigkeit mit der Vielzahl an Varietäten in diesen Situationen. Ob man den Sprachkontakt nun mit Fishman (1972) in den Bahnen von sprachlichen Domänen ablaufen lassen will, oder ob man die Erweiterung auf Netzwerkstrukturen vorsieht, ist für die Bestimmung der Kontaktkategorien letztlich gleichgültig." (Hartig 1996: 25)

Von Bedeutung ist demnach zunächst die Frage nach der Bestimmung soziologischer Kategorien, die sich direkt mit linguistischen Kategorien verbinden lassen. Dies impliziert die Frage nach der soziologischen Kategorisierung, worunter die strukturelle Differenzierung verbunden mit der funktionalen Spezialisierung zu verstehen sei: Die Verbindung von struktureller und funktionaler Spezialisierung ist damit für Hartig die wichtigste Leistung des Sprachkontakts (Hartig 1996: 25).

2.7.2 Zur Wahl von soziologischen Methoden in der Mehrsprachigkeitsforschung

Laakso et al. (2016) verwendeten in ihrem Projekt ELDIA soziologische Konzepte und Methoden, um Faktoren zu untersuchen, die sprachliche Vielfalt fördern oder behindern. Die Hoffnung der Forscher bestand darin, dass ein soziologischer und sogar ethnographischer Ansatz das Verständnis der sozialen und kulturellen Rollen von Sprachen vertiefen würde und dass die Methoden zumindest zu den anderen Analysen erklärend beitragen könnten (Laakso et al. 2016: 198). Der soziologische Ansatz ist hilfreich, um nicht nur den Grad der Aufrechterhaltung von

Minderheitensprachen zu untersuchen, sondern auch die gesellschaftlichen und kulturellen Faktoren sowie die Machtverhältnisse zu verstehen, die die Gefährdung oder Vitalität von Sprachen beeinflussen (vgl. Laakso et al. 2016: 198)

2.7.3 Funktionen des Sprachgebrauchs in Gesellschaft, Gemeinschaft und Gruppe

Unterschiedliche Formen des Sozialkontakts und damit auch des Sprachkontakts finden sich bereits in den Sozialsystemen von Tönnies (1887), bezeichnet als „Gemeinschaft“ und „Gesellschaft“: Während in der Gemeinschaftswelt Beziehungen und Kontakte der Individuen nach dem Muster des durch die Geburt erworbenen Status reguliert werden, wird in der modernen Gesellschaft der Sozialstatus durch Leistungen gegenüber der Gesellschaft erworben. Entsprechend sind in der modernen Gesellschaft Kontakte eine notwendige Voraussetzung für das Erreichen des angestrebten Sozialstatus und müssen immer intensiver entwickelt und ausgebaut werden. Und: Zum Erreichen eines bestimmten Sozialstatus ist nicht zuletzt die „angemessene Standardsprache“ erforderlich. Hingegen seien in der Gemeinschaftswelt Kontakte keine unmittelbare Voraussetzung für das Erreichen des angestrebten Sozialstatus, sondern lediglich eine notwendige Bestätigung der vorhandenen Einbindung in das Sozialsystem (Hartig 1996: 25).

Dies sind kategoriale Unterschiede zwischen beiden Gesellschaftstypen. Mit ihnen gehen grundsätzliche Schwierigkeiten beim Kontakt zwischen beiden Welten einher, wie sie bereits Durkheim (1893) in den Blick fasste. Erfahrungen unterschiedlicher Organisation sozialer Lebenswelten und daraus resultierender Schwierigkeiten beim Kontakt zwischen diesen Welten haben Ethnologen und Anthropologen immer wieder in ihren Berichten erörtert.[29] Der Beschreibung der unterschiedlichen Kontaktformen in Abhängigkeit zu den jeweiligen Gesellschaftstypen und in ihren jeweils spezifischen Lebensformen kommt daher fundamentale Bedeutung zu (Hartig 1996: 25f.).

Der jeweilige Sprachgebrauch erlaubt den Individuen und Gruppen jedoch auch eine gewisse Kontrolle über Status und Prestige. Den sprachlichen Kontakten obliegt die Steuerung sozialer Kontakte, indem sie das sprachliche Verhalten und das soziale Handeln einer permanenten Kontrolle unterziehen (Hartig 1996: 24; Hartig & Kurz 1971).

> „Beim Handlungskontakt in sozialen Institutionen werden die Rechte und wechselseitigen Verpflichtungen der Individuen über den Sprachgebrauch kontrolliert. Sowohl die Differenzierung des Status als auch die Einhaltung der Rolle kann über die Form des Sprachgebrauchs kontrolliert werden.“ (Hartig 1996: 26)

Gleiches gelte für die Aufnahme in eine Gruppe oder die Entlassung aus dieser wegen Fehlverhaltens eines Individuums:

> „Darüber hinaus ist auch die Rekrutierung neuer Gruppenmitglieder sowie deren Einübung in die gruppenspezifischen Verhaltensformen über die Kontrolle des Sprachgebrauchs sehr effektiv möglich.“ (Hartig 1996: 26)

Die Differenzierung erfolgt nach Rangplätzen basierend auf einer Rangskala, wobei eine Differenzierung nach Prestigewerten typisch ist. So finde man beispielsweise in großstädtischen Milieus häufig die Abwertung von Dialekt sprechenden Menschen, wobei das Sächsische der Dialekt mit dem niedrigsten Rang sei. In den westlichen Industriegesellschaften sei es heute üblicher, das Einkommen oder auch die gesprochene Sprache für die Bestimmung eines Rangplatzes einzusetzen als die Religion oder die Familiensituation (Hartig 1996: 26).

[29] Deutlich komme dies in Malinowskis (1929) Untersuchung über „Das Geschlechtsleben der Wilden“ zur Beschreibung der Beziehungen der Geschlechter in der Gemeinschaftswelt der Trobriand zum Ausdruck. Malinowski mache schon auf der ersten Seite auf die grundsätzliche Bedeutung der Beschreibung der Beziehungs- und Kontaktformen aufmerksam (Hartig 1996: 25).

Die Organisation von sozialen Gruppen reguliert nach Simmel (1908) nicht nur den Kontakt nach innen, sondern auch nach außen. Simmel beschreibt, wie Gruppen strukturell aufgebaut sind und welche Bedeutung die Gruppenmitgliedschaft für das einzelne Individuum hat: „Die Gruppen, zu denen der Einzelne gehört, bilden gleichsam ein Koordinatensystem, derart, daß jede neu hinzukommende ihn genauer und unzweideutiger bestimmt." (Simmel 1908, 412; zit. n. Hartig 1996: 27) Dieses Koordinatensystem prägt nicht nur die Handlungsmöglichkeiten des Individuums, sondern auch seine Besonderheiten, da mit weiteren Gruppenzugehörigkeiten seine soziale Funktion spezifischer und detaillierter wird (Hartig 1996: 27). Diese Kontakte in strukturierter Form führen zu immer spezialisierteren und inhaltlich stärker entwickelten sozialen Erscheinungsformen, womit der soziale Kontakt in und zwischen Gruppen, also „in-group" und „out-group", die Darstellung des handelnden sozialen Individuums ebenso wie die Entfaltung der sozialen Gruppen ermöglicht (Hartig 1996: 27). Nach Durkheim lässt sich das Individuum damit als Summe seiner kollektiven Repräsentationen auffassen, die sich am besten in der Form des Sprachgebrauchsmusters beschreiben lassen (Hartig 1996: 27). Zugleich besitzt jedes Individuum in einer sozialen Gruppe Rechte und Funktionen, die in der Form der Rollendeskription zum Ausdruck gebracht werden. Hierzu muss auch die Verwendung bestimmter Sprachformen gezählt werden, wie sie in den rollentypischen Sprachverwendungsweisen (zum Beispiel Small Talk) zum Ausdruck gebracht werden. Um eine angemessene Form der Interaktion im sozialen Kontakt ausüben zu können, ist also das Beherrschen solcher rollentypischen Sprachformen notwendig (Hartig 1996: 27).

Joshua Fishman hat in seinen Schriften gezeigt, wie Sprachen soziale Gruppen definieren, und darauf hingewiesen, dass dies auch für solche Sprachen gilt, die in der alltäglichen Kommunikation nicht mehr aktiv verwendet werden (Laakso et al. 2016: 194): Sprache markiert Zugehörigkeit sowohl nach innen als auch nach außen (Fishman 1973) und diese

Zugehörigkeit ist ein zentrales Element bei der Identifikation mit einer sozialen Gruppe (Laakso et al. 2016: 194).

Dieses Wissen dient als Voraussetzung für die Erhaltung und den Ausbau der sozialen Gruppen; umgekehrt wird der Charakter des Kontakts auf diese Weise soziologisch in der Wahrnehmung dessen deutlich, was in einer Gesellschaft als „fremd" bezeichnet wird (Hartig 1996: 27). Bei Simmel (1908) ist der oder die Fremde in einer Gesellschaft durch die wechselseitige Ambivalenz von Nähe und Ferne bestimmt, denn der Fremde ist nicht einfach nur fremd, sondern schafft durch seine Nähe ein neues Bewusstsein für die eigene Gesellschaft, sodass dem Fremden eine konstitutive Funktion für die Bestimmung der eigenen Gesellschaft zukommt (Hartig 1996: 27). Sozialer Wandel wäre demnach nur dann möglich, wenn sich ein permanenter Kontakt zwischen Einheimischen und Fremden, zwischen Nähe und Distanz herstellt. Dieser Kontakt sorgt dann nicht nur für die Einführung neuen Wissens und neuer Güter, sondern regt auch die Neubestimmung konstitutiver Bestandteile der Gesellschaft an. Das Rollensystem werde dadurch ebenfalls überprüft und modifiziert (Hartig 1981; Hartig 1996: 28).

Sozialer Wandel lässt sich an der Übernahme und Integration neuer Wörter bzw. Bezeichnungen aus fremden Sprachen in die eigene Sprache ablesen (Hartig 1996: 28). Der Kontakt zwischen der eigenen und der fremden Sprache ist laut Hartig eher durch Gedanken des Verlusts und des Abbaus bestimmt denn durch Gedanken der Förderung der Weiterexistenz der eigenen Sprache und Kultur:

> „Obwohl in aller Regel die Sprache und Kultur durch die fremden Einflüsse gefördert wird, steht diesem Gedanken die Abwehr des Fremden gegenüber. Diese Einstellung läßt sich zwar mit der Sozialpsychologie im Zusammenhang von Attitüdenausbildung und Abwehr der Attitüdenänderung erklären, sie verhindert aber bis in die jüngste Zeit die positive Nutzung der Sprachkontakte." (Hartig 1996: 28)

Ein wichtiger Begriff ist hier die „Attitüde". Um eine (allerdings nur langfristig spürbare) Nutzung der Effekte von Sprachkontakt im Sinne von „positiven Attitüden" in einer Gesellschaft zu erreichen, müsse eine angemessene sozialpsychologische Grundlage für die Wahrnehmung der positiven Perspektiven des Sprachkontakts geschaffen werden:

> „Dabei geht es weniger um die Vermeidung und den Abbau von negativen Einstellungen gegenüber dem Fremden, darauf hat auch Simmel schon hingewiesen, sondern eher um die Implementierung von positiven Einstellungen gegenüber den Einflüssen durch fremde Gesellschaften und ihren Sprachen." (Hartig 1996: 28)

Hartig sieht gerade im Sprachverhalten und in der Kommentierung des sprachlichen Handelns die entscheidenden Ansatzpunkte für eine Veränderung der Haltung gegenüber Fremden:

> „Die erheblichen Nachteile, die die Auswertung von Minoritäten in einer Gesellschaft erbringt, haben viele soziale Konflikte belegen können, bei denen gerade die Sprachwahlfrage die negativen Attitüden exakt gezeigt [hat]."[30]

Nach den Funktionen des Sprachgebrauchs in Gesellschaften, Gemeinschaften und Gruppen sollen nun die Wirkungen und Funktionen der Sprache im Kontakt genauer betrachtet werden.

In diesem Zusammenhang spielt Goffmans (1974) Frameanalysis eine Rolle. Soziale Rahmen sind hier „sprachliche Handlungsrahmen, die das Sinnverstehen nutzt, um komplexere Informationen der sozialen Umgebung in einfachere Informationsmuster zu zerlegen", und bieten damit Möglichkeiten der Ableitung des Sinnverstehens in der Alltagswelt, die auf unmittelbare Art und Weise mit dem Sprachkontakt verknüpft sind (Hartig 1996: 29). So können gerade im Sprachkontakt der Alltagswelt Komplexitätsreduktionen beobachtet werden: Dabei werden sehr viele komplexere Vorgänge wie das Wahrnehmen einer anderen Person, die Begrüßung, die Bestätigung und Fortführung der Beziehung sowie vieler

30 Beispielsweise habe die mexikanische Minderheit (Chicanos) in Kalifornien (USA) ihre Abwehr der Bereitschaft zur Integration aufgrund der empfundenen Abwehr durch die umgebende Gesellschaft im Widerstand gegen die englische Sprache bzw. gegen die Bereitschaft, diese Sprache zu lernen, zum Ausdruck gebracht. Ähnliche Haltungen der Abwehr ließen sich im Zuge sprachlicher und sozialer Dominanzen in Osteuropa beobachten (Hartig 1996: 28).

anderer Aspekte der sozialen Kontakte, in einfachen Routinen, beispielsweise Begrüßungsroutinen, zum Ausdruck gebracht (Hartig 1996: 29f.).
Hartig merkt an, dass so die Kategorien des sprachlichen Handelns noch nicht direkt bestimmt werden können, dass dies aber die Voraussetzung für die Beschreibung der Sprachkontaktwirkung sei. Sprache diene hier als einende oder trennende Kategorie. Die gemeinsame Sprache könne beim Kontakt von „fremd versus einheimisch" ein „guter Schutzfaktor" sein, aber umgekehrt natürlich auch der Ausgrenzung von Sprachfremden dienen (Hartig 1996: 30).
Gerade die Sprache eigne sich dabei besonders gut als Eingrenzungs- bzw. Ausgrenzungsfaktor, da sie die rasche Wahrnehmung der Einordnungsfaktoren ermöglicht, wobei die erkennbaren Sprachmerkmale der Zuordnung zu bestimmten sozialen Gruppen dienen. Diese sozialen Gruppen werden dann mit Merkmalen der Erwartung und der Handlungsintention versehen, was wiederum die Reaktionen der Beteiligten typisierbar macht (Hartig 1996: 30).
Abschließend benennt Hartig Forschungsfelder, die seines Erachtens für einen Erkenntnisgewinn im Kontext des Sprachkontakts besonders relevant sind (1996: 31):

- die Beschreibung bestimmter sozialer Kategorien vor dem Hintergrund ihrer sprachbezogenen Eigenschaften,
- sozialpsychologische Kategorien der Ausbildung von Attitüden und der Attitüdenveränderung,
- die Funktion der Sprache als soziale Kontrolle.

Da Sprachverhalten und damit einhergehend auch Sprachkontakte in besonders günstiger Art und Weise das soziale Verhalten kontrollierbar werden lassen, könne die Sprachkontaktforschung in Kooperation mit der Sozialwissenschaft aber auch eine weiterreichende Bedeutung vermitteln, insbesondere was die Frage der Konfliktanalyse und auch Konfliktlösung in Gesellschaften angehe (Hartig 1996: 31).

Dem trägt die vorliegende Studie Rechnung, indem gerade die sprachwissenschaftlichen und soziologischen Modalitäten *zusammen* für die Analyse herangezogen werden. Zudem erweist es sich für die Sprachkontaktforschung als wichtig, neben den Sprachkontakten großer Sprachgemeinschaften auch die Kontakte zwischen den sozialen Gruppen stärker zu berücksichtigen (Hartig 1996: 27). Zu diesem Ziel kann die vorliegende Studie einen Beitrag leisten, indem die Sprachkontakte kleinerer Gruppen genauer untersucht werden.

Ort des Sprachkontakts: Vom Individuum zur Gesellschaft

Zunächst ist der Ort des Sprachkontakts damit das Gehirn des mehrsprachigen Sprechers (Riehl 2013: 390). Neben dieser psycholinguistischen Sicht steht die soziolinguistische, bei der nach Nelde (1983) der Ort des Sprachkontakts Gesellschaften oder soziale Gruppen sind: Zwei oder mehr Sprachen stehen dann in Kontakt miteinander, wenn sie in derselben Gruppe gebraucht werden (Riehl 2013: 390). Dabei ist es nicht notwendig, dass jedes einzelne Mitglied der Gruppe mehrere Sprachen spricht, denn der Ort des Sprachkontakts ist die Gruppe im Ganzen (Riehl 2013: 390). So kann es neben Sprechern, die nur S1 oder S2 sprechen, Sprecher geben, die beide Sprachen als Erstsprachen (L1) oder eine Sprache als Erstsprache (L1) und die andere als Zweitsprache (L2) mit unterschiedlicher Kompetenz beherrschen (Riehl 2013: 390f.). Besonders deutlich wird diese auf Gruppenebene bestehende Mehrsprachigkeit beispielsweise in Gegenden im Norden Kambodschas, in denen einige Sprecher nur Kui oder nur Khmer beherrschen und die größte Gruppe entweder Kui als L1 und Khmer als L2 spricht oder umgekehrt, mit eindeutiger Dominanz der L1. Sprachkontaktphänomene lassen sich dann zunächst in der bilingualen Rede feststellen und bestimmte Kontaktformen gelangen von dort in den Sprachgebrauch mehr oder weniger einsprachiger Sprecher, das heißt, sie werden Teil des mehrsprachigen Sprachsystems (vgl. Riehl 2013: 391; Riehl 2014b).[31]

2.8 Perspektiven der sozialwissenschaftlichen Kulturanalyse

Die Betrachtungen zur Kultursoziologie müssen sich an dieser Stelle beschränken. Im Fokus steht ein strukturell-individualistisch geprägtes Kulturkonzept. Demgemäß wird *Kultur* als an das Individuum gebundene Werte, Einstellungen, Symbole und Praktiken auf der Mikroebene verstanden und in Verbindung gebracht mit der gesellschaftlichen Makroebene in Form von institutionellen Ordnungen, Gruppen- und Hierarchiebildungen, Werte- und Lebensstilverteilungen (Otte 2017). Sprache wird in diesem Verständnis als ein sowohl auf der Mikroebene als auch auf der Makroebene sichtbares Phänomen verstanden, das sich in Praktiken äußert, die im Einklang mit den jeweiligen Werten und Einstellungen stehen. *Sprache* bedeutet demnach sprachliche Symbolisierungen in Abhängigkeit von spezifischen Handlungen im Rahmen der Lebenswelt des Individuums.

Die nachfolgenden Erläuterungen folgen im Wesentlichen Otte (2017). Er zieht für seine Analyse von Kultur – die er „sozialwissenschaftliche Kulturanalyse" nennt – ausdrücklich kognitions- und sozialpsychologische Beiträge hinzu, denn diese seien üblicherweise nicht ausreichend berücksichtigt (Otte 2017: 99). Zwar ist sein Beitrag nur eine von vielen Möglichkeiten, sich dem Thema Kultur zu nähern; für die vorliegende, disziplinär breit angelegte Ausarbeitung erweist sich sein Ansatz aber als durchaus fruchtbar.

[31] „So hat das gegenwärtige Deutsch sehr viele Wörter aus dem Englischen in seinen Wortschatz integriert, obwohl ein gewisser Prozentsatz der deutschsprachigen Bevölkerung kein oder nur wenig Englisch spricht. Trotzdem benutzen auch Menschen, die nie Englisch gelernt haben, Wörter wie *T-Shirt*, *Jeans*, *Computer* oder *checken*." (Riehl 2013: 391)

Ottes Ausgangspunkt ist der kritische Blick auf den ethnologischen Kulturbegriff, der für die Ethnologie einen ähnlichen Status habe wie der Gesellschaftsbegriff für die Soziologie, wobei die klassische Kulturanthropologie danach strebe, die Lebensweisen einzelner Kulturen zu analysieren und miteinander zu vergleichen. Im Zuge dessen werde eine globale kulturelle Differenz bei lokaler kultureller Homogenität unterstellt. Problematisch daran sei, „dass ein abgrenzbares Kollektiv als unter dem Dach einer gemeinsamen Kultur geeint angenommen und Variation *innerhalb* von Ethnien oder Nationen nivelliert“ werde; allerdings sei Homogenität im absoluten Sinne in ethnologischen Schriften nur selten postuliert und ein Verständnis relativer Homogenität lasse innere Vielfalt durchaus zu. (Otte 2017: 79)
In Ottes Entwurf einer sozialwissenschaftlichen Sozialstruktur- und Kulturanalyse wird der Kulturbegriff komplementär zum Sozialstrukturbegriff verwendet, mithin sind beide Konzepte im Rahmen von soziologischer Forschung zu Sozialstruktur und Gesellschaftsvergleich eng verzahnt.[32] Vereinfacht lässt sich festhalten, dass sozialstrukturelle und kulturelle Elemente dem Individuum helfen seine Lebenswelt zu ordnen (Ideologien, Normen, Positionen), zu verstehen (Wissen, Einstellungen, Werte) und ggf. auch im Rahmen des Möglichen zu verändern (Diskurse, Netzwerke). Zielführend für die Untersuchung ist die schematische Übersicht sozialstruktureller und kultureller Elemente im Mikro-Makro-Modell (Otte 2017). Ebenso wie das Phänomen der Sprache auf Mikro- und Makroebene betrachtet werden kann, ist dies mit dem Konzept „Kultur“ möglich.

---

32 Ähnlich wie die Sozialstrukturanalyse erbringt die Kulturanalyse einen zentralen Input für die allgemeine Soziologie, ohne mit ihr deckungsgleich zu sein (Otte 2017: 99).

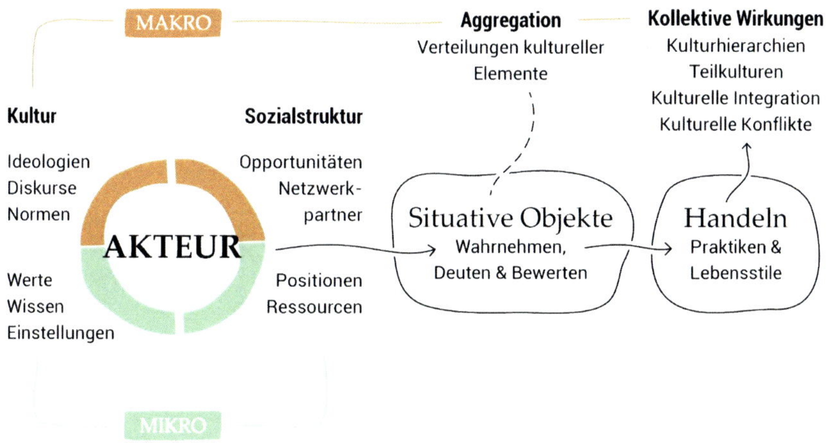

Abbildung 3: Sozialstrukturelle und kulturelle Elemente im Mikro-Makro-Modell (nach Otte 2017: 92; eig. grafische Darstellung)

Die Mikroebene beschreibt die auf das Individuum bezogenen Aspekte, die Makroebene die Gruppe betreffende Aspekte. Für die Betrachtung der Kui sollen beide Perspektiven herangezogen werden. Abbildung 3 verdeutlicht die obige Aussage, dass die sozialstrukturellen und kulturellen Elemente auf der Mikro-Makro-Ebene das Individuum dabei unterstützen, die sich darbietenden Umstände zu deuten und zu bewerten. Zudem illustriert sie: Auf der Makroebene erlauben die Praktiken und Lebensstile letztlich auch kollektives Handeln mit dem Erreichen kollektiver Wirkungen. Auf die für die vorliegende Untersuchung relevanten Elemente und die entsprechenden Begrifflichkeiten soll im Folgenden genauer eingegangen werden. Es handelt sich im Einzelnen um die Punkte *Kultur als Wertordnung*, *Kultur als symbolische Ordnung* und *Intergruppenperspektiven*.

Kultur kann *erstens* verstanden werden als eine Möglichkeit, die *Lebenswelten des Menschen zu ordnen* und verstehbar werden zu lassen. Zu einer so aufgefassten Kultur gehören Werte, soziale Normen, Einstellungen von Individuen und Gruppen sowie grundlegend die Sozialisation in einer Gesellschaft. Werte und Einstellungen versteht Otte als im Individuum verankerte Beweggründe des Handelns, während soziale Normen das Handeln stärker von außen beeinflussen (Otte 2017: 90). Demnach wären soziale Normen als kollektiv geteilte Vorstellungen über sozial (un-)angemessenes Verhalten in einer Situation zu verstehen (Otte 2017: 90). Köbel (2018: 24) scheint diese Unterscheidung so nicht zu treffen und spricht generell von Werten, die er unterteilt in funktional-strategische Werte (Fleiß, Disziplin, Pünktlichkeit), pragmatische Werte (Besonnenheit, Vitalität oder Gesundheit) und moralische Werte (Würde, Dankbarkeit, Wohltätigkeit). Grundsätzlich seien Werte nicht zeitunabhängig und stabil, sondern dem Wandel und der Umdeutung unterworfen (Köbel 2018: 26ff.). Daher können sie für keine Gemeinschaft, auch nicht für die Kui, als gesetzt angenommen werden.

Die Frage, die sich die Kultursoziologie stellt, ist die nach der Wirkung der Sozialisation und lautet in diesem Zusammenhang: „Welche Anregungen welcher Sozialisationsinstanzen prägen ein Individuum nachhaltig und welchen steht es widerständig gegenüber – und warum?“ (Otte 2017: 91). Abbildung 3 veranschaulicht, wie, ausgehend von der Sozialstruktur, Ressourcen und Positionen, die den Akteuren im Rahmen ihrer Opportunitäten und Netzwerke zur Verfügung stehen, zusammenwirken können. Aus Sicht der Kulturwissenschaft gründen sich diese Handlungsoptionen auf „deskriptive (Wissen) und evaluative (Werte, Einstellungen) Überzeugungen, die sich vor dem Hintergrund gesellschaftlicher Diskurse, Ideologien und Normen herausbilden.“ (Otte 2017: 91)

Unter einem Diskurs wird in diesem Modell die konfliktträchtige Sphäre sprachlich artikulierter Deutungsangebote für ein Objekt verstanden (Otte 2017: 91). Diese enthalten Deutungsrahmen („Frames“) und Handlungsskripte als Bestandteile der symbolischen Ordnung einer Gesellschaft, auf die Akteure zur Bewältigung situationsspezifischer Deutungs- und Handlungsprobleme zurückgreifen können (Otte 2017: 91; Chong & Druckman 2007). Zwar würden Normen, Ideologien und Diskurse – und die darin enthaltenen Deutungs- und Bewertungsangebote – auch von Interaktionspartnern des persönlichen Netzwerks vermittelt, doch lägen sie in der „mediatisierten Öffentlichkeit" in stark objektivierter, personenungebundener Form vor (Otte 2017: 91; Berger & Luckmann 1966).

> „So werden Normen in Rechtstexten gesetzt, Ideologien von politischen, religiösen und anderen Produzenten formuliert und Diskurse medienöffentlich ausgetragen. Im Internet sind diese Anregungen dauerhaft verfügbar und können eine vom persönlichen Netzwerk unabhängige Wirkung entfalten. Kultursoziologisch ist zu untersuchen, wie Normen, Ideologien und Diskurse medial und netzwerkvermittelt auf das Wissen, die Werte- und Einstellungsbildung und das Handeln von Personen wirken." (Otte 2017: 91)[33]

Als Spezialfälle sozialer Normen seien etwa Gesetze, Regeln, Sitten, Bräuche, Konventionen und Moden anzusehen (Weber 1980 [1921]: 14ff.; Gibbs 1965):

> „Versteht man unter einer *sozialen Rolle* die Gesamtheit der kollektiv geteilten Verhaltenserwartungen, die an den Inhaber einer sozialen Position gerichtet sind (Thomas/Biddle 1966, S. 29), so ist dies gleichbedeutend mit einem Bündel sozialer Normen, die mit einer Position in der Sozialstruktur verknüpft sind. *Ideologien* lassen sich als Systeme aufeinander bezogener Überzeugungen definieren, die meist ganze Bündel von Werten, Weltbildern und Normen umfassen (Schnabel 2009)." (Otte 2017: 90; Hervh. im Orig.).

Daraus ergibt sich ein umfassendes Bild der *sozialen Rolle*, das für die weiteren Ausführungen noch relevant sein wird.

Zweitens lässt sich Kultur verstehen als ein Kanon *symbolischer Ordnung*, der Praktiken und Lebensstile ebenso umfasst wie die Entstehung und den Wandel kultureller Hierarchien.

Eine umfassende Betrachtung der Praktiken und Lebensstile liegt mit Bourdieus (1982) „Die feinen Unterschiede" vor. Das Konzept des Habitus – „etwa den *Habitus* eines Menschen", den Bourdieu (1982: 277ff.) als „eine Ansammlung kohärenter Schemata, die die Wahrnehmung, Klassifikation und Bewertung von Objekten steuern und dadurch be-

[33] Normative Überzeugungen, die von Akteuren in statushohen Positionen vertreten werden, haben größere Durchsetzungschancen (Wimmer 1996: 412ff.), wodurch sie in ihrer Satzung und ihrer Befolgung nach auseinanderfallen (Opp 2001) (Otte 2017: 93).

stimmte Verhaltensreaktionen hervorrufen", konzipiert (Otte 2017: 87) – findet in den Sozialwissenschaften und darüber hinaus viel Beachtung.[34]
Hier sei nochmals Abbildung 3 auf Seite 71 (Mikro-Makro-Modell nach Otte 2017) herangezogen: Auf dieser Grundlage nehmen die Individuen situativ auftretende Objekte wahr, deuten und bewerten diese entsprechend. Die beschriebenen Elemente geben damit Erklärungen für soziales Handeln und die Verknüpfung der sozialen Handlungen zu Praktiken und Lebensstilen. Der Kultursoziologie geht es dabei um die Wirkungen der Sozialisation. Darunter lasse sich „der Prozess der fortwährenden Auseinandersetzung von Personen mit Anregungen aus ihrem sozialen Netzwerk und ihrer Medienrezeption verstehen." (Otte 2017: 91) Die Kernfrage müsse daher lauten, welche Anregungen welcher Sozialisationsinstanzen ein Individuum nachhaltig prägen und welchen es widerständig gegenübersteht und warum (Otte 2017: 91).
Diese Sichtweise vom Standpunkt der Kultursoziologie aus ist insofern nützlich, als sie wiederum deutlich zum Ausdruck bringt, dass das Individuum in seinen sozialen Kontext und seine Lebenswelt eingebunden ist. Der Identitätsentwicklungsprozess, der bekanntlich weder mit der Sozialisation im Kindesalter noch mit einer Identitätskrise im jungen Erwachsenenalter abgeschlossen, sondern ein dauerhafter Entfaltungs- und Veränderungsprozess ist, wird gegenwärtig in der Forschung nicht bestritten. Die Sprecher der Kui in ihrem sozialen Rahmen und den dort gegebenen Möglichkeiten und Spielräumen zu betrachten, erscheint zwingend, wenn ein umfassendes Verständnis ihrer Identitätsentwicklung erlangt werden soll. Dies beinhaltet selbstverständlich auch jene Faktoren, welche die Struktur betreffen, wie soziale Ungleichheit und Modelle zu deren Erklä-

34 Auf die Betrachtungen Schäfers (2015) zu Habitus und Identität wird in Teil III vorliegender Studie noch genauer eingegangen werden.

rung (Weber 1980 [1921]; Rippl & Seipel 2015; Beck 1983; Solga et al. 2009; Bourdieu & Passeron 1971).[35]

Für die Untersuchung der Minderheit Kui wird die Frage nach der Entstehung und dem Wandel kultureller Hierarchien eine Rolle spielen. Nach Bos & Sidwell (2014: 876) ist die Kui-Gesellschaft nicht sehr hierarchisch aufgebaut und sozialer Status wird in den Kui-Dialekten nicht lexikalisch kodiert. Analoge Aussagen finden sich zum Thai (z. B. Diller 1985, 2006) und Lao (Rehbein & Sayaseng 1997, 2004). Statusunterschiede werden demnach nur zwischen Kindern und Erwachsenen oder zwischen jüngeren und älteren Kindern gemacht (Woykos 1989: 99). Wenngleich Kui zum Teil über einige lexikalische Repräsentationen verfügt, die beispielsweise Fragen oder Befehle abschwächen (Bos & Sidwell 2014: 876; Bos 2009), ist die lexikalische Repräsentation spezifischen Vokabulars bei Weitem nicht so detailliert wie in Thai oder Khmer. Diese sprachlichen Repräsentationen sozialer Strukturen sind für die Analyse von Selbstverständnis und Identität wichtig.

Von Bedeutung für die Betrachtung der Minderheit Kui und ihr Identitätsverständnis sind zudem Gruppenbildung und Teilkulturen. Dies ist die *dritte* angekündigte Perspektive: die *Intergruppenperspektive*. Hier fließen die identitäre Verortung, die kulturelle Integration, Kulturkonflikte und damit zusammenhängend nationalgesellschaftliche Rahmungen und Globalisierung von Kultur ein. Auf die Herausbildung von Gruppen, Gruppendynamiken und auf das Identitätsverständnis von Gruppen und die nationalgesellschaftliche Rahmung wird in den jeweiligen Abschnitten in Teil II und Teil III noch genauer eingegangen. An dieser Stelle sei lediglich noch einmal auf die Notwendigkeit der Integration disziplinübergreifender Erkenntnisse hingewiesen. Für die sozialwissenschaftliche Forschung besteht generell die Herausforderung,

---

[35] Auf die hier jedoch nicht in aller Ausführlichkeit eingegangen werden soll, da sie zwar mitgedacht werden sollen, aber nicht im Zentrum der Aufmerksamkeit stehen.

> „die über verschiedene Felder verstreute Forschung aufeinander zu beziehen, übergreifende Theorien ausfindig zu machen, sie empirisch zu unterfüttern und eine kumulative Sammlung zentraler Erkenntnisse der sozialwissenschaftlichen Kulturanalyse vorzulegen." (Otte 2017: 99)

2.9 Der interdisziplinäre Zugang und seine terminologischen Hürden

Entscheidend für die interdisziplinäre Herangehensweise ist die jeweilige Konzeption hinter den bereits verwendeten Begrifflichkeiten *Sprache*, *Identität*, *Kultur*, *Ethnie*, *Nation*. Da es sich bei allen um dynamische, stetigem Wandel unterworfene Phänomene handelt, mit denen in der Regel eine emotionale Aufladung einhergeht, ist dies keine einfache Aufgabe. Zudem lassen sich weitere, zum Teil für das Verständnis der vorgenannten Terminologien nötige Konzepte nennen, etwa *Wissen*, *Denken*, *Wahrnehmung* oder *Volk*, *Kollektiv* und *Gesellschaft* (Mumm 2018; Schulze 2010). Die verwendeten Begrifflichkeiten stammen nicht nur aus unterschiedlichen Disziplinen, sondern werden auch auf unterschiedlichen Ebenen verwendet, sodass in interdisziplinären Herangehensweisen häufig ein „*bridging problem* der Vermittlung von Begrifflichkeit von einer in die andere Disziplin" auftritt (Schulze 2010: 33). Es braucht zunächst eine „Harmonisierung" der Begrifflichkeiten (Schulze 2010: 35). Von einem solchen Ziel jedoch, dass „sich etwa eine kognitive Linguistik Begriffen bedient, die mit einer stark soziologisch ausgerichteten Kulturwissenschaft verbunden sind", und gleichzeitig „über eine soziologische Dimension verfügt, die sich an die Theoreme dieser Kulturwissenschaft" anpasse, sei die Wissenschaft noch weit entfernt (Schulze 2010: 35). So würden beispielsweise weit entwickelte mit wenig ausgereiften Konzepten vermengt:

> „Dabei ist zudem zu beobachten, daß auch die Einzeldisziplinen anfällig sind für die Übernahme von Teilaspekten der genannten Stereotypien, sobald das ‚eigene' Gegenstandsfeld überschritten wird. So kann es durchaus sein, daß eine ausgefeilte und innovative Betrachtung von ‚Sprache' mit einem nahezu vorwissenschaftlichen Begriff von ‚Kultur', ‚Denken' oder ‚Wahrnehmung'

verbunden wird, und umgekehrt, daß sich etwa eine entwickelte Begrifflichkeit in Bezug auf ‚Kultur' höchst fragwürdiger Vorstellungen von ‚Sprache' bedient." (Schulze 2010: 35)

Dass diese „Harmonisierung" bisher wenig Fortschritte mache, könne ein Zeichen dafür sein, „daß die wissenschaftliche Untermauerung der eingangs erwähnten Stereotypie [dass Kultur und Sprache eine unauflösbare Einheit seien und Sprachverlust zugleich Kulturverlust bedeute] Probleme bereitet – wenn nicht gar unmöglich ist, eben weil diese Stereotypie selbst Mängel" aufweise oder falsch sei (Schulze 2010: 35). Daraus lässt sich letztlich schließen, dass sowohl der Zusammenhang von Sprache und Kultur wie auch der von Identität und Sprache genau zu hinterfragen und zu analysieren ist.

Zur Sprache selbst lässt sich die von Schulze vorgeschlagene Definition gut vertreten und kann als Ausgangsbasis verwendet werden:

„Zusammenfassend kann Sprache aus dieser Sicht definiert werden als ein in seinen Symbolisierungsverfahren gelerntes, über Imitation vergesellschaftetes – also kollektives, tradiertes und als Wissen gespeichertes, artikulatorisches Ausdrucksystem kognitiver Zustände – ergo Ausdruck von Wahrnehmungen in Erfahrung, dessen Wirksamkeit als Kommunikation konstruiert wird." (Schulze 2010: 37)

Sprache an sich sei nach dieser Auffassung durchaus „ohne Rekurs auf die Dimension der Kultur zu definieren" (Schulze 2010: 37). Dass sie dennoch sehr oft als Teil einer Kultur konstruiert werde, liege an den Parametern einer gegebenen Kultur (Schulze 2010: 37). Hier sei alternativ dazu Kultur folgendermaßen zu definieren:

„Kultur ist ein gelerntes, vergesellschaftetes und tradiertes Wissenssystem – Habitus im weitesten Sinne des Wortes – um die konventionalisierte symbolische Funktion von in der gesellschaftlichen Struktur stereotypen, relevanten und signifikanten Objekten, Ereignissen, Wahrnehmungs-, Vorstellungs-, Handlungs- und Verhaltensmustern, wobei das jeweilige kulturelle Wissenssystem auch Abgrenzungsfunktion gegenüber anderen kulturellen Wissenssystemen und damit Identifikationsfunktionen hat." (Schulze 2010: 37)

Die Analogie zur Sprache liege also darin, dass „beide vereinfacht gesagt als Wissenssysteme in der Kognition verankert sind" (Schulze 2010: 37). In anderen Worten: Das Problem der Trennung der einzelnen Konzepte liegt lediglich darin, dass sich die Sprache nicht gänzlich vom Menschen trennen lässt. Und dieser Mensch vereint in sich durch die Einflüsse der Umwelt und durch seine Sozialisation die darin enthaltenen Einstellungen und Werte einschließlich der tradierten Vorstellungen auch abstrakter Konzepte wie Identität, Sprache und Kultur. Da die Sprache nun nicht gänzlich vom Menschen zu trennen ist, kann sie nur mehr oder weniger isoliert als Phänomen untersucht werden, unter Inkaufnahme der Tatsache, dass dabei bewusst gewisse Dinge unberücksichtigt bleiben müssen. Sprache lässt sich nicht isoliert von den vielfältigen Einflüssen, Erlebnissen und Erfahrungen eines Menschen betrachten. Dies soll noch nicht die zitierten Vorschläge in Abrede stellen, vielmehr soll noch einmal auf die Komplexität der Begrifflichkeiten hingewiesen werden, die trotz einer klaren Definition jeweils erhalten bleibt. Dennoch eignen sich sowohl die Definition von Sprache als auch jene von Kultur, wie sie Schulze (2010) vorschlägt, für die weitere Analyse.

Zum Identitätsbegriff nimmt Mumm (2018) eine kritische Betrachtung vor. In seinem Beitrag geht er ausführlich auf die Wandlungen ein, die der Begriff der Identität durchlaufen hat, und schlägt eine Entwirrung vor, die in Teil III noch ausführlich zu besprechen ist. Einige zentrale Gedanken seien hier jedoch schon skizziert. Unter anderem stellt er fest, dass offensichtlich „tiefe Gefühle für die eigene Sprache als Sitz der eigenen Identität überall auf der Welt verbreitet“ sind (Mumm 2018: 6). Dies schließe allerdings nicht aus, „dass sie das Ergebnis von Identitäts*konstruktionen* sind und Wunschdenken die Triebfeder ist“ (Mumm 2018: 6). Wenngleich die Annahme, Sprecher einer Sprache bildeten ganz selbstverständlich eine Gemeinschaft, gängig ist, lasse sich „die Idee dieser tiefen Wesensverwandtschaft“ bei genauerer Betrachtung nicht zwangsläufig aus „der alltäglichen sprachlichen wie lebenspraktischen Erfahrung“ ableiten (Mumm 2018: 6).

Auch bei der ethnischen Identität könne es sich so verhalten, dass auf ethnisches Wunschdenken gegründet eine „ethnische Identität […] als eine unwillkürliche Gemeinschaft postuliert“ wird, die „allem gesellschaftlichen und sprachlichen Handeln vorausgeht und dieses berührt und prägt, aber ihrerseits davon unberührt bleibt und in ihrer Existenz nicht gefährdet ist“ (Mumm 2018: 6f.). In seinem Beitrag sucht Mumm den Schlüsselbegriff Identität, das Verständnis seiner Struktur und seiner schillernden Anwendungen im Bereich der Sozialpsychologie zu klären und auch die Begriffe *Sprachgemeinschaft* und *Ethnizität* und die sich darum rankenden Ideologien besser zu verstehen (Mumm 2018: 7).

> „Wörter wie *Rasse* sind heute verpönt. *Identität* gilt vielen als hohes Gut. Wie hat die Rede von der *Identität* den Weg von einem logischen Grundsatz in die öffentliche Welt ethnischer Gefühle und Forderungen genommen? (…) In unserem Zusammenhang ist *Identität* ein Schlüsselbegriff.“ (Mumm 2018: 7)

Eine Klärung erfordert zum Beispiel die Differenzierung von Ethnizität und Sprachgemeinschaft. Die beiden haben, so Mumm, einen anderen Ursprung und folgen einer anderen Logik:

> „Nach außen gerichtete Willenskonkurrenz, und sei es nur vermutete oder imaginierte, spielt in der Sprachgemeinschaft keine Rolle. Und die Kommunikations- und Konventionalisierungsprozesse, die die Sprachgemeinschaft ausmachen, führen nicht von sich aus zu einer – und sei es nur imaginierten – Willenseinheit, die sich nach außen hin absetzt. Sprachgemeinschaft kann eine wichtige Grundlage für die Entfaltung der Idee der Ethnizität sein; nämlich dann, wenn im Zuge der Konstruktion ethnischen Bewusstseins nach Formen der Gemeinsamkeit gesucht wird […].“ (Mumm 2018: 77)

Dementsprechend führe Sprachgemeinschaft nicht zwingend zu ethnischem Bewusstsein und werde von diesem auch nicht zwingend vorausgesetzt; die Sprachgemeinschaft sei folglich weder eine hinreichende noch eine notwendige Bedingung für ethnisches Bewusstsein (Mumm 2018: 77):

> „Nicht hinreichend: An Sprachen sind nicht automatisch ethnische Ideen geknüpft. Der gemeinsame kognitive und kommunikative Habitus, der die Sprecher einer Sprachgemeinschaft eint, beruht auf gemeinsamer kommunikativer Herkunft und hat mit dem Mythos gemeinsamer historischer oder verwandtschaftlicher Herkunft nichts zu tun.“ (Mumm 2018: 77)

Sprachgemeinschaft an sich sei „vaterlandslos, auch wenn es Kräfte gibt, sie ans Vaterland zu binden“, und „ethnischer Wille kann Grenzen innerhalb einer Sprachgemeinschaft ziehen“ (Mumm 2018: 78). Ganz generell scheint die Sprachgemeinschaft als Kriterium für Ethnizität eine relativ moderne Idee zu sein. Für die Ethnizität spielen jedenfalls noch andere Faktoren eine Rolle und Ethnizitätsbewusstsein kommt auch ganz ohne den Rekurs auf Sprache aus (Mumm 2018: 78; hierzu Schulze 2010).

Als Beispiel für die Nichtkongruenz sprachlicher und ethnischer Identität zieht Mumm zum einen die Tandaschwili heran, Sprecher des in Georgien gesprochenen Batsbi (Nachisch, Nordostkaukasisch). Sie sehen sich ethnisch als Georgier und fassten es sogar als Beleidigung auf, hielte man sie für Nachen. Sprecher des Lakischen, Bezhtinischen und Avarischen identifizierten sich als Dagestaner („Bergvolk“) und nicht über ihre Sprache (Mumm 2018: 78). Hier lassen sich sofort Parallelen zu den Kui-Sprechern ziehen. Auch hier zeigte sich des Öfteren, dass die eigene Sprechweise in Kombination mit Begriffen wie ethnische Minderheit und Ethnizität von außen auferlegte Konzepte zu sein scheinen (hierzu auch die Beobachtungen zu den Minderheiten in Laos, die Baird 2015 ausführlich beschreibt).

Sprache selbst versteht Mumm (2018) als (1) Teil der Kultur, (2) Abbild kultureller und gesellschaftlicher Gewohnheiten und damit Index von Kultur und Gesellschaft, (3) Symbol von Kultur im Sinne eines „Markenzeichens des Habitus der Sprechergemeinschaft“ (Mumm 2018: 79). Sprache könne dabei auch „zum Symbol von Ethnizität werden“, das sei aber nicht zwingend, da „Sprache als Teil der Kultur“ selbst eines der gewaltigsten und beweglichsten Mittel sei, die Grenzen von Ethnizität zu überschreiten (Mumm 2018: 79). Beim Versuch, Kultur, Ethnizität und Sprachgemeinschaft erzwungen zusammenzubringen, geschehe dies typischerweise in Richtung der Ethnizität, wobei Sprachgemeinschaft und Kultur dann der Füllung und Ausgestaltung des Ethnizitätsbewusstsein dienten (Mumm 2018: 79).

Abschließend sollen noch einmal die beiden Konzepte Identität und Ethnizität und ihre Zusammenhänge betrachtet werden. Ein Mensch könne sein Identitätsbewusstsein in beliebige Aspekte der Kultur, der

Sprache oder der Ethnizität legen, beendet Mumm seine Überlegungen (Mumm 2018: 81). Und da es sich um das Bewusstsein von *Identität* handle, können diese Aspekte ohne weiteres vermischt und in eins gesetzt werden (Mumm 2018: 81):

> „*Identität* ist ursprünglich ein logisches Kunstwort mit klarer Definition […]. *Identität* bezieht sich auf vorhandene oder gesetzte Entitäten und ist im Ausgangspunkt eine ganz und gar etische Kategorie, die erst, wie erinnerlich, in der Sozialpsychologie ihre emische Umdeutung erfahrt. *Ethnizität* ist, wie sich herausgestellt hat, ähnlich strukturiert. Im Kern ist Ethnizität eine etische Größe. Diese ist nicht in den realen, vielfältigen Formen von Gemeinschaftsbildung zu suchen, sondern im überall beobachtbaren Prozess, dass Gruppen sich gegeneinander unter dem Gesichtspunkt der Vertrauensfrage abgrenzen. Dies geschieht im kleinen wie im großen gesellschaftlichen Maßstab. Echte Ethnizität enthält die Idee einer als Lebensgemeinschaft funktionierenden und sich selbst reproduzierenden Gesellschaft. Darin liegt der Übergang zur emischen Seite der Ethnizität.“ (Mumm 2018: 81)

Nicht zufällig werde daher *Ethnizität* auch *ethnische Identität* genannt, und nicht zufällig würden Begrifflichkeiten wie *Ethnizität* und *Ethnizitätsbewusstsein* ebenso fatal vermischt wie *Identität* und *Identitätsbewusstsein* (Mumm 2018: 82).

2.9.1 Identität versus Identitätsbewusstsein

Diese Untersuchung zielte darauf ab, das Konzept „Sprachliche Identität“ genauer zu definieren und zielführendere Möglichkeiten des Umgangs mit Mehrsprachigkeit in Hinblick auf das abstrakte Konzept Identität herauszuarbeiten. Die Herausforderung bestand nicht zuletzt darin, dass es sich sowohl beim Phänomen *Sprache* als auch beim Konzept der *Identität* um dynamische Phänomene handelt, für die sich kein abgeschlossener Zustand festlegen lässt. Das heißt, sie befinden sich in ihren Ausprägungen in stetiger Veränderung. Ebenso variabel sind sowohl physische als auch symbolische Grenzen.

Wichtig festzuhalten ist, dass nicht vorschnell multipler Sprachgebrauch (*hybrid language use*) und hybride soziale Identität (*hybrid social identity*) gleichzusetzen sind (Auer 2005), da eine solche Gleichsetzung ebenso schwierig sein kann wie die der Nation mit der Sprache, die den traditionellen europäischen Sprachideologien zugrunde liegt. Dies ist insbesondere vor dem Hintergrund von Interesse, dass nur ein Drittel der Einwohner Thailands Zentralthailändisch als Muttersprache verwendet, und dennoch aufgrund der großen öffentlichen Akzeptanz und Anerkennung der von der Regierung etablierten thailändischen (nationalen) Identität die ethnische Mobilisierung in Thailand minimal bleibt (Ricks 2019: 257). Dass die Kui-Gesellschaft, obwohl sie mehrsprachig ist, nicht unbedingt dabei ist, nun auch eine Mehridentität zu entwickeln oder zu haben, wird hier ebenso erläutert. Da die Ausführungen in diesem Kapitel essenziell für die weiteren Betrachtungen der Kui und die Verwendung der diskutierten Begrifflichkeiten sind, werden sie im weiteren Verlauf immer wieder aufgegriffen werden.

Wie die Erläuterungen in diesem Kapitel 2 illustrieren, wählt diese Studie den komplexen interdisziplinären Zugang, der primär Soziologie und Linguistik verbindet. Abbildung 4 illustriert zugleich, dass eine rein grammatikalische Analyse bei schwer gänzlich voneinander abtrennbaren Bereichen ungenügend bleiben muss. Wie Nassenstein für die Sprecher in Bafumbira darlegt, sprechen diese auf unverwechselbare Weise, in einer ungebundenen Sprache, was es vielleicht am Ende unmöglich macht, diese auf primär grammatikalische Analysen einzugrenzen; vielmehr wird zur vollständigen Beschreibung von Sprache notwendig, dass auch Bilder und nichtsprachliche Perspektiven einbezogen werden (Nassenstein 2019: 222). Sprachpraktiken können daher nur vor dem Hintergrund eines größeren kontextualisierten sozialen Rahmens beschrieben und analysiert werden (Hollington & Nassenstein 2015: 4).

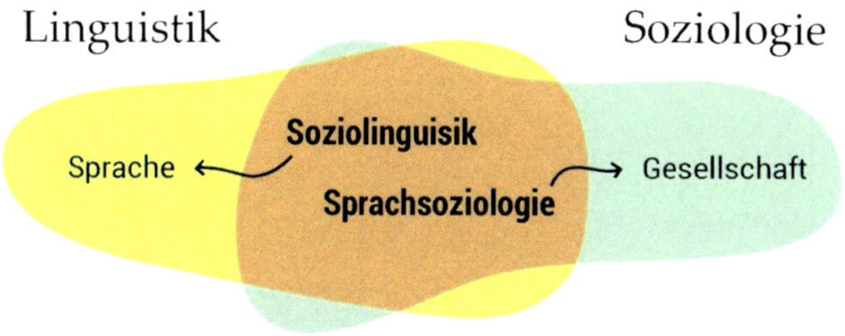

Abbildung 4: Sich überschneidende Forschungsbereiche der Disziplinen Soziologie und Sprachwissenschaft zu Sprache und Gesellschaft

2.10 Soziologie und Soziolinguistik

Ob die Soziolinguistik als Sprachwissenschaft als ein Teilgebiet der Soziologie zu sehen ist oder als eine unabhängige Linguistik, also eine „autonome Wissenschaft" oder eine „Sozialwissenschaft" (Dittmar 1997: 27), soll hier nicht beantwortet werden. Es gilt jedoch im Auge zu behalten, dass diese sich überlagernden und untrennbar miteinander verbundenen Bereiche Sprache und Gesellschaft – wie in Abb. 4 schematisch dargestellt – überlappen und schwerlich abschließend voneinander abtrennbar sind. Dies gilt umso mehr, wenn so breite Konzepte wie die Identität untersucht werden, wobei die Sprache eines Menschen als soziales Wesen nicht isoliert betrachtet werden kann.
Sprachen entstehen, verbreiten, verändern, schwächen sich und verschwinden zusammen mit sozialen Kontexten und durch menschliches Handeln (Laakso et al. 2016: 192).
Die Soziologie der Sprache interessiert sich für die Gesellschaft und untersucht Sprachen im Hinblick auf die Auswirkung der Sprache auf die Gesellschaft, im Gegensatz zur Soziolinguistik, die an der Auswirkung der Gesellschaft auf die Sprache interessiert ist (Laakso et al. 2016: 192).
Soziologen und die Soziologie als Disziplin waren im Gegensatz zur Soziolinguistik oft auch nicht bereit, der Sprache eine prominente Rolle bei der Erklärung der Ansprüche von Minderheiten auf ethnische und nationale Identität zuzuweisen (May 2012: 8; Laakso et al. 2016: 192).

In soziologischen Studien wird Sprache oft als *ein weiteres Merkmal* von Identität behandelt, gleichzeitig haben Soziologen untergeordnete Sprachen im Zusammenhang mit einem institutionalisierten Machtungleichgewicht diskutiert (Grillo 1989; Hall 1992; Laakso et al. 2016: 192). Ausführlich werden die Soziologie und ihr Interesse am Studium der Sprachen bei Laakso et al. (2016: 193ff.) dargestellt. Sie geben damit in ihrem Buch einen knappen und hilfreichen Überblick, der neben der Entstehung der Disziplin und der allgemeinen Rolle der soziologischen Sichtweise für die sprachwissenschaftliche Forschung insbesondere den Einbezug der Soziologie und Ethnographie für ihr Forschungsdesign und ihre Datenanalyse behandelt. Laakso et al. (2016) beschreiben ausführlich, warum sie die Ethnographie und den soziologischen Ansatz für die Analyse von Machtverhältnissen und die Analyse des Mediendiskurses als notwendig angesehen haben und zeigen, welche Vorteile die Linguistik mit der Einbeziehung ethnografischer und soziologischer Aspekte haben kann.[36] Auch Hollington & Nassenstein (2015: 19) tragen mit ih-

[36] Die Soziologie als Disziplin entstand in einer Zeit raschen Wandels, der sich auch auf die Sprachvielfalt auswirkte, und ihre grundlegenden Fragen – hinsichtlich der Rolle der Institutionalisierung und ihrer Folgen für eine aufkommende Moderne, die von Kapitalismus, Urbanisierung, Säkularisierung, Standardisierung und Rationalisierung geprägt ist – umfassten auch sprachrelevante Aspekte (Saarikivi & Toivanen 2015; Laakso et al. 2016: 193).
Während die Soziologie immer an Sprache, Zeichen und Ausdruck oder Kommunikationsformen und deren Auswirkungen auf die Gesellschaft und den gesellschaftlichen Wandel interessiert war, spielten Sprachminderheiten in frühen soziologischen Theorien keine Schlüsselrolle. Frühe Soziologen des 19. Jahrhunderts, wie Herbert Spencer in seiner sozialdarwinistischen Theorie, beschrieben das „Überleben der Stärksten" als das natürliche Modell menschlicher Entwicklung. Somit war der Schutz von Minderheiten weit von der Forschungsagenda entfernt. Die erste vollständige Abteilung für Soziologie, die an der Universität von Chicago eingerichtet wurde, nahm einen weiteren Aufbruch: Die Chicagoer Soziologie wurde berühmt für ihr Bestreben zu untersuchen, wie kulturelle und gesellschaftliche Rahmenbedingungen Menschen und Ideen formen (Laakso et al. 2016: 193).

rem Band zu einer soziologischen Untersuchung der Sprachpraktiken von Jugendlichen bei, indem sie darauf abzielen, den akademischen Fokus in weiteren Analysen von einer lokalistischen Sicht hin zu einem „ethnografischeren und flüssigeren Verständnis" von sprachlichen Praktiken zu verlagern.

Der Einfluss von Wissenschaftlern wie Max Weber, Emile Durkheim und Karl Marx machte die Forscher darauf aufmerksam, wie Machtverhältnisse die menschliche Vielfalt „zulassen" oder einschränken und wie sie die Gleichstellung von Menschen verringern können. Die Rolle der Minderheitensprachen war jedoch in keiner Weise von zentraler Bedeutung für die aufkommenden großen soziologischen Theorien. Die Aufgabe, diese verschwindenden Kulturen zu beschreiben, wurde den Anthropologen überlassen. Die Beschäftigung der Soziologie mit Sprachen war lange Zeit von der sogenannten Sapir-Whorf-Hypothese geprägt (Laakso et al. 2016: 193).

3. Forschungschritte und Begründung der Methodenwahl

Die folgenden Abschnitte geben einen Überblick über die verwendeten Methoden und erläutern das Untersuchungsdesign. Die konkrete Beschreibung der Inhalte der soziolinguistischen Fragebögen, der Durchführung der Befragungen und der Feldbeobachtungen erfolgt dann in Teil II. Die Prozesshaftigkeit, die sowohl der sprachlichen Entwicklung des Individuums als auch der Herausbildung von Identität innewohnt, spiegelt sich in der schrittweisen methodischen Umsetzung der vorliegenden Forschungsarbeit wider. Da „die sprachlichen Handlungen der Selbstrepräsentation immer bestimmten kommunikativen Zwecken folgen" (Vossmiller 2018: 53), gilt es unter Berücksichtigung der individuellen Realisierungsformen sprachlichen Handelns und zugehöriger spezifischer Handlungsmuster diese Prozesse genauer zu untersuchen. Entscheidend ist, dass vorliegende Studie auf quantitative und auf qualitative Methoden zurückgreift. Die zusätzliche Heranziehung von qualitativen Methoden wird im Folgenden ausführlich (und in Kapitel 3.7 zusammenfassend) begründet.

3.1 Schritt 1: Identifikation von Sprachbewusstsein und soziolinguistischen Einstellungen

Zunächst sind Sprachbewusstsein und soziolinguistische Einstellungen der Kui-Dialektsprecher in Thailand, Kambodscha und Laos zu identifizieren. Die Einstellungen und das Bewusstsein zur Sprache sind in den Prozess des Wechsels von einer Sprache mit niedrigem Prestige (LPL) zu einer Sprache mit hohem Prestige (HPL) und in den Prozess der Bildung sozialer Identität der mehrsprachigen Sprecher involviert. Werden die Kui-Minderheitendialekte als LPL (Tomioka 2016, Woykos 1989) verstanden, ist anzunehmen, dass die Kui-Sprecher zu den HPL Thai und Khmer und evtl. auch zu Lao wechseln. Ein hohes Sprachbewussttsein kann ein Zeichen für die Tendenz zum Wandel sein (Karan 2011: 144). Aus diesem Grund wird erwartet, dass das Sprachbewusstsein der Kui-Sprecher direkt mit der Tendenz zu Sprachwechsel oder zu Sprachassimilation korreliert, was zur **ersten Forschungshypothese** führt, die es zu überprüfen gilt:

- Je höher das Sprachbewusstsein der Kui-Sprecher ist, desto höher ist die Tendenz zu Sprachassimilation im Sinne eines fortlaufenden Assimilationsprozesses in Koexistenz von Mehrheits- und Minderheitensprache(n)[37].

Im Falle eines fortlaufenden Assimilationsprozesses würden die Kui-Varianten mit den Mehrheitssprachen Thai, Khmer und Lao und anderen kleinen Sprachen koexistieren und gegebenenfalls Elemente aus diesen integrieren. Nach Thomason & Kaufmann (1988) führt hohes Sprachbewusstsein zu Sprachassimilation und schwaches Sprachbewusstsein zu Sprachwechsel. Soziolinguistische Fragebögen und Interviews bilden die Grundlage, um den Grad des Sprachbewusstseins und die Spracheinstellungen der Kui-Sprecher zu identifizieren und die zugrunde liegenden soziokulturellen Unterschiede und konzeptuellen Unterschiede von Minderheiten- und Mehrheitssprachen aufzudecken.

Methode: Soziolinguistische Fragebögen und Interviews

Ein soziolinguistischer Fragebogen, der vorab unter Anwendung von Fragebögen früherer Studien erstellt und in der ersten Feldforschungsperiode dieses Projekts pilotgetestet wurde, sollte Informationen zu Sprachidentität, Sprachgebrauch und Spracheinstellungen liefern und eine Bewertung des Sprachbewusstseins zulassen. Ebenfalls in den Fragebögen enthalten sind Metadaten (Alter, Geschlecht, ethnolinguistischer und geografischer Hintergrund, gegenwärtiger Wohnort usw.) sowie relevante Sprachkenntnisse, Spracheinstellungen und Sprachwahl

[37] ‚Minderheitensprachen' schließt hier auch andere als Kui ein, daher Plural.

in bestimmten Situationen (Clifton et al. 2002; Tomioka 2016; Kondakov 2011; Magaspag 2012; Markowski 2005; Schulze, I. 2014b). Zu bedenken bleibt hier, dass sich aus Einstellungen nur bedingt Verhalten und Handlungen ableiten lassen (Papadopoulos 2021[38]). Auf Selbstauskünften beruhende Anteile von Einstellungen können nur so weit erhoben werden, wie sie die Individuen verbalisieren können; das heißt, dass in Form von Fragebogen und direkten Interviews nur bewusste Einstellungen erhoben werden können. Durch Selbstauskunft können keine impliziten Einstellungen gemessen werden.

3.2 Feldforschung

Die für diese Studie verwendeten Daten wurden während der Feldforschung von Februar bis April 2019 in den nordöstlichen thailändischen Provinzen Surin und Sisaket gesammelt (Abbildung 8, S. 135). Die Einverständniserklärung der Teilnehmer wurde eingeholt und die Vertraulichkeit während des gesamten Forschungsprozesses gewährleistet. Eine Kombination komplementärer Methoden wurde verwendet, um eine kritische Triangulation durch das Sammeln von Material aus verschiedenen Blickwinkeln zu ermöglichen: 1) schriftliche Fragebögen (online- und papierbasierte Versionen in thailändischer Sprache), 2) aufgezeichnete Interviews in Thai und Kui und 3) Feldbeobachtungen. Die Hauptkriterien für die Auswahl waren, dass 1) die Teilnehmenden Kui-Muttersprachler und 2) sie oder ihre Eltern in Surin oder der Provinz Sisaket geboren sein sollten.

Soziolinguistische Fragebögen

Ein Multiple-Choice-Fragebogen mit mehr als 100 Elementen wurde basierend auf mehreren Quellen entwickelt (Clifton et al. 2002; Tomioka

[38] Vortrag zum Embodied Design von Judith Papadopoulos im Rahmen des Linguistischen Kolloquiums Mainz im Sommersemester am 3. Mai 2021.

2016; Kondakov 2011; Magaspag 2012; Schulze 2014). Der Fragebogen enthielt Metadatenelemente, die ins Thailändische übersetzt wurden, um sicherzustellen, dass sie richtig verstanden wurden. Zusätzlich zu den persönlichen Informationen wurden im Fragebogen Informationen zu Sprachkenntnissen, -gebrauch und -auswahl sowie zu Sprachidentität, Einstellungen und Bewusstsein gesammelt. Einige Elemente enthielten Optionen für spezifische Antworten. Der Fragebogen wurde zweimal pilotgetestet (7 und 15 Teilnehmer, Tabelle 1) und dann leicht modifiziert, bevor er an die Hauptteilnehmenden gegeben wurde (s. Fragebogen im Anhang).

Muttersprachler halfen bei der Auswahl der Sprecher und bei der Verwaltung der Umfrage. Insgesamt nahmen 211 Sprecher an der Umfrage teil (einschließlich der beiden Pretests). Für die Untersuchung in diesem Buch wurden jedoch nur die 74 ausgefüllten Fragebögen ausgewertet. Die meisten Sprecher beantworteten den Fragebogen online in thailändischer Sprache. Einige Befragte (insbesondere Dorfbewohner) gaben jedoch mündliche Antworten, die aufgezeichnet und später in der Bewertungsphase codiert wurden.

Die einheimischen Kui-Informanten (ausgewertete Gruppe) bilden neun Alterskohorten, von denen fast die Hälfte zwischen 19 und 25 Jahre alt war (Tabelle 1). Die meisten Teilnehmenden wurden in Chom Phra und Tha Tum in der Provinz Surin geboren (Abbildung 8) und wuchsen an oder in der Nähe ihres Geburtsortes auf. Die Sprecher wurden in drei sozioökonomische Gruppen/Klassen eingeteilt (Labov 1966; Trudgill 1974): untere, mittlere und obere. Zu den Befragten gehörten Männer (35 %) und Frauen (65 %), und die meisten (75 %) hatten mehr als sechs Schuljahre absolviert. Eine bedeutende Minderheit (19 %) hatte jedoch vier bis sechs Schuljahre und einige (5 %) nur zwei bis drei Jahre.

Spracheinstellungen können nicht direkt beobachtet werden. Sie werden durch das tatsächliche Verhalten der Sprecher demonstriert und können analysiert werden, indem Fragen zu unterschiedlichen Aspekten des Lebens (Arbeit, Familie, Dorfgemeinschaft etc.) gestellt werden (SIL International 2017).

Tabelle 1: Soziodemografische Merkmale der Befragten

Evaluated Group (n = 74)					**All Participants** (n = 211)	
Socioeconomic status (SES) (%)	**N**	**Age**	**N**	**%**	**Group**	**N**
Lower class: farmers and outdoor laborers	19 (25.7 %)	>15 (A1)	2	2.7 %	Pre-test 1	6
		15–18 (A2)	9	12.2 %	Pre-test 2	13
Middle class: office workers and other white-collar employees	11 (14.9 %)	19–25 (A3)	36	48.6 %	Main survey	192
		26–30 (A4)	3	4.1 %		
Upper class: university students, teachers, professors, and civil servants	44 (59.5 %)	31–35 (A5)	2	2.7 %		
		36–41 (A6)	6	8.1 %		
		42–46 (A7)	4	5.4 %		
		47–57 (A8)	7	9.5 %		
		58–68 (A9)	5	6.8 %		

In Bezug auf ethnografische und soziolinguistische Einstellungen sind Fragen wie die folgenden zu berücksichtigen:

(1) Von wem wird der jeweilige Kui-Dialekt oder eine der Mehrheitssprachen Khmer, Thai oder Lao verwendet?

(2) Unter welchen Umständen wird Kui oder Thai/Khmer/Lao verwendet?

(3) Verwenden die Menschen einer Gemeinschaft regelmäßig mehr als eine Sprache in ihrem täglichen Leben und wenn ja welche?

(4) Wie hoch sind die Kenntnisse im jeweiligen Kui-Dialekt, in Khmer, Thai oder Lao? Hier ist auch zu identifizieren, ob es einen Unterschied der Situation von Kui-Sprechern in Kambodscha, Thailand und Laos gibt und ob es einen Austausch zwischen Kui-

Sprechern über die politischen Grenzen hinaus gibt. Wenn ja, ist zu fragen, welchen Effekt dieser Sprachkontakt hat.

In den Interviews werden folgende Faktoren angesprochen:

(1) soziokulturelle Faktoren, die eine Rolle bei der Identitätsentwicklung von Minderheiten- und Mehrheitssprachensprechern spielen, und

(2) soziolinguistische Faktoren, die als symbolische Einheit gesehen werden können, die typischerweise als Kriterium für die Definition einer Minderheitengruppe verstanden werden kann (Schulze I. 2014b).

Die Ergebnisse des von Labov eingeführten soziolinguistischen Interviews werden zwei Arten von Daten liefern (Wildgen 2005):

(1) relevante Metadaten (z. B. Alter, Herkunftsort, Beruf usw.) und Informationen zur gegenwärtigen soziopolitischen Situation, wie sie von den Sprechern selbst gesehen wird, und

(2) linguistische Daten zur Sprache der Befragten, die zu einem Korpus zusammengefasst werden.

In den Interviews werden die Positionen der Individuen in ihren gesellschaftlichen Netzwerken ebenso erfragt wie die Bedingungen, unter denen sich diese vollziehen. Die sich daraus ergebenden Identitätsbildungsprozesse, die es den mehrsprachigen Individuen erlauben, ihre persönliche und soziale Identität zu finden, steht dabei im Zentrum des Erkenntnisinteresses.

Kritische Würdigung der Methodik

Grenzen und Möglichkeiten der Datennahme mittels Fragebögen liegen auf der Hand und sind in der Literatur hinreichend besprochen worden (z. B. Atteslander 2006; Bühner 2010; Lukesch 2006; Porst 2008; Raab-Steiner & Benesch 2015; Kallus 2016; Kirchhoff 2010; Kromerey 2006).

Fragebögen – und das gilt auch für die hier verwendeten soziolinguistischen Fragebögen – erfassen zum einen nur jene Einstellungen und Motivationen der befragten Individuen, die diesen selbst auch bewusst sind. Da zum gegenwärtigen Stand der sozial- und persönlichkeitspsychologischen Forschung davon auszugehen ist, dass ein Großteil der Beweggründe für menschliches Handeln unbewusst abläuft (Myers 2014: 92, 94, 368, 377f.; Dörfler et al. 2018: 185), kann das Instrument Fraugebogen zwangsläufig nur einen sehr oberflächlichen ersten Eindruck des Forschungsgegenstands liefern. Weiter gedacht bedeutet das auch, dass die weitaus größeren Anteile an der Handlungsmotivation und die Hintergründe für eine bestimmte Einstellung im Bereich des Unbewussten zu suchen sind. Würde sich die Forschung hier mit dem bewussten Teil der menschlichen Denk- und Handlungsmuster begnügen, wären lediglich Ergebnisse von verhältnismäßig oberflächlicher Natur zu erwarten.

Zudem können nur solche Inhalte erfasst werden, nach denen auch gefragt wird, sodass der Bias des Forschers oder der Forscherin eine bedeutende Rolle bei der Erstellung des Befragungsmaterials und deren Inhalte spielt. Darüber hinaus können mittels Fragebögen auch nur diejenigen Einstellungen und Beweggründe erfasst werden, die sich die befragten Individuuen auch mitzuteilen in der Lage fühlen. Insbesondere bei sehr privaten, persönlichen Themenbereichen werden sich Individuen, abhängig von den kulturell geprägten Erwartungen, mehr oder weniger offen oder misstrauisch gegenüberstehen. Daher ist die individuell zu erwartende Schamhaftigkeit und Zurückhaltung infolge sozial angepassten Verhaltens auch in die Ergebnisse der durch Fraugebögen erfassten Daten einzubeziehen. Nun könnte man argumentieren, dass alle Befragten denselben einschränkenden Prozessen und Überlegungen unterliegen und damit sehr wohl noch immer eine objektive Vergleichbarkeit bestünde. Diese Feststellung mag durchaus ihre Berechtigung haben und auch zutreffen. Gleichwohl darf die soziale Erwünschtheit bei

der Beantwortung von Fragen zu persönlichen, ggf. schambehafteten Themen nicht außer Acht gelassen werden.
Dennoch sind Fragebögen für die Zielsetzung und vor dem Hintergrund der Möglichkeiten ein gut eingeführtes und erprobtes Instrument der Forschung. Aus den oben genannten Gründen dienen Fragebögen zunächst insbesondere der Annäherung an den Forschungsgegenstand und der Vertiefung und Schärfung des Forschungsfelds, in dem tiefer geforscht werden soll.

Stichprobe und Befragung

Gemäß den Grundannahmen der Soziolinguistik sollte pro intendierter Varietät oder Minderheitensprache eine möglichst große Zahl von Vertretern zu Wort kommen, um repräsentative Ergebnisse zu erzielen und individuelle Ausreißer und Abweichungen zu korrigieren (Löffler 2016: 150).
Mindestens fünf Sprecher wurden für jede der folgenden Gruppen ausgewählt: jüngeres, mittleres Alter und älter aus beiden Geschlechtern männlich und weiblich. Die englischsprachigen Fragebögen wurden in der ersten Feldforschungsperiode mithilfe von muttersprachlichen Assistenten in Thai, Khmer und Laotisch bzw. später mündlich auch in den jeweiligen Kui-Varietäten übersetzt und abschließend von 211 Sprechern beantwortet. Da einige Fragebögen nicht vollständig beantwortet waren, wurde für die Auswertung eine Auswahl getroffen. Letztlich werden mindestens zehn Kui-Sprecher in ausführlichen (mind. 60–90 Minuten/ Interview) Interviews befragt (Feagin 2013: 28 zur Stichprobengröße). Kürzere Interviews, Gruppeninterviews und andere kürzere Gespräche zum Beispiel bei Kui-Festen (teilnehmende Beobachtung) werden zusätzlich durchgeführt. Gemeinsam mit einem männlichen und einer weiblichen Kui-Sprecher:in können Sprecher beider Geschlechter befragt und gleichzeitig mögliche geschlechtsspezifische Tabus und Sprachbeschränkungen kontrolliert werden (Foley 2016: 259).

3.3 Schritt 2: Analyse von Sprachgebrauch und sprachlicher Kompetenz

Der zweite Schritt beinhaltet die Analyse des tatsächlichen aktuellen Sprachgebrauchs und der Sprachkompetenz der Kui-Sprecher. Zu beurteilen ist, ob es sich bei der aktuellen Entwicklung um eine sprachliche Assimilation handelt, um spezifische (soziale) Situationen zu bewältigen, oder um einen Sprachwechsel-Prozess, der zu einer teilweisen oder vollständigen Ersetzung von Kui durch die Mehrheits- bzw. Nationalsprachen führt. Ähnliches gilt für Lao in seiner schrumpfenden Rolle als regionale *Lingua Franca* mit der Tendenz, in einer nordwestlichen Region Thailands durch die Landessprache Thai ersetzt zu werden (Tomioka 2016). Im Falle eines fortlaufenden Assimilationsprozesses würden die Minderheiten-Kui-Dialekte mit den Mehrheitssprachen Thai, Khmer und Lao koexistieren und gegebenenfalls Elemente aus diesen integrieren. Darüber hinaus ist zu prüfen, ob es sich um die freie Entscheidung der Sprecher handelt oder ob diese aus politischen oder sozialen Gründen, wie etwa schulische Ausbildung nur in Landessprache, erzwungen wird (Bos & Sidwell 2014). Die Entscheidung für den spezifischen Sprachgebrauch der Kui-Sprecher kann durch verschiedene soziale, ökonomische, politische und religiöse Faktoren beeinflusst werden (Weinreich 1964; Karan 2011). Im Fall der untersuchten Kui-Dialekte wird erwartet, dass insbesondere das Sprachprestige eine wichtige Rolle für die Sprachwahl in bestimmten Situationen spielt.
Diese Annahme führt zur **zweiten Forschungshypothese**:

- Aus Sprachprestigegründen passt sich Kui in Thailand an Thai an, Kui in Kambodscha an Khmer und Kui in Laos an Lao.

Zudem ist zu erwarten, dass Kui-Sprecher generell aus Prestigegründen stärker dazu tendieren, zu der höher angesehenen Standardsprache Thai zu wechseln als zu den Sprachen Khmer und Lao, insbesondere in sehr grenznahen Regionen. Sozialer Status wird in Kui nicht lexikalisch kodiert, selbst wenn einige Kui-Varietäten Partikel verwenden, um Höflichkeit auszudrücken, indem beispielsweise eine Frage oder ein Befehl abgemildert wird (Bos 2009; Bos & Sidwell 2014: 876; Bisang 2014: 711). Die lexikalische Repräsentation von spezifischem Vokabular ist nicht vergleichbar mit dem des Thai, Khmer und Lao. Daher wird auf lexikalischer Ebene ein Wechsel von Kui zu Khmer, Thai oder Lao erwartet, wenn es notwendig ist, spezifische soziale Situationen zu bewältigen, die für die Thai-, Khmer- und Lao-Gesellschaft typisch sind. Es wird erwartet, dass Kui-Sprecher zusätzliches Khmer-, Thai- oder Lao-Vokabular implementieren und verwenden, um die Lücken zu schließen, die aufgrund der unterschiedlichen Gesellschaftsstruktur bestehen. Die Kui-Sprecher haben hierfür mindestens zwei Möglichkeiten: (1) die Unterschiede zu ignorieren und kein spezifisches Höflichkeitsvokabular zu verwenden oder (2) partiell spezifisches Vokabular von Khmer, Thai oder Lao zu übernehmen, um die Unterschiede zu kompensieren. Die folgenden Methoden werden verwendet, um Sprachverwendung und -fähigkeiten zu testen:

Methode: Recorded Text Test (RTT)

Die aktuelle Verwendung von Kui-Dialekten sowie Khmer oder Thai kann mithilfe des RTT überprüft werden, der ausführlich in Markowski (2005), Blair (1990) und Casad (1974) erläutert wird. In diesem Projekt wird eine angepasste Version angewendet. Dabei wird gesprochener Text im jeweiligen Kui-Dialekt mit dem Vokabular zweier Wortlisten als Audiodatei aufgenommen: Die erste Wortliste umfasst Vokabular von Alltagssituationen im Kui-Dorf. Die zweite listet Vokabeln auf, die typischerweise der Thai-, Khmer- oder Lao-Kultur zugeordnet werden und daher möglicherweise auf ein sich änderndes Verhalten der Kui-Sprecher hinweisen können. Beide Wortlisten werden durch Auswertung und Anwendung von Wortlisten früherer Studien, hauptsächlich Markowski (2005), erstellt. Diese Wortlisten werden verwendet, um die Fähigkeit der Kui-Sprecher in Thai, Khmer und Lao sowie in ihrem spezifischen Kui-Dialekt zu prüfen. Aus den beiden Wortlisten werden zwei Geschichten

für den RTT entwickelt. Eine Geschichte enthält spezifisches Kui-Vokabular von der ersten Wortliste und die andere Geschichte enthält Vokabular der zweiten Liste, das typischerweise in Thai, Khmer und Lao verwendet wird. Der aufgezeichnete Text ist eine Geschichte eines Ereignisses oder einer Erfahrung, die hauptsächlich dörfliches Vokabular oder zusätzlich spezifisches Vokabular zu Thai, Khmer und Lao verwendet. Der zweite aufgezeichnete Text enthält spezifische Wörter, die in formelleren Situationen (z.B. Geschäftskorrespondenzen) verwendet werden, die im Kui-Alltag weniger oder gar nicht präsent sind.
Die Erzählungen von drei bis fünf Minuten Dauer werden mit einem Muttersprachler aufgenommen, transkribiert und übersetzt. Es werden Fragen gestellt, die nur nach dem Hören der Geschichte beantwortet werden können. Geschichte und Antworten auf die Fragen werden aufgezeichnet. Die aufgezeichneten Texttests werden in der ersten Feldforschungsphase mithilfe von Muttersprachlern entwickelt und vorgängig getestet. Dabei werden mindestens zehn Muttersprachler mit Fähigkeiten in Kui und Khmer, Thai oder Lao eingesetzt. Es ist wichtig, die Fragen in dem Dialekt aufzuzeichnen, den die Informanten sicherlich verstehen, um zu gewährleisten, dass die spezifische Geschichte verstanden wird. Im Anschluss an einen erfolgreichen Pretest werden die Tests in den Sprachgemeinschaften in Thailand, Kambodscha und Laos durchgeführt, in denen die ausgewählten Kui-Dialekte gesprochen werden.

Methode: Recorded word and phrase list (RWPL)

In einem zweiten Sprachkenntnis-Text können Wort- und Satzlisten mit spezifischem Thai-, Khmer- oder Lao-Vokabular verwendet werden, die einen spezifischen soziokulturellen Hintergrund widerspiegeln, z. B. formelle Rede im beruflichen Kontext etc., die mit einheimischen Thai-, Khmer- oder Lao-Sprechern aufgezeichnet wurden. Die Wort- und Satzlisten zu bestimmtem Thai-, Khmer- und Lao-Vokabular werden vor ihrer eigentlichen Anwendung entwickelt und im ersten Feldforschungsabschnitt mit entsprechenden Muttersprachlern vorab getestet. Dies stellt sicher, dass die Wörter und Sätze in der gewünschten Weise verstanden werden. Nach dem Pilot-Test mit mindestens fünf Thai- und fünf Khmer-Sprechern werden die Listen für die eigentlichen Tests mit Kui-Sprechern aufgezeichnet. Während des Tests hören die Kui-Informanten Wörter und Sätze in den Sprachen Thai (Kui in Thailand), Khmer (Kui in Kambodscha) oder Lao (Kui in Laos). Sie werden aufgefordert, das Wort in Kui zu übersetzen oder zu erklären. Der Test zielt darauf ab, die Sprachkenntnisse der Kui in spezifischem Vokabular, z. B. formales Thai oder Khmer, herauszufinden. Ein zweites Anliegen besteht darin, die Fähigkeit der Kui-Sprecher zu testen, mit Unterschieden zwischen den beiden Sprachen umzugehen, sowie soziokulturelle Unterschiede zwischen den beiden Sprechergemeinschaften, die sich in sprachlichen Strukturen widerspiegeln, zu analysieren.

3.4 Schritt 3: Identifikation von Sprachvitalität und Mehrsprachigkeit

Sprachvitalität und Mehrsprachigkeit können Indikatoren für Sprachwandel sein (SIL International 2017) und werden dementsprechend häufig in der Forschung berücksichtigt.

Definition von *Language Maintenance* und *Language Shift*

Zur Untersuchung und Messung von Language Maintenance verwenden (Laakso et al. 2016: 33) die folgende Arbeitsdefinition von *Language Maintenance* und *Language Shift*: Language Maintenance bezieht sich auf Situationen, in denen eine Gruppe von Sprechern ihre Sprache zumindest teilweise im Wettbewerb mit einer anderen Sprache weiterverwendet. Sprachwechsel bezieht sich auf Situationen, in denen dies nicht der Fall ist.

> „*[L]anguage maintenance* refers to situations in which a group of speakers continues using its language at least to some extent in the face of competition

from another language. *Language shift* refers to situations in which they do not.“ (Laakso et al. 2016: 33, Hervh. i. Orig.)

Manifestation von Identität durch Sprachverwendung

Die Kernidee ist: Je mehr ethnolinguistische Vitalität eine Gruppe hat, desto besser kann sie ihre Sprache verwenden, um ihre eigene Identität zu manifestieren, wenn sie mit anderen Gruppen interagiert, und desto wahrscheinlicher ist es, dass sie weiterhin als unverwechselbare Entität existieren kann (Giles et al., 1977: 307–308, zit. n. Laakso et al. 2016: 36).

> „The core idea is that the more ethnolinguistic vitality a group has, the better it is able to use its language to manifest its own identity when engaging in interaction with other groups, and thus the more likely it will be able to continue operating as a distinctive entity (Giles et al., 1977: 307–308).“ (Laakso et al. 2016: 36)

Anwendung von Klassifizierungsskalen und Modellen

Zwei Ordnungssysteme können für die Klassifizierung herangezogen werden: erstens die neun Kriterien der UNESCO[39] und zweitens der Expanded Graded Intergenerational Disruption Scale (EGIDS) (Tehan & Markowski 2017). Zur Beurteilung von Gefährdung und Vitalität der Sprache werden zwei Tools eingesetzt: das Sustainable Use Model (SUM) und das Tool Function, Acquisition, Motivation, Environment, and Differentiation (FAMED) (Tehan & Markowski 2017). Diese beiden Modelle sind hilfreich bei der Beurteilung der Sprachvitalität der Kui-Dialekte, insbesondere bei der weiteren Differenzierung der EGIDS-Level 5 bis 8 und bei der Erörterung von Trends in Sprachnutzung und Spracherwerb (Tehan & Markowski 2017). Diese Werkzeuge helfen bei der Klassifizierung auf einer Skala von *educational* über *shifting* bis *extinct*. Das primäre Ziel ist nicht die Revitalisierung von Minderheitensprachen, sondern die Sammlung und Dokumentation eines Teils der gegenwärti-

---

[39] Die methodologische Richtlinie der UNESCO Language Vitality and Endangerment (LVE) beinhaltet neun Kriterien („features“) (UNESCO Culture Sector 2011).

gen Sprachenvielfalt auf dem Festland Südostasiens und die Bereitstellung der gesammelten Daten für zukünftige Forschungen zu Kui. Für einige andere Minderheitensprachen ist dies aufgrund von fortgeschrittenem Sprachwandel oder der bereits völligen Ausrottung nicht mehr möglich.

Methode: Anwendung von RPE und SRT

Um festzustellen, ob Sprachwechsel oder Sprachassimilation in Gang sind, wird zudem der Grad der Mehrsprachigkeit analysiert. Mehrsprachigkeit umfasst das Verständnis einiger Wörter einer anderen Sprache bis hin zur Fähigkeit, die andere Sprache mit großer Sicherheit anzuwenden. Für die Bewertung der Mehrsprachigkeit werden zwei Methoden verwendet: Die Reported Proficieny Evaluation (RPE) und der Sentence Repetition Test (SRT). RPE ist eine indirekte Methode, bei der die Forschungsteilnehmer sagen, was sie in bestimmten sozialen Situationen in einer zweiten Sprache tun können. SRT ist ein Test zur direkten Beobachtung der tatsächlichen Sprachbeherrschung (SIL International 2017). Zusätzlich werden verschiedene qualitative Methoden verwendet, wie Beobachtung, Befragung und Fragebögen. Die ausgewählten Kui-Dialekte in Thailand, Kambodscha und Laos werden verglichen und der Grad der gegenseitigen Verständlichkeit verschiedener Kui-Dialekte wird bewertet.

3.5 Schritt 4: Identifikation von Faktoren und Motivationen für Spracheinstellung und -verwendung

In einem vierten Schritt sind die Motivationen sowie relevante soziale, wirtschaftliche, politische und religiöse Faktoren, die Spracheinstellungen und den Sprachgebrauch der Kui-Sprecher beeinflussen, aufzudecken. Extralinguistische soziale Faktoren sollen untersucht werden, da sie als Prädiktoren oder Motivationen kontaktbedingter Veränderungen dienen können (Weinreich 1964; Howard 2010; Thomason 2008). Gründe und

Motivationen für die Einstellung und Verwendung von Sprache sind Teil des Projektziels, da sie Hinweise auf die Tendenz zur Veränderung geben können (Tehan & Markowski 2017; Karan 2011; Howard 2010). Thomason (2008) betont die Wichtigkeit der sozialen Situation, der Beziehungen zwischen Zweisprachigen und den entsprechenden sozialen Kontext, wenn es um kontaktbedingte Veränderungen geht. Dies führt zur **dritten zu untersuchenden Forschungshypothese**:

- Soziale Faktoren spielen bei Sprachwahlentscheidungen von Kui-Sprechern und somit für die zukünftige Entwicklung in Richtung Sprachwandel oder -stabilität eine entscheidende Rolle.

Methoden: PBM, soziolinguistische Fragebögen, Beobachtungen

Sprachwandel kann mithilfe des Perceived Benefit Model für Sprachstabilität und Sprachwechsel (PBM) beurteilt werden (Karan 2011). Um die Beweggründe für Sprachgebrauch, Spracheinstellungen und einen möglichen Sprachwandel zu ermitteln, sind die relevanten sozialen, wirtschaftlichen, politischen und religiösen Faktoren zu analysieren, die sich auf die Einstellung und Verwendung von Sprache auswirken können. Die Sprachwahl-Entscheidung eines Sprechers oder einer Sprecherin für eine Sprache, die für das PBM von zentraler Bedeutung ist, basiert auf den genannten Motivationen für den spezifischen Sprachgebrauch (Karan 2011).

Um diese Motivationen zu identifizieren, ist es notwendig, den soziokulturellen Hintergrund der Kui-Sprecher zu verstehen. Motivationen zu verstehen, die soziolinguistischem Verhalten zugrunde liegen, führt zu einem besseren soziologischen Verständnis von Sprache im Sinne der Beobachtung sprachlicher Praktiken der jeweiligen Sprachgemeinschaft (s. Schulze 2016). Dies geschieht zunächst aus Sicht der Sprecher durch spezifische Fragen in den soziolinguistischen Fragebögen und Interviews. Darauf folgend stehen die Gründe für den Sprachgebrauch der Sprecher durch rekonstruierte Beobachtungen im Fokus.

Um Identitätsfragen und deren Auswirkungen auf soziale, politische und ethnische Spaltungen zu verstehen, ist es von grundlegender Bedeutung, Einsichten in die kommunikativen Prozesse zu gewinnen, durch die sie entstehen (Gumperz 1982). Kommunikative Konventionen sind weitgehend unabhängig von der Sprache und können sowohl in der Minderheitensprache als auch in der Mehrheitssprache verwendet werden. Selbst dort, wo die ursprüngliche Muttersprache verloren gegangen ist, bleiben die neuen Konventionen im Diskurs eher bestehen und werden in den Gebrauch der Mehrheitssprache der Gruppe übernommen (Gumperz 1982). Betrachtet man die Sprachgemeinschaften der Kui als eine Gruppe von Mitgliedern mit gemeinsamen Interessen, kann Sprache sowohl soziale Inklusion als auch soziale Ausgrenzung unterstützen und daher als ein Mittel der Identitätsbildung dienen.

Methoden: Freie Gesprächssituationen und Gruppendiskussionen, teilnehmende Beobachtung

Um soziokulturelle Unterschiede und ihre Ursachen zu identifizieren, wird gefragt, wie sich Minderheiten- und Mehrheitensprecher sprachlich damit auseinandersetzen. Dies wird durch Gesprächsanalyse von Kui-Sprechern geschehen, die sich im Gespräch zu spezifischen Themen indirekt mit soziokulturellen Unterschieden befassen. Eine Möglichkeit besteht darin, Kui-Sprecher zu bitten, eine gegebene Situation zu beschreiben, z. B. ein Vorstellungsgespräch in einem von Khmer, Thai oder Lao dominierten Ort, das heißt in einer größeren Stadt. Basierend auf diesen Ergebnissen wird der Gebrauch von Minderheiten- und Mehrheitensprachen in ähnlichen Situationen verglichen. Da in der gegebenen kurzen Zeit eine direkte Beobachtung von Verhaltensmustern nicht völlig frei von Vorgaben möglich ist, werden rekonstruierte Situationen verwendet, um Daten zu sammeln und indirekt auf die Verhaltensmuster der Sprecher zuzugreifen. So kann beobachtet werden, wie sich Kui-Sprecher verhalten, wenn sie einem ihnen nicht bekannten Thai-, Khmer- oder Laosprecher etwas erklären müssen. Hierzu werden Thai-, Khmer-

und Laosprecher als Adressaten eingesetzt. SGD sind Mittel zur Analyse des Sprachgebrauchs bei der Diskussion bestimmter Themen.
Eine Audio- und Videodokumentation erlaubt es, die Außenperspektive einzunehmen. Sie liefert Daten zur Sprachverwendung aus der Forschendenperspektive. Hier muss man sich bewusst sein, dass die Wahl der Sprache innerhalb der Kui-Gemeinschaft auf dem Kontext sowie den an der Konversation Beteiligten basieren kann, anstatt auf bestimmten Themen. Daher kann die Wahl des Sprachgebrauchs durch kulturelle Erwartungen bedingt sein, z. B. weil einige Beteiligte den Kui-Dialekt nicht sprechen (s. Tehan & Markowski 2017). In der Feldforschungspraxis wird ein vorgegebenes oder frei gewähltes Thema von 3 bis maximal 5 Sprecher diskutiert. Die vorgegebenen Themen sind institutionelle Kindererziehung, Beschäftigung in einer Stadt, Heirat mit einem thailändischen oder Khmer-Staatsangehörigen. Jede Sitzung wird für maximal 20 Minuten aufgezeichnet und/oder gefilmt.

3.6 Schritt 5: Interpretation

Die Ergebnisse der ersten vier Arbeitsschritte werden bewertet und interpretiert mit Blick auf die Frage, ob es einen fortlaufenden Prozess von Sprachwechsel und Sprachassimilation der untersuchten Kui-Dialekte in Richtung der Nationalsprachen Khmer, Thai und Lao gibt oder die Entwicklung zu einer stabilen Situation von Mehr- und/oder Zweisprachigkeit tendiert.

3.7 Schritt 6: Der zusätzliche Einsatz des narrativen Interviews und (biografischen) Erzählens

Seit der „qualitativen Wende“ in den letzten Jahrzehnten des 20. Jahrhunderts hat sich das „qualitative Denken“ in der Forschung in weiten Teilen etabliert (Mayring 2016: 9). Dieses Denken hatte eine zunehmende Zahl der Veröffentlichungen mit qualitativem Bezug nicht nur in der Soziologie zur Folge (Mayring 2016: 10). Neben der Soziologie lässt sich, wenngleich in der Psychologie der quantitativ-naturwissenschaftlichen Vorgehensweise nach wie vor der Vorzug gegeben wird, auch in der deutschsprachigen Psychologie ein erstes Bemühen feststellen, qualitative Ansätze auf breiterer Basis zusammenzutragen (Mayring 2016: 16f.). Nun soll hier keine Abwägung von Vor- und Nachteilen der quantitativen oder qualitativen Forschung vollzogen werden. Viel wichtiger ist, welche Methoden oder vielmehr Methoden-Kombination die beste Herangehensweise an den Forschungsgegenstand zulässt und die aufschlussreichste Form der Annäherung an die zu erzielenden Ergebnisse erwarten lässt.

Eine Form der qualitativen Sozialforschung, die Biografieforschung, die sich der Analyse einzelner Lebensläufe widmet (Mayring 2016: 10), soll genauere Beachtung finden. Da sich der Erkenntnisgewinn der vorliegenden Untersuchung auf die Analyse und das Verständnis der subjektiv erlebten Bedeutungsgehalte der untersuchten Individuen verschrieben hat, kommt der qualitativen Forschung dieser Form ein besonderer Stellenwert zu. Die Biografieforschung, „ein immer wichtiger werdendes interdisziplinäres Feld qualitativer Analyse (Paul 1979, Fuchs 1984, Jüttemann/Thomae 1987; Bromley 1986; Denzin 1989; Straub 1989)", sucht durch einzelne ausführliche Lebenslaufanalysen relevante Erkenntnisse zu gewinnen (Mayring 2016: 10). Dies geschieht ganz im Gegensatz zu groß angelegten Repräsentativuntersuchungen und findet in den letzten Jahrzehnten in unterschiedlichen wissenschaftlichen Disziplinen, z. B. Soziologie, Geschichtswissenschaft, Entwicklungspsychologie, Sozialpsychologie und Psychiatrie statt (Mayring 2016: 10). Vor dem Hintergrund, dass Spracherwerb und sprachliche Sozialisation maßgeblich mit der Biografie des Individuums verbunden sind, erscheint die qualitative Biografieforschung als das geeignete Mittel, um die Bedeutungsstrukturen der „mit dem Spracherwerb verbundenen identitären Prozesse" zu beleuchten, die „bislang nahezu unbeachtet geblieben" sind, obwohl sich die wachsende „sprachliche und kulturelle Vielfalt" nicht mehr ignorieren lässt (Vossmiller 2018: 47).

In der Biografieforschung kommt das narrative Interview zum Einsatz, das sich insbesondere für die Exploration von Thematiken mit starkem Handlungsbezug eignet. Es ist in den Sozialwissenschaften spätestens seit Schützes (1976a, 1976b, 1977, 1983, 1984) Operationalisierung des autobiografischen Erzählens eine etablierte Untersuchungsmethode der empirischen Sozialforschung (Köbel 2018: 130; Küsters 2014: 575f.). Abgesehen davon, dass sich Neuland am ehesten mit einem narrativen Interview erschließen lässt, bietet es zudem den passenden Rahmen, um schwer abfragbare Sinnstrukturen zu erfassen, wobei der Erkenntnisgewinn von explorativen Fragestellungen profitiert. Bei einem narrativen Interview erhält das Individuum die Möglichkeit, seine subjektive Sicht auf die Dinge und die für die Befragten bedeutsamen Aspekte zu konzentrieren. Indem die Interviewten ihre eigenen Geschichten frei erzählen, können sie subjektiven Bedeutungsstrukturen Ausdruck verleihen, die durch ein sehr systematisches Befragen möglicherweise versperrt würden (Mayring 2016: 72–76).

In bisherigen Untersuchungen (Siebenhütter 2020a, 2020b) wurde einerseits festgestellt, dass Forschungsdaten, die rein auf mittels Fragebögen erhobenen Selbstauskünften beruhen, häufig Stereotype und Vorurteile abbilden. Identität, so zeigen Studien andererseits, wird sehr wohl narrativ konstruiert und der Prozess der Identitätskonstruktion entfaltet sich gerade durch das Um- und Neuerzählen und dadurch, dass Bedeutung in der Gegenwart über die Aktualisierung von Erinnerung entsteht (Kraus 1996; Köbel 2018: 127ff.). Der Fokus auf Identitäten und Sprecherbiografien macht also Parallelen erkennbar, indem sich die Sprecher über identitätsoffenbarende metasprachliche Symbolisierungen zum einen selbst im sozialen Gefüge positionieren und zum anderen durch Interpretation dieser Symbole wiederum gesellschaftlich verortet werden können (Koch 2013). Doch sind narrative Identitäten keinesfalls etwas, das die Individuen losgelöst von Raum und Zeit entwickeln könnten; vielmehr werden sie gerade durch ihre Einbindung in die Gesellschaft begrenzt und spiegeln damit auch den sozialen Kontext, in den das Indivi-

duum eingebunden ist (Kraus 1996: 237ff.). So muss jede Auskunft, die die untersuchten Sprecher geben, zwingend auch mit deren bisherigen Erfahrungen und Erlebnissen in der Gesellschaft, in der sie sozialisiert wurden und leben, zusammenhängen, da sie ihre Gedanken und Vorstellungen nicht „aus dem Nichts“ erzeugen werden.
Somit stellt sich die Aufgabe, auch die Bezüge und Netzwerke befragter Individuen zu erkunden. Biografische Interviews, Sprachenporträts und Sprachbiografien erlauben durchaus einen Einblick in komplexe Netzwerke von Bezügen einzelner Individuen, die dank des Erzählens von ihren lebensgeschichtlichen uns alltagsrelevanten Erfahrungen berichten können (Busch 2017; Riehl 2014a). Als methodischer Zugang zur Datensammlung ist deswegen der Einsatz von qualitativen Erhebungsmethoden vorgesehen, insbesondere narrative oder biografische Interviews mit mehrsprachigen Kui. Eine Stärke qualitativer Methoden ist das Verstehen der inneren Beweggründe (Gefühle, Werte, Bedürfnisse, Motive) und die Rekonstruktion der subjektiven Wirklichkeit der Menschen. Die Erhebungsmethoden sind in der Regel offen, das heißt, die Befragten äußern sich in ihren eigenen Worten. Bereits durchgeführte Arbeiten zu Minderheitenidentitäten werden damit ergänzt und bisher weniger bearbeitete Bereiche, wie die eigenen Gefühle und Vorstellungen der Minderheiten-Individuen über ihren Minderheitenstatus, erforscht.

Von der Mikroebene narrativer Identität als individuelle Lebenserzählung zur Makroebene

Identität kann verstanden werden als „Lebenserzählung“, wonach Menschen sich nicht nur im Hinblick auf Eigenschaften und charakteristische Adaptionen unterscheiden, „sondern auch in der Art und Weise, wie sie Identität und Bedeutung im Rahmen einer individuellen Lebenserzählung konstruieren“ (Laux 2008: 189). Identität könne demnach als „narrative Identität“ aufgefasst werden, „als internalisierte Geschichte, die eine Person immer wieder erzählt, um die Vergangenheit und die Zukunft in ein mehr oder weniger kohärentes Ganzes zu integrieren und ein gewisses Ausmaß an Einheit und Sinn zu erlangen" (Laux 2008: 189f.). Jede Lebenserzählung sei daher zwar einzigartig, zugleich aber könnten innerhalb einer Kultur „bestimmte gemeinsame Muster über verschiedene Lebensgeschichten hinweg" identifiziert werden (Laux 2008: 190). Dieser Prozess beschreibt die Schlüsse, die sich ausgehend von der Häufung bestimmter auf der Mikroebene festgestellter Phänomene für die Makroebene einer Gesellschaft ziehen lassen.

3.7.1 Konversationelle Erzählung – Erzähl- und Gesprächsanalyse nach Ehlich (1980)

Im Alltag, schreibt Ehlich (1980: 18), wird „neben vielen anderen Tätigkeiten, *erzählt*". Und dieses „aktive Element" des „alltäglichen Lebens" erlaubt einen Einblick in die Wirklichkeit des Erlebens eines Individuums. Eine Analyse dieses alltäglichen Gegenstands des alltäglichen Lebens erlaubt dem Außenstehenden Einblick zu nehmen in die Lebenswirklichkeit des zu analysierenden Individuums. Die Erzählanalyse[40] beruht darauf, dass selbst „rudimentäres Erzählen als sprachliche Handlung äußerst komplex ist" (Ehlich 1980: 20). Erzählen ermöglicht die Überwindung von „Isolation und konstituiert gemeinsame Teilhabe an Diskurswissen", mit dessen Hilfe man sich den Inhalten gesellschaftlicher Praxis nähern kann (Ehlich 1980: 20).

Grundsätzlich können wir davon ausgehen, dass das Erzählen in seiner Sinnfunktion ein für Kommunikationsvorgänge grundlegendes Bedürfnis erfüllt: Das „schmerzlich empfundene Getrenntsein vom anderen aufzuheben und eine Form der Wiedervereinigung zu finden" (Flader und Giesecke 1980: 211f.). Dazu lässt sich ein Bedürfnis feststellen, „den Alleinbesitz eines wichtigen Erlebnisses aufzuheben, indem einem anderen Menschen die Teilnahme daran ermöglicht wird", was gleichzeitig von persönlichen Erfahrungen entlastet (Flader & Giesecke 1980: 212).

[40] Zur zeitlichen Verortung und der frühen Entwicklung der Erzählanalyse seit den 1980er Jahren finden sich Literaturangaben und weitere Informationen bei Ehlich (1980: 21f.).

Demnach erfüllt das Erzählen an sich, das Mitteilen, einen Zweck, der über das bloße Vermitteln von Fakten und die Weitergabe von Informationen hinausgeht.

3.7.2 Funktionen des Erzählens: Erklären, Verstehen, Vergegenwärtigen

Nach der Funktion des Erzählens in den Geistes-, Kultur-, Sozial- und Geschichtswissenschaften fragte die Tagung „Wie viel Erzählen brauchen die Geistes-, Kultur- und Sozialwissenschaften?“, die am Kulturwissenschaftlichen Institut in Essen im Oktober 2019 stattfand. Die Teilnehmenden kamen zum Schluss, dass die Geistes-, Kultur- und Sozialwissenschaften nicht ohne eine Form des Erzählens auskommen. Die Reichweite narrativer Erzählung wurde aus unterschiedlichen Blickwinkeln diskutiert. Für die vorliegende Untersuchung kann festgehalten werden, dass narrative Erzählung in der Forschung Funktionen erfüllen kann, die von einer rein tabellarischen Darstellung nicht zu erwarten sind. Narrative Erzählung enthält Linearität, Ikonizität, Kausalität, Dramatisierung, Spannungsbögen, Evaluation bzw. Bewertung und Emplotment (Plot-Struktur, ggf. Verwendung bekannter Handlungsschemata).
Erzählen ist Geschehensdarstellung; die Funktion und kognitive Leistung von Erzählungen sind nach Martínez (2019) dreiteilig: Es geht um Erklären, Verstehen, Vergegenwärtigen. In narrativen Erzählungen kommt die Kausalität hinzu, das heißt, eine kausale Erklärung der Ereignisse der Geschichte wird vom Erzählenden hinzugefügt. Vertehen bedeutet, eine Geschichte unter einem bestimmten Handlungsschema zu subsumieren. Die Geschichte ist damit mehr als die Summe ihrer Teile. Eine narrative Erklärung unterscheidet sich von deduktiv nomologischen Modellen vor allem insofern, als sie individuelle Verläufe erklären kann, also nicht vorhersehbare Ereignisse, die sich den deduktiv nomologischen Erklärungen entziehen. Deshalb eignen sich die narrativen Erzählungen besonders gut für die hermeneutischen Wissen-

schaften, wenn sie sich mit einzelnen, individuellen Verläufen beschäftigen, die nicht vorhergesagt werden können (Martínez 2019).
Dieser Vorteil der narrativen Erzählung kann für die vorliegende Studie genutzt werden, da es sich bei den biografischen Erzählungen der Sprecher und Sprecherinnen nicht um Schilderungen vorhersehbarer Abläufe handelt. Sie sind vergleichbar mit historischen Ereignissen, die gleichermaßen aus einer Gemengelage aus unüberschaubar vielen Einzelereignissen und Gründen bestehen. Sie können nur in der Rückschau erzählend erklärt und verstanden werden, nicht durch eine experimentelle Anordnung und eine deduktiv-nomologische Herangehensweise (Martínez 2019). Dieser Vorgang des Erzählens als Erklären bildet die Grundlage für die methodische Herangehensweise.
Auch subjektive Deutungen und Wahrnehmungen können in Erklärungen integriert werden; das Verstehen subjektiver Deutungen und die Erklärung von intersubjektiven Zusammenhängen schließen sich nicht gegenseitig aus (Hettling 2015: 338f.). Hettling (2015: 339) erinnert in diesem Zusammenhang an Max Webers Anspruch, „menschliches Tun als soziales Handeln ‚deutend verstehen und dadurch in seinem Ablauf und seinen Wirkungen ursächlich erklären‘ zu wollen“.
Die narrative Darstellung befriedigt zudem die menschliche Sehnsucht nach Teilhabe an fremder Wirklichkeit. Ein Beispiel ist die Literatur der autochthonen Bevölkerung Quebecs. Die Ureinwohner Kanadas leben noch heute unter sozial und wirtschaftlich prekären Umständen. Erst in den letzten Jahren wird das autochthone Kulturerbe durch Literatur von Angehörigen des kleinen Volks der Inu dokumentiert (Wüllenkemper 2020). Das Interesse an der Literatur der Ureinwohner wächst seit einigen Jahren. Für die Ureinwohner ist die Literatur eines der wenigen Ausdrucksmittel, das ihre Existenz sichtbar werden lässt (Wüllenkemper 2020). So schafft diese Literatur ein Bewusstsein der Mehrheitsgesellschaft für die Minderheiten, aber auch deren Angehörige selbst können durch die Literatur aus eigenen Reihen hinsichtlich Selbstverständnis und Identität profitieren: „Ich erzähle von uns Autochthonen, von unseren

Geistern und Fantasiefiguren. Diese Märchenfiguren sind bisher noch nicht von der großen Literatur geadelt worden, aber sie sind Teil unserer Geschichte. Wir müssen sie aufschreiben, bevor sie verschwinden. Ich bin eine autochthone Frau des 21. Jahrhunderts, und die Legenden meiner Vorfahren sind noch immer Teil meines Bewusstseins." (Wüllenkemper 2020)

3.7.3 Kui-Geschichten erzählen, aufnehmen und auswerten

Die Minderheitensprache Kui ist eine Sprache ohne eigene Schriftsprache, daher findet die Weitergabe von kulturellem Wissen ausschließlich mündlich statt. Wie viele andere gesellschaftliche Gruppen verfügen die Kui über einen reichen Schatz an Geschichten, Mythen und Märchen, die oral an die nächsten Generationen weitergegeben werden. Damit besitzen die Kui ein spezifisches, zu ihrer sozialen Gruppe gehörendes kulturelles Kapital. Die vorliegende Ausarbeitung hat sich zum Ziel gesetzt, einen Teil dieses über Geschichten von Kui in Thailand, Laos und Kambodscha gesammelten kulturellen Erbes zu dokumentieren und zu veröffentlichen. Um eine Vergleichbarkeit innerhalb der Minderheit Kui zu erreichen, werden Geschichten der Kui aus den drei Staaten Thailand, Laos und Kambodscha aufgenommen und auf Übereinstimmungen und Abweichungen hin überprüft.

Meine 2020 erschienene Publikation über die Konstruktion der Kui-Identität (Siebenhütter 2020a) veranschaulicht das Wissen der Teilnehmer über traditionelle und aktuelle Kui-Lieder, -Mythen, -Märchen, -Geschichten und andere spezifische Kui-Rituale und -Praktiken. Im Rahmen der hier vorgestellten Forschung (2018–2021) zeigte sich, dass ältere Menschen mehr über traditionelle Rituale und Praktiken wissen. Die meisten bekannten Geschichten beziehen sich auf die Elefantenjagd oder andere Elefantenrituale wie „Elefantenfang" (*Jeang Chang*) und spiegeln die enge Verbindung der Kui zu diesen Säugetieren (s. Abbildung 5) die in Kapitel 6.3 noch genauer betrachtet wird. Jüngere Generationen beschreiben, wie die Legenden oder Geschichten von ihren Großeltern mündlich weitergegeben wurden. Geschieht dies nicht, gehen die entsprechenden Erzählungen aufgrund der fehlenden schriftlichen Überlieferung möglicherweise für die Nachwelt verloren.

Abbildung 5: Kui mit Elefanten

Aus den dokumentierten Geschichten, Mythen und Märchen lassen sich darüber hinaus auch strukturelle sprachliche Beschreibungen ableiten. Hier besteht für die Minderheitensprache Kui bislang noch ein Defizit, das auch mit diesem Buch nicht beseitigt werden kann. Dabei können bisher rein mündliche Überlieferungen dokumentiert werden, die zum Verständnis der Identitätsentwicklung der Kui in Thailand, Kambodscha und Laos als Minderheit innerhalb von Mehrheitsgesellschaften beitragen können.

3.8 Zusammenfassung: Quantitative und qualitative Herangehensweise

Die Auswertung der empirisch gewonnenen Forschungsdaten erfolgt wiederum in Teilschritten und in einer quantitativ-qualitativen Kombination analog zur Datennahme mittels Fragebogen (überwiegend quantitativ) und Interviews (überwiegend qualitativ).

Datenanalyse

Die Datenanalyse umfasste die Zusammenfassung von Informationen nach ausgewählten Untergruppen (Alter, Geschlecht und Status) durch Berechnung und Visualisierung der absoluten und relativen Häufigkeiten. Alle statistischen Diagramme enthalten – sofern nicht anders angegeben – relative Häufigkeiten zum Vergleichen von Verteilungen zwischen Untergruppen. Bestimmte geschlechtsspezifische Hypothesen von Interesse wurden unter Verwendung multinomialer, logistischer Regressionsmodelle für kategoriale Antworten weiter untersucht. Die Ergebnisse dieser Modelle werden als Odds Ratios (OR) in ihren entsprechenden 95%-Konfidenzintervallen dargestellt. Für alle statistischen Analysen wurde die Software R Core Team (2019) verwendet.

Fragebogen-Analyse

Die Anzahl der Fragebögen erlauben die quantitative Auswertung nach Alter, sozioökonomischem Status, Geschlecht und weiteren Merkmalen. Zudem können einzelne Antworten, insbesondere die frei formulierten ausführlicheren Textantworten, zu einer qualitativen Analyse herangezogen werden.

Analyse der Interviews

Zur Analyse der Interviews wurden folgende Vorbereitungen getroffen: (1) Transkription der Audiodateien in Text-Material, (2) Aufbereitung (Annotation und Typisierung) des Daten-Materials, (3) Kommentierung der Transkription und (4) Erstellung eines zusammenfassenden Protokolls mittels analytischer Textinterpretation und typologischer Analyse (Mayring 2016).

Während die typologische Analyse Ordnung in die Fülle des Datenmaterials bringt, ermöglicht die analytische Textinterpretation eine stellenwiese tiefer gehende Auswertung des aufgenommenen Datenmaterials, um detaillierte Fallbeschreibungen erstellen und auswerten zu können. Das Verfahren, an dem sich die qualitative Analyse inklusive Untersuchungsplanung orientiert, findet sich in der Literatur vielfach anschaulich erläutert, z. B. bei Mayring (2016: 134).

Diskursanalyse

Während sich die inhaltsanalytische Auswertung auf das systematische Erfassen von Elementen konzentriert, die für die eingangs gestellten Forschungsfragen relevant sind, bedient sich die Diskursanalyse inhaltsanalytischer Verfahren mit einer Konzentration auf die Analyse von Elementen, die explizit als Teil eines Diskurses angesehen werden können. Stellenweise können daher auch Elemente der Diskursanalyse (Ullrich 1999; Flick 2013; Glaser & Strauss 2010; Jäger 2006; Schneider 2002; Keller 2011a, 2011b; Keller & Truschkat 2013) in die Auswertung einfließen. Ein bedeutender Aspekt im Zusammenhang mit der Methode des diskursiven Interviews ergibt sich gerade aus den strukturellen Gemeinsamkeiten des Sprachverhaltens von Gruppen, die sich inhaltlich (durch die Auswahl der Themen), semantisch (durch Zuweisung von Bedeutung) und paradigmatisch (durch die Auswahl der Begrifflichkeiten) äußern können (IfSdUF 2015). Dabei spiegelt die Sprachpraxis von Individuen strukturelle Eigenschaften einer Gruppe, Kultur oder Gesellschaft wider, woraus sich ein bedeutender methodischer Zugang für Interviews ergibt, in denen der Blick auf die diskursiven Teile des Gesagten gerichtet wird (IfSdUF 2015). Die strukturellen Eigenheiten einer Gruppe sind damit in ihrer Gesamtheit für die sozialwissenschaftliche Analyse zugänglich (Schneider 2002). Folglich lassen sich auch aus Einzelinterviews Schlüsse über Gemeinsamkeiten von Gruppen ziehen, ohne dass dafür Gruppendiskussionen zum Einsatz kommen müssen (IfSdUF 2015). In der Zusammenfassung von Sinneinheiten werden bei der Aufbereitung der Fülle des gesammelten Datenmaterials und bei der Interpretation von historischen, sozialen und kulturellen Aspekten, auf deren Basis die Äußerungen getätigt werden und die eine Bedeutung für das Gesagte der Sprecher haben, in einen größeren Zusammenhang einordenbar. Beispielsweise können dadurch verschiedene Arten von

Höflichkeit oder Hinweise auf hierarchisches Verhalten in aufgezeichneten sozialen Interaktionen identifiziert werden, um diese mit ihrer Bedeutung für die sozialen Beziehungen in Verbindung zu bringen. Die so im Rahmen von sozialen Situationen beobachteten Erzähl- und Sprechweisen können mit Merkmalen zur Konstruktion sozialer Identität in den jeweiligen sozialen Situationen abgeglichen werden.

Transkription des Audiomaterials

Das Audiodatenmaterial wird abschnittsweise Software-unterstützt in Text transkribiert, wobei überwiegend mit Word, Excel und zum Teil auch mit Audacity und MAXQDA 2020 gearbeitet wird.

Qualitative Interviewanalyse

Für die qualitative Beschreibung und inhaltliche Analyse der Textsorte narratives Interview werden die folgenden, dem ethnomethodologischen Ansatz entsprechenden Kriterien herangezogen. Die Fragen, die an das Interviewdatenmaterial gestellt werden, lauten in Anlehnung an Fix (2003: 113f.):

a) Wie werden die Themen Identität, Herkunft, Sprache, soziale Ungleichheit, Minderheit und Nationalität angesprochen? Wie häufig tauchen sie in den Interviews auf oder finden sie überhaupt Erwähnung?
b) Welche Handlungen zur Herstellung sprachlicher Identifikation werden als besonders prägend beschrieben?
c) Mit wem wird die Identifikation vom Individuum gezielt gesucht? Von wem möchten sich die Interviewten möglichst abgrenzen (sprachlich und/oder durch andere Handlungen oder deren Unterlassung)?
d) Welche Motivationen liegen dem jeweiligen sprachlichen Handeln zugrunde?
e) Welche Bedürfnisse sollen aus sozialpsychologischer Sicht durch das jeweilige Sprachverhalten befriedigt werden?

Qualitative Interviews zur Eruierung der Innenperspektive der Sprecher

Interviews und Feldbeobachtungen

Im Frühjahr 2019 wurden über zwei Monate sechs eingehende Interviews mit offenen Fragen (teilweise halbstrukturiert mit Multiple-Choice-Fragen) und Feldbeobachtungen durchgeführt, um zwei Arten von Daten zu liefern: 1) relevante außersprachliche Daten (z. B. Alter, Herkunftsort und Beruf); 2) Daten zum Sprachgebrauch der Befragten sowie zum Sprachbewusstsein und zu den Einstellungen. Die Analyse des Sprachgebrauchs umfasste Mehrsprachigkeit, Sprachkompetenzen, Ort und Häufigkeit des Sprachgebrauchs sowie Ebenen (Laute, Wörter und Sätze) der männlichen und weiblichen Sprachvariation. Darüber hinaus lieferten Feldbeobachtungen und Interviews Informationen über die derzeitige gesellschaftspolitische Situation in dem Gebiet, wie sie von den Sprechern und Sprecherinnen wahrgenommen wurde (Wildgen 2005). Persönliche Interviews mit älteren Kui-Sprechern in Dörfern wurden nach Möglichkeit in Kui geführt, da die Verwendung von Thai, der Sprache mit dem höheren vermuteten Prestige, die Antworten der Sprecher hätte beeinflussen können (Foley, 2016). Obwohl die Projektleitung nicht die volle Sprachkompetenz eines erwachsenen Muttersprachlers erlangte, wurden Anstrengungen in diese Richtung unternommen, da dies von der Sprachgemeinschaft geschätzt wird. Zudem lässt das direkte Kommunizieren viel tiefere Einblicke in soziolinguistische und soziokulturelle Umstände zu, als wenn ausschließlich mit Übersetzern gearbeitet wird (Foley, 2016). Jedes Interview dauerte ungefähr zwei Stunden; es fanden sowohl Kleingruppen- als auch Einzelgespräche statt. Die Audio-Interviews wurden codiert und unter anderem nach Einstellungen und Bewusstsein der Sprecher, Lebensgeschichte und persönlichen Erfahrungen kategorisiert. Die Feldbeobachtungen umfassten Besuche von Kui-Dörfern, die Teilnahme an einem traditionellen Kui-Festival mit

Elefantenritualen und die Beobachtung von traditionellem Tanz und Musik.

Zu mehrsprachigen Minderheitensprechern werden folgende Annahmen zugrunde gelegt:

Anders als häufig in der sprachwissenschaftlichen Forschung ist die Innenperspektive der Kui-Sprecher im hier untersuchten Kontext von zentralem Interesse. Sprache und sprachliches Handeln werden demnach nicht als ein von außen, aus der Forschenden-Perspektive zu beurteilender und bewertender Prozess verstanden, sondern als eine Entwicklung, die sich im Individuum, im Sprecher selbst abspielt. Die eigene Einstellung und die eigenen Sichtweisen auf die eigene Mehrsprachigkeit stehen im Zentrum der Untersuchung. Den Einstieg in die Arbeit mit den Kui erleichtern bisherige Forschungen in Südostasien, unter anderem zu Minderheitensprachen in Thailand und Kambodscha. Forschung zu Kui bediente sich bisher überwiegend quantitativer Methoden (Markowski 2005; Mann und Markowski 2005, Siebenhütter 2020; van der Haak und Woykos 1990; Tomioka und Cavallaro 2017; Tomioka 2016).

Frühere auf Fragebögen zur Selbst- und Fremdeinschätzung basierende Studien (s. Siebenhütter 2019a, 2019b; 2020a, 2020b, 2020c; 2021a) zeigten, dass diese häufig die erwarteten, sozial erwünschten Einschätzungen zur Sprachwahl und Sprachaffinität und der eigenen Einstellung zur jeweiligen Sprache der Sprecher abfragen und dokumentieren. Zudem weisen Analysen mittels Fragebogen häufig eine Tendenz auf, Vorurteile und Stereotype zu erfassen. Daher wird zusätzlich auf qualitative Methoden wie das biografische narrative Interview gesetzt. Das narrative Interview ist besonders geeignet, um Neuland zu erschließen, das heißt in diesem Fall Einblick in die Lebenswirklichkeit und Identifikation mit traditionellen und modernen Kulturen zu erhalten (Mayring 2015; 2016). Auch ist der qualitative Ansatz für Themenbereiche mit starkem Handlungsbezug, wie im Fall der Sprache, die täglich zur Anwendung kommt, geeignet (Mayring 2015; 2016).

Wenngleich die Anwendung qualitativer Befragungsmethoden nicht garantieren kann, dass die Selbsteinschätzung auch tatsächlich erfasst werden kann, erlaubt diese Art der Herangehensweise in Kombination mit teilnehmender Beobachtung eine deutlich höhere Flexibilität während der Datenerhebung. Des Weiteren ist „Qualitätsmanagement" für die Daten erforderlich, das heißt, mittels Interview-Leitfäden, die vorab erprobt wurden, können valide Daten erhoben werden.
Das durchgeführte Projekt liefert die Datenbasis für die Untersuchung durch gezielte Aufnahmen sprachlicher Daten sowie qualitative Methoden wie narrative (biografische) Interviews mit mehrsprachigen Individuen, die sich ganz objektiv einer sprachlichen und/oder ethnischen Minderheit zuordnen lassen. Das Erzählen im Rahmen der Interviews ermöglicht den Interviewten die Rekonstruktion ihres gegenwärtigen Identitätsverständnisses; sie können ihre Positionen und Haltungen in ihren sozialen Netzwerken (Günthner & König 2012) verstehen und dokumentieren. Das Erzählen der eigenen Biografie kann dabei nach Ehlich (1980) „Hauptaktionen" und „offizielle Geschichten" umfassen. „Alltag" bedeutet dann die „Lebenswelt der Mehrheit" oder „das Gewohnte, das Gewöhnliche" (Ehlich 1980: 16, 14; zit. n. Stumpf 2007: 11). Und dieser Alltag ist bedeutungsvoll – nicht nur, weil er einen quantitativ großen Teil der Handlungen und der Biografie von Individuen ausmacht, sondern vor allem, weil im Alltag „die Umsetzung der gesellschaftlichen ‚Hauptaktionen' in die individuelle Aneignung" (Ehlich 1980: 17) überführt wird und somit die Grundlagen für das gesellschaftliche Handeln bearbeitet werden, die sich in der „Geschichte" des Individuums verdichten (Stumpf 2007).

Narrative Interviews erlauben es zudem am ehesten, bei Planung der Untersuchung nicht zu Erwartendes, aber Relevantes und Erkenntnisförderndes zu erschließen. Ein großer Vorteil qualitativer Erhebungen liegt zudem in der Tiefe und Aussagekraft der Antworten, die allerdings im Hinblick auf ihre Verallgemeinerbarkeit vorsichtig betrachtet werden müssen, da ja in der Regel vergleichsweise wenige Fälle betrachtet werden. Das Erzählen der Probanden in den narrativen Interviews erlaubt den Sprechern ein nachträgliches Verstehen biografischer Sachverhalte, was letztlich nicht nur dem Fragesteller, sondern auch dem Interviewten selbst die eigene Identität vergegenwärtigen kann. Zudem eignen sich narrative Interviews gut für Themen mit starkem Handlungsbezug (Mayring 2015, 2016). Wie in den bisherigen Ausführungen deutlich wurde, ist die eigene Erzählung über die eigene Biografie, die eigenen Erfahrungen in Hinblick auf die Identität handlungsbezogen. Wie erläutert, erfährt das Individuum in der Handlung und damit im Austausch (verbal oder nonverbal) mit anderen das eigene Selbstverständnis und letztlich eine Vorstellung von der eigenen Identität. Für explorative Fragestellungen wie die beschriebenen eignet sich das narrative Interview, vor allem, wenn es um schwer abfragbare Sinnstrukturen geht. Dies ist der Fall bei den sprachlichen Faktoren, die auf die Identitätskonzeption von mehrsprachigen Minderheiten verweisen.

Wie bei der quantitativen Abfrage besteht leider auch in der qualitativen Forschung gerade bei den Einstellungen der Sprecher zur eigenen Situation und Sprache eine erhöhte Gefahr, Stereotype und Vorurteile der Sprecher abzufragen, da diese dazu tendieren, auf Fragen so zu antworten, wie sie glauben, dass es von ihnen erwartet wird. Durch den zusätzlichen Einsatz von narrativem Interview und biografischem Erzählen mag der Forscher oder die Forscherin zwar eher zu den tatsächlichen Einstellungen des Individuums Zugang finden als durch rein quantitatives Abfragen in Fragebogenform. Dennoch ist bei qualitativen Ansätzen schwierig sicherzustellen, dass Informanten keine falschen Angaben machen. Auch der qualitative Ansatz hält sie nicht per se davon ab. Dieser Gefahr kann durch eine gewisse Länge der Interviews, die Erweiterung des Methodenarsenals um die teilnehmende Beobachtung und durch ein strukturiertes Vorgehen bei der anschließenden Aufbereitung der Daten mittels Kategorisierungen im Rahmen der Datenanalyse entgegengewirkt werden.

Sowohl für die Datenaufnahme als auch die Auswertung wurde mit Kui-Muttersprachlern gearbeitet, die Englisch verstehen und als Dolmetschende und Übersetzende der Daten zur Verfügung standen. Denn sobald die Sprecher in der Hochsprache, der nationalen Variante des Thailändischen (Central Thai), sprechen, sind sie auch im „nationalen Denkmodus“. Daher wurde die Gesprächsführung in der lokalen Varietät bevorzugt, wann immer dies möglich war. Auf diesem Weg soll die „Minderheiten-Denkweise“ erfasst werden.

Teil II: Sprache und Grenzen

„Die Grenzen meiner Sprache bedeuten die Grenzen meiner Welt" schreibt Ludwig Wittgenstein (1889–1951) in seinem *Tractatus logico-philosophicus*. Dass Sprache und Grenzen nicht nur in politischer Hinsicht unmittelbar miteinander in Verbindung stehen, ist leicht nachvollziehbar. In gleicher Weise sind Grenzen auch für die Betrachtung des Konzepts Identität zentral. Wie festgestellt wurde, geht Identität immer auch mit Abgrenzung einher und so werden Praktiken der sprachlichen und symbolischen Grenzziehung in diesem Teil genauer untersucht.

Die intensive Auseinandersetzung mit dem Themenkomplex ist jedoch nicht zu jeder Zeit in gleichem Maße aktuell. Themen liegen oft in der Luft, auch wissenschaftliche, schreibt Keupp (1997: 12) in „Identitätsarbeit heute: klassische und aktuelle Perspektiven der Identitätsforschung" zum Identitätsthema. So könne es nicht verwundern, dass zur gleichen Zeit, oft ohne voneinander zu wissen, mehrere Forscher an ähnliche Fragestellungen herangingen. Identität und „Grenzen" und alles, was darunter subsummiert werden kann, scheint in den letzten Jahren aktueller als in den Dekaden zuvor zu sein. Zahlreiche Publikationen zu Grenzthemen, *border areas*, *border studies* usw., wurden in den letzten Jahren herausgegeben. Die Frage nach Abgrenzung, Grenzsetzung und gleichermaßen die Aufhebung von Grenzen, die Grenzüberschreitung und das Verbinden über Grenzen hinweg nehmen im wissenschaftlichen Diskurs einen wichtigen Platz ein.

4. Die sprachliche Minderheit Kui

In diesem Kapitel soll gezeigt werden, wie soziale Klasse und Geschlecht den Sprachgebrauch und das Selbstverständnis mehrsprachiger Kui-Sprecher im Nordosten Thailands beeinflussen können. Männer und Frauen in der Kui-Gesellschaft im Nordosten Thailands verwenden Kui, Thai und andere Sprachen unterschiedlich und mit unterschiedlichem Bewusstsein und Vertrauen in die eigenen Sprachkompetenzen. Zum Einstieg wird zuerst die Forschungssituation skizziert.

4.1 Forschung im Smaragd-Dreieck: Kurzcharakterisierung

Das Grenzgebiet zwischen Thailand, Laos und Kambodscha (Abbildung 6) soll, glaubt man den Gerüchten der thailändischen Bevölkerung, ein gefährlicher Ort sein. Für die Einheimischen selbst ist die Region in erster Linie eine Übergangszone – sprachlich, ethnisch, politisch und ökonomisch.

Abbildung 6: Politisches Grenzgebiet Thailand, Laos, Kambodscha

Das waldbedeckte *Emerald Triangle* oder Smaragd-Dreieck umfasst neun Zonen: Nakhon Ratchasima-Phimai, Khao Phanom, Rung-Preah Vihear, Chong Chiam-Amnart Charoen-Pakse, Prachin Buri-Sa Kaew, Siem Riep-Kampong Thom, die Bolaven-Hochebene, Ratanakiri-Stung Treng und Mondulkiri-Krachae. Unberührte Landschaften wie der Pha-Taem-Nationalpark im Osten sowie der Mekong versprechen eine Touristenattraktion, reich an Natur und prähistorischen Überresten der Khmer-Kultur. Seit dem Jahr 2000 ist im Gespräch, das Gebiet im Rahmen der *Emerald Triangle Development Cooperation* touristisch und landwirtschaftlich zu stärken (Hatsukano 2012: 32). Es sollen unter anderem Campingplätze, ein Zentrum für die Verteilung von Kunsthandwerk, ein botanischer Garten, ein Kriegsmuseum, ein Kulturzentrum und ein internationales Konferenzzentrum entstehen. Ein umfassendes Infrastrukturnetzwerk soll die neun Zonen miteinander verbinden. Die dort lebenden Minderheiten sehen allerdings ihren natürlichen Lebensraum bedroht. Zudem wird mit Protesten von Umweltschützern gerechnet, die gegen das Projekt kämpfen; daher muss die Regierung zusichern, zumindest einen Teil der Wälder zu erhalten. Bestehende Grenzstreitigkeiten zwischen den drei Ländern können die Umsetzung des Entwicklungsplans ebenfalls verzögern oder behindern.

Im Sinne des freundschaftlichen Nebeneinanders mag der Plan zur Förderung der touristischen Zusammenarbeit zwischen Thailand, Laos und Kambodscha einige Vorteile bergen, denn nicht nur für Thailand ist der Tourismus eine wichtige Einnahmequelle. Hatsukano (2012: 53) sieht jedoch die potenziellen Gewinner der geplanten Tourismusprojekte eher auf Seiten der zentralen Regierungen und nicht bei den lokal ansässigen Unternehmen und Individuen. Immer wieder im Gespräch ist, zunächst den Grenzhandel zwischen den drei Ländern zu fördern, bevor man zu anderen, das heißt zum Beispiel zu touristischen Projekten übergeht.

Die Leugnung der Existenz ethnischer Gruppen ist ein probates Mittel zur Stärkung der gewünschten nationalen Identität, zu der auch die landesweit gesprochenen Hochsprachen Laotisch, Thai und Khmer gehören. Die politische Lage in Laos und Kambodscha macht es im Vergleich zu Thailand nochmals deutlich umständlicher, als ausländischer Wissenschaftler Forschung zum heiklen Thema der ethnischen Minderheiten durchzuführen. Zudem ist es nicht nur so, dass man als Forscher in schwierige Situationen geraten kann. Noch schwerwiegender sind wohl die Schwierigkeiten anzusehen, in die man die Dorfbewohner bringen kann, wenn man ohne offizielle Genehmigung bei ihnen übernachtet. Der Forscher oder die Forscherin wird im schlimmsten Fall des Landes verwiesen und reist aus, die Bewohner müssen aber dort weiterleben. Es gilt also, diese Problematik im Blick zu behalten und nicht unbedacht die Vertreter kleiner Sprachen durch Unachtsamkeit oder Unwissenheit in Schwierigkeiten zu bringen.

In Laos sind Kui/Souay-Sprecher am ehesten in den Distrikten Mounlapoumok und Soukouma im südlichen Teil der Provinz Champasak nahe der Grenze zu Kambodscha zu erwarten. Da die Situation in Laos für die Forschung nicht einfach ist, liegt hier noch viel mehr im Dunkeln, als das für Thailand der Fall ist. Manchmal muss man das Land mehrfach besuchen und versuchen, Kontakte zu knüpfen, bevor man mit der Forschung beginnen kann. Es ist noch nach Jahren immer wieder schwierig, ein Forschungsvisum zu erhalten.

> „For centuries [the Lao] have been dominant over other peoples because of their more advanced technology and a stratified social system with a ruling class controlling the political and military structures.“ (Smalley et al. 1990: 4)

In der Regel muss eine Erlaubnis eingeholt werden, sofern man in einem Dorf übernachten möchte, ansonsten kämen die Einheimischen in Schwierigkeiten.

Eine gewisse Schwierigkeit ist, dass es neben Kuy oder Kui noch ungefähr 20 weitere Bezeichnungen für die Minderheit gibt, was es nicht erleichtert, die verbleibenden Sprecher ausfindig zu machen. Zum Beispiel nennen sich die Menschen, die hier als Kui bezeichnet werden, in manchen Regionen selbst Souay. Die Souay im Bezirk Lao Ngam in der Provinz Salavan sprechen nicht dieselbe Sprache wie die im Bezirk Soukouma in der Provinz Champasak (Ian Baird p. K. 2019). Laut Aussage eines Muttersprachlers in Thailand sei die politische Bedeutung des Begriffs Suay „Tribut oder Steuern zahlen“, daher sei diese Benennung unter den Kui in Thailand nicht so beliebt.[41] Ein sich selbst als Souay bezeichnender Sprecher aus Lao Ngam in Laos wiederum hatte noch nie von Kui gehört und weigerte sich zu glauben, dass es dieselbe Gruppe sein sollte. Treffe er auf Menschen in Soukouma, könne er zwar ein wenig mit ihnen kommunizieren, aber nicht sehr viel. Basierend auf Aussagen von Sprechern ist anzunehmen, dass sich die Gruppe im Distrikt Mounlapoumok von der in Soukouma unterscheidet (Ian Baird p. K. 2019). All diese Dinge, die zu einer erheblichen Verzögerung bei Forschungsplanungen führen können, müssen bedacht werden, wenn die Minderheitensprachen in Laos untersucht werden sollen. Entscheidend sind am Ende – wie häufig in Südostasien – gute Beziehungen.

4.2 Bisherige Erkenntnisse zur Sprache Kui

Der Großteil der Kui lebt in Thailand und ist dort leichter zugänglich als in Laos oder Kambodscha (Markowski 2005). Folglich bezieht sich ein großer Teil bisher veröffentlichter Studien auf Kui-Sprecher in Thailand (z. B. Smalley 1964; Van der Haak & Woykos 1990; Tienmee 1994, Tomioka 2016). Frühere Forschungen zu Kui in Thailand und Kambodscha lieferten phonologisches Material (z. B. Johnston 1976; Bos 2008; Gehrmann 2016), grammatikalische Grundskizzen (z. B. Bos 2009; Sidwell 2005; Bos & Sidwell 2014), Daten über das Gebiet, in dem Kui ge-

[41] Laut einem Blogeintrag in thailändischer Sprache, der auf Texte aus einem Tempel in der Provinz Surin zurückgeht, wird Kui „กูย“ (‚Gui‘) als Bezeichnung in Thailand vorgeschlagen, während das Wort „ส่วย“ (‚Suay‘), „Tribute“ von den Kui selbst nie verwendet worden wäre. Die Bezeichnung „Suay“ würde lediglich von Thailändern verwendet, von den Kui selbst jedoch selten akzeptiert. „Gui“ sei daher ein Pronomen, welches das Ansehen der ethnischen Gruppe mit ihrer eigenen Geschichte ehre (Quelle: https://schoolonly.wordpress.com, Zugriff: 28.6.2021).

sprochen wird, sowie zu Kui-Varietäten in Kambodscha (Markowski 2005; Mann & Markowski 2005) und Thailand (Van der Haak & Woykos 1990).

Soziolinguistisch ist Kui nur wenig erforscht (Markowski 2005; Mann & Markowski 2005). Insbesondere fehlt eine vergleichende Studie zur Situation von Kui in Kambodscha, Thailand und Laos. Zum Thema Sprachprestige wurden bereits erste Forschungen für Kui-Minderheiten in Thailand unternommen (Tomioka 2016; Woykos 1989). Diese Ergebnisse sollen nachfolgend auf Kambodscha und Laos ausgeweitet und für Thailand ergänzt und überprüft werden.

Zu Kui in Kambodscha findet sich überwiegend auf spezifische Lexik (z. B. zu Kohle, Eisen, Wald und Natur) gerichtete Forschung (Diffloth 2013, 2011). Diffloth (2011) weist auf den Umstand hin, dass Kui bisher noch zu den wenig erforschten Sprachen gehört.[42]

In den für diese Studie besuchten Kui-Dörfern in Nordosthailand sind die Menschen in der Regel von Geburt an mehrsprachig mit mindestens Kui und Thai, meist noch mit weiteren lokalen Sprachen wie einer im Nordosten Thailands gesprochenen Varietät des Khmer oder in Thailand gesprochenem Lao. Letzteres wird von Außenstehenden und insbesondere ausländischen Forschern gern als *Isan* bezeichnet. Die Sprecher selbst berichteten aber von einer stark stigmatisierenden, abwertenden Konnotation, die in der Bezeichnung *Isan* enthalten sei, warum sie selbst meist von *Lao* sprechen. Dieses kommt dem im Südosten von Laos gesprochenen Laotisch zwar nahe, jedoch ist es nicht identisch, ebenso wie das in Thailand gesprochene Khmer nicht mit dem im Norden Kambodschas gesprochenen Khmer gleichgesetzt werden darf. In Kambodscha ist die Situation etwas anders. Kui gehört zu den Sprachen, die hier schon mehrere Jahrhunderte gesprochen werden. Laut Diffloth (2011) findet sich Kui muttersprachlich in sieben Provinzen dieses Landes.

---

[42] Auch Forschungsreisen, die für die in diesem Buch beschriebenen Studien geplant waren, mussten zum Teil aufgrund von Einreisebeschränkungen abgesagt werden.

In Kambodscha kann es durchaus sein, dass ein eiliger Besucher in einem Dorf, in dem Kui bzw. Kuay gesprochen wird, nur Khmer zu hören bekommt, weil sehr viele Sprecher diese und andere Sprachen fließend beherrschen und Kui mutmaßlich eher im Haus und fernab von öffentlichen Plätzen verwenden (Diffloth 2011: 8). Der Einfluss von Khmer ist groß. Historisch sind Khmer und Kui als austroasiatische Sprachen verwandt, wobei Kui die einzige Sprache des katuischen Zweigs ist, die in Kambodscha gesprochen wird (Diffloth 2011: 11). Je nach Land und sogar je nach Dorf können die Kui-Varianten erheblich voneinander abweichen, beispielsweise hinsichtlich der Phonologie. Für Kambodscha beschreibt Diffloth (2011) fünf Varietäten: Kuay Mlâ, Kuay Ndua, Kuay Ndroe, Kuay Âk und Kuay Oe. Seiner Beschreibung nach sind die Varianten jedoch nicht so unterschiedlich, dass der Überbegriff Kuay nicht mehr angebracht wäre, und die Sprecher selbst würden das Wort „Kuay" als Bezeichnung für ihre Sprache akzeptieren (Diffloth 2011: 12). Die Unterschiede zwischen den Sprachvarianten seien nicht zufällig oder unbewusst, vielmehr hätten viele Sprecher sehr klare Vorstellungen über diese Unterschiede, was für Vokale wie auch für Konsonanten gelte, von denen jede Varietät von Kuay ihr eigenes konsistentes System und ihre eigene Geschichte habe (Diffloth 2011: 12f.).

Sprachkontakt und Sprachgrenzen in Südostasien

Die Untersuchung sprachlicher Kontaktphänomene profitiert von mehrsprachigen Kontaktszenarien (Weinreich 1964, 2011), wie sie im Zielgrenzgebiet zu finden sind. Ein hohes Maß an Kontakt mit anderen Sprachen kann zu Sprachänderungen führen, jedoch nicht automatisch zum vollständigen Verlust einer Sprache. Eine Verbreitung von Sprachinnovationen über Sprachgrenzen hinweg kann durch Spracheinstellungen verlangsamt, gestoppt oder umgekehrt werden (Wildgen 2005). Der Wechsel zu anderen Sprachen aufgrund gesellschaftspolitischer Motivationen wie Sprachprestige ist ein weit verbreitetes Phänomen, das jedoch nicht auf politische Grenzgebiete beschränkt ist. Der Sprachwechsel soll auf der Ebene der Funktionen analysiert werden, die die jeweiligen Sprachen in der spezifischen Kontaktsituation haben (Weinreich 1964).

Das Ausdrücken von sozialem Status ist eine Funktion von Sprache, vor allem, wenn diese bewusst gewählt werden kann. Soziokulturelle Unterschiede zwischen Minderheitensprachen und Landessprachen können sich in unterschiedlichem Sprachverhalten zeigen, beispielsweise durch variierend höfliche Sprache. Daher ist Höflichkeit idealerweise ein Beispiel für soziokulturelle Unterschiede, die in der Sprache vertreten sind. Höflichkeit ist ein wichtiger Faktor in modernem Khmer und auch lexikalisch repräsentiert (Bisang 2014: 711). Während im Khmer verschiedene Verben verwendet werden können, um Höflichkeit entsprechend der sozialen Situation auszudrücken, ist die Kui-Gesellschaft weniger hierarchisch strukturiert und sozialer Status wird in den Kui-Dialekten nicht lexikalisch kodiert (Bos & Sidwell 2014: 876). Analoges findet sich zum Thai (z. B. Diller 1985, 2006) und Lao (Rehbein & Sayaseng 1997, 2004). Statusunterschiede werden nur zwischen Kindern und Erwachsenen oder zwischen jüngeren und älteren Kindern gemacht (Woykos 1989: 99). Auch wenn Kui Ntua über einige Partikeln verfügt, die Fragen oder Befehle abschwächen (Bos & Sidwell 2014: 876; Bos 2009), ist die lexikalische Repräsentation spezifischen Vokabulars bei weitem nicht so detailliert wie in Thai oder Khmer. Solche Unterschiede können zu kontaktbedingten Veränderungen führen, wie zum Beispiel zu soziolinguistischem Transfer (Jarvis & Pavlenko 2008), wenn sich Minderheitensprecher in spezifischen sozialen Situationen ausdrücken müssen, die häufig in der Thai- oder Khmer-Gesellschaft vorkommen.

Bei den Kui lassen sich mehrere Gründe, um auf Thai umzusteigen, benennen: Ein Grund sind Kommunikationsbedürfnisse, die nicht anders erfüllt werden können, weil beispielsweise einige Kontaktpersonen kein Kui sprechen oder weil bestimmte Themen nicht in Kui behandelt werden können, da spezifische Lexeme in Kui gar nicht zur Verfügung stehen, zum Beispiel in der Wissenschaft[43] (Nitaya 2011: 52; Alexander & McCargo 2014: 74f.) oder weil in der digitalen Welt Kui mangels Schrift gar nicht verwendet werden kann. Mit letzteren Aspekten befassen sich Kapitel 7 (zur digitalen Präsenz von Kui) und 8.5 (zur Schriftsprache) dieses Buches noch ausführlicher. Zweitens kann das Gefühl, zu einer Gruppe zu gehören (Identifikation mit einer Gruppe), die eine Minderheit darstellt, ein Grund dafür sein, eine andere Sprache zu wählen. Hier besteht also eine Hoffnung, einen besseren Ruf durch die Verwendung von Thai zu erlangen – Stichwort Sprachprestige (Siebenhütter 2020c; siehe auch Kapitel 6.4.3). In Bezug auf die externen Motivationen (z. B. politischer Druck oder strukturelle Bedingungen im Bildungssystem) gibt es weniger spürbare Einflüsse (Siebenhütter 2020c). Obwohl Thai Unterrichtsmedium in der Schule ist (Bos & Sidwell 2014; Suraratdecha 2014: 240), hatte dies wenig negativen Einfluss auf das allgemeine Interesse und den Gebrauch der Kui-Sprache (Siebenhütter 2020c).

Obwohl diese Motivationen im Allgemeinen zwar den Sprachgebrauch beeinflussen, reichten sie bisher nicht aus, um die Minderheitensprache auszulöschen oder die Motivationen der jungen Sprecher für die Verwendung der Kui-Sprache in ihrem täglichen Leben dahingehend zu beeinflussen, dass Kui gar nicht mehr verwendet würde (Siebenhütter 2020c).

---

43 Wenn Minderheiten in Nordostthailand über wissenschaftliche Themen sprechen müssen, verwenden sie in der Regel die Worte aus dem Central Thai, da diese spezifischen Lexeme in den jeweiligen lokalen, kleineren Sprachen gar nicht zur Verfügung stehen (Nitaya 2011: 52, Alexander & McCargo 2014: 74f.).

4.3 Sprachkontakt und sprachliche Variation: Der Einfluss von Klasse und Geschlechterrolle[44]

Nachfolgend werden die Beziehungen zwischen geschlechtsspezifischen Unterschieden beim Sprachgebrauch und dem sozioökonomischen Status sowie den Altersfaktoren eines solchen Sprachgebrauchs untersucht. Es wird speziell untersucht, wie der Gebrauch und die Kompetenz von Kui-Minderheitensprachen durch das Geschlecht bedingt sind, und mögliche Gründe für diese Variation werden diskutiert, indem das Bewusstsein für geschlechtsspezifische Sprachen und soziolinguistische Einstellungen hinterfragt wird. Darüber hinaus wird diskutiert, ob gesellschaftliche Rollenerwartungen in kollektivistischen Kulturen das Modell des sprachlichen Wandels beeinflussen und ob Frauen in der Kui-Gesellschaft als die „Anführerinnen des sprachlichen Wandels" fungieren, wie dies in Labovs soziolinguistischem Modell dargestellt ist (hierzu auch Kapitel 4.4).

Die Ergebnisse enthüllen die aktuellen Präferenzen der Kui-Sprecher und ermöglichen Vorhersagen zum voraussichtlichen Sprachgebrauch. Dies ist eine stabile Situation der Mehrsprachigkeit, in der die derzeitigen Kui-Sprecher weiterhin Kontakte knüpfen und die Sprache potenziellen Kui-Sprechern beibringen. Die Ergebnisse bestätigen die Anwendbarkeit des Labov-Modells. Die einzigartigen Merkmale der sprachlichen Situation der Kui weisen jedoch darauf hin, dass das Modell angepasst werden muss, um kulturellen Unterschieden in kollektivistischen nichtwestlichen Gesellschaften Rechnung zu tragen.

Das Geschlecht ist eine wichtige strukturelle Trennung in allen Gesellschaften und beeinflusst den Umgang mit Sprache (n) (Talbot 2010). Es gibt eine lange Geschichte soziolinguistischer Forschung zum Verhältnis von Geschlecht und Sprache, die hauptsächlich strukturelle Vergleiche

[44] Den Richtlinien des Ausschusses für Publikationsethik (COPE) folgend sei erwähnt, dass dieses Kapitel Abschnitte enthält, die bereits in Siebenhütter (2020c) und Siebenhütter (2021a) veröffentlicht wurden.

auf phonologischer Ebene umfasst (soziophonetische Variation) (Fischer 1958; Kiesling 1998; Labov 1966, 1972b; Macaulay 1978; Schlobinski 1987; 1988; Trudgill 1972, 1974; Wardhaugh 1986). Die Idee, ein separates Feld der Geschlechterlinguistik einzurichten, wurde lange diskutiert (Dong 2014). Aktuell werde das Thema, so Nübling und Kotthoff (2018), zumindest als ein Teilbereich der Soziolinguistik beforscht, doch friste die Genderlinguistik, eine relativ junge Disziplin der Sprachwissenschaft, in Deutschland ein Schattendasein, was sich unter anderem darin zeige, dass es keine eigene Professur für Genderlinguistik gebe. Die Folgen seien Wissensdefizite und ein Hinterherhinken der deutschsprachigen Linguistik im internationalen Vergleich (Nübling & Kotthoff 2018).

Wir können jedoch viel aus der synchronen und diachronen Forschung zum Geschlecht und zum Sprachgebrauch lernen, insbesondere bei Benutzern von Minderheitensprachen und bei Mehrsprachigkeit (Dobrushina et al. 2019; Winter & Pauwels 2000, 2005).

Folgende Ausführungen zielen insbesondere darauf ab, ein besseres Verständnis dafür zu erlangen, wie das Geschlecht den Sprachgebrauch, die Kompetenzen, Einstellungen und Überzeugungen von Minderheitensprechern beeinflusst und inwieweit diese Variablen mit dem sozioökonomischen Status und dem Alter der Sprecher korrelieren. Es wird diskutiert, ob gesellschaftliche Rollenerwartungen in kollektivistischen Kulturen Labovs Modell (2001) des sprachlichen Wandels beeinflussen. Zudem wird hinterfragt, ob das Konzept von Frauen als „leaders of linguistic change“ auf eine Minderheitensprache in einer Gesellschaft anwendbar ist, die als „weniger hierarchisch strukturiert“ als die Mehrheit der thailändischen Gesellschaft gilt (Bos & Sidwell 2014), oder ob das Modell neu organisiert werden muss, um den kulturellen Unterschieden Rechnung zu tragen, wie von Bisang (2016) vorgeschlagen. In ähnlicher Weise wird in diesem Kapitel erörtert, ob die Annahme, dass Männer einen höheren sozialen Status haben und Privilegien in der Sprache genießen, für die Kui-Gesellschaft zutrifft (Dong 2014; Eckert & McConnell-

Ginet 2003). Schließlich dokumentiert das Kapitel den Stand der aktuellen Kui-Sprachpräferenzen und schätzt den zukünftigen Sprachgebrauch ein.

4.3.1 Multipler Sprachkontakt und die Situation der Kui

Als eine der 23 austroasiatischen Haupt-Sprachen[45] in Thailand (Premsrirat 2006) wird Kui in den Grenzregionen von Thailand, Laos und Kambodscha von ungefähr 400.000 Menschen gesprochen (Abbildung 7, Markowski 2005; Bos & Sidwell 2014). Unter ihnen sprechen in den nordöstlichen Provinzen Surin und Sisaket in Thailand ungefähr 220.000 Menschen Kui-Dialekte (Abbildung 7; Van der Haak & Woykos 1990). Kui in Thailand und Laos gilt als gefährdet/bedroht (*threatened*) und in Kambodscha als *shifting*. Der Begriff „(gefährdete) Minderheitensprache" bezieht sich auf verschiedene soziohistorische und gesellschaftspolitische Themen wie sprachliche Menschenrechte und Sprachökologie (Freeland & Patrick 2004; Romaine 2006). *Shifting* bedeutet, dass die gebärfähige Generation die Sprache spricht, sie aber nicht an die nachfolgende Generation weitergibt (Eberhard et al. 2021).

[45] Premsrirat (2006: 643) nennt diese 23 austroasiatischen Sprachen als die größten austroasiatischen Sprachen, die in Thailand von etwa 4,3% der Bevölkerung gesprochen werden, wobei weitere kleinere austroasiatische Sprachgruppen gefunden werden können.

Abbildung 7: Die Provinzen Surin und Sisaket in Thailand

In Thailand finden sich heutzutage die meisten Kui-Sprecher in den nordöstlichen Provinzen Surin und Sisaket. Viele von ihnen leben in südlichen Bezirken wie Ampheu Sikhoraphum (ศีขรภูมิ) und Amphoe Sangkha (สังขะ) in Surin sowie in Khu Khan und Amphoe Prang Ku (อำเภอปรางค์กู่) in Sisaket. In den 1960er Jahren (höchstwahrscheinlich zwischen 1960 und 1967)[46] zogen während einer längeren Trockenperiode viele Kui-Sprecher aus den nördlichen Distrikten wie Amphoe Chom Phra (จอมพระ) und Amphoe Tha Tum (ท่าตูม) mit ihren Elefanten in den südlichen Teil der Provinz näher an die Grenze zu Kambodscha. Von dort fingen sie auch Elefanten im kambodschanischen Teil des Waldgebietes Pre Vihear.

[46] „Yes, the year that Northeast of Thailand got under the big hit of drought is not record properly. But I would guess that few years I was born. Most likely would be during the year 1960–1967. I still remember the drought that continue to my early age that I have to wait for the water to come out in the well and collect the water for drinking for hours." (Kommentar, 2019, Kui-Sprecher geb. nahe der Staatsgrenze zu Kambodscha).

Abbildung 8: Kui-Dörfer in den Provinzen Surin und Sisaket im Nordosten Thailands

Die Daten für vorliegende Studie wurden hauptsächlich in Dörfern im nordöstlichen Teil Thailands gesammelt: Ban Kan Lueang, Ampheu Sikhoraphum und Ban Sangkha in Ampheu Sangkha, beide in der Provinz Surin, Ban Khi Nak in Amphoe Prang Ku (อำเภอปรางค์กู่) und Ban Phu Sing in Amphoe Phu Sing (อำเภอภูสิงห์), beide in der Provinz Sisaket (s. Abbildung 8).

Diese Dörfer liegen geografisch relativ nahe beieinander (s. Abbildung 8). Trotzdem scheint es einen bemerkenswerten Unterschied zwischen den Kui-Varietäten zu geben, die die Dorfbewohner sprechen (ebenso wie dies in Laos der Fall zu sein scheint). Stichproben ergaben, dass sich der größte Teil des Lexikons von Kui-Sprechern zwischen benachbarten Dörfern unterscheidet. Ein Sprecher aus dem nördlichen Teil der Provinz Surin führte das auf die erwähnten Wanderungen der Kui zurück, die sie auf sich nahmen, um für Elefanten und Menschen fruchtbares Land zu finden und sich dort wieder niederzulassen.

Die meisten Kui-Sprecher sind mehrsprachig und können ihre jeweiligen Landessprachen (Thai, Lao und Khmer) sowie andere Sprachen sprechen. Die meisten Kui-Sprecher in Thailand beherrschen Khmer und Laotisch gut, obwohl es einen Unterschied zwischen dem in Thailand und in Kambodscha verwendeten Khmer und dem in Laos und Thailand gesprochenen Laotisch gibt (Eberhard et al. 2021). Nach Thomasons (2001) Mechanismen des Sprachkontakts (Bisang 2016) ist die sprachliche Situation in den Provinzen Surin und Sisaket eher „bilingualism" denn „code-switching", da die Sprecher während der Konversation nicht zwischen zwei oder mehr Sprachen wechseln. Vielmehr wechseln Kui-Sprecher die Sprache je nach Gesprächspartner, Situation, Thema usw. (Weinreich 1974). Sie sind jedoch nicht zweisprachig im Sinne von Bloomfields (1933: 56) engerer Definition „native-like control of two languages". Vielmehr variieren ihre Sprachkompetenzen stark zwischen den Sprachen, die sie verwenden. Ganz generell ist die entwickelte Sprachkompetenz bei Mehrsprachigen abhängig von sozialen Rollen und situationsbedingtem Sprachgebrauch. Die Herausbildung der Kompetenzen in zwei oder mehr Sprachen ist abhängig vom Sprachgebrauch in unterschiedlichen Domänen, die in unterschiedlichen sozialen Rollen bestritten werden (Riehl 2013: 377). In der Regel ist bei Mehrsprachigen eine Sprache dominant, wobei sich aber diese Dominanz im Lauf des Lebens immer wieder je nach Bedingungen und Umständen verschieben kann (Riehl 2013: 377). Ein mehrsprachiges Individuum kann beispielsweise zwei (oder mehrere) Gebrauchssprachen haben, die täglich in einer Vielfalt von Situationen gesprochen werden (Riehl 2013: 378). In diesem Sinne ist es möglich, als Mehrsprachiger über eine „Wochenendsprache", eine „Wochentagssprache" oder eine überwiegend oder ausschließlich mündlich verwendete Sprache und ausschließlich in schriftlichem Austausch angewandte Sprache zu verfügen (vgl. Lüdi & Py 1984: 8; Riehl 2013: 378).

Zudem bedingen sich Mehrsprachigkeit und Sprachkontakt wechselseitig, da Sprachkontakt in der Regel dort stattfindet, „wo Individuen oder

Sprachgemeinschaften mehrere Sprachen nebeneinander verwenden" (Riehl 2013: 377):

> „Der Begriff ‚Mehrsprachigkeit' bezieht sich dabei auf die psycho- und soziolinguistischen Eigenschaften oder Verhaltensweisen der Menschen, die diese Sprachen sprechen, oder der gesellschaftlichen Gruppen, in denen diese Sprachen verwendet werden. Unter ‚Sprachkontakt' versteht man dagegen die wechselseitige Beeinflussung von zwei oder mehreren Sprachen, d. h. der Begriff rückt die Struktur der beteiligten Sprachen ins Zentrum." (Riehl 2013: 377)

4.3.2 Die Situation der Kui in Thailand: Selbsteinschätzung

Zur Situation von Minderheitensprachen in Thailand lässt sich feststellen, dass bei mehr als 70 Sprachen in Thailand mindestens 14 davon als einer unmittelbaren Gefährdung ausgesetzt beschrieben werden. Selbst große regionale thailändische Sprachen weisen Anzeichen einer Kontraktion auf, zum Beispiel Vokabular- und Grammatikverlust (Premsrirat 2006).

In der Feldforschung ließ sich folgende Situation dokumentieren:

In der Regel zieht der Mann bei der Heirat mit in das Elternhaus der Frau. In zwei berichteten Fällen zogen zwei Männer nach Khu Khan, um bei ihren Frauen und Familien zu leben. In diesen Familien und mit ihren Frauen sprechen sie nur Phasa Isan (oder wie sie selbst sagen: Lao), da die Frauen ihr Kui nicht sprechen und verstehen können. Selbst wenn diese beiden Kui-Sprecher – einer aus Phu Sing und einer aus Prang Ku (s. Abbildung 8) – miteinander sprechen, verwenden sie überraschenderweise Phasa Isan. Sie benutzen Kui nur, wenn sie in ihr Dorf zurückkehren, was nur einmal im Jahr geschieht, wie ein Sprecher von Phu Sing erklärte. Ein jüngerer Mann Anfang 30 aus Prang Ku erklärte, dass er es gewohnt sei, in sein Dorf zurückzukehren und jeden Arbeitstag Kui zu sprechen, da er Lehrer in seinem Heimatdorf sei. Viele Eltern sprechen mit ihren Kindern auch überwiegend Thai und Phasa Isan, um sie besser auf den Schulbesuch vorzubereiten, der seit Jahrzehnten nur in Thai stattfindet.

Einstellungen zur Sprache

Insbesondere ältere Sprecher betonen, dass es traurig sei, dass Kinder kein Kui mehr sprechen, und sie hoffen, dass Kinder die Sprache ihrer Eltern bewahren. Sie glauben allerdings eher, dass in einigen Jahrzehnten die Kui-Sprache sterben könnte. Interessanterweise schrieb Seidenfaden (1952) bereits über solche Zukunftsaussichten, aber jetzt, mehr als ein halbes Jahrhundert später, sind Kui und seine Varietäten im Nordosten Thailands, wie auch in Laos und Kambodscha, immer noch präsent.
Was in den Interviews und Gesprächen mit den Kui immer wieder überraschte, waren Szenen wie diese:
Eine 70-jährige Frau erklärt, dass sie im Kui-Dorf aufgewachsen ist und einen Kui-Mann aus einem anderen Dorf geheiratet und ihr ganzes Leben lang Kui im Dorf oder Lao/Isan mit den Nachbarn gesprochen hat. Auf die Frage nach der Muttersprache sagte sie Phasa Thai. Sie erwähnt aber auch, dass sie die Vorstellung, dass Kui in Zukunft verschwinden wird, nicht mag. Sie glaube jedoch nicht an dieses Szenario. Sie glaube, die Leute sprechen weiter Kui. Eine andere Frau in den Siebzigern sagt, dass sie sicher sei, dass Kui verschwinden wird.[47] Ein Familienvater schätzt, dass man in Surin 50 % Lao (gemeint ist Phasa Isan bzw. Laotisch in Thailand), 25 % Kui und 25 % Khmer-Sprecher findet. In Siebenhütter (2020c) wurde bereits auf die Wichtigkeit hingewiesen, die Verwendung der Kui-Sprache in Thailand, Laos und Kambodscha zu untersuchen, solange sich Sprecher finden, die bereit sind, Auskunft über ihre Sprache zu geben.

4.3.3 Gesellschaftliche Hierarchien und offene Markierung in Kui

Im Gegensatz zu den Khmer- oder Thai-Gesellschaften ist, wie schon mehrfach erwähnt, die „Kui-Gesellschaft nicht besonders hierarchisch, so wird Status nicht lexikalisch kodiert“ (Bos & Sidwell 2014: 876). Dies

[47] Kui-Interview 8.3.2019, Ban Khanh Laeng, Amphoe Sikhoraphum, Provinz Surin.

gilt sicherlich für die Ebene der Sprachstruktur, die offen markiert ist, wie Bos und Sidwell (2014) auf lexikalischer Ebene überzeugend demonstrieren, mit z. B. satzfinalen Partikeln. Das heißt, Kui markiert den gesellschaftlichen Status nicht (oder nur geringfügig) offen.

4.3.4 Geschlechtsunterschiede und soziale Rollenerwartungen in ländlichen thailändischen Gesellschaften

Da sich soziale Unterschiede zwischen Sprechern systematisch in der Sprache widerspiegeln (Fridland 2015), konzentriert sich dieses Kapitel auf drei Parameter: Klasse (sozioökonomischer Status), Alter und Geschlecht/Gender[48]. Geschlechterrollen werden durch traditionelle religiöse und andere soziokulturelle Praktiken weitergegeben (De Gaia 2018). Bei der Suche nach Erklärungen für Unterschiede im Sprachgebrauch von männlichen und weiblichen Minderheitensprachlern ist es daher wichtig, den Sozialisierungsprozess und die soziokulturellen Umstände zu berücksichtigen, die im sozialen Netzwerk der Sprecher zum Tragen kommen. Die Untersuchung von geschlechts- und klassenspezifischen Sprachunterschieden trägt zu einem besseren Verständnis der außersprachlichen Faktoren bei, die beim Sprachwechsel eine Rolle spielen (Dong 2014). Diese Faktoren korrelieren auf mehreren Ebenen miteinander, was das Verstehen zu einer komplexen Aufgabe macht. Sprachliche Merkmale haben soziale Funktionen wie Marker für eine Loyalität oder das Ausmaß, in dem Sprecher an ihrer Herkunftskultur, also ihrer regional oder sozial begrenzten Sprachform, festhalten (Cheshire 2011). Aufgrund traditioneller sozialer Faktoren scheinen Männer häufig einen höheren sozialen Status und auch sprachliche Privilegien zu genießen (Dong, 2014; Eckert & McConnell-Ginet 2003). Ob diese Annahme auf die Kui-Gesellschaft anwendbar ist, wird in diesem Kapitel diskutiert.

---

[48] Im Gegensatz zu *sex* ist *gender* ein soziales Konstrukt, das sich in erlerntem Verhalten äußert (Talbot 2010).

Dong (2014) schlug zwei Gründe für Variationen und Diversität des Sprachgebrauchs vor, die auf Geschlecht und Alter beruhen: 1) Unterschiede im sozialen Status führen zu unterschiedlichen mentalen Zuständen; 2) Männer und Frauen spielen unterschiedliche Rollen in der Gesellschaft, was sich in ihrer jeweiligen Teilnahme an sozialen Aktivitäten und im sozialen Bereich ebenso widerspiegelt wie im Umfang ihrer Aktivitäten. Um Veränderungen voranzutreiben, müssen die Sprecher Verbindungen zur lokalen Identität haben, damit sie für lokale Innovationen sensibel sind, obwohl dies normalerweise ein unbewusster Prozess ist (Fridland 2015). Obwohl die Definitionen der Identität variieren (Bucholtz & Hall 2004), wird das Konzept im Rahmen dieser Forschung verstanden als „associated with a person's ethnicity, gender, national and regional origin, that also constitutes social groups or categories with which individuals identify themselves“ (Alexander & McCargo 2014: 61, abgeleitet von Tajfel & Turner 2004 [1986]).
Frühere Untersuchungen haben verschiedene Gründe für geschlechtsspezifische Unterschiede im Sprachgebrauch vorgeschlagen. Sicherlich hängt die sprachliche Variation mit den jeweiligen sozialen Funktionen zusammen (Cheshire 2011); die Frage der interkulturellen Unterschiede bleibt jedoch ungelöst. Frühere interkulturelle Untersuchungen haben gezeigt, dass Männer ihre allgemeinen Selbstkompetenzen und ihre Sprachkompetenz tendenziell höher bewerten als Frauen (Galeandro et al. 2010; Scholz et al. 2002; Schwarzer et al. 1997). Darüber hinaus neigen Menschen, die in kollektivistischen Kulturen leben, dazu, ihre Selbstwirksamkeit niedriger einzuschätzen als Zugehörige individualistischer Kulturen (Scholz et al. 2002; Schwartzer et al. 1997; Stigler et al. 1985; Yan & Gaier 1994).
Es gibt signifikante Unterschiede zwischen den jeweiligen Geschlechtererwartungen in verschiedenen Teilen der thailändischen Gesellschaft. Beispielsweise stehen die Vorstellungen junger Erwachsener in ländlichen Gebieten (De Jong et al. 1996) konträr zu Bildern, die in den Medien präsentiert werden, wo Frauen u. a. in Fernsehshows selbstbewusste

und starke Persönlichkeiten verkörpern (Jirattikorn 2018a, 2018b). Mehr Jungen als Mädchen besuchen in ländlichen Gebieten die Sekundarschule (Knodel & Wongsith 1989) und die Ungleichheit der Geschlechter in der allgemeinen und beruflichen Bildung führt dazu, dass mehr Frauen in städtische Gebiete abwandern, wo sie gering qualifizierte Jobs annehmen (De Jong et al. 1996). Auf der Grundlage des oben Gesagten würden diese Bedingungen darauf hindeuten, dass Frauen in der ländlichen Kui-Gesellschaft mit größerer Wahrscheinlichkeit eine relativ geringe sprachliche Selbstwirksamkeit ausdrücken.

4.4 Sprachwandel-Modelle und ihr Erklärungspotenzial für sprachliche Variationen

Labovs (1972b) soziolinguistischer Ansatz zum Sprachwandel umfasst die Ansicht, dass Personen in der oberen und unteren Mittelschicht die größten Chancen haben, durch Sprachgebrauch ein höheres Ansehen zu erlangen. Da sie am meisten profitieren, wird sprachlicher Wandel höchstwahrscheinlich eher von Mitgliedern dieser Gruppen als von Eliten angeführt. Sprecher der unteren Mittel- und oberen Arbeiterklasse verfügen in der Regel über soziale Netzwerkstrukturen, die der Aufnahme lokaler Innovationen förderlicher sind (Fridland 2015). Der sprachliche Wandel beginnt bei einigen Sprechern innerhalb einer bestimmten Klasse und sozialen Gruppe und verbreitet sich dann lokal innerhalb dieser Gruppe, bevor er sich auf andere ausbreitet. Die peripheren Gruppen – die niedrigsten und höchsten Klassen – sind für die soziale Hierarchie so marginal, dass sie anscheinend viel weniger an Sprachänderungsprozessen beteiligt sind. Im Gegensatz dazu beginnen und verbreiten die oberen und unteren Mittelschichten konsequent sprachliche Veränderungen, weil sie weniger zu verlieren und mehr zu gewinnen haben (Fridland 2015).

Labov (1966, 2001) geht in seinem Modell auch davon aus, dass Unterricht eine Schlüsselrolle beim sprachlichen Wandel spielt (Trudgill 1974 und andere haben dies ebenfalls überzeugend dargestellt) und dass „women as leaders of linguistic change“ fungieren. Dies kritisierend, weist Bisang (2016: 376) darauf hin, dass das Konzept kulturelle Unterschiede nicht ausreichend berücksichtige.

Wie im einleitenden Abschnitt zu Kapitel 4.2 erwähnt, wurden in früheren Untersuchungen hauptsächlich strukturelle Vergleiche auf phonologischer Ebene berücksichtigt. Dies ist sicherlich auf die vergleichsweise einfachere Aufgabe zurückzuführen, quantitative Daten zu sammeln und zu vergleichen, insbesondere aus den gut untersuchten westlichen Sprachen. Evidenzen, die sich allein aus strukturellen Vergleichen ableiten lassen, können jedoch begrenzt sein (Bisang 2016). Es wird also zu prüfen sein, ob Labovs Modell unzureichend ist und die Notwendigkeit eines kulturell angepassten oder kultursensiblen Modells für das Verständnis von Sprachwandel in (Minderheiten-)Sprachen besteht.

Das zweite nachfolgend herangezogene Modell des Sprachwandels ist Kellers „Modell der unsichtbaren Hand“ (Keller 2003 [1990]). Davon ausgehend wird in diesem Kapitel überlegt, ob Sprecher statische Maximen anwenden, die strukturelle Stabilität gewährleisten, anstatt zu sprachlichen Veränderungen zu führen, und zwar (Bisang 2016):

1) Sprich wie andere sprechen.
2) Sprich so, dass Du nicht missverstanden wirst.

Darüber hinaus sind folgende „Strategien der Anpassung“ zu prüfen:

1) Rede so, dass Du als zu der Gruppe gehörend anerkannt wirst, mit der du dich identifizierst.
2) Sprich so, dass Du keine Aufmerksamkeit erregst.

Die wichtigste Handlungsmaxime (Hypermaxime) nach Keller ist die des sozialen Erfolgs, also: „Rede so, dass Du sozial erfolgreich bist.“ (Keller 2003 [1990]: 142)

„Die Maxime

i. Rede so, daß Dich der andere versteht.

   heißt somit

ii. Rede so, daß der andere Deine Intentionen erkennen kann.
bzw.
iii. Mache Deine Intentionen auf eine Art und Weise deutlich, daß der andere sie erkennen kann." (Keller 2003 [1990]: 135)

Die Untersuchung zu den Kui bestätigt Kellers These, wonach die wichtigste Handlungsmaxime die des sozialen Erfolgs ist. Es wurde festgestellt, dass die Sprecher sich jeweils anpassen, um in einer Gruppe mit allen Beteiligten kommunizieren zu können. Ähnliches haben andere Forscher zu Minderheitensprachen festgestellt: Jenny (2016) schreibt zu den Shan, einer Minderheit Myanmars, dass die kulturellen und politischen Eliten der Shan mehr an thailändischen Verbindungen interessiert seien, während die einfachen Leute einen viel pragmatischeren Ansatz verfolgten und jede Sprache annähmen, die sie in ihrem täglichen Leben für nützlich hielten.
Das heißt, wenn drei Menschen zusammenkommen, wird man sich für die Sprache(n) entscheiden, in der alle Beteiligten am kompetentesten sind. Wenn dies Lao ist, ist es Lao, wenn es Thai ist, dann ist es Thai. So kann es sein, dass Kui überwiegend zu Hause in der Familie gesprochen wird – oder aber auch dort nicht mehr, weil die Eltern nicht beide Kui-Muttersprachler sind. Wenn auch das Sprachverhalten der meisten Individuen deutlich durch den Einfluss der Normsprache der Elterngeneration geprägt ist (Hartig 1996: 25), bedeutet dies für die Kui nicht, dass sie nicht ihre sprachlichen Verhaltensweisen an die jeweiligen Umstände und den Kontext anpassen.

4.5 Sprachbewusstsein, soziale Klasse und Geschlecht im sprachlichen Wandel

Das Sprachbewusstsein (*language awareness*) von L2-Sprechern wurde häufig im Erlernen und Lehren von Sprachen untersucht (z. B. Svalberg, 2007, 2016; hierzu Siebenhütter 2020c). Frühere Forschungen widmen sich speziell westlichen Sprachen und dem Thema Sprache und Macht in mehrsprachigen Kontexten (z. B. Heller 1999, 2001; Labov 1966, 1968, 1972b, 2012; Weinreich 2011). Trotz der umfangreichen Literatur zum Sprachbewusstsein widmeten sich jedoch nur wenige Studien kleineren außereuropäischen Sprachen (Clifton et al. 2002; Dobrushina et al. 2019; Schulze 2016; Schulze & Schulze 2016; Winter & Pauwels 2005). In Untersuchungen zu sprachlichen Variationen wurden zwei Hauptkategorien sprachlicher Veränderungen identifiziert: Veränderungen von unten, die unbewusst stattfinden (die meisten phonetischen Veränderungen), und Veränderungen von oben, die bewusst stattfinden (Veränderungen weg von stigmatisierten Variablen) (Fridland 2015). Letzteres ist als relevanter für die Untersuchung in diesem Kapitel anzusehen, welches das Sprachbewusstsein mehrsprachiger Sprecher in einem soziolinguistischen Kontext untersucht.

4.6 Geschlechterrollen und sprachliche Variation

4.6.1 Geschlecht und Identifikation mit gesprochener Sprache

Eine Frage zur Muttersprache der Sprecher wurde zweimal auf leicht unterschiedliche Weise gestellt:

> „What is your local language mother tongue?"
> „What is your mother tongue?"

Die Identifizierung der Muttersprache variierte je nach Frage und Anlass, sodass die Befragten in einigen Fällen Kui nannten, während sie in anderen Situationen Laotisch, Thailändisch oder Khmer erwähnten. Der Terminus „Muttersprache“ ist allerdings mit Bedacht zu verwenden, da hier allzu leicht Missverständnisse ideologischer Natur auftreten.[49] Bei den allgemeinen Trends zeichnen sich jedoch Ähnlichkeiten zwischen den Antworten ab. Abbildung 9 zeigt die Antworten der Befragten auf die erste Frage. Sie verdeutlicht, dass alle Mitglieder der drei ältesten Altersgruppen (42–68 Jahre, n = 16) Kui als ihre Muttersprache identifizierten, während andere Sprachen, insbesondere Thailändisch und Laotisch, selten vertreten sind und eher von jüngeren Teilnehmern gesprochen werden. Die Nutzung von Laotisch ist besonders rückläufig, insbesondere im täglichen Leben von Frauen. Abbildung 9 zeigt einen abnehmenden Trend beim Anteil der Kui-Muttersprachler analog zum sozioökonomischen Status (SES). Im Gegensatz dazu hat Thai einen zunehmenden Trend. Abbildung 9 illustriert, dass Frauen sich offenbar mehr als Männer mit ihrer Landessprache Kui identifizieren.

[49] Zur Ideologie vom „Muttersprachler/native speaker" siehe auch die Ausführungen von Mumm (2018: 39ff.). Er kommt zum Schluss, dass der Begriff des „native speaker" aus gutem Grund dekonsturiert worden sei, da er einen sprachlichen – oder dialektalen – Standard voraussetzen würde, der dem Miteinander-Sprechen nicht automatisch zu eigen sei: „Der *native speaker* repräsentiert diesen Standard und nicht das spontane Sprechen – sofern das überhaupt repräsentierbar ist. Sobald ein Sprecher sich nach einer solchen Norm richtet, entsteht eine ‚Sprachideologie', zu der im Kern die Illusion gehört, dass es eine abstrakte, idealisierte, homogene, ‚richtige' Sprache gebe." (Mumm 2018: 41)
Auch Maas (2008) weist auf die Problematik der Muttersprache hin: Maas (2008: 286) sieht das „Muttersprachkonzept" als problematisch für die Untersuchung von Mehrsprachigkeit im Hinblick auf Migration.

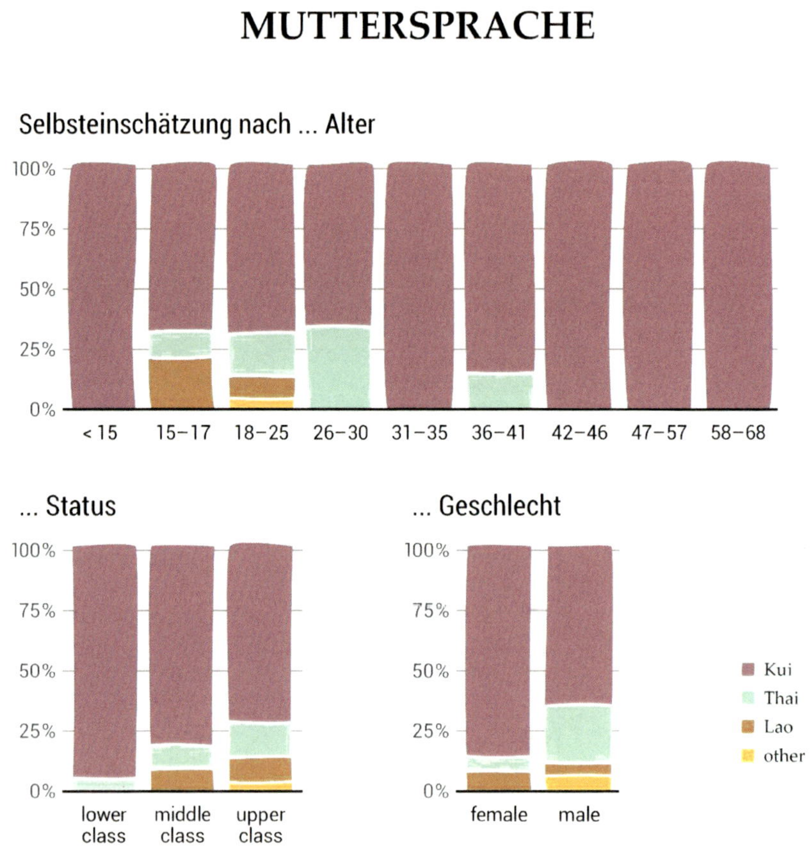

Abbildung 9: Selbsteinschätzung der Muttersprache nach Alter, sozioökonomischem Status und Geschlecht

4.6.2 Geschlechterunterschiede im Sprachgebrauch

Abbildung 10 zeigt eine detailliertere Analyse des Sprachgebrauchs nach Geschlecht, SES und den Situationen, in denen die jeweilige Sprache (Kui, Thai oder Lao) verwendet wird. Sie illustriert, dass SprecherInnen der Oberschicht je nach Situation die größte Vielfalt im Sprachgebrauch aufweisen, unabhängig davon, ob es sich um Kui, Lao, Thai oder andere Sprachen wie Khmer handelt. Zwar zeichnen sich geringfügige Unterschiede im Sprachgebrauch von Männern und Frauen der Oberschicht ab, doch ließen sie sich für vorliegende Studie nicht mittels detaillierterer Analyse unter Verwendung von Regressionsmodellen bestätigen. Frauen aus der Oberschicht (die hauptsächlich junge Sprecherinnen sind) benutzen Kui jedoch häufiger als Männer, wenn sie mit Kindern im Dorf sprechen.

Unter den Teilnehmern der Mittelklasse wird Kui viel häufiger von Männern als von Frauen gesprochen. Letztere greifen häufiger auf andere Sprachen zurück. Ein signifikanter geschlechtsspezifischer Effekt für die Verwendung von Kui wurde für Situationen festgestellt, in denen die Befragten mit Menschen aus weiter entfernten Gemeinden sprechen (OR female vs. male: 0.68, 95 % CI: 0.48–0.77), und für den Gebrauch anderer Sprachen in Gegenwart von Freunden/Nachbarn aus verschiedenen Gemeinschaften (OR female vs. male: 2.72, 95 % CI: 1.32–5.59).

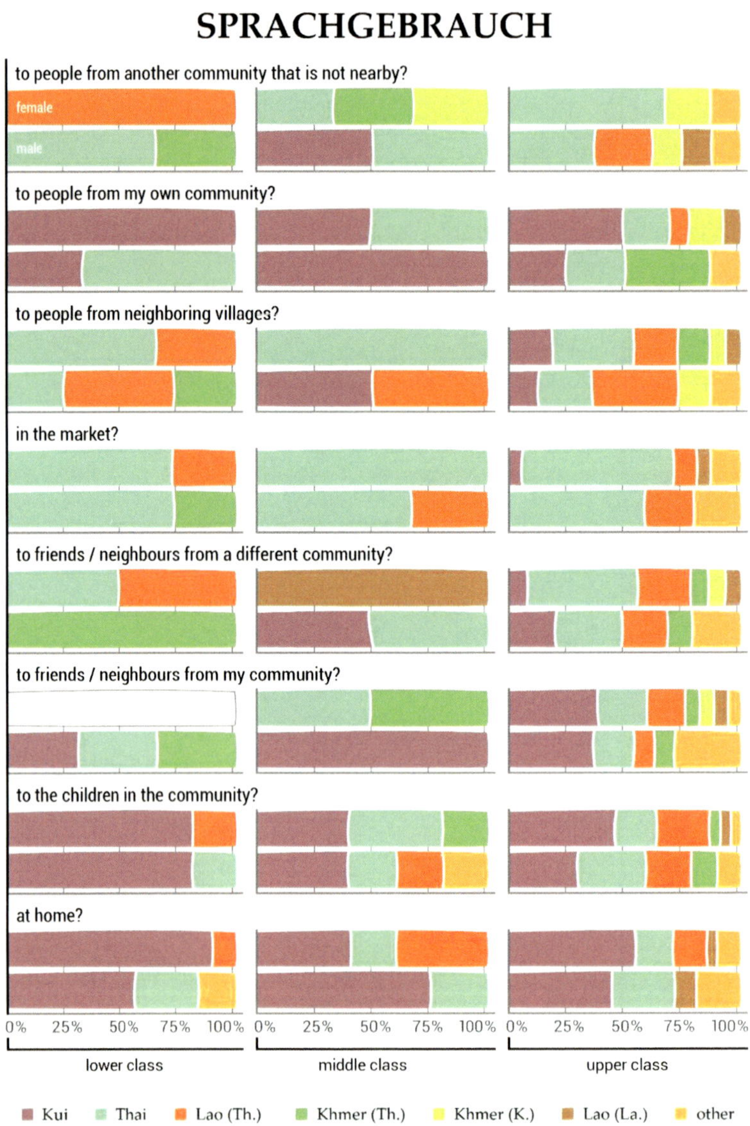

Abbildung 10: Sprachgebrauch nach Situation, Geschlecht und sozialer Klasse

Im Gegensatz dazu identifizierten Männer unter den Teilnehmenden der unteren Klasse häufiger den Gebrauch anderer Sprachen, während mehr

Frauen Kui und Laotisch als ihre Hauptsprachen im täglichen Leben angaben. Signifikante geschlechtsspezifische Auswirkungen wurden auch bei der Verwendung anderer Sprachen in Gegenwart von Freunden/Nachbarn aus verschiedenen Gemeinschaften beobachtet (OR female vs. male: 0.37, 95 % CI: 0.14–0.97) und für den Gebrauch von Laotisch mit Menschen aus weiter entfernten Gemeinden (OR female vs. male: 2.72, 95 % CI: 1.59–4.63). Angesichts der geringen Teilnehmerzahl in der unteren und mittleren Klasse müssen diese Ergebnisse jedoch mit Vorsicht betrachtet werden.

Beim Vergleich des Sprachgebrauchs zu Hause (Abbildung 10) und der selbstbewerteten Muttersprache zeigt Abbildung 10, dass sich Frauen offenbar mehr mit ihrer Landessprache identifizieren als Männer. Abbildung 10 visualisiert, dass Frauen aus der unteren Klasse Kui häufiger zu Hause verwenden. Sowohl Frauen als auch Männer verwenden Kui jedoch häufig, wenn sie mit Kindern sprechen.

4.6.3 Geschlechtsspezifische Unterschiede in der Sprachkompetenz

Abbildung 11 zeigt die allgemeinen Unterschiede zwischen den von Männern und Frauen gemeldeten Sprachkompetenzen nach sozioökonomischer Klasse (SEC). Je höher der sozioökonomische Status der Sprecher (SES) ist, desto kompetenter waren sie in allen getesteten Sprachen (Kui, Thai und Lao). Nur wenige Männer der Oberschicht gaben an, in allen Situationen fließend Laotisch zu sprechen. Im Gegensatz dazu waren die Sprecherinnen der Mittelklasse in allen Situationen zuversichtlich, dass sie Laotisch fließend sprechen, während dies für Männer der Mittelklasse nur für Grundsituationen zutraf. Diese Gruppe zeigte jedoch auch den höchsten Anteil an Thai-Kompetenz. Alle Sprecher der unteren Klasse beiderlei Geschlechts sprachen in Grundsituationen fließend Thailändisch.

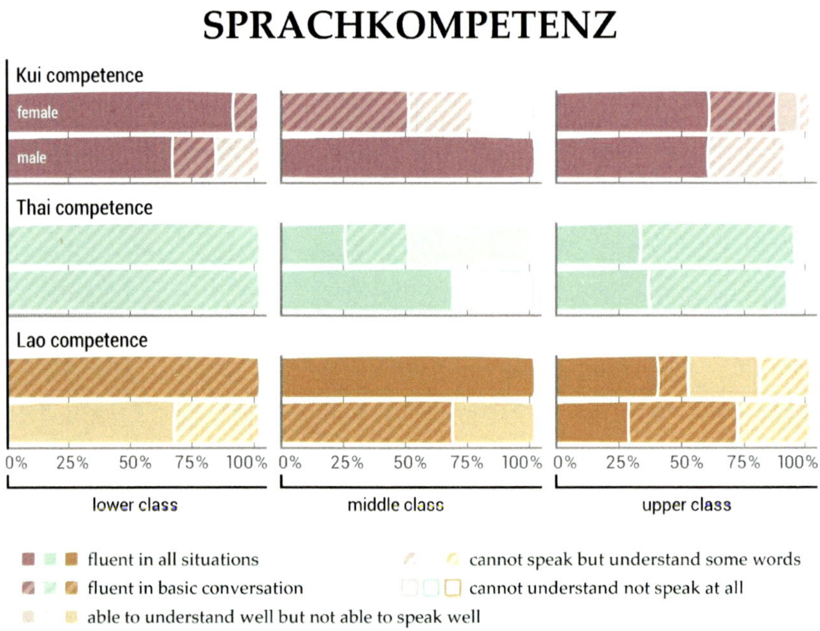

Abbildung 11: Sprachkompetenz nach Geschlecht und sozialer Klasse

Die Kui-Sprachkompetenz scheint bei weiblichen und männlichen Sprechern der unteren und oberen sozialen Schichten vergleichbar zu sein, obwohl weibliche Dorfbewohner der unteren Klasse Kui am häufigsten verwendeten und in dieser Sprache in allen sozialen Gruppen am kompetentesten waren. Bei den Sprechern der Mittelklasse ist jedoch insofern ein signifikanter geschlechtsspezifischer Effekt in Bezug auf die Kui-Kompetenz zu beobachten, als zwar alle männlichen Teilnehmer dieser Klasse angaben, in allen Situationen fließend Kui zu sprechen, jedoch keine der Frauen diese Behauptung aufstellte (OR female vs. male: 0.37, 95 % CI: 0.19–0.72). Ein signifikanter geschlechtsspezifischer Effekt zeigt sich auch in der Thailändisch-Kompetenz von Sprechern der Mittelklasse. Weitere männliche Sprecher berichteten, dass sie Thailändisch weder verstehen noch sprechen (OR female vs. male: 0.72, 95 % CI: 0.59–0.87), wohingegen Frauen häufiger angaben, sie könnten Thai gut verstehen, aber nicht gut sprechen (OR female vs. male: 1.65, 95 % CI: 1.18–2.29). Die Laotisch-Kompetenz weicht zwischen den Geschlechtern ab für Sprecher der unteren Klasse in Bezug auf die fließende Beherrschung grundlegender Gespräche (OR female vs. male: 2.72, 95 % CI: 1.04–7.11).

4.6.4 Bewusstsein für geschlechtsspezifische Unterschiede

Das Bewusstsein für geschlechtsspezifische Unterschiede beim Kui-Sprachgebrauch ist eng mit dem Alter verbunden:
Abbildung 12 zeigt, dass ältere Sprecher über 47 Jahre sich der geschlechtsspezifischen Unterschiede beim Sprachgebrauch bewusster waren. Es zeigt sich eine wahrgenommene Variation zwischen dem thailändischen Sprachgebrauch von Mädchen und Jungen im täglichen Leben: Je älter die Teilnehmer waren, desto stärker waren sie sich der Variation bewusst. Diese Ergebnisse müssen jedoch mit Vorsicht betrachtet werden, da nur zwei Teilnehmer unter 15 Jahren an der Studie teilnahmen. Ganz generell spielen im Sprachkontakt aber auch außersprachliche Faktoren wie Häufigkeit in der Verwendung eine Rolle (vgl. van Coetsem 2000): In mehrsprachigen Gemeinschaften lässt sich in der Regel feststellen, dass sich bei den jüngeren Sprechern einer sprachlichen Minorität mehr und häufigere Sprachkontaktphänomene beobachten lassen als bei den Vertretern der älteren Generation (Riehl 2013: 392). Dies schließt nicht aus, dass den Sprechern selbst dies weniger bewusst ist als älteren Sprechern.

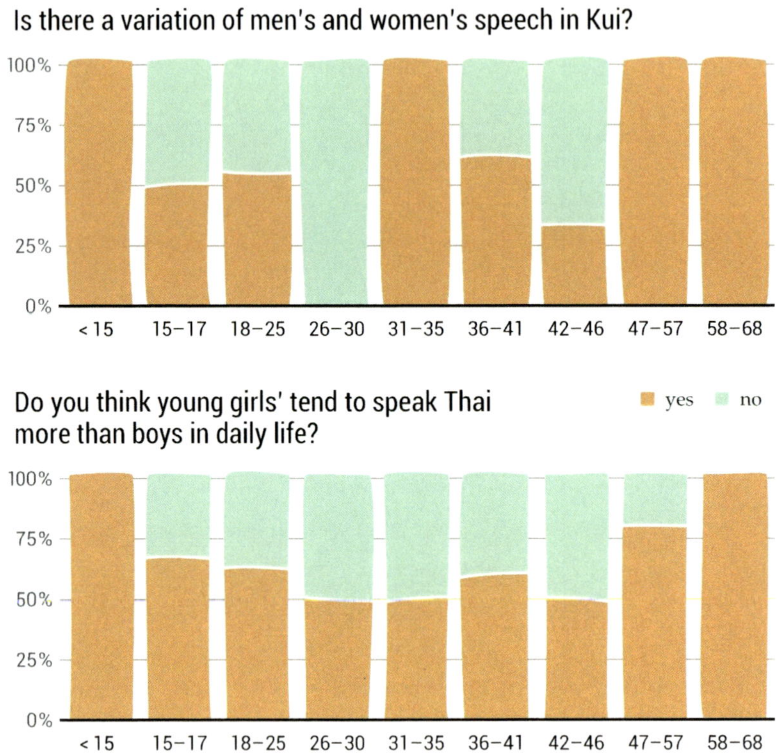

Abbildung 12: Bewusstsein für Unterschiede in der Sprache von Männern und Frauen sowie in der Verwendung von Thai durch Mädchen und Jungen im täglichen Leben

Bezüglich der Sprachpraktiken und Einstellungen junger Kui-Sprecher unter 30 Jahren in Thailand erweist sich, dass diese Kui in ihren Häusern und Dörfern verwenden, sich jedoch in bestimmten Situationen (z. B. auf dem Markt, in der Schule und im Umgang mit anderen Gemeinschaften) auf Thai umstellen (Siebenhütter 2020c). Unter den befragten Sprechern sprechen weniger als die Hälfte der 15- bis 18-Jährigen täglich Kui, während 100 % der über 50-Jährigen regelmäßig diese Sprache verwenden (Siebenhütter 2020c).

4.6.5 Grad der geschlechtsspezifischen Variation

Im Allgemeinen können geschlechtsspezifische Unterschiede im Sprachgebrauch auf allen Ebenen auftreten: Intonation und Laute, Wörter, Satzstruktur oder Konversationselemente wie Begrüßungen und andere Interaktionen. Wie aus Tabelle 2 hervorgeht, beeinflussen unter den Teilnehmern dieser Studie die soziale Klasse, das Geschlecht und das Alter sowohl der Sprecher als auch der Adressaten das Ausmaß, in dem solche Abweichungen akzeptiert, das heißt, vollständig oder bis zu einem gewissen Grad oder überhaupt nicht respektiert und eher durch neue Anredeformen ersetzt werden. Die Erwartung war: Je älter der Adressat und je höher dessen oder deren Status im Verhältnis zum Sprecher ist, desto eher kommt eine andere, respektvollere Ansprache zum Einsatz.

Nur Männer der unteren Klasse und Frauen der oberen Klasse gaben an, ihre Sprache je nach Geschlecht des Adressaten zu variieren. Frauen aus der Mittelschicht gaben insbesondere an, im Gespräch mit älteren Menschen anders zu sprechen, während Sprecherinnen aus der unteren Klasse im Allgemeinen dieselbe Sprache unabhängig vom Geschlecht oder Alter der Adressaten verwendeten. Dennoch gaben Mitglieder dieser Untergruppe an, sie könnten verschiedene Formen des Sprachgebrauchs erkennen und anhand ihrer Rede den sozialen Status anderer Kui-Sprecher ermitteln.

Tabelle 2: Unterschiede in der Verwendung von Kui je nach Geschlecht und Alter des Adressaten

Variable		**Lower-class female (n = 12)**	**Lower-class male (n = 7)**	**Middle-class female (n = 6)**	**Middle-class male (n = 5)**	**Upper-class female (n = 30)**	**Upper-class male (n = 14)**
Yes, I speak Kui differently when talking to older people.		0 (0%)	3 (42.9%)	4 (66.7%)	1 (20%)	14 (46.7%)	5 (35.7%)
Yes, I speak Kui differently when talking to younger people.		0 (0%)	1 (14.3%)	1 (16.7%)	1 (20%)	4 (13.3%)	2 (14.3%)
Yes, I speak Kui differently when talking to people of the other sex.		0 (0%)	2 (28.6%)	0 (0%)	1 (20%)	3 (10%)	1 (7.1%)
Yes, I speak Kui differently when talking to people with a different status (teacher, monk, village head, etc.).		0 (0%)	2 (28.6%)	4 (66.7%)	2 (40%)	14 (46.7%)	9 (64.3%)
No, I do not speak differently.		3 (25%)	0 (0%)	0 (0%)	0 (0%)	5 (16.7%)	4 (28.6%)
Yes, I speak Kui differently when talking to people with a different level of education.		6 (50%)	3 (42.9%)	3 (50%)	3 (60%)	9 (30%)	7 (50%)
I can tell which social group people belong to from the way they speak Kui.		3 (25%)	3 (42.9%)	3 (50%)	4 (80%)	13 (43.3%)	5 (35.7%)
A high social status (village head, monk, teacher, etc.) influences somebody's way of speaking Kui.	Very influential	1 (8.3%)	0 (0%)	1 (16.7%)	1 (20%)	6 (20%)	3 (21.4%)
	Influential in a certain way	2 (16.7%)	2 (28.6%)	3 (50%)	0 (0%)	9 (30%)	5 (35.7%)

Tabelle 3 verdeutlicht, dass Unterschiede zwischen männlichen und weiblichen Sprechenden hauptsächlich auf der Ebene der Laute auftreten, gefolgt von der Art der Gesprächsstruktur, z. B. der Art und Weise, wie man eine andere Person begrüßt. Insbesondere scheinen Männer andere Wörter zu verwenden, wenn sie mit Frauen sprechen. Trudgill (1974) stellte fest, dass sich Klassenunterschiede in unterschiedlichem Maße in der Verwendung eines sprachlichen Elements widerspiegeln können. Tabelle 3 zeigt, dass es auch eine Abweichung im geschlechtsspezifischen Bewusstsein für männliche und weibliche Sprachvariationen gibt. Frauen äußerten weniger Bewusstsein für Variationen auf der Ebene der Wörter, während Männer in verschiedenen sozioökonomischen Klassen sich der Unterschiede in der männlichen und weiblichen Sprache auf den meisten Sprachebenen bewusst waren.

Tabelle 3: Sprachliche Ebene männlicher und weiblicher Sprachvariation

Level	**Lower-class female**	**Lower-class male**	**Middle-class female**	**Middle-class male**	**Upper-class female**	**Upper-class male**
Conversation	2 (16.7%)	1 (14.3%)	1 (16.7%)	1 (20%)	8 (26.7%)	4 (28.6%)
Sentence structure	0 (0%)	0 (0%)	0 (0%)	1 (20%)	0 (0%)	0 (0%)
Sounds	0 (0%)	1 (14.3%)	3 (50%)	2 (40%)	16 (53.3%)	6 (42.9%)
Words	0 (0%)	2 (28.6%)	0 (0%)	1 (20%)	2 (6.7%)	2 (14.3%)

4.7 Diskussion von Geschlechterrollen und sozialem Status im sprachlichen Kontext

Geschlecht und sozialer Status beeinflussen den Sprachgebrauch von Angehörigen der sprachlichen Minderheit Kui. Obwohl die Sprecher Eltern, Mönche und Dorfvorsteher als angesehene Personen erwähnten, bei denen sie ihre Sprache bei der Ansprache ändern, betonten einige das Fehlen klarer sozialer Unterscheidung in Kui. Klarer sind die Ergebnisse bei den Differenzen im Sprachgebrauch und in den Kompetenzen nach sozioökonomischen Statusgruppen sowie zwischen Frauen und Männern.

Insgesamt erwiesen sich Männer in der Gemeinde, auf dem Markt und mit anderen Dorfmitgliedern als aktiver mehrsprachig (insbesondere in thailändischer und laotischer Sprache). Obwohl alle Teilnehmenden sich selbst als Kui identifiziert hatten, war die selbstberichtete Kui-Sprachkompetenz in allen Situationen für Männer der unteren Klasse (66,7 %) und Männer und Frauen der oberen Klasse (60 %) nur mäßig und für Frauen der Mittelklasse nicht vorhanden (0 %). Verlieren die Kui nun ihre soziolinguistische Identität?

In allen sozialen Schichten bezeichneten sich Frauen häufiger als muttersprachliche Kui-Sprechende, als dies Männer taten. Abweichungen in den Antworten einiger Sprecher bei verschiedenen Gelegenheiten lassen jedoch darauf schließen, dass ihre sprachliche Zugehörigkeit möglicherweise weniger klar ist als erwartet. Dies kann auf die mehrsprachige Umgebung von Heimen, Schulen und Gemeinden zurückzuführen sein, in denen die Kinder aufwachsen. Heuwagen (1974) stellt fest, dass Frauen eher als Männer dazu neigen, mit ihren Familien lokale Dialekte zu sprechen. In ähnlicher Weise verwendeten die weiblichen Teilnehmer dieser Studie Kui häufiger zu Hause und in der Kommunikation mit Kindern als Männer – was im Gegensatz zu anderen Studien steht, gemäß denen berufstätige Frauen bei der Erziehung ihrer Kinder mehr Standardsprache verwendeten (Kotthoff et al. 2018; Wodak 1985).

Die befragten Frauen nutzten Kui eher zu Hause und in intimen Umgebungen als in öffentlichen Räumen wie auf dem Markt. Frauen scheinen eine stärkere Präsenz im häuslichen Bereich zu haben, wo sie auch für die kulturelle/religiöse Bildung der Familie verantwortlich sind, einschließlich der Sprache, während Männer der Mittel- und Oberschicht dazu neigen, ihre Identität im öffentlichen Bereich zu konstruieren.

Löffler (2016: 132) erwähnt eine Reihe von empirischen Untersuchungen zum geschlechtsspezifischen Sprachgebrauch, wonach Frauen und Mädchen sich selbst innerhalb einer Familie durch reduzierten Dialektgebrauch auch gegenüber Geschwistern und Eltern auszeichnen. Die Ergebnisse vorliegender Studie legen jedoch nahe, dass die soziale Klasse (sozioökonomischer Status und Bildung) einen größeren Einfluss auf den Sprachgebrauch hat als das Geschlecht. Der soziale Status spielt eine Schlüsselrolle für den Fortschritt des sprachlichen Wandels (Trudgill 1974) und beeinflusst die Sprachkompetenz.

Minderheitensprecher beider Geschlechter sind in fast allen Situationen ihres Lebens weiterhin mehrsprachig; hinsichtlich Ort und Motivation für die jeweilige Sprachwahl scheint es jedoch zwischen weiblichen und männlichen Sprechern Abweichungen zu geben. Frauen und Männer verwenden Kui und andere Sprachen in unterschiedlichen Situationen und mit unterschiedlichem Vertrauen in ihre Sprachfähigkeiten und Sprachkompetenzen, was darauf hindeutet, dass eine Annäherung an die Mechanismen des Sprachwechsels ein tieferes Verständnis des sozialen Netzwerks erfordert. Zum Beispiel bewerteten Kui-Frauen ihre Sprachkompetenzen höher als Männer. Dies beruht eher nicht auf dem Bildungssystem der Regierung, sondern auf Lebensstilen und sozialen Rollen. Als thailändische Frauen obliegt ihnen die Pflicht der Nahrungsmittelproduktion und des Verkaufs der auf den Feldern der Familie erwirtschafteten Güter. Sie versorgen den Haushalt (De Jong et al. 1996) und benötigen die Fähigkeit, bei Verhandlungen auf dem Markt in mehreren Sprachen zu kommunizieren.

Insgesamt waren Männer jedoch zu Hause aktiver im Umgang mit Thai, obwohl Frauen aus der Mittel- und Oberschicht diese Sprache manchmal auch zu Hause und in ihren Gemeinden verwendeten. Frauen erwiesen sich in Kui als kompetenter, wenn ihr sozialer Status niedriger war, während Frauen und Männer mit höherem Status eher mehrsprachig waren. Frauen zeigten sich zuversichtlicher in der Selbsteinschätzung ihrer Kui-Sprachkompetenzen, was mit ihrem stärkeren Gebrauch der Sprache zu Hause und bei Kindern korreliert. Die Teilnehmer äußerten jedoch auch den Eindruck, dass Mädchen im täglichen Leben tendenziell besser und häufiger Thai sprechen als Jungen, was positiv mit den von Frauen und Männern selbst berichteten Sprachkompetenzen korreliert.

4.7.1 Zur Bewertung selbsteingeschätzter Sprachkompetenzen

Sprachliche Kompetenz bezieht sich in diesem Buch auf die subjektiven Auskünfte, das heißt das Selbstvertrauen eines Individuums in die eigenen Fähigkeiten in einer bestimmten Sprache (vgl. Laakso et al. 2016: 152). In der vorliegenden Studie war es nicht möglich, die Sprachkenntnisse von Sprechern mittels Testverfahren zu ermitteln. Mit erheblichen Schwierigkeiten wäre abgesehen vom Umfang dieser Aufgabe die Erstellung von vergleichbaren Testmöglichkeiten für Sprecher mit sehr unterschiedlichem Profil verbunden gewesen (vgl. Laakso et al. 2016: 152).
Wie in den meisten umfragebasierten Projekten, die große Datenmengen auswerten, muss auf die Selbstauskünfte der Sprecher vertraut werden, die die Informanten auf Fragen zu ihren eigenen Kompetenzen aktiv (Sprechen, Schreiben) und passiv (Verstehen von Sprache, Lesen) an Sprachkenntnissen angeben (vgl. Laakso et al. 2016: 152). Diese Einschätzungen unterliegen natürlich individuellen Fehlern und Vorurteilen, die bei der Auswertung berücksichtigt werden müssen (vgl. Laakso et al. 2016: 152).

Zur Fehlerhaftigkeit der Einschätzung eigener Sprachkompetenzen bei Minderheiten

Wie Laakso et al. (2016: 152f.) feststellen, über- oder unterschätzen Sprecher ihre eigenen Sprachkompetenzen häufig und in Abhängigkeit von internen und externen Faktoren: Zum Beispiel überschätzen Migranten häufig ihren „Sprachverlust" („Ich habe völlig vergessen, wie man X spricht ..."). Im Gegensatz dazu neigen Sprecher von Minderheitensprachen dazu, ihren Sprachgebrauch zu überschätzen („Natürlich spreche ich zu Hause immer X") und haben möglicherweise übermäßig großes Vertrauen in ihre Sprachkenntnisse. Oder im Gegenteil, die subjektiven Einschätzungen der Befragten können durch externe Faktoren, wie das schlechte Prestige oder die schwache institutionelle Unterstützung einer Sprache negativ beeinflusst werden (Laakso et al. 2016: 153).

Männer messen sich laut Kotthoff et al. (2018) eine zu hohe nicht-standardisierte Sprachkompetenz zu, und Trudgills (1972) Selbsteinschätzungstest ergab, dass Frauen sich die Fähigkeit zuschreiben, Standardsprache zu verwenden, auch wenn sie diese kaum nutzen. Solche Ergebnisse legen nahe, dass man nicht alleine auf Selbsteinschätzungen der Sprachkompetenz vertrauen darf (s. auch Laakso et al. 2016 ausführlich zum Thema selbsteingeschätzte Sprachkompetenz). Dennoch können solche Selbstzuschreibungen nützliche Informationen über die Sprecher enthüllen. Zudem werfen sie die Frage auf, warum Kui-Frauen (bewusst oder unbewusst) in anderen Sprachen selbstbewusst und kompetent erscheinen möchten (siehe Siebenhütter 2020c zur Selbsteinschätzung sprachlicher Kompetenzen bei Kui-Frauen und -Männern).

Die Ergebnisse enthüllten die Bedeutung hierarchischer Unterschiede im Sprachgebrauch, die auf lautlicher und konversationeller Ebene zum Ausdruck kamen. Am relevantesten waren bewusste Veränderungen – weg von stigmatisierten Variablen (Fridland 2015). Die Entscheidung, Thai, Kui oder eine andere Sprache zu sprechen, kann auf offensichtliche Gründe wie Sprachkompetenz und den Hintergrund der Kommunikationspartner zurückgehen oder auf unbewusste Gründe wie sprachliche Identität und Spracheinstellungen zurückzuführen sein, die durch Selbstauskünfte nicht zu erheben sind. Die Ergebnisse zu Sprachvariationen in Abhängigkeit von sozioökonomischem Status und Geschlecht legen jedenfalls nahe, dass Frauen aus der Mittel- und Oberschicht sich gezwungen fühlen, ältere Menschen häufiger mit respektvoller Sprache anzusprechen als Männer. Frauen aus der unteren Klasse dagegen gaben an, Sprachvariationen ihrer Gegenüber zwar zu erkennen, wenn sie mit Menschen sprechen, die ein anderes Alter, ein anderes Geschlecht oder einen anderen Bildungs- oder sozioökonomischen Status haben, aber in solchen Situationen ihre eigene Sprache nicht zu variieren. Sicherlich gibt es je nach sozioökonomischem Status Unterschiede in der Sprache und solche Verschiebungen korrelieren mit dem Geschlecht sowohl des Sprechers als auch des Adressaten. Die gesellschaftliche Hierarchisierung der Kui wird weniger sprachlich ausgedrückt als im Thai oder Khmer (wahrscheinlich auch deshalb, weil sie insgesamt weniger hierarchisch strukturiert ist). Die Ergebnisse dieses Kapitels legen nahe, dass je nach sozialem Status der Sprecher sprachliche Unterschiede zum Tragen kommen. Zudem lassen die Ergebnisse vermuten, dass das sprachliche Variationsniveau nicht auf die Laut- und Wortebene beschränkt ist, sondern sich auf alle Ebenen zeigt. Die Syntax scheint am wenigsten wichtig zu sein, während die Variation der Lautebene wohl am relevantesten ist. Da Kui nicht geschrieben wird, gibt es nur begrenzte Möglichkeiten, solche Unterschiede anhand von Textmaterial zu untersuchen.

Hinsichtlich der Frage, ob Sprachwandelmodelle ein Erklärungspotenzial für sprachliche Variationen bieten, ist zu konstatieren: Sowohl Labovs soziolinguistischer Ansatz als auch Kellers Theorie der unsichtbaren Hand funktionieren für einige Sprachniveaus (d. h. Phonologie) gut. Außersprachliche Faktoren können jedoch ebenfalls zu Sprachänderungen führen. Sprachnutzer interagieren in Beziehungen, Gemeinschaften und Gesellschaften, in denen die Wahl der Sprache den sozialen und wirtschaftlichen Erfolg beeinflusst (Ruch 2008). Einfach ausgedrückt: Während die morphologischen, phonetischen und syntaktischen Elemente der sprachlichen Variation anhand solcher Modelle gemessen werden können, ist die Einbeziehung sozialer Faktoren erforderlich, um die Gründe für den Sprachwechsel zu erklären.

Die Ergebnisse dieser Studie können den Status von Kui als „bedroht“ nicht vollständig bestätigen. Zumindest in Thailand existiert die Sprache in einer Situation stabiler Mehrsprachigkeit. Die Kui-Sprache wird daher nicht notwendigerweise allmählich verschwinden oder von den dominierenden Sprachen Thailändisch, Khmer und Laotisch abgelöst werden. Eine parallele Verwendung von Kui und anderen kleineren und größeren Sprachen, abhängig von bestimmten Situationen in Koexistenz scheint durchaus denkbar (Siebenhütter 2020c). Um es in Anlehnung an eine Formulierung von Gordon (2005: 515) zu sagen: Die Sprecher haben eine Zuneigung zu Kui und wollen die Sprache behalten, aber gleichzeitig sprechen sie auch Laotisch oder Isan sowie Zentralthailändisch (Siebenhütter 2020c).

Die dynamischen Maximen, die Keller (1994, 2003 [1990]) als Signal für sprachliche Veränderungen beschrieb, wurden in dieser Studie nicht identifiziert. Vielmehr verwenden Kui-Sprecher phatische Maximen und sprechen wie andere gemäß dem Diskurskontext. Daher verwenden sie Kui als eine Form der Identifikation mit ihrem sozialen Netzwerk und verwenden Thai oder Lao, um nicht aufzufallen, wenn sie mit Sprechern eines anderen Netzwerks in Kontakt stehen.

Sollten Kui-Frauen die „Anführerinnen des sprachlichen Wandels" (Labov 2001) sein, wäre zu erwarten, dass das Geschlecht bei der Bestimmung des Sprachgebrauchs und der Sprachkompetenz einen größeren Einfluss als der soziale Status hat. Doch erwies sich, dass Frauen mit besserer Bildung und höherem Status zu Hause, mit Kindern oder in der Gemeinde Thai verwendeten, während dies bei keiner der Frauen der unteren Klasse der Fall war. Darüber hinaus scheint der Punkt, an dem Kui sprechende Kinder beginnen, Thailändisch und Laotisch oder andere Sprachen in ihre Kommunikation zu integrieren, im Allgemeinen über die kritische Schwelle für den L1-Spracherwerb hinauszugehen, was sich in der Feststellung widerspiegelt, dass die Sprecherinnen Kui häufiger fließend sprachen als Thai und Laotisch. Daraus lässt sich für die nahe Zukunft folgern, dass Frauen Kui weiterhin hauptsächlich zu Hause und mit einheimischen Kindern verwenden. Frühere Untersuchungen haben gezeigt, dass berufstätige Frauen häufiger als Hausfrauen eine formellere und standardisiertere Sprache in allen sozialen Schichten und Altersgruppen verwenden (Kotthoff et al. 2018; Wodak 1985). Wenn die Frauen der unteren Klasse die Bewahrerinnen von Kui sind, kündigt eine schrumpfende Gruppe von Frauen, die zu Hause bleiben, das baldige Verschwinden der Kui-Sprache an. Mit anderen Worten: Je mehr Frauen als Angestellte oder Lehrerinnen außerhalb ihres Zuhauses arbeiten oder an einer Universität studieren, desto weniger wahrscheinlich ist es, dass Kui den nächsten Generationen beigebracht wird. Wenn jedoch Frauen der höchsten Klasse die Führer des sprachlichen Wandels sind, bleibt die sprachliche Situation eine stabile Mehrsprachigkeit, da diese Gruppe alle Sprachen in sozialen Situationen am weitesten nutzt.

4.8 Der Einfluss von sozialer Klasse und Geschlecht auf sprachliches Verhalten

In diesem Kapitel wurde untersucht, inwieweit Sprachvariationen von der sozialen Klasse und dem Geschlecht abhängen. Die Forschungsfrage war, ob Geschlecht und soziale Klasse als getrennte Einflüsse analysiert werden können oder ob sie untrennbar miteinander verbunden sind. Die Analyse des Sprachgebrauchs unter Kui-Sprechern führte zu drei Hauptergebnissen.

Erstens korrelieren Unterschiede im Gebrauch der Kui-Sprache mit Alter, Geschlecht und Klasse. Die soziale Klasse scheint bei der Bestimmung des Sprachgebrauchs einen größeren Einfluss als das Geschlecht zu haben. Es wurde jedoch gezeigt, dass der Gebrauch und die Kompetenz der Kui-Sprache stark vom geschlechtsspezifischen Sprachbewusstsein und soziolinguistischen Einstellungen abhängig sind.

Zweitens ist Labovs (2001) Modell von Frauen als Anführerinnen des sprachlichen Wandels auf die Kui-Minderheitensprache anwendbar. Frauen sind nicht nur die frühen Anwender von Minderheitensprachen, sondern auch ihre Bewahrer. Wie geschlechtsspezifische Unterschiede im Sprachgebrauch gezeigt haben, kann der Begriff „Muttersprache“ in dieser Studie wörtlich verstanden werden. Ein Sprachwechsel lässt sich jedoch nicht so einfach erklären. Weder Sprachwechsel noch Variation sind ein eindimensionales Phänomen (Ruch 2008) und Variationen auf einer Ebene beeinflussen auch die anderen Ebenen (Mattheier 1998). Vielmehr muss das Modell neu organisiert werden, um kulturellen Unterschieden Rechnung zu tragen (Bisang 2016). Rollenerwartungen in kollektivistischen Kulturen wie der Kui-Gesellschaft beeinflussen die Anwendung des Modells, obwohl die Ergebnisse der Studie im Gegensatz

zu früheren Untersuchungen darauf hindeuten, dass die sprachliche Selbstwirksamkeit in der Kui-Gesellschaft von der in anderen kollektivistischen Kulturen abweicht.
Drittens weisen die Ergebnisse auf einen signifikanten geschlechtsspezifischen Effekt auf die Verwendung von Kui unter den Teilnehmern der Mittelklasse hin, insbesondere, wenn sie mit sozialen Außenseitern sprechen. Der Sprachgebrauch von Frauen aus der Mittelschicht deutet eher auf eine stabile Situation der Mehrsprachigkeit als auf eine dauerhafte Verlagerung zu Thai oder Lao hin. In allen Situationen sprachen mehr Frauen der Oberschicht fließend Kui, was auf eine größere Chance für das zukünftige Überleben der Sprache hindeuten würde. Die Ergebnisse können den Status (census 2006) von Kui als *threatened* in Thailand nicht vollständig bestätigen.

Nachdem im vorangegangen Kapitel 4 mehr die Sicht des Individuums beleuchtet wurde, soll im folgenden Kapitel 5 die Ebene der Gruppe genauer betrachtet werden.

5. Sprachliche, ethnische und identitäre Grenzen

Sprachliche Grenzen und politische Grenzen sind keineswegs per se identisch, im Gegenteil. Ebenso wie die sprachlichen Grenzen fließend verlaufen, finden sich gerade in Grenzgebieten besonders aktive Kontaktsituationen, an deren Beispiel sich Sprachkontaktphänomene gut beobachten und erforschen lassen. Das Grenzgebiet Thailand, Laos, Kambodscha bietet – ähnlich wie das Grenzgebiet Schweiz, Frankreich, Deutschland – eine solche geografische Region, an der sich die Studien Weinreichs (1964) überprüfen und erweitern lassen. Zudem existieren Sprachen in der Realität nicht nur als parallele, unabhängige Systeme, sondern sind bereits intern divers; Sprachgrenzen können verschwommen und umstritten sein, und die Abgrenzung von Sprachen kann ein echtes Problem sein (Laakso et al. 2016: 19).[50]

Die ethnische Gruppe der Kui wird im Folgenden als Einheit (In- und Out-Group) verstanden, ohne eine genauere Differenzierung nach einzelnen Mitgliedern vorzunehmen. Dennoch muss bedacht werden, dass mehrsprachige Individuen ihre Sprachen nicht unbedingt als unterschiedliche, getrennte Systeme betrachten und häufig sind Abgrenzungsprobleme zu offensichtlich, um ignoriert werden zu können (Laakso et al. 2016: 19). Sprachliche Gruppen und soziale Netzwerke sind selten homogen und das Zusammenleben von Individuen und Gemeinschaften führt auch zu einer Vielfalt von unterschiedlichen sprachlichen Reper-

[50] Zur Diversität in der europäischen Vielfalt von Sprachen und Identitäten stellen Laakso et al. (2016: 22) fest, dass es sich vielmehr um eine Superdiversität handelt, die sich im Zuge der Globalisierung in der europäischen Sprachdiversität zeige. Auch Nassenstein (2015: 22) beschreibt ein „superdiverses Repertoire" der Sprecher in Kisangani, da es den Sprechern erlaubt, sprachlich die volle Breite sozialer Belange einer Gemeinschaft abzudecken (vgl. Nassenstein 2015: 23). So entstehe bei den Sprechern eine Art „fluides Repertoire", aus dem Sprecher je nach Relevanz und nach ideologischen und sozialen Abwägungen wählen können (Nassenstein 2015: 23).

toires (vgl. Lüdi 1996b: 322). Die meisten Individuen leben in *sozialen Netzwerken* (Milroy 1987), denen sowohl Menschen gleicher Herkunft bei anderer Herkunftssprache und -kultur, aber mit vergleichbaren Sozial- und Arbeitsbedingungen, als auch Menschen anderer Sozial- und Arbeitsbedingungen gleicher oder anderer Sprache und Kultur angehören (vgl. Lüdi 1996b: 322). Zudem sind praktisch nie alle Sprecher bei der Trennung von Sprachen der gleichen Meinung (Laakso et al. 2016: 19). Als ganz generelle Kriterien für kulturelle Ähnlichkeit und Verschiedenheit lassen sich Merkmale wie Sprache, Religion oder Familienbeziehungen und Stadt-Land-Unterschiede nennen (Steinbach 2004: 125).

Sprachliche Grenzen, Grenzen einer Sprachgemeinschaft und ethnolinguistische Identität

Die Festlegung der Grenzen einer Sprachgemeinschaft stellt sich als zentrale Frage dar: Minderheitensprachenpolitik basiert laut Laakso et al. (2016: 10) immer noch häufig auf der „ethnolinguistischen Annahme“, also der Idee, dass es ein einfaches Eins-zu-eins-Verhältnis in der Beziehung zwischen einem „normalen, einsprachigen und monokulturellen Sprachgebrauch eines Subjekts und seiner oder ihrer ethnischen Identität“ gäbe (Laakso et al. 2016: 10, übers. d. A.).

Für Angehörige von Minderheiten bedeute dies, ihre innere Vielfalt zu ignorieren und die wesentliche Rolle der Mehrsprachigkeit in ihrem täglichen Leben herunterzuspielen zugunsten einer einsprachig konstruierten *ethnolinguistischen Identität*, die einen privilegierten Zugang zu einer authentischen Position bieten könne, von der sie profitieren könnten (Hellers 2006: ix; Laakso et al. 2016: 10):

> „This monolingual bias, involving the ‚ethnicising‘ and ‚othering‘ (or self-othering) of minorities, may conspire with the tradition of focusing on what is perceived to be the most authentic variety of the language as spoken by (idealised) monolingual speakers.“ (Laakso et al. 2016: 10)

Laakso et al. (2016: 11) fordern daher dazu auf, die Vorstellung von Sprachtypen und sprachbasierten Gruppen zu überdenken.

5.1 Das Konzept der sozialen Distanz

In der Soziologie interethnischer Beziehungen beschreibt das Konzept der sozialen Distanz nach Park (1924) „the grades and degrees of understanding and intimacy which characterize personal and social relations generally“ (Park 1924: 339; Steinbach 2004: 17). Das Konzept geht auf Georg Simmels Diskussion über den Fremden in seiner Soziologie (1908) zurück, wobei laut Simmel der Fremde die Vereinigung von Neuheit und Abgeschiedenheit repräsentiert, wenn er sich aus einem sozialen Kreis herausbewegt und nach Akzeptanz in einem anderen strebt (Williams 2007). Poole (1927) unterscheidet in einem weiteren Schritt zwischen sozialer und persönlicher Distanz und erklärt, wie Individuen zu „Ausnahmen“ für ihre Gruppen werden (William 2007). Soziale Distanz beschreibt damit ein subjektives Gefühl von Individuen, welches das Ausmaß der gewünschten Nähe zu anderen Gesellschaftsmitgliedern bestimmt:

> „Eine *geringe soziale Distanz* ist gekennzeichnet durch das Empfinden von gemeinsamer Gruppenzugehörigkeit bzw. gemeinsamer Identität, welche auf der Vorstellung geteilter Erfahrungen beruht. Dem Anderen wird Sympathie, Offenheit und Verständnis entgegengebracht. Eine *große soziale Distanz* zeichnet sich dagegen durch ausgeprägte Reserviertheit, meist verbunden mit diffuser Angst aus. Der Andere erscheint als Fremder, als Außenseiter und möglicherweise sogar als Feind, von dem man sich abgrenzen will.“ (Steinbach 2004: 17)

Im Rahmen von Entstehung und Verfestigung von sozialer Distanz können sich unterschiedliche Konsequenzen für die beteiligten Individuen in beiden betrachteten Gruppen ergeben. Als ursächlich für Reaktionen von Angst beschreibt Steinbach (2004) die Angst vor kultureller Überfremdung und die Abwehr von Konkurrenz um begehrte, aber knappe gesellschaftliche Ressourcen, woraus sich diverse Variationen von Vorbehalten sowohl gegenüber verschiedenen ethnischen Gruppen als auch innerhalb der ursprünglich einheimischen Gruppe herausbilden können (Steinbach 2004). Soziale Distanz basiert auf sozialen Normen, die Einzelpersonen und Gruppen nach ethnischer Zugehörigkeit, Alter, Geschlecht, sozialer Klasse, Religion und Nationalität unterscheiden, wobei sich Individuen und Gruppen umso weniger gegenseitig beeinflussen, je größer die soziale Distanz zwischen Individuen und Gruppen ist (Williams 2007). Der Unterschied zwischen physischer und sozialer Distanz wird demnach dort besonders deutlich, wo Menschen verschiedener Gruppen in Kontakt kommen – im Alltag beispielsweise bei der Arbeit oder beim Einkauf –, sich aber dennoch voneinander isolieren, indem sie über den institutionalisierten Umgang miteinander hinaus nichts voneinander wissen wollen und nichts miteinander zu tun haben (Steinbach 2004: 17–41).

Messen lässt sich soziale Distanz innerhalb einer Gesellschaft mit der „Soziale-Distanz-Skala" oder auch „Bogardus-Skala" (Bogardus 1925b), von der es zahlreiche Weiterentwicklungen gibt, wobei das grundlegende Format beibehalten, aber die Ausprägung an den Kontext der jeweiligen Untersuchung angepasst wurde (Steinbach 2004: 102). Für vorliegende Zwecke ist insbesondere die Feststellung von Belang, dass es in modernen Gesellschaften Abgrenzungsstrategien gibt, die zum einen messbar sind, zum anderen Auswirkungen auf die Möglichkeit der Integration von Minderheiten haben können. Die Soziale-Distanz-Skala in Anlehnung an Bogardus (1925b) und angepasst unter Verwendung von Hagendoorn und Hraba (1987), Hagendoorn und Kleinpenning (1991: 67) sowie Smythe und Kono (1953: 26ff.) kann in narrativen Interviews angewendet werden.

5.2 Die Bedeutung sozialer Distanz bei den Kui

Das Zusammenleben ethnisch fremder Gruppen in einer vormals bestehenden Nationalgesellschaft ist für alle beteiligten Akteure und Akteurinnen eine Herausforderung (Steinbach 2004). Die Kui leben jedoch bereits seit vielen Jahrzehnten, möglicherweise noch viel länger in den aktuell besiedelten Gebieten in Thailand, Laos und Kambodscha. Die Situation des Zusammenlebens unterschiedlicher ethnischer Gruppen ist hier also seit vielen Generationen gegeben und nicht mit einer klassischen

Migrationssituation, wie sie bei Steinbach (2004) beschrieben wird, zu vergleichen. Inwieweit die Mehrheitsgesellschaften der Thai, Laoten und Khmer sich durch die Anwesenheit der Minderheitengruppen bedroht oder in ihren Normen und Werten in Frage gestellt fühlen, wäre eingehend an anderer Stelle zu untersuchen. Für die Kui kann festgestellt werden, dass sie sich nicht als ausgeschlossen oder marginalisiert im weiteren Sinne verstehen. Da die Kui in den bewohnten Regionen nicht die einzigen Minderheitengruppen sind und bereits im Nachbardorf und auf den Märkten im Alltag nicht selten mit mehr als drei oder vier Gruppen in mehr als drei Sprachen kommuniziert wird, verstehen sie sich womöglich ohnehin weniger als Fremde unter Einheimischen, als dies in anderen Konstellationen der Fall wäre.

Steinbach (2004) beschreibt eine größere Definitionsmacht der Mehrheit, die folglich auch über ein ungleich größeres Potenzial verfüge, die interethnischen Beziehungen zu bestimmen. Dies scheint für die Situation der Kui zuzutreffen, wenngleich es nicht in jedem Fall als stigmatisierend oder diskriminierend verstanden wird. Zumindest von offizieller, politischer Seite ist eine nationale, einheitliche Gesellschaft gewünscht. Die Kui im Nordosten Thailands bezeichnen sich selbst ebenfalls als Thai und nicht vorrangig als Kui, wenn sie direkt nach ihrer Gruppenzugehörigkeit gefragt werden. Erst im weiteren Austausch und bei sichtlichem Interesse des/der Fragenden wird auch die Minderheiten-Identität bestätigt und detaillierter ausgeführt.

5.3 Auswirkungen und Bestand sozialer und sprachlicher Distanz

5.3.1 Handlungsoptionen

Die Frage nach einem „erfolgreichen“ Handeln in der Mehrheitsgesellschaft – in unserem Falle das Handeln der Kui in der Thai-, Khmer-, Lao-Gesellschaft – ist in erster Linie eine Frage nach dem Handlungsspielraum der Minderheit. Wie Steinbach in dem von ihr erforschten

Kontext Zuwanderung beschreibt, werde dieser Spielraum „über die eigenen Fähigkeiten, Fertigkeiten und Neigungen hinaus insbesondere von den Opportunitäten der Aufnahmegesellschaft bestimmt“ (Steinbach 2004: 65). Zwar seien Kategorisierungsprozesse zur Orientierung in einer komplexen Umwelt an sich nicht problematisch; wenn sie allerdings in Form von sozialer Distanz als Abgrenzungsstrategie zwischen ethnischen Gruppen eingesetzt würden, um Angehörige bestimmter Gruppen vom Zugang zu begehrten, knappen Ressourcen auszuschließen, könne dies nachhaltige Auswirkungen auf deren Handlungswahl und damit auf den Eingliederungsprozess haben:

> „Die Nutzung von sozialer Distanz zur Verhinderung einer paritätischen Wettbewerbssituation erfolgt dann, wenn zwischen den Einheimischen und den Zuwanderern Konkurrenz um Positionsgüter entsteht, weil die Zwischengüter zur Befriedigung der (allgemeinen) Bedürfnisse knapp sind und von den Einheimischen keine weiteren Ressourcen zur Verteidigung der Interessen eingesetzt werden können. Für die Zuwanderer besteht nun die Wahl zwischen einer Anpassung an die Aufnahmekultur, mit der Möglichkeit in eine direkte (relativ risikoreiche) Konkurrenz um begehrte Güter mit den Einheimischen zu treten und einem Rückzug in die eigenethnische Gemeinde mit der Beschränkung auf die Handlungsalternativen innerhalb dieser Gruppe.“ (Steinbach 2004: 65)

Übertragen auf die Situation der Kui-Minderheit in Südostasien könnte dies bedeuten, dass die Kui die Wahl haben zwischen einer Anpassung an die Mehrheitskultur (Thai, Lao und Khmer) mit der Möglichkeit, in eine direkte Konkurrenz um begrenzte Güter zu treten (zum Beispiel Arbeits- und Studienplätze in Bangkok), und einem Rückzug in die eigenethnische ländliche Gemeinschaft mit der Beschränkung auf die Handlungsalternativen, die innerhalb dieser lokalen Dorfkultur zur Verfügung stehen.

5.3.2 Sprache als Mittel von Identifikation und Distanzierung

Die wissenschaftliche Auseinandersetzung mit sprachlichen Mitteln im Rahmen von Grenzziehung hat nichts an Aktualität verloren – ein Titel wie „Sprache als Mittel von Identifikation und Distanzierung“ (Reiher &

Kramer 1998) ist nur ein Beispiel für den in den vergangenen Jahrzehnten offensichtlichen Trend, sich mit dem Zusammenhang von Sprache und Grenzen zu befassen. Es zeigt sich eine Sicht auf Sprache, die selbige zum Mittel der Identifikation und der Erzeugung und Aufrechterhaltung von Distanz erhebt. Sprache ist aus dieser Perspektive also ein Instrument zur Reglementierung von Nähe und Distanz. Nachfolgend soll es nun vorrangig um die Frage gehen, welche Mittel die Sprache für die Aufgabe der Nähe-Distanz-Regulation zur Verfügung stellt. Des Weiteren ist zu klären, inwiefern Minderheiten (sprachliche, ethnische und andere) sich dieser „Instrumentarien" bewusst und in der Lage sind, sie einzusetzen.
Die Beschränkung auf nationale Erinnerung im Narrativ der Identitätskonstruktion ist so lange möglich, wie „Kommunikation über nationale Grenzen behindert werden kann"; derartige „Kommunikationsbeschränkungen" werden mittels der Nationalsprache „normalisiert" und damit gehört es „zu den eingeübten Selbstverständlichkeiten anzunehmen, dass der Andere, der eine andere Sprache spricht, nicht in der gleichen Weise mit Ego reden kann wie der nationale Sprachgenosse" (Eder 2007: 204). Die Sprache erhält in solchen Aussagen einen hohen Stellenwert in der Diskussion um die symbolische Behauptung von Grenzen und damit einhergehend der Konstruktion von Zugehörigkeit, der Identifikation mit einer bestimmten Region, einer bestimmten Gruppe und der gleichzeitigen Ausgrenzung anderer Gruppen und der eigenen Abgrenzung von diesen.

Nassenstein (2019: 23) beschreibt, wie die Gemeinschaft der Rufumbira-Sprecher in Afrika sich eine ‚soziale Identität' teilt, in der Menschen sehr unterschiedlicher Gesellschaften ihre sprachlichen Ressourcen nutzen, um sprachlich Grenzen zu setzen. Die Identitätsakte der Rufumbira-Sprecher würden durch „kommunikatives Management" auf verschiedenen Ebenen ausgedrückt und enthalten emblematische Merkmale, die speziell eingesetzt werden, um sich von benachbarten Gemeinschaften

abzugrenzen (Nassenstein 2019: 23). Diesen Prozess beschreibt Nassenstein als „linguistisches Konstruieren", „ein Konzept, das von Suleiman (2006: 53) eingeführt wurde, der ähnliche Fälle auch als ‚the operation of fashioning the language-identity link' in Bezug auf Sprachen in Norwegen bezeichnet" (Nassenstein 2019: 23, Ü. d. A.).
Wenn man sich auf das Überwiegen „konstruierter sozialer Identitäten in der Interaktion" konzentriere, müsse auch die Frage aufgeworfen werden, inwieweit kulturelle oder ethnische Identitäten eine Rolle spielen (Nassenstein 2019: 23). Hierbei werden unterschiedliche Mittel eingesetzt:

Benennung und Kennzeichnung

Diese soziale Matrix, die auf der geolinguistischen Verteilung von Namen basiert, ist ein wichtiger Bestandteil der Benennungspraktiken in Kisoro: Während ein französischer Name auf einen ruandischen oder kongolesischen Ursprung hinweist, deutet ein englischer Name auf einen ugandischen Ursprung hin. Indem die Sprecher ihre englischen oder französischen Namen als eindeutige Identitätsmerkmale bezeichnen, beziehen sie sich auf die Kolonialmächte, auf die Missionskampagnen zur Taufe und Zählung von christlichen Seelen und die Verbreitung christlicher Namen in einem Kolonialsystem, während lokale Namen, etablierte rituelle Bezeichnungen und frühere Indizien für Identität gelöscht werden (Nassenstein 2019: 177). Welche Bedeutung diesen Bezeichnungen zukommt, wird deutlich, wenn „Menschen, die die Grenzen überschreiten und ihre Namen nicht anpassen, [...] mit spezifischen Problemen der Stigmatisierung konfrontiert" sind (Nassenstein 2019: 180).

Leugnung der Existenz sprachlicher und kultureller Entitäten

Die Existenz einer sprachlichen und kulturellen Einheit zu leugnen ist eine sehr mächtige Praxis (Nassenstein 2019: 179): Das Infragestellen oder Leugnen jemandes Namens ist eine imperialistische Praxis und erinnert an die kolonialen Bestrebungen des Nordens im globalen Süden, bei denen bestehende Ortsnamen, Selbstbezeichnungen und bestehende Praktiken zur Kennzeichnung der Umwelt durch Namen ersetzt wurden, die in einem nördlichen Epistem entstanden, und gebracht wurden mit ihnen ungleiche Machtkonstellationen (Nassenstein 2019: 179). Die Praxis der „Neubenamung" und des „Umbenennens" ist eine sehr aktuelle Strategie, die auch im Jahr 2020 wieder im breiten Massenmediendiskurs auflebt. „Wenn Bafumbira von sprachlichen Nachbarn bedroht wird, die ihre Sprache und Kultur leugnen, befinden sie sich in einem Kontext, in dem sie koloniale Grenzen sowohl sprachlich als auch soziopragmatisch wieder aufbauen und verstärken müssen." (Nassenstein 2019: 179)

Abweichendes Sprechen kann Identität schaffen

Dass „Sprechen mit einem Unterschied" (‚speaking with a difference') Identität schaffen kann und dass eine Grenzsprache wie Rufumbira sowohl sozial (in und durch die Sprechergemeinschaft) als auch sprachlich konstruiert ist, zeigt sich, wenn komplizierte Unterschiede in einem Grenzgebiet symbolisch werden (Nassenstein 2019: 216). Diese symbolischen Repräsentationen können auf allen Ebenen des sprachlichen Systems festgestellt werden. Damit spiegelt sich die soziale Identität der Sprecher in lexikalischen, phonologischen und morphosyntaktischen Formen und Strukturen der Sprecher wider (Nassenstein 2019: 216).

Nassenstein (2019: 218) zeigt, ob und wie Sprecher ihre eigene Sprache und ihre Identität definieren können, indem sie sich von ihren Nachbarn unterscheiden, d. h. indem sie diese Unterscheidung auch sprachlich durchführen (vgl. Butler 1990).

Ein sprachliches „Chaos" als Strategie der Liminalität versteht Nassenstein (2019: 219) als Antwort der Sprecher auf die standardisierte Sprache, wie sie in Ruanda gesprochen und in Schulen und Universitäten institutionalisiert wird. Mit dem Gebrauch von „banned ethnicized languages" widersetzten sich die Sprecher einem System strenger Sprachpolitik und gesellschaftlicher Kontrolle (Nassenstein 2019: 219) und behalten in diesem Prozess immer eine Reihe von Möglichkeiten, und ihr Repertoire kann in unterschiedlicher Weise einzusetzen (Nassenstein 2019: 220).

Sprache als Instrument zur Differenzierung von anderen Sprechergruppen

Dies hat hauptsächlich mit der sozialen Funktion der Jugendsprache Leb pa Bulu zu tun, die eher als ethnoregionales Instrument zur Differenzierung von den Bantu-sprechenden südlichen Landesteilen auf der Suche nach ideologischer Besonderheit dient denn als innergemeinschaftliche „Antisprache" mit inhärenten „Widerstandsidentitäten" (Rüsch & Nassenstein 2016: 125).
Das Streben der Sprecher nach Unterscheidungskraft und Differenzierung von standardisiertem Acholi ergibt sich sowohl aus der extrinsischen als auch aus der intrinsischen zugrundeliegenden ethnoregionalen Fragmentierung (Rüsch & Nassenstein 2016: 201).
Ziel ist es, ihren *Kommunikationsstil* oder *stylect* (von Hurst 2008 geprägt) von anderen Sprachen zu distanzieren (Rüsch & Nassenstein 2016: 201).
Die Sprachpraktiken unter Jugendlichen, die sich auf historische Faktoren und auf gegenwärtige Ereignisse stützen, zeigen die Entscheidungsfreiheit junger Sprecher in Prozessen der Bedeutungsbildung und sprachlichen Differenzierung (Rüsch & Nassenstein 2016: 201).
Die Sprecher beanspruchen ihre Rolle als „Sprachbesitzer" trotz offizieller Sprachrichtlinien und zugeschriebener Kennzeichnungen für Identität, Ethnizität und voreingestellte Richtlinien für den Sprachgebrauch (Rüsch & Nassenstein 2016: 201).

5.3.3 Sprachkompetenz und soziale Grenzen

Sprachkompetenzen können der Aufnahme in eine Gruppe zuträglich sein. Jeder Mensch, der sich jemals in eine sprachliche Majorität begeben hat, innerhalb der er mit seiner Hauptsprache eine Minderheit repräsentierte, machte die Erfahrung, dass Sprachkompetenzen Unterscheidungen minimieren können. Ebenso wird es dieser Person durchaus möglich sein, sich in ähnlicher Situation als einziger Sprecher bestimmter Sprachen vorzustellen, in denen kein anderes Individuum der Gruppe Kompetenzen vorweisen kann. Allein durch die sprachliche Barriere wird in kurzer Zeit eine zumindest oberflächliche Ein- oder Ausgrenzung ermöglicht.

Diese sprachliche Grenzziehung kann unabsichtlich oder zumindest nicht vordergründig beabsichtigt erfolgen, wie beispielsweise bei einem Gespräch eines Kui-muttersprachlichen Paars in einem öffentlichen Verkehrsmittel in Berlin, dessen vorrangiges Ziel es sicherlich nicht ist, die anderen Fahrgäste aus dem Gespräch auszuschließen. Hier ist der Ausschluss eher ein Nebeneffekt, da die Unterhaltung in einem sprachlich anders dominierten Umfeld stattfindet, während sich das Paar lediglich der eigenen Erstsprache bedient, welche die natürlichste Wahl darstellt und in der möglicherweise auch die höchste sprachliche Kompetenz beider Gesprächspartner besteht. Anders liegt der Fall, wenn innerhalb einer Schulklasse, in der bilinguale Thai (L1) und Kui (L2) sprechende Kinder die Mehrheit bilden und das Thai bewusst wählen, um die wenigen einsprachigen Kui(L1)-Sprecher auszuschließen. An diesem kleinen Beispiel wird anschaulich, wie leicht sprachliche Kompetenz – wie wohl wenige andere menschliche Kompetenzen – die Möglichkeit von Inklusion und Exklusion von Minderheiten bieten. Doch umgekehrt kann die rein zahlenmäßige Minderheit sich ihre sprachlichen Alleinstellungsmerkmale zunutze machen und ihrerseits die sprachliche und quantitative Mehrheit aus einem Austausch ausschließen. Sprachliche Grenzziehung ist demnach ein bidirektionales Konstrukt.

Mehrsprachigkeit, Sprachgrenzen und Abgrenzung unterschiedlicher Sprachen in Nordostthailand

Die sprachlichen Grenzen können in Nordostthailand weniger klar gezogen werden als dies beispielsweise in der Untersuchung von Nassenstein (2015) der Fall ist, der Kisangani als den „prototype of a linguistically ‚divided city' over the past decades" beschreibt (Nassenstein 2015: 9).

Natürlich existieren in Nordostthailand die Landesgrenzen nach Kambodscha und Laos und die Provinzgrenzen in Thailand sind klar gezogen. Dennoch ergibt sich ein gemischteres Feld von Sprachen. Die Sprecher können die Dörfer und die in ihnen üblichen Sprachen klar benennen; so berichtet eine ältere Kui-Sprecherin in Sikhoraphum in der Provinz Surin, dass sie, wenn sie in das Nachbardorf (und zeigt in die Richtung) dort gehe, Lao (wie in Thailand verwendet) spreche, und wenn sie nach da gehe (und zeigt in eine andere Richtung) Khmer wie in Thailand gebräuchlich oder eben Kui auf dem hiesigen Markt.

5.4 Sprachliche Grenzziehung bei den Kui

Eine sprachliche Grenzziehung kann, wie die vorangegangenen Erläuterungen skizzieren, im einfachsten Fall durch Wechseln der Sprache erreicht werden. Auf diese Weise werden alle am Gespräch Beteiligten oder in der hörbaren Umgebung Anwesenden, die der verwendeten Sprache nicht mächtig sind, ausgeschlossen. Etwas subtiler würde die Grenzsetzung durch eine spezifische Registerwahl und die Einflechtung spezieller Stilmittel verlaufen, bei der auch am Gespräch beteiligte Teilnehmer bewusst oder unbewusst ausgeschlossen werden können.

Eine sprachliche Grenzziehung im wertenden Sinne konnte bei den Kui in Thailand allerdings nicht beobachtet werden. Eine Ausgrenzung anderer, der Sprache Kui nicht mächtiger Personen scheint den Sprecher gar nicht in den Sinn zu kommen. Auf direktes Nachfragen wurde – so der Anschein – der Sinn der Frage nicht ganz nachvollzogen. Es bestehe keinerlei Notwendigkeit, andere Gruppen aus- oder sich von ihnen sprachlich abzugrenzen. Wenn auch häufig das Thema Stigmatisierung im Zusammenhang mit Minderheiten genannt wird, gerade auch in Thailand (z. B. Suraratdecha 2014), scheinen die Kui eine solche gar nicht (bewusst) wahrzunehmen. Selbstverständlich wird sicher nicht zuletzt aufgrund dieser Wahrnehmung ganz natürlich auf die Frage nach der Muttersprache das Thailändische genannt und nicht eine regionale

Varietät. Zu bedenken gilt jedoch, dass die Fragen stellende Forscherin eine Ausländerin ist. Auch die Autorin würde einer Thailänderin auf die Frage nach der Muttersprache nicht „Lechrainerisch“[51] antworten, sondern „Deutsch“, obwohl die Varietät, sprachwissenschaftlich „Vorostschwäbisch“ die präzisere Antwort wäre. An diesem Beispiel wird deutlich, dass die Frage nach Muttersprache und Mehrsprachigkeit stark von definitorischen Vorgaben abhängt und der „Kampf um die Anerkennung von Dialekten und Sprachen zeigt die fließenden Grenzen auch außerhalb der akademischen Diskussion“ (Maas 2008: 438).[52] Zudem sind Sprachmischungen im Sprachkontakt auch gemeinsam mit dem Bewahren von Identität möglich. Sarhimaa (2006a) stellt bei der Untersuchung von Karelisch-Muttersprachlern fest, dass diese Varietäten unterschiedlicher „Mischungsverhältnisse“ (Bunčić 2007: 479) ausgebildet haben, deren Gebrauch nicht von den jeweiligen Kompetenzen im Russischen und Karelischen abhängen. Vielmehr könne jeder Sprecher alle diese Varietäten einsetzen und in der Wiese verwenden, wie auch Einsprachige stilistische und funktionale Varietäten ihrer Sprache verwendeten, wodurch die ursprüngliche Identität bewahrt werden könne (Sarhimaa 2006a: 125; vgl. Bunčić 2007: 479). Diese Form von „layered codeswitching“ (Sarhimaa 2006a: 125) fände sich darüber hinaus auch in anderen Sprachkontakt-Situationen in anderen Teilen der Welt.

Identitätskonstruktion ist auf unterschiedlichen Ebenen präsent und beinhaltet viele Arten von Grenzziehung. Die für die Konstruktion von Identität relevanten Formen werden am Beispiel der Praktiken und Verhaltensweisen der Kui in den folgenden Abschnitten vorgestellt.

---

51 Zu *Lechrainisch* siehe Renn (1994, 2009) und Kleiner (2003).

52 Dieser Punkt ist zu bedenken. Im Beispiel der Autorin handelt es sich aber wohl eher um ein sprachliches Handeln im Sinne von Kellers Maxime „Sprich so, dass Du verstanden wirst“. Da die Fragestellerin kaum die sprachlichen Varietäten des Deutschen kennen wird und darüber sicher nicht informiert werden möchte, lautet hier die hilfreichste Antwort „Deutsch“.

6. Gruppenzugehörigkeiten, Rituale, Praktiken

Rituale und Praktiken gehören zum Zusammenleben von Menschen selbstverständlich dazu. Geteilte Praktiken stärken und erhalten soziale Beziehungen; sie signalisieren Gruppenzugehörigkeit und fördern das Selbstwertgefühl des Einzelnen (Aßmann 2018: 227; Fischer 2018: 263f., 266).

Abbildung 13: Kui-Hochzeit im Nordosten Thailands

Ein sehr bekanntes Ritual ist die Hochzeit. Abbildung 13 zeigt eine traditionelle Kui-Hochzeit in Thailand aus dem Jahr 2018. Ausführliche Forschung zum Hochzeits-Ritual der Kui ist bei Woykos (1989) zu lesen. In dieser Studie sind besonders Vorstellungen herauszuheben, wonach „wir mit Praktiken unseren Alltag bewältigen, die als selbstverständlich unterstellt und als unumstößlich sowie als von allen geteilt erfahren werden" (Fix 2003: 112). Diese Ansicht, auf der die Ethnomethodologie (siehe Kapitel 2.2) aufbaut, bietet einen geeigneten Zugang für die Untersuchung der Identität von Mitgliedern einer Sprach- und Kulturgemeinschaft (Fix 2003: 112).

Im Folgenden werden daher zunächst einmal Gruppen betrachtet, um dann zur sozialen Funktion von Gruppenritualen zu kommen. Ein Exkurs, der eine bebilderte Illustration von Ritualen der Kui bietet, soll einen Einblick in die geteilten Praktiken der Kui geben, die auch gegenwärtig noch praktiziert werden.

6.1 Die Fremdgruppe: Vergleich und dispositionelle Faktoren

Corcoran und Mussweiler (2011) betonen die Wichtigkeit sozialer Vergleichsprozesse für das Individuum und den Stellenwert dieser Prozesse, die über den Verbleib in der bisherigen oder den Wechsel in eine neue Gruppe entscheiden.

> „Schneidet man selbst im Vergleich zu anderen Individuen oder die Eigengruppe im Vergleich zu Fremdgruppen schlecht ab, so kann dies zum Gefühl der Unzufriedenheit führen.[53] Dies geschieht insbesondere dann, wenn man erwartet, besser abzuschneiden, oder denkt, dass man, wenn es fair zugegangen wäre, besser abgeschnitten hätte." (Corcoran & Mussweiler 2011: 38)

Erfahrung von Ähnlichkeit und Verschiedenheit bezüglich äußerlich sichtbarer Aspekte sowie spezifischer Meinungen gehört zu den Grunderfahrungen des Menschen. Diese Wahrnehmung von Ähnlichkeit und Verschiedenheit beeinflusst das soziale Verhalten von Individuen (Mummendey & Simon 1997a: 11f.). Wie an anderer Stelle schon beschrieben wurde, neigen Individuen in einer Situation, in der individuelle wie auch kollektive Selbst-Interpretation zum Tragen kommt, dazu, „Eigengruppen-Mitglieder undifferenziert besser zu behandeln als Fremdgruppen-Mitglieder, um so die Überlegenheit der Eigengruppe und damit (die) positive Gruppenidentität zu unterstreichen" (Mummendey & Simon 1997a: 33; siehe auch Tajfel & Turner 2004 [1986]). Letztlich ist die Akzeptanz der Vielfalt am meisten bedroht, wenn es keinerlei Über-

[53] „Vergleiche mit anderen wirken sich entscheidend darauf aus, wie man sich einschätzt, was man fühlt und was man tut. Dabei können sich sowohl Vergleiche zwischen dem Selbst und anderen Individuen, als auch Vergleiche zwischen der Eigengruppe und Fremdgruppen auswirken." (Corcoran & Mussweiler 2011: 37)

schneidungspunkte der Individuen mehr gibt (Krockow 1987; Mummendey & Simon 1997a: 35).

Die Einteilung der Menschen in Gruppen ist ein grundlegendes Merkmal sozialer Wahrnehmung (Krueger & DiDonato 2008). Ellemers (2002) verbindet Erkenntnisse aus Theorien zu relativer Deprivation und Arbeiten zur Theorie der sozialen Identität miteinander, indem sie sich auf die zentrale Rolle der Gruppenidentifikation konzentriert. Dabei wird argumentiert, dass die soziale Identifikation die Vergleichspräferenzen beeinflusst, die bestimmen, wie Menschen den Status quo bewerten (Ellemers 2002: 258). Krueger & DiDonato (2008) zeigen, dass Vergleiche zwischen Gruppen für die Kategorisierung nicht erforderlich sind, und skizzieren ein Modell, das zeigt, wie die soziale Kategorisierung zu Unterschieden bei der Bewertung von In- und Out-Groups und zu Unterschieden in der Genauigkeit von Urteilen von In- und Out-Groups führt.

> „Zentrale situationale Theorien sind die Theorie des realistischen Gruppenkonflikts, d.h. negative Intergruppenbeziehungen entstehen aufgrund von Konflikten um begrenzte materielle Ressourcen, und die Theorie der relativen Deprivation, nach der man anderen Gruppen gegenüber negativ eingestellt ist, weil man seine eigene Gruppe gegenüber der anderen Gruppe als subjektiv benachteiligt wahrnimmt.“ (Ullrich et al. 2011: 282f.)

Die Theorie der sozialen Identität basiert auf den Erkenntnissen aus minimalen Gruppenexperimenten und erklärt soziale Unterscheidung mit dem Bedürfnis von Individuen, ihre eigenen Gruppen positiv von anderen Gruppen abzugrenzen, um dadurch das eigene Selbstbild aufzuwerten, wobei Situationen mit häufigem Kontakt zwischen Gruppen in der Regel zu positiveren Einstellungen führen (Ullrich et al. 2011: 282f.).[54]

[54] Als weiterer Faktor für die Herausbildung von Vorurteilen gegenüber anderen Gruppen kann geringe Bildung genannt werden. Aber auch „andere dispositionelle Faktoren wie Autoritarismus (d.h. eine stärkere Anpassung an Autoritäten und Normen) und soziale Dominanzorientierung (d.h. eine Rechtfertigung von Hierarchieunterschieden zwischen Gruppen) führen in der Regel zu verstärkt negativen Einstellungen und Diskriminierung.“ (Ullrich et al. 2011: 283)

6.2 Die Eigengruppe: Zur sozialen Funktion geteilter Rituale und Praktiken

Geteilte Rituale und Praktiken ermöglichen es den Mitgliedern einer Gruppe, sich der eigenen Zugehörigkeit zu dieser Gruppe zu versichern. Zudem gewährleisten sozial geteilte Verhaltensweisen die Funktionalität einer Gruppe und tragen zu ihrer Stabilität bei:

> „Solving the adaptive problems associated with group living requires psychological mechanisms for identifying group members, ensuring their commitment to the group, facilitating cooperation with coalitions, and maintaining group cohesion.“ (Watson-Jones & Legare 2016: 42)

Je nach Ritual variiert seine genaue Funktion, außerdem kann diese sich im Laufe der Zeit verändern. Zudem sind Rituale in weiten Teilen kulturabhängig, wie beispielsweise ein Hochzeitsritual (Suchan 2018: 113f). Interessant auch Stollber-Rilingers Festellungen:

> „Die meisten Rituale bewirken eine Veränderung der sozialen Wirklichkeit und stiften eine Verpflichtung, nämlich dass die Beteiligten sich in Zukunft an das halten, was sie im Ritual gemeinsam symbolisch dargestellt haben. Sie ziehen eine Grenze zwischen Vorher/ Nachher, stiften eine Zäsur, gliedern die Zeit, wo sonst nur unmerkliche, fließende Übergänge wären: Sie trennen das alte Jahr vom neuen, (…) sie verwandeln ein Brautpaar in ein Ehepaar, Feindschaft in Freundschaft, Krieg in Frieden und so fort.“ (Stollberg-Rilinger 2013: 12)

Dabei folgt rituelles Handeln Regeln, die den Regeln einer Sprache sehr ähnlich sind, weshalb die verbale Sprache als „Modellfall menschlicher Kommunikation“ ganz allgemein verstanden werden kann (Stollenberg-Rilinger 2013: 194). Diese Annahme, dass rituelle Kommunikation ähnlich funktioniere wie eine Sprache, sei für viele Ritualtheorien wesentlich (Leach 1968), was sich nicht zuletzt daraus erklären lasse, dass die moderne Sprachwissenschaft und Sprachphilosophie (Ferdinand de Saussure, Ludwig Wittgenstein) zu Beginn des 20. Jahrhunderts großen Einfluss auf die entstehenden Kulturwissenschaften ausgeübt hätten (Stollberg Rilinger 2013: 194). Die folgende Tabelle 4: Funktionen sozial geteilter Praktiken und Rituale auf. Festgehalten werden kann an dieser

Stelle, dass Praktiken und Rituale in der Regel einem genauen Skript folgen, auch wenn dieses den Akteuren selbst oft nicht bewusst ist.

Tabelle 4: Funktionen sozial geteilter Praktiken und Rituale

Funktion	Beispiel		Weiterführende Literatur
Ventilfunktion	Karneval	Ausnahme vom Alltag, evtl. auch ausnahmsweise kindliches Verhalten	Penzkofer (2018: 30)
Aufnahme in die Gruppe	Taufe (die später genannten Initiationsrituale sind ebenfalls Beispiele hierfür, erfüllen jedoch auch andere Funktionen für die Gruppen)	Aufnahme in Religionsgemeinschaft	Hilpert (2018: 85)
Soziale Symbolfunktion	Hochzeitsfeiern	Repräsentative Funktion durch Zurschaustellung von Wohlstand (kulturabhängig)	Suchan (2018: 113–114)
Übergangsritual	Hochzeit	Der Übergang der Braut in die Familie des Ehemanns wird zelebriert, aber auch allgemein die Gründung einer neuen Familie (kulturabhängig)	Suchan (2018: 113–114)
Stärkung und Erhalt sozialer Beziehungen	Geschenke und kleine Aufmerksamkeiten	Zeigen von Zuneigung, Akzeptanz oder Anerkennung. Kann als Erinnerung an und damit Stärkung von Beziehung dienen.	Aßmann (2018: 227)
Gruppenzugehörigkeit und damit verbundene Erhöhung des Selbstwertgefühls	Rituale von Fußballfans Abschlussfeiern	Stärkung des Gemeinschaftsgefühls, Stärkung des Gefühls von Zugehörigkeit zu einer Gruppe Anerkennung von Leistung. Rituale zur Aufnahme in eine Gruppe. Ritueller Abschluss von Lebensabschnitten.	Fischer (2018: 263f., 266) Stockkamp (2018: 325f., 330)
Schaffung von Strukturen	in der Geschäftswelt (z. B. Abläufe von Sitzungen) und in der Politik (z. B. Wahlkämpfe)	Schaffen von Orientierung, Skripten, an denen sich alle Akteure ausrichten können, mit dem Ziel, das Gefühl der Verlässlichkeit und Sicherheit zu steigern Zudem können feste Abläufe den kognitiven Aufwand reduzieren, wenn dadurch Entscheidungsnotwendigkeiten verringert werden.	Koch (2018: 276)
Individuelle mentale Vorbereitung für den Leistungsabruf	Vorbereitung auf Prüfungssituationen	Nur bedingt Gruppenrituale, jedoch in bestimmten Zusammenhängen	Koch (2018: 276)
Signalwirkung auf Kontrahenten	Einordnung in hierarchische Gefüge durch spezifisches Machtgebaren oder symbolische Unterwerfung	Herstellung von Ordnung in einem sozialen System	Koch (2018: 276)
Steigerung des Bedürfnisses nach Gruppenzugehörigkeit	Initiationsriten von Verbindungen, Gangs oder der Armee Privilegien und Anreize bei Zugehörigkeit zu einer Gruppe bei gleichzeitiger Verknappung der verfügbaren Plätze in der Gruppe	Durch teilweise extreme Erfahrung wird das Bedürfnis nach Zugehörigkeit erhöht (im Gegensatz zu Ritualen, die das Gefühl der Zugehörigkeit verstärken) Wunsch nach Zugehörigkeit, um Status, Privilegien und Anerkennung als Mitglied eines elitären Kreises zu erlangen	Mann (2018: 317)
Erhöhung des Commitments	Initiationsriten v. Verbindungen, Gangs, Armee Finanzielle und ideelle Privilegien	Initiationsritus im Kreis der Gruppe zu durchleben, erhöht Commitment durch geteilte Erfahrung und gemeinsame Erinnerung. Einmal erhaltene und wertgeschätzte Privilegien und Anreize sollen erhalten werden.	Mann (2018: 317)
Prüfung von Eignung und Motivation	Initiationsriten bei Sportteams	Durch physisch anstrengende Rituale soll die Eignung für den bestimmten Sport geprüft werden.	

Je kleiner die betreffende Gesellschaft oder der *soziale Kreis* (Simmel 1980) ist, desto spezifischer sind deren Norminhalte und sozialen Regeln, die geteilten Praktiken und Rituale. Das wäre ein Indiz für die ungefähre Abgrenzung von Gesellschaften und damit eine Möglichkeit, die Gesellschaftsgrenzen festzustellen.

Zusammenfassend lässt sich zur psychosozialen Funktion von (geteilten) Ritualen und Praktiken – und damit auch der Sprache, die eine geteilte Praktik ist – sagen, dass sie grundlegende Bedürfnisse eines Menschen erfüllen: das Bedürfnis nach Zugehörigkeit zu einer Gemeinschaft, nach Wertschätzung und Anerkennung. Ebenso kann im Rahmen von Ritualen in der Gruppe Sicherheit erlebt werden. Im Zusammenhang mit Sprache können bekannte sprachliche ‚Ablaufrituale' und eine vertraute sprachliche Umgebung ebenfalls Sicherheit und Schutz vermitteln.[55] Das Individuum kann auf ihm bekannte Schemata und Strukturen zurückgreifen. Im weiteren Sinne können durch Praktiken und Rituale das Gefühl von Selbstwirksamkeit und Selbstverwirklichung gefördert werden. Hierfür sind soziale Beziehungen zu anderen Gruppenmitgliedern notwendig oder zumindest hilfreich. Bindung und Zugehörigkeit lassen sich ohne gute Beziehungen zu anderen nicht erreichen.

Zugehörigkeit kann sich beispielsweise ganz offensichtlich in einer bestimmten, gruppenspezifischen äußeren Gestaltung des eigenen Leibs, der Kleidung und/oder Schmuckgegenständen zeigen. Im Folgenden ein Blick auf diese geteilte Praxis bei den Kui.

---

[55] Der rituelle Charakter von vertrauten Abläufen findet nicht nur auf der sprachlichen Ebene statt und benötigt auch kein exaktes Verständnis mehr über das Warum der Handlungen selbst: „Ein *tatsächlicher* Konsens über die genaue Bedeutung des Aktes ist nicht erforderlich, solange die Beteiligten *glauben*, dass es einen solchen Konsens gibt, und dies einander gerade durch ihre Teilnahme an dem Ritual gegenseitig vermitteln. Das macht Rituale in hohem Maße anpassungsfähig und offen für Bedeutungswandel. Selbst wenn niemand mehr weiß, was ein altes Ritual einmal bedeutet hat – solange es immer noch vollzogen wird, hat es einen sozialen Sinn und kann mit neuen Bedeutungszuschreibungen aufgeladen werden." (Stollberg-Rilinger 2013: 11)

6.3 Geteilte Praktiken und symbolische Grenzmarkierung der Kui

Äußere Merkmale der Kui, wie das Tragen bestimmter Kleidung, können die Zugehörigkeit zur Gruppe signalisieren. Es handelt sich nicht um bloße Dekoration, sondern um einen Ausdruck des kulturellen Erbes der Kui. Damit kann das Verständnis einer bestimmten Art der Herstellung, des Tragens und der Verwendung von Farben, Mustern und Textilien dazu beitragen, soziokulturelle Faktoren aufzudecken, die bei der Identitätskonstruktion von Minderheitengruppen wie den Kui eine Rolle spielen.

Wenngleich in diesem Exkurs nur in sehr begrenztem Umfang auf die Thematik eingegangen werden kann, soll doch erwähnt werden, dass Textilien eine kommunikative Funktion einnehmen können (Weiner & Schneider 1989: 1; Amantea 2009: 2; Rice 2015: 181).

Abbildung 14: Kui-Frauen und -Mädchen

Obwohl die Literatur zu soziokulturellen Aspekten textiler Produkte durchaus umfangreich ist[56] und die entsprechenden Untersuchungen zu

[56] Insbesondere zu Textilien und deren Herstellung von ethnischen Gruppen in Thailand wurde bereits eine Reihe von Arbeiten veröffentlicht, u. a.: Amantea (2009); Cheesman (2004); Howard (1994, 1998, 2000, 2004); Prangwatthanakun & Cheesman (1987).

Textilien häufig eine Verbindung zur ethnischen Identität annehmen, sind Studien, die explizit die Beziehung zwischen Identität und Kleidung (im weiteren Sinne) hinterfragen, rar. Eine Ausnahme ist Amantea (2009), die sich mit den sogenannten „schwarzen Tai", einer ethnischen Minderheit in der Loei-Provinz im Nordosten Thailands befasste. Sie betrachtet die Verflechtungen von religiösen Glaubensvorstellungen und religiösen Praktiken und wie sich diese in Textilien niederschlagen. Auf diese Studie wird im Folgenden Bezug genommen.

Traditionelle Kulturprodukte von Minderheiten wie spezifische Textilien sind oft das letzte nach außen sichtbare Merkmal gemeinsamer kultureller Werte. Und auch dieses Merkmal findet sich häufig nur noch zu besonderen Anlässen. Im Alltag sind die Angehörigen von Minderheiten in der Regel nicht von der Mehrheitsgesellschaft unterscheidbar. Das gilt auch für die Kui. Um einen Eindruck von ihrer Besonderheit zu vermitteln, sollen in diesem Exkurs Textilien, Bekleidung und Accessoires vorgestellt werden.

Zunächst spielt bereits die Herstellung der Rohstoffe und deren Verarbeitung eine wichtige Rolle für die traditionelle Kleidung der Kui wie auch für andere ethnische Minderheiten in Südostasien. Hauptquellen für Kui-Textilien sind Seide und Baumwolle. Es wird angenommen, dass sowohl die Baumwollpflanze als auch der Webstuhl aus Indien zu den Kui gekommen ist (Seidenfaden 1952: 150). Die Kui sind sehr geschickt darin, Seidenraupen zu züchten und daraus Garn herzustellen. Zudem wird angenommen, dass von den prähistorischen Kui Rindengewebe oder Rindentuch verwendet wurde (Seidenfaden 1952: 149).[57]

Zur Tradition des Webens und der Seidenraupenzucht erklärt ein Kui-Sprecher aus der Provinz Surin nicht ohne Stolz:

[57] Dies wird aufgrund von Funden von Steinschlägern angenommen, die in ähnlicher Weise auch im siamesischen Malaya gefunden wurden, wo die Kunst, Stoff aus der Rinde bestimmter Bäume zu schlagen, noch nicht ganz ausgestorben ist (Seidenfaden 1952: 149).

> „Die Urgroßmutter meiner Eltern wusste, wie man vor etwa 200 bis 300 Jahren sowohl mit Seide (*Sode* in Kui) als auch mit Baumwolle (*Kapah* in Kui) webt. Das bedeutet, dass Kui dieses Überlebens- und Alltagswissen jahrelang weitergegeben haben. [...] Vielleicht sogar vor den Chinesen. [...] Ich habe keine Beweise dafür, wer tatsächlich mit der Seidenraupenproduktion begonnen hat. Aber die Seidenraupe von Surin und seinen Nachbarn ist sehr einzigartig." (Kui-Sprecher aus Tha Thum, 2019)

Dass Textilien und Kleidung eine identitätsbildende Funktion übernehmen können, wird bei Amantea (2009) ausführlich erläutert.

Abbildung 15: Textilmuster

Dazu gehört nicht nur das Endprodukt, sondern auch die Herstellung und die Verwendung bestimmter Materialien wie Naturfarben, Webstühle und der Einsatz spezieller Motive und anderer dekorativer Techniken. Das Weben von Kui-Seide ist spezifisch und mit der Selbstidentifikation der Kui verbunden. Kleidung, Stoffe und Farben sind zudem ein starkes Zeichen für die Außenwelt. Menschen zeigen bewusst ihre Zugehörigkeit zu einer bestimmten Gruppe, und mit dem Tragen ihrer traditionellen Kleidung, mit den Mustern und Farben bekennen sie sich öffentlich zur Tradition ihrer Vorfahren und demonstrieren ihre Zugehörigkeit. Oft sind es ganz bestimmte (Dorf-)Gemeinschaften, die über die nötige Technik verfügen, um ein traditionelles Muster zu weben oder die Naturfarben in der richtigen Dosierung anzuwenden, um das gewünschte typische Ergebnis zu erreichen (wie beispielsweise in Abbildung 15 dargestellt). Dazu gehört dann auch das Wissen um die Stellen, an denen

Materialien für Naturfarben gesammelt werden können, und zu welcher Jahreszeit dies möglich ist. Im Folgenden werden einige beispielhafte Bilder typischer Muster und Farbgebungen gezeigt.

Kui-Kleidung

Zu einer typischen Kombination gehört der Wickelrock, auch Sarong, der in vielen südostasiatischen Regionen getragen wird. Typisch ist ein schwarzes Top mit langen Ärmeln und ein roter Rock für Frauen und eine rote Hose für Männer, wie in Abbildung 16 zu sehen, erklärt das Paar, beide Kui-Sprecher aus der Provinz Surin (s. auch Abbildung 21).

Abbildung 16: Kui-Paar in traditioneller Kleidung

Abbildung 17:
Schwarzer Rock mit Muster

Abbildung 18:
Kui-Rock Details

Der traditionelle Kui-Rock werde immer mit Bordüre am Saum gefertigt, Schals können einfarbig sein, aber auch sehr reich an Mustern und Farben (s. Abbildung 14, 16-21). Auch den Schal sehen die Kui als Erkennungsmerkmal. Frauen tragen ihn über der Schulter und Männer meistens um die Taille. Pink werde oft gesehen bei jungen Kui-Frauen und -Mädchen.

Abbildung 19: Kui-Schals

Abbildung 20 und 21 entstanden ebenfalls bei der Kui-Veranstaltung im Jahr 2019 im Norden Surins in Nordostthailand. Für den Betrachter erinnert die traditionelle Kleidung an traditionelle Kleidung, wie sie in Thailand, Laos, Kambodscha und auch in anderen Teilen Südostasiens getragen wird. Die befragten Kui erläuterten dazu jedoch, dass sie selbst sehr wohl die Unterschiede und spezifischen Muster und Farbgebungen erkennen und zuordnen könnten und dass jede Gruppe ihre eigenen Erkennungsmerkmale habe.

Abbildung 20: Kui-Frauen 1

Abbildung 21: Kui-Frauen 2

Selbstverständlich tragen nicht alle Kui täglich Kleidung und Schmuck, wie sie auf den Abbildungen dargestellt sind. Für die meisten Kui ist diese besonderen Festtagen wie Hochzeiten und Veranstaltungen vorbehalten. Im Alltag sind sie – häufig in Jeans und T-Shirt gekleidet – für den Außenstehenden nicht von den Thai oder anderen Gruppen der Region zu unterscheiden. Zu bedenken ist daher: Kleidung und Schmuck wie auch Feste und Rituale können sicher zu einem Teil zur Identitätsentwicklung eines Menschen beitragen. Wenn diese Praktiken jedoch nur zu besonderen Anlässen und seltenen Festtagen ausgeübt werden, spielen sie möglicherweise für das gegenwärtige Selbstverständnis eine eher untergeordnete Rolle. Wenn also die Kui – insbesondere der jüngeren Generation – nur ein oder zweimal im Jahr bei einem traditionellen Fest oder bei einer Hochzeit auf die spezifischen Merkmale und traditionelle Kleidung zurückgreifen, dann spielt diese für ihr gegenwärtiges Leben und ihr Identitätsbewusstsein eine mutmaßlich nur geringe Rolle.

Dekorative Textilien, Schmuck und Dekorationsgegenstände

Elefanten sind ein wichtiges Motiv symbolischer Abbildungen des Kui-Volkes. Neben der Elefantenjagd verwendeten die Kui auch die Produkte der Elefanten wie Elfenbein sowie das Elefantensymbol für Kunstwerke, wie in Abbildung 22 dargestellt.

Abbildung 22: Elefanten als Motive für Schmuck

Im Hintergrund steht, dass die Kui auf eine lange Ahnenreihe von Elefantenzüchtern zurückblicken, die mit den Tieren wie mit Familienmitgliedern zusammengelebt haben.[58]

Abbildung 23: Kui mit Elefanten bei traditionellem Fest im Jahr 2019

[58] Elefanten zu fangen, zu trainieren und mit ihnen gemeinsam unter einem Dach zu leben gehört zu den Traditionen der Kui. Es gibt eine lange Tradition von Kuy oder Suay, Elefanten zu erziehen und mit ihnen zu leben. Mittlerweile gibt es nur noch zwei Dörfer, in denen die Tradition der Elefanten als Familienmitglieder in der Provinz Surin beibehalten wird. So wirbt ein Dorf im Norden der Provinz Surin in Thailand damit, dass im so bezeichneten „Elephant Village" noch das lokale Leben, die einheimischen Traditionen und Kulturen sowie die erstaunlichen Beziehungen zwischen den Dorfbewohnern und den Elefanten, die sie als Familienmitglieder aufgezogen haben, hautnah erlebt werden könne. Die Dorfbewohner von Ban Ta Klang stammen aus dem Stamm der Suay oder Kui und sind Experten für Wildelefanten, Elefantentraining, und Elefantenaufzucht wird beim Besuch erklärt.
Die Dorfbewohner von Ban Ta Klang hätten normalerweise wilde Elefanten in der Nähe der thailändisch-kambodschanischen Grenze zusammengetrieben, aber angesichts der gegenwärtigen politischen Spannungen zwischen den beiden Ländern sei eine solche Zusammenstellung von Elefanten nicht mehr möglich, wird erklärt. Dennoch trainieren die Dorfbewohner von Ban Ta Klang bis heute Elefanten für touristische Zwecke. Elefanten in Ban Ta Klang werden normalerweise als Haustiere aufgezogen, sodass Besucher sehen können, wie und wo diese Elefanten mit den Dorfbewohnern leben, und mit Mahouts sprechen können, die über langjährige Erfahrung in der Zähmung von Elefanten verfügen. Was sich als touristisches Angebot liest, ist bei genauerem Hinsehen eine für die Elefanten strapaziöse Angelegenheit, die von Tierschutzorganisationen zunehmend kritisch betrachtet wird.

Heute gibt es nur noch zwei Dörfer, in denen die Elefanten-Tradition gelebt wird. Im März 2019 hatte die Autorin die Möglichkeit, diese Dörfer zu besuchen und Menschen zu treffen, die von sich behaupten, in ihrer Familie diese Tradition zu leben. Abbildung 23 wurde bei einem traditionellen Kui-Fest im Jahr 2019 aufgenommen und vermittelt einen Eindruck des der traditionellen Kui in der dörflichen Umgebung.

Obwohl es gerade auf dem südostasiatischen Festland unzählige lokale Sprach- und Minderheitengruppen gibt, scheint es eine solch enge Verbindung zu Elefanten lediglich bei den Kui zu geben. Zwar gehören Elefanten auch zur Identität der Thai und auch in gewisser Weise zu Laos, doch haben die Tiere für die Kui einen ganz anderen Stellenwert, der sich in Praktiken der Gemeinschaft widerspiegelt.[59] Mündlich tradierte Geschichten greifen auf die Elefantenjagd oder andere Elefantenrituale zurück. Zum Kui-Wortschatz gehören entsprechende Lexeme. Ein Sprecher aus der Provinz Surin erklärt, Kui *Chiam* ‚Elefant' habe sich aus *Giang* entwickelt.[60]

Weitere Rituale und Traditionen der Kui

Mit religiösen Praktiken befasst sich vorliegende Studie nicht, doch sei erwähnt, dass buddhistische Praktiken natürlich in Ritualen zum Tragen

[59] In Surin kann man auch gegenwärtig Elefanten gemeinsam mit ihrem Mahut durch die Straßen gehen sehen. Doch, heutzutage wird Elefantenjagd nicht mehr in dem Maße praktiziert, wie es in der Vergangenheit getan wurde. In den Wäldern von Laos, Thailand und Kambodscha gibt es auch bei weitem nicht mehr so viele wilde Elefanten. Zudem wurde an einigen Orten mit der Etablierung von Schutzorganisationen wie der *Wildlife Friends Foundation Thailand* (WFFT) in Phetchburi eine Änderung des Denkens über die Verwendung von Elefanten aus Gründen des Tourismus und der Unterhaltung begonnen. Das Umdenken geschieht jedoch langsam und touristische Shows mit Elefantenreiten und Elefantenbaden für gemeinsame Erinnerungsfotos sind immer noch beliebt, insbesondere bei den asiatischen Besuchern, und neue Elefantenparks befinden sich auch heute noch im Bau.

[60] *Khongjiam* oder *Chongchiang* habe sich über die Zeit aus *Ponggiang* entwickelt, meint der Sprecher weiter, wobei er sich auf mündliche Überlieferungen beruft.

kommen, beispielsweise das Blasen des Muschelhorns, rituelle Verwendung von Elfenbein und andere (vgl. Abbildung 24). Solche religiösen Traditionen und Praktiken im Dorf betreffen unter anderem Feste wie Hochzeiten, die jeweils grundsätzlich buddhistische Praktiken und auch animistische Vorstellungen enthalten können (vgl. Woykos 1989).

Abbildung 24: Kui-Ritual in der Provinz Surin

Die Kui scheinen oft sehr eng mit den Traditionen ihrer Vorfahren verbunden und stolz auf ihr Erbe. Ein Kui-Sprecher aus Nakhon Ratchasima sagt zur traditionellen Kultur: „Ich möchte wirklich eine internationale umfassende Studie über 108 (verlorene) Disziplinen der Kui-Zivilisation haben."

Abbildung 25: Kui-Gestik in Kambodscha

Abschließend sei eine spezielle Handgeste ‚Mutra' für den Akt des Fotografierens erwähnt (Abbildung 25). Nach Aussage eines Sprechers aus

Tha Thum handelt es sich um ein spezielles Zeichen, wenn die Kui fotografiert werden: Es habe etwas zu tun mit der „Identität der Menschen, denke ich, sie markieren beim Fotografieren diese Beziehung. […] Dies ist ein einzigartiges Kui-Zeichen, wenn sie ein Bild aufnehmen.“[61]

Zur Untersuchung von Folklore und Kostümen und zur Sprachvielfalt als Grundlage für Gleichberechtigung

Wichtig bleibt zu betonen, dass die Betrachtung traditioneller Kleidung und Rituale nicht an der Oberfläche bleiben dürfen. Insbesondere sollten sie nicht die einzigen Merkmale sein, die über eine Minderheit berichtet werden, doch häufig ist gerade das der Fall. Auch bei Berichten über die Kui. Laakso et al. (2016) betonen, dass Sprachvielfalt nicht als Maßstab für die Messung von Gleichheit dienen sollte, sondern vielmehr eine Grundlage für Gleichheit darstellt (Wendel & Heinrich 2012: 145; zit. n. Laakso et al. 2016: 198). Dies bedeute, dass eine wirklich gleichberechtigte Gesellschaft auf einer Sprachideologie und -praxis basieren muss, in der die Menschen ermutigt werden, ihre Sprachen und auch ihre Kulturen, Geschichten und Lebensgrundlagen zu erhalten und weiterzuentwickeln, anstatt Einheitlichkeit zu fördern, die alle der vorherrschenden Sprache, Kultur und Geschichte unterordnet (Wendel & Heinrich 2012: 157; zit. n. Laakso et al. 2016: 198). Die Analyse von Laakso et al. unterstreicht die Tatsache, dass Minderheitensprachen und die Sprachen von Minderheiten oft als traditionelle Kollektivitäten konzipiert wurden und dass Studien über Folklore, Lieder, Kostüme und alte Formen des Lebensunterhalts das Feld dominierten (Nelde et al., 1996: 60; zit. n. Laakso et al. 2016: 198).

61 „เอกลักษณ์ชาวกูยที่ผมได้คิดขึ้น เวลาถ่ายรูป ทำสัญลักษณ์กูยสัมพันธ์นี้นะครับ แทรมทราย“; „อ๊อบขุ่น กูยกัมปูเจีย ด๋าลๆ“ (Kui-Sprecher 2019).

Zur Notwendigkeit der Überwindung des „folkloristischen Bias“ in der Minderheitenforschung

Und so betonen Laakso et al. (2016) sicher zu Recht, dass in glokalisierten Gesellschaften – was bedeutet, dass globale wirtschaftliche und kulturelle Strukturen lokal angenommen und in den Strukturen lokaler Gemeinschaften verankert werden – die Forschung ihre „folkloristische“ Tendenz überwinden müsse (Laakso et al. 2016: 198). Wie sie in ihrem Projekt feststellten, seien zum Beispiel die finnougrischen Sprachminderheiten, so unterschiedlich sie auch sind, alle modern und Teil globaler Makrostrukturen und zudem abhängig von globalen Volkswirtschaften wie auch gleichzeitig Gegenstand globaler politischer und kultureller Prozesse (Laakso et al. 2016: 198).

Auch die Kui, in jedem Fall die jüngeren Generationen, die in dieser Forschung untersucht wurden, können zu diesen modernen Minderheiten gezählt werden, deren Lebenswelt weit mehr ausmacht als die in diesem Kapitel dargestellten traditionellen Praktiken und traditionelle Kleidung. Wenn auch diese Traditionen für einige Kui identitätsbildende Funktionen einnehmen mögen, so dürfen sie als Gesamtheit keinesfalls auf diese nach außen sichtbaren Merkmale reduziert werden, zumal ein Großteil der Kui ohnehin üblicherweise in T-Shirt und Cargohosen oder Jeans anzutreffen ist.

Dass es auf sprachwissenschaftlicher Ebene durchaus Möglichkeiten gibt, diesem Bias, der Minderheiten häufig anhaftet zu begegnen, zeigen Laakso et al. (2016). Mithilfe von soziologischer Analyse erreichten sie, dass globale und lokale Machtfaktoren, die zu Sprachideologien und damit zu Sprachverschiebungen und Sprachverlusten führten, aber auch Möglichkeiten zur Umkehrung des Sprachwechsels boten, zentrale Aufmerksamkeit erhielten, was sich methodisch auch im verwendeten Fragebogen und seiner Analyse sowie in der Analyse von Interviews und des Mediendiskurses widerspiegelte (Laakso et al. 2016: 198).

Zur Darstellung von Minderheit in den Medien[62]

Kleidung und Feste, wie in den Abbildungen in diesem Kapitel dargestellt und beschrieben, tragen wie beschrieben häufig dazu bei, das stereotype Bild von Minderheiten zu zementieren, wie es immer noch überwiegend in den Medien gezeigt und transportiert wird (vgl. Laakso et al. 2016: 215):

> „The media representations and public images of minorities need updating. Both minority and majority media should highlight the role of minorities as an integral part of the local ethnocultural landscape and avoid reproducing the ‚extinction narrative': depicting minority languages and cultures as something that belong to the past and will inevitably die out. Instead of focusing on elements of ‚otherness', traditional culture and folklore and reproducing stereotypical images, the majority media should make explicit efforts to reflect the real-life experiences and concerns of minorities." (Laakso et al. 2016: 215)

Es gibt jedoch auch die jüngeren Minderheiten-Vertreter, die nicht zwangsläufig an diesem Stereotyp gemessen werden können, aber sich dennoch mit Kui identifizieren und sich auf die Identität bezogen als Kui verstehen. Medienrepräsentationen und öffentliche Bilder von Minderheiten müssen daher aktualisiert werden (Laakso et al. 2016: 215). Sowohl Minderheiten- als auch Mehrheitsmedien sollten die Rolle von Minderheiten als einen integralen Bestandteil der lokalen ethnokulturellen Landschaft hervorheben und vermeiden, das Narrativ vom Aussterben zu reproduzieren. Nach Laakso et al. (2016: 215) beschreibt das „‚extinction narrative': depicting minority languages and cultures as something that belong to the past and will inevitably die out.", also die Darstellung von Minderheitensprachen und -kulturen als etwas, das der Vergangenheit angehört und unweigerlich aussterben wird (Laakso et al. 2016: 215). Anstatt sich auf Elemente des Andersseins („otherness"), der traditionellen Kultur und Folklore zu konzentrieren und stereotype Bil-

---

[62] Die vielfältigen Statuspositionen und Netzwerke von Machtverhältnissen sind ohne direkte Beobachtung der Teilnehmer und eingehende Interviews schwer zu untersuchen (Laakso et al. 2016: 198f.). Fokusinterviews, aber auch die Mediendiskursanalyse gaben einen qualitativen Kommentar zur aktuellen Situation, die Positionierung der Sprachen und die vorhandenen Spracheinstellungen (Laakso et al. 2016: 199).

der zu reproduzieren, sollten die Mehrheitsmedien explizite Anstrengungen unternehmen, um reale Erfahrungen und Anliegen von Minderheiten widerzuspiegeln (Laakso et al. 2016: 215). Insbesondere die jüngere Generation unter 30 Jahren ist nicht zwangsläufig an traditionellen Praktiken interessiert, ohne jedoch die Kui-Identität ablehnen zu müssen.

6.4 Sprache als geteilte Praxis

Nach Keller (2003 [1990]: 121) dient die Sprache in erster Linie der Funktion, sozial erfolgreich zu sein, und das gilt zunächst einmal für den Menschen als Individuum: „Die Funktion eines X in einem System S ist F" (Keller 2003: 121), wobei X gleich die Sprache, S gleich der Mensch, Z gleich der soziale Erfolg und F gleich die Beeinflussung ist:

- Funktion = die Sprache
- System = der Mensch
- Ziel = der soziale Erfolg
- Funktion = die Beeinflussung

Sobald die Gesellschaft an die Stelle des Menschen tritt, entstehen neue Fragen, zum Beispiel: Was bedeutet dieses Kollektiv und warum können die Ziele eines Individuums gleich denen einer Gruppe sein? (Keller 2003 [1990]: 121). Letztlich vertritt jedes Individuum in gewisser Weise zunächst seine individuellen Ziele – auch bei einer Gruppenbefragung. Dennoch kann eine Untersuchung auf der Mikroebene (Individuum) zu Schlussfolgerungen auf der Makroebene (Gruppe, Gemeinschaft, Gesellschaft) führen. Die Ziele, Handlungs- und Verhaltensweisen der Einzelnen können letztlich erst zu einem übergeordneten Ganzen im Sinne einer Gruppe führen, wenn viele Einzelne ähnliche Ziele, Handlungs- und Verhaltensweisen – auch sprachliche – zeigen und verfolgen.

6.4.1 Sprache als *fait culturel* nach Schulze (2014)

In der kulturwissenschaftlichen Linguistik wird Sprache entweder als kulturelles Phänomen gesehen oder aber Kultur als ein sprachliches Phänomen (Czachur 2016: 131, Kuße 2012). Entscheidend für die vorliegende Untersuchung ist weniger die Tatsache, dass das Verhältnis zwischen Sprache und Kultur in der sprachwissenschaftlichen Forschung ein gänzlich unbearbeitetes Phänomen darstellen würde, sondern vielmehr die Tatsache, dass es unterschiedliche Herangehensweisen an die Thematik gibt.

In der vorliegenden Ausarbeitung wird davon ausgegangen, dass Sprache und Kultur untrennbar miteinander verbunden sind. Schulze (2014) folgend, ist das Phänomen Sprache maßgeblich von Kultur beeinflusst und Kultur wird im Verständnis einer kulturwissenschaftlichen Linguistik weniger ein universales, auf der Biologie des Menschen basierendes, sondern vielmehr ein soziales, gesellschaftliches Moment verstanden.

Bereits Saussure (1967: 18) stellte fest: „La langue est un fait social." Sprache beinhaltet immer eine soziale Funktion und Sprache ist sozial, das heißt soziologisch strukturiert. Um diese Annahme zu erklären, ist es notwendig, den Erstspracherwerb von Kindern zu betrachten. Das Kind erlernt die Sprache seiner Gruppe und damit die Normen und Werte seiner Sprechergemeinschaft (Normen und Werte werden jedoch nicht ausschließlich über Sprache vermittelt) (Siebenhütter 2016). Bereits Neugeborene und wenige Tage alte Babys zeigen eine Präferenz für das Hören menschlicher Sprache gegenüber anderen Geräuschen (Höhle 2012: 129). Das heißt, selbst wenn dies auf eine biologische Komponente (Sprache ist angeboren) hindeutet, ist Sprache ein soziales und kulturelles Produkt, da das Kind zu einem Teil über die Sprache in die soziale Gemeinschaft eingebunden wird: Es können mittels Sprache Objekte und Prozesse benannt werden, vermittelt wird dabei aber auch ein spezifisches Erscheinungs- und Normen-Bild. Normen und Rollen erfüllen eine wichtige Funktion für das Funktionieren einer Gruppe und damit für das individuelle Verhalten der einzelnen Gruppenmitglieder. Die sozialen Normen, also konsensuell geteilte Erwartungen, zielen darauf ab, die folgenden Funktionen (Cartwright & Zander 1968 zit. n. Stürmer & Siem 2020: 20ff.) zu erfüllen:

- **Gruppenlokomotion**: Normen gewährleisten die Übereinstimmung der Gruppenmitglieder im Hinblick auf die Gruppenziele und die Zielerreichung.
- **Aufrechterhaltung der Gruppe**: Normen führen zu einer Stabilisierung von Verhaltenserwartungen, was eine wichtige Voraussetzung für befriedigende Interaktionen zwischen Gruppenmitgliedern ist.
- **Interpretation der sozialen Wirklichkeit**: Normen kreieren und erhalten einen gemeinschaftlich geteilten Bezugs- und Interpretationsrahmen für die Bewertung von Ereignissen und Verhaltensweisen.
- **Definition der Beziehung zur sozialen Umwelt**: Normen dienen der Gruppe dazu, sich von anderen abzugrenzen oder zu unterscheiden. Sie definieren die „Identität" der Gruppe.

Ebenso wie Normen kann auch Sprache als Mittel dienen, um sich abzugrenzen und zu unterscheiden bzw. Zughörigkeit und Ähnlichkeit/ Gleichheit auszudrücken, und damit als identitätsbildendes Phänomen verstanden werden.
Wenn nun die Zugehörigkeit zu einer Gruppe einen hohen Stellenwert für das Individuum hat, also zum Beispiel für den Minderheitensprecher im ärmeren Nordosten Thailands die Zugehörigkeit zur nationalen Kultur (*kwambpen* Thai), kann die Angst vor dem Ausschluss aus der Gruppe dazu führen, sich an die Normen anzupassen (Stürmer und Siem 2020: 23).

6.4.2 Gesellschaften und soziale (Sub-)Gruppen

„Gesellschaften sind durch Normen, Verhaltens- und Wissenstraditionen über ‚Institutionen' (i. w. S. d. W.) in eine Struktur gebrachte Aggregate von Individuen" (Siebenhütter 2016). Ein Teilbereich dieser Normen und Traditionen wirkt dabei abgrenzend gegenüber anderen Gruppen. Nicht zuletzt aus diesem Grund kann Sprache als der wichtigste Faktor zur Bildung von Gruppenidentität gesehen werden (Janda 2006).

Wenn eine Gruppe sich durch bestimmte Parameter ein- und von anderen Gruppen abgrenzt, ist sie unabhängig von ihrer Größe als eine Gesellschaft anzusehen (Siebenhütter 2016). Der hier genutzte Gesellschaftsbegriff entspricht dem Konzept der sozialen Kreise nach Simmel. (Siehe dazu auch Kapitel 8.3.2) Simmel (1890: 103) meint mit sozialen Kreisen, dass ein Individuum von jeder Gruppe, zu der es gehört, genauer bestimmt wird. Jede neu hinzukommende Gruppe hinterlässt also ihre Spuren und die Identität eines Individuums ergibt sich letztlich gewissermaßen daraus, welche typische Zusammensetzung an sozialen Kreisen es in seiner Person versammelt. Demnach kann ein Individuum mehreren Gesellschaften (oder sozialen Kreisen) angehören. Die Zugehörigkeit zu bestimmten sozialen Kreisen ist gleichbedeutend mit den sozialen Rollen, die ein Individuum innerhalb einer Gesellschaft einnimmt bzw. die dem Individuum zugeschrieben werden (Schulze 2014: 66f.) Gesellschaft lässt sich so verstanden definieren als „nach außen abgegrenzte Gruppe mit identitätsstiftenden Normen und Traditionen" (Schulze 2012). Jedoch – wie in Kapitel 8.4.4 noch einmal aufgegriffen und erläutert wird – ist Identität nicht gleich Rolle.

Bourdieu (1996) bezeichnet gruppenspezifische Verhaltensformen (und das schließt den Sprachgebrauch ein) als Habitus. Da gruppenspezifische Verhaltensmuster die gesellschaftlich vorgegebenen Rollenerwartungen widerspiegeln, können auch Letztere als Habitus im Sinne von Bourdieu (1996, 2005) bezeichnet werden, wobei Habitus dann die aktive Umsetzung von gesellschaftlichen Erwartungshaltungen in konkretes Handeln darstellt. Der Bourdieu'sche Habitusbegriff lässt sich unter anderem auf

den Habitusentwurf bei Elias zurückführen.[63] Als „sozialen Habitus" bezeichnet Elias Gewohnheiten im Denken, Fühlen und Handeln, die Mitgliedern einer Gesellschaft gemeinsam sind, eine „soziale Persönlichkeitsstruktur" als die den Mitgliedern einer Gruppe gemeinsamen psychischen Merkmale und als „persönlichen Habitus" die daraus sich entwickelnde individuelle Persönlichkeitsstruktur (Elias 1997, 1977).
Was bedeutet dies für Sprache? Es bedeutet, dass der symbolische Gehalt von Zeichen gemäß den gesellschafts- und klassenspezifischen Vorgaben der Adressatengruppe beherrscht und verwendet wird (Siebenhütter 2016).

Symbole und Zeichen

Nach Langackers *Kognitiver Grammatik* (2008: 5, 15ff.) lässt sich dem *symbolischen Prinzip* zufolge die Struktur der menschlichen Sprache erschöpfend als ein Inventar von Form- und Inhaltspaaren (variierenden Abstraktionsgrades), sogenannten „symbolischen Einheiten", beschreiben. Angeboren ist dem Menschen lediglich die Fähigkeit zur kognitiven Symbolisierung, wie diese Symbolisierung jedoch ausfällt, ist erlernt. Sprache ist an sich ein symbolisches System. Symbolische Systeme (kultureller Art) sind eine Zeichenstruktur und wechseln je nach Gesellschaft und sozialer Gruppe genauso wie Verhaltensformen. Bourdieu (2005: 99) beschreibt die symbolische Wirkung der Sprache: „Über die Strukturierung der Wahrnehmung, die die sozialen Akteure von der sozialen Welt haben, trägt das Benennen zur Strukturierung dieser Welt selbst bei, und zwar umso grundlegender, je allgemeiner es anerkannt, das heißt autori-

---

[63] Wobei die soziologischen Theorien von Elias und Bourdieu bisher nur wenig systematisch miteinander in Beziehung gesetzt wurden und an dieser Stelle unklar bleiben muss, inwiefern „der Elias'sche Habitusentwurf einen direkten Einfluss auf Bourdieus Habituskonzept hatte". Zumindest stellenweise finden sich Parallelen der Habitus-Konzepte bei Elias und Bourdieu und so sei „eine direkte inhaltliche Beeinflussung" von Bourdieus Habitus-Konzept durch den bei Elias „kaum von der Hand zu weisen". (Schumacher 2013: 131f.)

siert ist.“ Demnach gibt es keine Welt ohne Symbole. Der Mensch verarbeitet und konstruiert jeden auf ihn einwirkenden Außenreiz als symbolische Struktur. Symbole sind überindividuell und mit gesellschaftlichem Inhalt aufgeladen (Siebenhütter 2016).

„Sprache ist in ihren konkreten Ausprägungen (Einzelsprachen) an die Existenz komplexer Umwelt- und Sozialstrukturen gebunden […]. Sie ist ohne soziale, gesellschaftliche Kontexte nicht denkbar.“ (Schulze 2014: 42) In ähnlicher Weise argumentiert Barthes (1994), wenn er darauf hinweist, dass kein Anlass besteht, Ethnologie, Soziologie und Geschichte zu trennen, da seiner Auffassung nach das Intelligible als Gegenstand der Erkenntnis alle Bereiche durchdringe und in den Humanwissenschaften daher keine Objekte ausgeschlossen werden dürfen, „weil die Gesellschaft, jegliche Gesellschaft, unmittelbar eine Strukturierung des Wirklichen vornimmt“ (Barthes 1994: 169f.). Barthes (1994: 169–171) beschreibt auch, dass ein bestimmtes Verhalten einer sozialen Gruppe Aufschluss darüber gibt, auf welche Weise sie sich einer Struktur bedient, die dieser bestimmten Gruppe zugrunde liegt, und dass es kein Objekt gibt, das nicht in diesem Sinne „gesellschaftlich“ ist.

Als Ergebnis lässt sich ableiten, dass sich soziale Rollen ebenso wie die historische Entwicklung der Gesellschaft, in der sich der Mensch bewegt, auf die kulturelle Prägung des Einzelnen auswirken und unmittelbar und untrennbar mit dem Phänomen Sprache verbunden sind. Zur Beziehung von Kultur und Sprache beschreibt Fishman drei Hauptarten, in denen Sprache mit Kultur in Beziehung steht: „Sprache selbst ist ein Teil der Kultur, jede Sprache liefert einen Index der Kultur, mit der sie am engsten verbunden ist, und jede Sprache wird zum Symbol für die Kultur, mit der sie ist am engsten verbunden ist.“ (Fishman, 1985: xi, Übers. d.

Aut.)[64] Da in ‚jungen' mehrsprachigen Gemeinschaften häufig ein sozialer Konsens fehlt, verfügen diese über zu wenig symbolische Macht, um ihre eigenen Werte fixieren und von der Umgebung anerkennen zu lassen (Lüdi 1996b: 323), was dazu führt, dass diese zeitlich weniger dauerhaft und weniger stabil sind (Fishman 1971; Lüdi 1996b: 323).

6.4.3 Bewusste Sprachenwahl

Der Sprachenwahl kommt eine zentrale Rolle bei der Konstruktion der sozialen Identität zu, die durch die Beteiligung von Individuen „an in stets wechselnden Situationen stattfindenden Interaktionsprozessen in einem lebenslangen Prozeß immer wieder neu entworfen" wird (Stienen & Wolf 1991: 101, zit. in Lüdi 1996a: 238f.).

Lingua Franca, Verkehrssprache Lao (Isan)

Für breitere Kommunikation oder als „neutrale Sprache" als Sprachen interethnischer Kommunikation (Laakso et al. 2016: 13), die keine Vorurteile, Stereotype und Ideologien enthält, verwenden Sprecher häufig eine Verkehrssprache, wie beispielsweise (Nassenstein 2015) zum soziolinguistischen Profil und zur Mehrsprachigkeit in Kisangani die Möglichkeiten mehrsprachiger Sprecher in einem gemischten Szenario von Lingala, Swahili und Französisch erläutert: Die Wahl der ursprünglichen Kolonialsprache Französisch, die keine soziale Positionierung des Sprechers zur einen oder anderen Seite beinhalte (Nassenstein 2015: 10), eignet sich dabei als Verkehrssprache. In ähnlicher Weise scheinen sich die Kui (und andere Minderheitensprachler) in Nordostthailand der Verkehrssprache *Laotisch* wie in Thailand üblich, auch *Phasa Isan* (bei den Sprechern nicht verwendet und als abwertende Bezeichnung abgelehnt, sie

---

[64] „[There are] three major ways in which language is related to culture: language itself is a part of culture, every language provides an index of the culture with which it is most intimately associated, and every language becomes symbolic of the culture with which it is most intimately associated." (Fishman 1985: xi; zit. n. Laakso et al. 2016: 194)

sprechen von *Lao*) zu bedienen. Central Thai im Nordosten Thailands zu verwenden würde mit Sicherheit mehr auffallen als sich Lao zu bedienen, wenn eine neutrale Kommunikationsform gewählt werden soll. Die Wahl der Sprache kann bei mehrsprachigen Sprechern wie den Kui eine ganze Reihe von Funktionen erfüllen und zum Teil sehr bewusst ablaufen.

Sprachenwahl regelgeleitet und Domänen des Sprachgebrauchs

Die Sprachenwahl von Mehrsprachigen je nach Situation ist nicht willkürlich, sondern regelgeleitet (Grosjean 1982: 145; Lüdi 1996a: 240). Je nach „Domäne des Sprachgebrauchs" (Fishman 1967) wird die jeweilige Sprache danach gewählt, „ob es um eine private oder öffentliche Angelegenheit, um die Arbeitswelt oder die Freizeit, um Religion oder um Bildung/Erziehung u. ä. geht" (Lüdi 1996a: 240).
Wo sich mehrere Domänen vermischen (etwa Religion, Erziehung, Freizeit), werden einzelne Faktoren isoliert und gewichtet, womit die Sprachenwahl auf charakteristische Bündelungen von situationellen Faktoren zurückzuführen ist (Grosjean 1982: 135ff.; Lüdi 1996a: 240). Dieses Vorgehen, das bei den Kui sehr gut zu beobachten ist, läuft wohl zu großen Teilen unbewusst ab und sehr schnell, so dass die Sprecher selbst in den wenigsten Fällen hinreichend erklären können werden, warum sie die eine oder die andere Wahl treffen oder in bestimmten Situationen getroffen haben.

Durch Sprachkompetenz beeinflusste Sprachenwahl

Einen Einfluss auf die jeweilige Wahl hat natürlich auch die Sprachkompetenz in den jeweiligen Sprachen (vgl. Lüdi 1996a: 240).[65] In mikrosoziolinguistischen Analysen konnte aufgezeigt werden, dass „die Situation für die Gesprächspartner nicht einfach vorgegeben ist, sondern ein Resultat einer interaktiven Interpretations- und Definitionsleistung darstellt", wonach die Sprachenwahl nicht einfach das Resultat aus einer Menge von situativen Faktoren, sondern ein gewichtiges Instrument ist, das den Gesprächspartnern zur Verfügung steht, um die Situation in einer bestimmten Weise zu definieren, wobei der Spielraum der Gesprächspartner sehr variabel ist (Lüdi 1996a: 240).

> „Die Sprecher bedienen sich dann regelmäßig immer derselben Sprache, wenn die Wahl durch soziale Regeln oder durch unterschiedliche Sprachkenntnisse determiniert wird, wenn sich Gewohnheiten entwickelt haben (‚Vorauskodierung'), auch wenn an sich eine andere Wahl möglich wäre, und wo Automatismen vorliegen (d. h. wo die Sprachenwahl unbewußt geschieht, ausgelöst von wiederkehrenden perzeptiven Schematas)." (Lüdi 1996a: 240)

In vielen Situationen können jedoch keine „klaren sozialen Regeln" ausgemacht werden oder aber unterschiedliche Regeln treten miteinander in Konflikt oder aber es sind aufgrund der Zusammensetzung einer Gruppe mehrere Sprachen möglich, weil alle Teilnehmer sie sprechen. Mithin erbringen die Sprecher bei der Wahl der Sprache „eine eigene Interpretationsleistung" (Lüdi 1986; 1996a). Diese kann auch die bewusste Missachtung strenger sozialer Regeln und extremer Einschränkungen durch

---

65 Vgl. Lüdi (1996a: 240): „Ähnliches gälte in all jenen Fällen, in denen die diglossische Gesellschaft bezüglich der Sprachkompetenzen nicht homogen ist. Dabei spielen die genannten Sprachwertsysteme eine bedeutende Rolle: In einem bestimmten Augenblick die eine oder andere Sprache seines Repertoires zu sprechen, stellt für den Zweisprachigen eine Möglichkeit dar, seine kommunikativen Ressourcen auf der Grundlage der mit ihnen verbundenen Werte zu mehren bzw. gewinnbringend auszunutzen."

das Repertoire bedeuten (Gumperz 1982, Lüdi 1996a: 240; Myers-Scotton 1993).

Positives und negatives Prestige mittels Sprachwahl

Prestige kann sich in Form von positivem und negativem Prestige zeigen, wenn sich mittels sprachlicher Konnotationen soziale Funktionen wie Macht und soziale Hierarchien, Höflichkeit, Respekt und gute Manieren, wie auch Nationalismus, Nationalstolz und Patriotismus transportieren lassen (Nassenstein 2015: 13).
Ob eine Minderheitssprache bewahrt werden kann, hängt also auch davon ab, ob sich eine Zugehörigkeit zur betreffenden Sprachgruppe ‚lohnt' oder was sie ‚kostet' (vgl. Lüdi 1992; Lüdi 1996a).

Spracheinstellungen

Spracheinstellungen als gesellschaftliche Antwort auf spezifische sprachliche Codes und ihre evokativen Assoziationen tragen dazu bei, die Ideologien der Sprecher zu transportieren, wobei sich die positiven und negativen Einstellungen gegenüber einzelnen Sprachen in großem Ausmaß von Stadt zu Stadt in einem Land unterscheiden können (Nassenstein 2014: 32, 2015: 14).

Sprachwahl als Identitätsmarker und sozioökonomisches Werkzeug

Die Wahl der Sprache kann auch eine Identitätsmarkierung darstellen, wie Nassenstein (2015: 11) dies für die Sprecher in Kisangani beschreibt: Sprecher seien in der Regel zweier Sprachen mächtig und setzten diese im Sinne eines „Hilfsmittels für das sozioökonomische Überleben" ein.

Sprachwahl aus ökonomischen Gründen

Bewusste Sprachwahl findet sich häufig in Märkten vor, wenn Sprecher im Handel zur Maximierung ihres Profits aus ihrem sprachlichen Repertoire die Wahl der geeigneten Sprache(n) treffen und diese gezielt einsetzen (Nassenstein 2015: 17).

Sprachwahl findet auch in der Online-Kommunikation statt, die im nächsten Kapitel genauer vorgestellt werden soll.

6.5 Spracherhalt, sprachliche Abgrenzungen und Attitüden

Bemühungen, sprachliche Minderheiten zu erhalten, sind nicht immer erfolgreich, wie Löffler (2016: 66) für das Elsässische eindrücklich darlegt. Obwohl man die Mundart unter anderem „in Kursen der Volkshochschule wieder lernen" könne, würde „der Status der Regionalsprache auf die Dauer nicht verbessert" (Löffler 2016: 66). Es bedarf also mehr als lediglich Förderung und Befürwortung einer Regionalsprache, um diese zu erhalten. Im Falle des Elsässischen sieht Löffler (2016: 66) die mangelnde „Anbindung an eine deutschsprachige Überdachung". Die sprachliche Minderheit braucht demnach die Mehrheitssprache, um sich einordnen zu können, um sozusagen die Grenzen abbilden zu können. Am Beispiel der Schweiz lässt sich darstellen, wie eindeutige sprachliche Abgrenzung aussehen kann. Während die sprachliche Landschaft zumeist territorial eindeutig und „recht scharf ausgebildet" ist, findet sich in einzelnen Städten ein „Neben- und Durcheinander" von Deutsch und Französisch sprechenden Familien, die jeweils der einen oder der anderen Sprachgruppe zuzuordnen sind (Löffler 2016: 66).
Sprachliche Attitüden (Einstellungen) haben für das soziale Zusammenleben innerhalb einer Gesellschaft größere Konsequenzen als die objektiven Sprachdifferenzen zwischen Fremdsprachigen, die mit gutem Willen überbrückt werden können (Löffler 2016: 42). Einen sehr viel stärkeren Barrierecharakter als die offensichtliche Unverständlichkeit zweier verschiedener Sprachen haben nach Löffler (2016: 42f.) die negativen Einstellungen gegenüber bestimmten sozialen oder ethnischen Gruppen, oft einhergehend mit geringerer sozialer Einschätzung und verminder-

tem Interesse an einem gemeinsamen Verständnis. Dass sich Sprachprestige durchaus steuernd auf das sprachliche Verhalten auswirkt, ist hinlänglich bekannt (Löffler 2016: 43) und wurde in Kapitel 2.7.3 (Funktionen des Sprachgebrauchs in Gesellschaft, Gemeinschaft und Gruppe) schon behandelt.

Wichtig für die Analyse gerade weniger prestigeträchtiger Sprachen scheint Löfflers (2016: 43) Feststellung, dass die Exploration einer Sprachvarietät stark variieren dürfte, je nachdem, ob von Sprechern „echte (‚valide') Sprachproben" im Sinne von ehrlichen Aussagen über bestimmte Sprachvarietäten zu erhalten sind. Im Rahmen von Feldforschung und auch der im nächsten Kapitel vorgestellten Untersuchung zur Online-Präsenz wurden Aussagen der Kui gesammelt und daraus nachfolgend eine Zusammenfassung erstellt.

7. Digitale Präsenz von Minderheitensprachen

In diesem Kapitel wird die Nutzung der sozialen Medien durch sprachliche Minderheiten betrachtet, die in der bisherigen Forschung vergleichsweise wenig Beachtung gefunden hat. Die sprachliche Minderheit Kui verfügt, wie eingangs erwähnt, über keine eigene Schriftsprache. Sie verwendet also in den sozialen Medien Thai, Lao, Khmer und andere Sprachen. Minderheitensprachen *mit* einer Schriftsprache werden in der Online-Kommunikation im Allgemeinen selten verwendet und es soll im Folgenden den Gründen dafür nachgespürt werden. Das Ziel ist es, die Einstellung der Sprecher zur Verwendung von Minderheits- oder Mehrheitssprachen herauszufinden. Es werden Erkenntnisse über die Faktoren erwartet, die für die Wahl einer Sprache relevant sind, etwa soziale Einbindung und Zugehörigkeit wie im vorangegangenen Kapitel beschrieben. Zunächst aber ein Blick auf den Stellenwert von Minderheitensprachen im Netz, wie er sich gegenwärtig darstellt.

7.1 Forschung zu digitaler Teilhabe und digitalem Aussterben von Sprachen

Zwar ist die Nutzung sozialer Medien in den letzten Jahren auch in Südostasien stark gestiegen[66], doch sind keineswegs alle Sprachen gleichermaßen vertreten. Kleine Sprachen tauchen zum Teil überhaupt nicht in der digitalen Welt auf. Die Gründe hierfür sind vielfältig. Einerseits kann nur das verwendet werden, was verfügbar ist, das heißt, wenn bestimmte Spracheinstellungen nicht vorhanden sind, können sie nicht ausgewählt werden. Andererseits entscheiden die Sprecher selbst, welche Sprachen sie in der digitalen Welt verwenden. Dies hängt nicht nur von der jewei-

[66] Von Januar 2017 bis Januar 2018 verzeichnete Thailand einen Anstieg der Social-Media-Nutzer um 11 % (Chaffey 2018). Seit dieser Zeit ist die Nutzerzahl mit Sicherheit noch einmal massiv angestiegen.

ligen sprachlichen Kompetenz ab. Es können mehrere Gründe dafür benannt werden, sich für eine Verkehrssprache wie Englisch, die Mehrheitssprache der Zielgruppe (wie Thailändisch) oder eine ungeschriebene Variation oder einen ungeschriebenen Dialekt einer Minderheit zu entscheiden.

Bei der Nennung der hauptsächlichen Gründe dafür, in den sozialen Medien keine Minderheitensprache zu verwenden, ergaben sich in einer Online-Fragebogen-Befragung unter 259 Teilnehmenden mit 54 verschiedenen Muttersprachen, darunter 76,8 % Minderheitensprecher, die folgenden Werte (Belmar 2018: 18):

- Freunde würden mich nicht verstehen: 64,9 %
- Ich weiß nicht, wie ich es schreiben soll: 13,5 %
- Es wäre mir peinlich, Fehler zu machen: 20,3 %
- Ich spreche nicht fließend: 27 %
- Ich kenne den Standard nicht: 5,4 %
- Wir haben keinen Standard: 9,5 %
- Ich bevorzuge eine andere Sprache: 12,2 %

Kornai (2013) beschreibt den digitalen Abstieg und Aufstieg einer Sprache. Bei einem beginnenden Sprachtod im digitalen Zeitalter gebe es einen sukzessiven Funktionsverlust, der zunehmend alle Bereiche betreffe, von der täglichen Kommunikation via SMS und E-Mail bis hin zur Abwicklung von Online-Handelsgeschäften. Der Verlust von Prestige werde im wahrsten Sinne des Wortes offensichtlich, denn: Wenn eine Sprache im Internet nicht verfügbar sei, existiere sie schlichtweg nicht. Das bedeute auch, dass Digital Natives nicht in ihrer eigenen Sprache digitale Kompetenzen erwerben. Der digitale Aufstieg einer Sprache sei der umgekehrte Prozess, in dessen Verlauf eine Sprache zunehmend mehr digitale Funktionen (und Prestige) erlange, während ihre Sprecher zunehmend mehr digitale Fähigkeiten erwerben (Kornai 2013: 1). Während viele Sprachen in der analogen Welt noch nicht gefährdet zu sein scheinen, habe die große Mehrheit (über 95 %) der Sprachen bereits die Chance verpasst, digital aufzusteigen (Kornai 2013: 2). Das wichtigste Maß für die Vitalität einer Sprache sei in der analogen Welt die Größe und Generationszusammensetzung der ganzen jeweiligen Sprachgemeinschaft. Im digitalen Bereich interessiere lediglich die Anzahl der Digital Natives in der Sprache. Sobald die Sprachgemeinschaft mit dem Erstellen von Inhalten durch Senden von Textnachrichten, Schreiben von Blogs und Erstellen von Wikis beginne, könne man davon ausgehen, dass die jüngere Generation dem Trend folgen werde und dann im nächsten Schritt auch digitale Foren wie Facebook zunehmend von Eltern und Großeltern dazu genutzt werden, mit ihren Kindern in Kontakt zu bleiben (Kornai 2013: 2).

Der passive Konsum von digitalem Material in einer übergreifenden Sprache sei irrelevant, wenn nicht sogar schädlich für das Überleben einer bedrohten Sprache (Kornai 2013: 2). Zudem sollte passive Webpräsenz von aktiver Webpräsenz unterschieden werden: „Passive Präsenz zeigt nur Bemühungen um Erhaltung […] an, nicht digitale Vitalität." (Kornai 2013: 3, Übers. d. A.)

Um den jeweiligen Anteil verschiedener Sprachen am Gesamtinhalt des Internets präziser zu berechnen, arbeiten unter anderen Pimienta et al. (2009) an Sprachforschungsmethoden, die anhand Dutzender verfügbarer Indikatoren die relative Macht einer Sprache ermitteln. Zu diesen Indikatoren zählen neben Software-Downloads und den Nutzerzahlen bestimmter sozialer Medien auch Wikipedia. „No Wikipedia, no ascent", fasst Kornai (2013: 3) die Bedeutung der Wissensplattform zusammen: Das heißt, eine Sprache, die dauerhaft nicht auf großen Online-Plattformen wie Wikipedia genutzt wird, wird mit sehr großer Wahrscheinlichkeit auch in Zukunft keine Rolle spielen. Im Juni 2021 listet Wikipedia 310 aktive Sprachversionen.[67] Kui ist – neben vielen anderen kleinen Sprachen Südostasiens – nicht in der Wikipedia vertreten. Nach Kornais Einschätzung wird sogar nicht mehr als ein

[67] https://de.wikipedia.org/wiki/Wikipedia:Sprachen (Zugriff 17.06.2021).

Drittel der bei Gründung von Wikipedia vorhandenen Sprachen den Übergang in das digitale Zeitalter schaffen. Dies zeige sich an Beispielen wie der ehemaligen klingonischen Wikipedia (die jetzt auf Wikia gehostet werde). Eine Gruppe von Enthusiasten könne zwar Wunder vollbringen, aber keine echte Community schaffen und damit eine Sprache nicht am Leben erhalten (Kornai 2013: 9).

Der digitale Aufstieg erfordert laut Kornai (2013: 9) per Definition den Einsatz in einer Vielzahl digitaler Kontexte. Das Überleben der Sprache im digitalen Zeitalter sei im Wesentlichen für lokale Sprachvarianten gesperrt, deren Sprecher zur Zeit der industriellen Revolution bereits zwei wichtige Bereiche abgetreten hätten: Prestige und Kernbereiche der Funktionalität für die führenden „Standard-Koines",[68] die Varietäten, die heute ohne Qualifikation Französisch, Deutsch und Italienisch genannt würden (Kornai 2013: 9).

Eine hohe Gesamtzahl an Sprechern führt nach Ansicht von Kornai (2013: 9) nicht unbedingt zu einer großen Webpräsenz. Zum Beispiel habe Piemontesisch rund zwei Millionen Sprecher, aber kaum eine Webpräsenz; Färöisch mit nur 50.000 Sprechern könne dagegen auf eine hochwertige Wikipedia-Präsenz verweisen (Kornai 2013: 9).

Von den 7.000 angenommenen noch lebenden Sprachen werden vielleicht 2.500 im klassischen Sinne ein weiteres Jahrhundert überleben, prognostiziert Kornai; digital dürften es nur 10 % davon sein, alle anderen müssten sich dem Status des digitalen Erbes (wie Nynorsk) oder mit dem digitalen Aussterben (wie Mandinka) abfinden (Kornai 2013:

[68] Verkehrssprachen, die sich durch Einebnung von dialektalen Unterschieden herausgebildet haben.

10). Vom digitalen Aussterben bedroht sind nach META-NET[69] auch mindestens einundzwanzig europäische Sprachen.
Im Zusammenhang mit einer auf zwölf Jahre angelegten Untersuchung zur sprachlichen Vielfalt im Internet von Pimienta, Prado und Blanco (2009) wurden sowohl die Häufigkeit von Sprachen bei Onlinerecherchen als auch das Verhältnis im Vergleich zur Verwendung des Englischen recherchiert. Sowohl Software als auch Betriebssysteme sind meist nur in englischen oder anderen großen Sprachen erhältlich (Internet Health Report 2018).
Eine verbreitete Methode, um die Angemessenheit der Menge von Online-Inhalten für eine bestimmte Bevölkerungsgruppe und die Lage der Sprachenvielfalt weltweit zu erfassen, ist der Vergleich zwischen der geschätzten Zahl der Internetnutzer, die eine bestimmte Sprache sprechen, und dem geschätzten Prozentanteil der Websites, die in eben dieser Sprache verfügbar sind (Internet Health Report 2018). Die Ergebnisse sind nach einem „Statusbericht zur Internetgesundheit" mitunter verblüffend: Zum Beispiel liegen mehr als 50 % aller Web-Inhalte auf Englisch vor, wohingegen gerade mal 25 % aller Internetnutzer diese Sprache überhaupt sprechen. Pimienta et al. (2009) zweifeln die Genauigkeit dieser gängigen Erfassungsmethode für die Sprachen im Internet allerdings an. In ihrem Bericht für die UNESCO (2009) argumentierte die Forschergruppe, die kulturelle Vorrangstellung des Englischen sei durch vorgefasste Meinungen hochgespielt worden und gelte nach unzähligem Wiederholen nun als unbestreitbarer Fakt (Internet Health Report 2018).
Zu Minderheitensprachen in der digitalen Welt ist insgesamt eine Forschungslücke zu beklagen. Die überwiegende Zahl der Forschungsarbei-

---

[69] Das durch EU's Horizon 2020 geförderte Projekt META-NET (2020) ist nach eigenen Angaben ein Exzellenznetzwerk aus 60 Forschungszentren aus 34 Ländern und widmet sich dem Aufbau der technologischen Grundlagen einer mehrsprachigen europäischen Informationsgesellschaft. Dabei werden breit angelegte Recherchen zum Stand von Sprachtechnologie für die Verfügbarkeit von maschineller Übersetzung, Speech Processing, Text-Analyse sowie Sprach- und Textressourcen europäischer Sprachen untersucht.

ten zu Sprache im Zusammenhang mit sozialen Medien bezieht sich auf große und größere Sprachen (z. B. Page et al. 2014; Tagg & Seargeant 2015; Teruelle 2012). Es gibt mehrere Studien zu Minderheitensprachen (im Sinne des *Atlas der gefährdeten Sprachen* der UNESCO) und deren Sprachgebrauch in sozialen Medien (Galla 2009; Hogan-Brun & O'Rourke 2019; Moring 2019; Jongbloed-Faber et al. 2016; Patricio-Martín & Martínez-Cortés 2010; Reershemius 2017; Tölke 2015). Einige beleuchten auch den Zusammenhang von Identität und Sprache und deren Darstellung auf Plattformen wie Facebook und Twitter (Bolander 2017; Díaz 2011) und generell sprachlicher Vielfalt und Mehrsprachigkeit online (Ivkovic & Lotherington 2008; Leppänen et al. 2017). Eine weitere Gruppe von Studien beschäftigt sich mit sozialen Medien und Spracherwerb und sprachlicher Sozialisierung in digitalen Kontexten (z. B. Reinhardt 2017; Reinhardt & Thorne 2017).

Eine Untersuchung des Kui als Minderheitensprache ohne eigene Schriftsprache hinsichtlich der Präsenz und Nutzung in sozialen Medien wird im Folgenden vorgestellt.

7.2 Präsenz der Kui in sozialen Medien

Diese Studie zur Präsenz von Kui-Minderheiten in sozialen Medien beruht auf Daten aus den drei Hauptregionen der Kui in Kambodscha, Laos und Thailand. Zur Untersuchung wurden drei Methoden verwendet: (1) Interviews mit Kui in Kambodscha und Thailand, (2) Fragebögen, in denen die Nutzung sozialer Medien durch Kui untersucht wird, wobei der Schwerpunkt auf ihrer Sprachwahl bei der Nutzung sozialer Medien liegt, und (3) Online-Recherchen zur Social-Media-Nutzung der Kui.

Es wurden Online-Interviews und Mailaustausch mit Kui in Kambodscha und Thailand in englischer und thailändischer Sprache durchgeführt. Einige der Interviews wurden aufgezeichnet und soweit erforderlich zur Auswertung transkribiert. Im Anschluss konnte ein

Interview-Leitfaden entwickelt werden, um zukünftige vertiefte Studien zur digitalen Nutzung von Minderheitensprachen wie der Kui durchzuführen. Zudem wurden zwischen 2019 und 2020 über 200 Fragebögen von in Thailand lebenden Kui beantwortet. Die Online-Recherche zur Nutzung sozialer Medien umfasste hauptsächlich Seiten wie Facebook einschließlich Facebook Messenger, WhatsApp, KakaoTalk und andere, zudem einige kleinere private Blogs, auf denen jeweils in Thai oder Khmer geschrieben wird.

Die Ergebnisse der Interviews und Fragebögen zeigten eine sehr geringe bis gar keine Nutzung der Minderheitensprache Kui in sozialen Medien und in der Online-Kommunikation, keine Wikipedia, keine Spracheinstellungsoptionen in Twitter, Facebook und anderen Formaten.

Die Online-Untersuchungen zur Nutzung sozialer Medien durch Kui-Minderheiten (Herbst 2018 bis Sommer 2020) ergaben eine Affinität zur Nutzung sozialer Medien. Obwohl die Angehörigen der Kui-Minderheit in Thailand, Laos und Kambodscha zu den gesellschaftlichen Gruppen mit dem niedrigsten Einkommen in den drei Ländern gehören, ist ihre Nutzung sozialer Medien recht hoch und entspricht anderen sozioökonomischen Gruppen.

Die Angehörigen der Minderheit Kui sind sich ihres Minderheitenstatus in den drei Ländern durchaus bewusst und einige von ihnen organisieren sich in bestimmten Social-Media-Gruppen, um mit Mitgliedern der Minderheit in allen drei Ländern in Kontakt zu bleiben. Diese virtuellen Aktivitäten führen auch zu persönlichen Treffen und Festivals wie dem „Kui-Welttag" in Ban Taklang im thailändischen Bezirk Tha Tum in der nordostthailändischen Provinz Surin (März 2019) und dem „Kui Cultural Festival Cambodia-Thailand-Lao" im Dorf Palhal, Sangkat Palhal, Krong Preah Vihear, in der Provinz Preah Vihear in Kambodscha im Jahr 2020.

Die Kommunikation in diesen Gruppen läuft jedoch häufig in Thai ab, der Lingua Franca für Thailand, Laos und Kambodscha.[70] Dies ist darauf zurückzuführen, dass schon durch den Konsum thailändischer Medien ein Großteil der Khmer und Laoten – mindestens jene in den grenznahen Gebieten – Thailändisch einigermaßen gut verstehen und oft auch gut sprechen. Die Thai hingegen sind nicht in gleichem Maße und nicht mit derselben Häufigkeit in der Lage, Laotisch oder Khmer auf ähnlich hohem Niveau zu verstehen oder aktiv anzuwenden. So kann es sein, dass ein Kui aus Nordkambodscha zur Organisation eines gemeinsamen Festivals der Kui mit dem Mitorganisator, auch ein Kui, in Thailand auf Thai über Facebook und andere soziale Medien kommuniziert, weil dies, wie auf Nachfragen erklärt wurde, der am schnellsten verfügbare kleinste gemeinsame Nenner sei. Kui in den unterschiedlichen Dörfern variiere doch recht stark und zudem sei die Kui-Kompetenz nicht bei allen am Gespräch Beteiligten gleich hoch, sodass auf die Metasprache Thai zurückgegriffen wird, ohne darüber vorher lange Diskussionen geführt zu haben, welche Sprache sich am besten zum Austausch eignen könnte.

Ein ähnlicher Fall wurde in Thailand beobachtet: Ein Ehepaar, beide in Kui-Familien in Thailand geboren und aufgewachsen und zudem der eigenen ethnischen Herkunft sehr verbunden, wechselten im Gespräch untereinander immer wieder zum Thai. Auf Nachfragen wurden ähnliche Gründe genannt: Man könne sich auf Thai – der Sprache, die ohnehin alle gut beherrschten, weil sie im Alltag nötig sei – einfach schneller und unkomplizierter verständigen. Die Kui-Kompetenz sei nicht bei beiden gleich hoch und die sichere Variante sei einfach, auf die gemeinsame Basis des Thailändischen zurückzugreifen.

Doch gibt es auch einen „Kui People Club of Thailand“ auf der Social-Media-Plattform Facebook, der unter den Kui sehr beliebt ist.

---

[70] Obwohl die Angehörigen der Minderheit, insbesondere die unter 40-Jährigen, in den sozialen Online-Medien äußerst aktiv sind, sind die Beiträge in diesen Medien einsprachig, das heißt in Thai oder Khmer.

Feststellen lässt sich, dass sich die Kui-Sprecher in der Regel nicht für ihr Minderheitenerbe schämen, im Gegenteil: Meist sind sie sogar ziemlich stolz auf ihre ethnische Herkunft, was zu den Ausführungen in Kapitel 9.3.5 zur Identität der Kui beiträgt. Ein Kui-Sprecher aus der Provinz Surin betonte beispielsweise ausdrücklich, er sei der Sohn einer Kui-Kui-Hochzeitstradition in der 7. Generation. Nur jüngere Menschen (zum Beispiel eine Gruppe befragter Schülerinnen in Ubon Rathathani) tendieren gelegentlich dazu, den Hintergrund ihrer sprachlichen und ethnischen Minderheit zu verbergen, weil sie vermeiden wollen, dass die Menschen über sie lachen. Ein Kui-Sprecher aus Buriram hingegen unterrichtet Kui in seinem eigenen Youtube-Kanal.[71] Und es gibt Sprecher, die auf Facebook Kui mit thailändischen und Khmer-Schriftzeichen schreiben.

Die Auswertung von 95 Kommentaren (Englisch, Khmer und Thaischrift) aus den sozialen Medien im Zusammenhang mit der Diskussion eines Videos, das die Kui-Sprache und einige Sprecher vorstellt, führte zu folgenden Beobachtungen:

- **Neue Information und Meinungen**: 20 Kommentare mit neuem Informationsgehalt oder der Wiedergabe der eigenen Meinung. („It is the responsibility of parent and old people to maintain their own custom and language (…)"; „Preah Vihear temple built by kui people (…)"; „I am a kui people who live Preah Vihear province in Cambodia. I really want to meet Kui people at Surin and Sisaket so much.")

- **Weiterführende Gedanken und Bestätigung des Gesagten**: 37 Kommentare teilen Gedanken und Überlegungen mit, davon 16 positive Kommentare[72], zum Teil mit eindeutigen Bewertungen („I love Khmer" oder „i am kui from surin province thailand i proud to be born kui i thought kui people lived in surin province more than

[71] „Swatsh Ayaze" mit 310 Abbonenten am 29. April 2021. Online: https://www.youtube.com/channel/UCXBfL6gm8IRu12Zb1Cwtndw (Zugriff 29.04.2021).

[72] Die Kategorien „positiv" und „negativ" beziehen sich nur auf die Ansicht des Kommentators/der Kommentatorin zur im Video thematisierten Sprache Kui.

300000". Zudem Vermutungen zur Geschichte und Herkunft der Kui oder Khmer („Khmer is a bloodline", „Khmer's true religion is black magic"), Vergleich mit anderen Sprachen („in my language [...] mean to eat too, [...] and i speak cantonese with a village dialect"), nur zwei negative Kommentare, drei Kommentare zur Aussprache oder Sprache („We [Kuy] still speak as ancient"; „Kuy is Mon-Khmer origin same as Khmer. Kuy language is the same family as Khmer's.").

- **Landrechte:** Drei Kommentare zur Diskussion über Landrechte (der Kui und generell Kambodscha und Thailand). Diese scheinen generell ein häufiges Thema der Bewohner der erweiterten Grenzregion zu sein. Landrechte und die Rechte der ethnischen Minderheiten für die Nutzung von Land und Wald werden auch in den Medien regelmäßig thematisiert.
- **Unklar, am Thema vorbei**: 14 Kommentare mit unklarem Inhalt oder ohne Beziehung zum Video-Thema, davon zwei mit eindeutig beleidigendem Inhalt auf Siam-Thai bezogen.

Insgesamt lässt sich demnach zumindest für Diskussionen in den sozialen Medien festhalten, dass die unterschiedliche Herkunft ebenso eine Rolle spielt wie die Hautfarbe, die Art und Weise des Sprechens und Sich-Kleidens. Inwiefern derlei Diskussionen, die rein virtuell stattfinden, auf die wirkliche Einstellung von Individuen schließen lassen, bleibt offen; hier wäre weitere Forschung vonnöten.

7.3 Präsenz von Kui in den Medien

Zeitungen und Bücher in Kui waren keinem der Befragten bekannt, was bei fehlender Schrift auch nicht verwunderlich ist. Auch konnten keine Radio- und Fernsehprogramme genannt werden (Siebenhütter 2021a: 18). Hier taucht nur der Youtube-Kanal eines Kui-Sprechers aus Buriram in Nordostthailand nahe der Landesgrenze zu Kambodscha in den Dreißigern auf, der Kui unter Verwendung des Thai-Alphabets lehrt (Siebenhütter 2020c: 16).

In den Mehrheitsmedien finden sich in Thailand und Kambodscha gelegentlich Beiträge zu den Land- und Waldrechten der Kui, die sich durch Baumaßnahmen aus ihrem Lebensraum verdrängt sehen.[73]
In den sozialen Medien in Thailand werden die Kui als bedrohte Minderheit dargestellt, die in den älteren Generationen mehrsprachig ist und aufgrund von mangelnder Weitergabe der Sprache an die jüngeren Generationen dem Aussterben geweiht ist.
Einige überwiegend jüngere Kui bis zu etwa 40 Jahren selbst organisieren sich sowohl in Thailand als auch in Kambodscha in wenigen kleinen Gruppen in den sozialen Medien, um Veranstaltungen anzukündigen oder Bilder zu veröffentlichen. Die Kommunikation auf diesen Plattformen findet in Thai oder Khmer statt. Ebenfalls jüngere Kui in den jüngeren beiden Alterskohorten berichteten von einigen Popsongs, die sie kennen (Siebenhütter 2021a: 19). Diese unterscheiden sich wenigstens für den Außenstehenden kaum von der Thai-Popmusik und können als Beispiel für eine moderne Minderheit gesehen werden, die nichts mit Folklore zu tun zu haben scheint (vgl. Siebenhütter 2021a: 19). Ein starker Einfluss auf das sprachliche Repertoire der Sprecher ist hier nicht zu erwarten. Popmusik kann einen erheblichen Einfluss auf das sprachliche Repertoire haben, das Sprecher dazu motiviert, sich auch geographisch entfernteren Gruppen sprachlich (beispielsweise lexikalisch) zuzuordnen (vgl. Nassenstein 2015: 22).
Es ist davon auszugehen, dass sich nur ein Teil der Kui der sozialen Medien bedient. Insgesamt ist die Präsenz der Kui in den Medien sehr überschaubar bis gar nicht vorhanden. Zu Laos liegen bisher keine Ergebnisse vor, weshalb hier keine Aussagen gemacht werden können.
Die Vermeidung von Themen, die für Minderheiten relevant sind, in den Medien kann ein Hinweis auf so gute Integration sein, dass die Minderheit in den Medien keine spezifische Aufmerksamkeit benötigt, wie

[73] Ähnlich kritische Berichte, in denen die Legitimation der Landrechte der Minderheit der Sámi in Frage gestellt werden, finden sich in Norwegen (Laakso et al. 2016: 200).

Laakso et al. (2016: 199) das für die ungarische Minderheit in Österreich beschreiben. Gleichzeitig kann dies aber auch ein Hinweis darauf sein, dass die Minderheiten selbst darauf verzichten, in den Minderheiten-Medien auf kritische Themenbereiche hinzuweisen, um nicht mit anderen Gruppen mit etwa niedrigerem Status und niedrigem Ansehen identifiziert zu werden, die in den Mehrheitsmedien manchmal als „Unruhestifter" oder als mögliche Quelle von Problemen auftreten (Laakso et al. 2016: 199).

Wenn alle Medien in Staatsbesitz sind und vom selben Organ kontrolliert werden, wovon sowohl in Thailand als auch in Laos und Kambodscha auszugehen ist, ist von dieser Seite auch nur Berichterstattung im Sinne der Regierungen zu erwarten (vgl. Laakso et al. 2016: 199 zu Veps und karelischen Minderheiten in Russland). Gleiches gilt für Aktivitäten, die von staatseigenen Kulturministerien finanziert werden; eine ernsthafte Diskussion um die Probleme der Minderheiten taucht dann oft nicht auf (vgl. Laakso et al. 2016: 199 zu Võro und Seto in der estnischen Presse).

Insgesamt scheint ein häufiges Vorgehen bei der Mediendarstellung von Minderheiten zu sein, dass ernsthafte Konflikte, die im Minderheitensprachendiskurs zum Ausdruck kommen könnten, besser nicht auftauchen sollen, so dass viele Minderheiten, so wohl auch die Kui in Nordostthailand, es vorziehen, still und unsichtbar zu bleiben und nach Möglichkeit die Harmonie zu wahren, auch wenn das bedeutet, eigene Rechte nicht verwirklichen zu können und diese zu verlieren (vgl. Laakso et al. 2016: 199).

Wie Minderheiten in Schweden und Norwegen (Laakso et al. 2016: 199) stehen die Kui nicht nur mit der Mehrheit in Thailand in einem Wettbewerbsverhältnis, sondern in gewisser Weise auch mit anderen in Nordostthailand lebenden Minderheiten wie den Khmer und Laoten. Auf politische Missstände bei der Beachtung von Minderheiten weisen Laakso et al. (2016) am Beispiel der Sámi, Meänkieli und Kven in Schweden und Norwegen hin:

> „The wrongdoings of the past and assimilationist policies have led to the current situation in which many of the minority language speakers have lost their heritage language and may even be ashamed of their ethnic roots. The majority media reflects on this and puts the responsibility on the majority." (Laakso et al. 2016: 199)

Auch in Thailand verlieren Minderheiten durch politische Entscheidungen (z. B. Bildungspolitik) letztlich ihre Herkunftssprachen („heritage language"), da viele Eltern es nicht für sinnvoll erachten, eine Sprache an die Kinder weiterzugeben, die sie bereits in der Schule nicht anwenden können.[74] Auch Scham spielt eine Rolle für die Kui. In städtischen Gebieten sieht man nicht selten auf die „schmutzigen Provinzler" (nicht nur Kui) aus den ärmeren Regionen im Nordosten des Landes herab, so dass einige Kui angaben, ihre genaue Herkunft zunächst zu verbergen, um keine Nachteile zu erhalten.

Abgesehen von den genannten privaten Aktivitäten in den sozialen Medien finden sich in Thailand, Laos und Kambodscha keine offiziellen Anstrengungen zur Revitalisierung und Language Maintenance der Kui wie beispielsweise für einige Sprachen im Süden Thailands durch Forscher am *Research Institute for Languages and Cultures of Asia* an der Mahidol Universität in Bangkok (s. Suraratdeecha 2014; Premsrirat 2006). Im Vergleich zu anderen Minderheitensprachen in Thailand hat Kui möglicherweise noch eine relativ hohe aktive Sprecherzahl.

7.4 Online-Kommunikation der Kui

Die Präsenz von Minderheitensprachen in der Online-Kommunikation und in der Nutzung sozialer Medien ist kaum erforscht. Die wenigen Ergebnisse deuten darauf hin, dass eine zunehmende Digitalisierung – de-

[74] Auch in Europa werden einige Minderheitensprachen überhaupt nicht im Schulsystem unterrichtet oder ihr Unterricht wurde erst vor kurzem eingeführt (Laakso et al. 2016: 209).

ren Auswirkungen sich bereits abzuzeichnen beginnen – für die Sprachenvielfalt eher einen nachteiligen Effekt haben könnte.

Minderheitensprachen werden in der Online-Kommunikation im Allgemeinen seltener verwendet. Was die Einstellungen zum Gebrauch von Minderheitensprachen in sozialen Medien angeht, kann festgehalten werden, dass diese überwiegend praktischer Natur sind und ökonomischen Prinzipien folgen: Was verstanden wird, wird verwendet und was einfach umzusetzen ist, wird bevorzugt. Eine Wertung der persönlichen Sprachwahl erfolgt durch die Sprecher selbst zumindest im Gespräch kaum bis gar nicht.

Angehörige der Kui-Minderheiten nutzen soziale Medien ziemlich aktiv. Die meisten von ihnen verwenden die Landessprachen und Skripte Thai, Lao und Khmer, um online zu kommunizieren – so, wie sie es im täglichen Leben ebenfalls tun. Eine der am häufigsten verwendeten Sprachen in der Online-Kommunikation unter Kui ist neben der jeweiligen Landessprache und den stärkeren Regionalsprachen (z. B. Isan oder Lao in Thailand) auch Englisch. Es wurde ferner festgestellt, dass die Kui daran interessiert sind, ihr Minderheitenerbe zu bewahren, und dass die meisten von ihnen ein eigenes Alphabet haben möchten, um ihr kulturelles Erbe zu unterstützen.

Gemäß den Prognosen Kornais (2013) für das Überleben von Sprachen im digitalen Zeitalter sieht es für die Minderheitensprache Kui – wie auch für Hunderte und möglicherweise Tausende anderer kleiner Sprachen – zumindest, was die digitale Kommunikation angeht, nicht gut aus.

Formulierungen des Typs „Geht eine Kultur verloren, geht auch ihre Sprache verloren“ und vice versa sind allerdings mit Vorsicht zu betrachten, wie Schulze schon feststellte:

> „Die genannte Stereotypie findet sich nicht nur in Bezug auf wie auch immer definierte Minderheiten innerhalb eines über eine Mehrheit konstituierten Machtgebildes, sondern auch in Bezug auf die Mehrheit selbst, etwa, wenn ‚Sprachverfall‘ – was auch immer darunter verstanden wird – als Signal für einen ‚Kulturverfall‘ interpretiert wird.“ (Schulze 2010: 27)

Mit diesem Zitat sei zur folgenden Gesamtzusammenfassung übergeleitet.

Teil III: Sprache und Identität

„Am bewusstesten wird Identität wohl immer dann, wenn sie in Frage gestellt wird." (Fix 2003: 111) Ähnliches ließe sich wohl auch über das Phänomen Sprache sagen. Bewusstheit ist also bedingt durch den Blick von außen und durch ein gewisses Maß an Selbstreflexion, das es dem Individuum ermöglicht, seine eigene Identität und seine eigene Sprache, ja umfassender: sein eigenes Handeln wahrzunehmen und zu begreifen. Die Aktualität des Themenzusammenhangs Sprache und Identität wird deutlich an Titeln wie „Sprachidentität – Identität durch Sprache" (Janich u. a. 2003), „Persönlichkeitsspezifische Sprachvariation" (Andresen 2015), „Regionales Sprechen und Identität" (Scharioth 2015), „Identitätsbildung in multikultureller Gesellschaft" (Schreiner 1994), „Sprache als Mittel von Identifikation und Distanzierung" (Reiher & Kramer 1998), „Minderheiten und Identität in einer multikulturellen Gesellschaft" (Supper 1999), „Kulturelle Identität in einer multikulturellen Gesellschaft" (Abuzahra 2012) und vielen anderen. Strauss ist überzeugt, dass „eine stichhaltige theoretische Erfassung menschlicher Identität und Handlung" Sprache und das menschliche Sprechen in den Mittelpunkt der Diskussion stellen muss (Strauss 2014 [1959]: 222).

Zentral für die vorliegende Monographie ist insbesondere die Feststellung, dass das Individuum erst dann die kollektive Identität als relevant erachtet, wenn sie zu einem Teil des Selbstkonzepts geworden ist. Und nur dann fühlt sich das Individuum auch bereit sein Handeln und Denken für die Gruppe, die Träger dieser kollektiven Identität ist, einzusetzen (Beinke 2008). Im Falle der Minderheit Kui in Thailand, Laos und Kambodscha ist das Vorhandensein eines kollektiven Identitätsgefühls vor allem unter jungen Kui zentral für das Fortbestehen der eigenen Gruppe.

8. Sprache und Identität: Zum Konzept der sprachlichen Identität

8.1 Mehrsprachigkeit als Standard oder Normalfall

Wenn von Mehrsprachigkeit die Rede sein soll, bedarf es einer Definition dieses Phänomens. In diesem Zusammenhang erscheint das Vorgehen von Maas (2008) zur bisherigen Abgrenzung von Zweisprachigkeit und Mehrsprachigkeit angemessen. Zweisprachigkeit wird von Maas (2008: 520) als ein Fall von Mehrsprachigkeit behandelt und die bisherige Forschung dazu kritisch betrachtet: „Es gibt bisher nur wenige Arbeiten, die die Besonderheiten von Mehrsprachigkeit mit unterschiedlicher Anzahl beteiligter Sprachen untersuchen." Er führt weiter aus, dass, falls diese Unterscheidung vorgenommen wurde, „in der Regel nur unzureichend die Registerdifferenzierung und damit die Frage des Sprachausbaus thematisiert" wurde (Maas 2008: 520). Mehrsprachigkeit ist für die meisten Menschen und in den meisten Gesellschaften eine nicht zu bestreitende Tatsache, die bei genauerer Betrachtung der Geschichte auch nicht als ein neues Phänomen verstanden werden kann (Lüdi 1996a: 234). „Nicht die Einsprachigkeit, sondern die Mehrsprachigkeit stellt den Normalfall dar, Einsprachigkeit ist ein kulturbedingter Grenzfall von Mehrsprachigkeit und Zweisprachigkeit eine Spielart der letzteren" (Lüdi 1996a: 234).

Lange Zeit wurde Einsprachigkeit als normal und legitim empfunden (Lüdi 1996b: 322). Außerhalb von Europa ist Mehrsprachigkeit eher der Normalfall als Einsprachigkeit: Während sich die in Europa lebende Bevölkerung ca. 4 Prozent aller Sprachen teilen, sprechen die Bewohner Asiens über 30 Prozent aller gesprochenen Sprachen, was bedeutet, dass die durchschnittliche Einwohnerzahl pro Sprache deutlich geringer ist als in Europa (Riehl 2014b: 9f.).

8.1.1 Zum Mythos der Einsprachigkeit: Die Einsprachigkeitsideologie

In der sprachwissenschaftlichen Forschung wird der Einsprachigkeits-Bias zunehmend kritisiert (Laakso et al. 2016: 9) und vielmehr bevorzugt, Sprache als ein historisches Produkt im Sinne von Bourdieu und als ein soziales Konstrukt zu verstehen (Laakso et al. 2016: 9).
Sprachliche Grenzen sind nicht naturgegeben, sondern konstruiert, und Sprachpädagogen und sogar politische Entscheidungsträger beginnen zu verstehen, welche Relevanz das habe, was de Cillia (2010) „‚language-internal multilingualism‘ *(innersprachliche Mehrsprachigkeit)*“ beschreibt und Wandruszka (1979) als „‚mother-tongue multilingualism‘ *(muttersprachliche Mehrsprachigkeit)*“ prägte (Laakso et al. 2016: 9). Aufgrund sprachinterner Vielfalt werde selbst von sogenannten einsprachigen Sprechern normalerweise erwartet, dass sie viele Varianten, Dialekte, Register oder Stile ihrer Muttersprache verwenden können: Schweizerdeutsch, das für Sprecher von Standarddeutsch praktisch unverständlich ist, werde daher oft als eine eigene Sprache angesehen (Laakso et al. 2016: 9). Dabei stelle sich sogleich die Frage, wo die Grenze von Mehrsprachigkeit gezogen werden soll und ob Menschen im gleichen Sinne „bilingual“ oder „diglossic“ sind, wenn sie neben Standarddeutsch auch Wienerisch, Kölsch oder eine andere nicht standardmäßige deutsche Variante verstehen oder auch sprechen (Laakso et al. 2016: 9).
Aus derselben „Einsprachigkeitsideologie“ heraus wurden schließlich die einzelnen Sprachen eines Individuums unabhängig voneinander untersucht (Lüdi 1996b: 322).
Laakso et al. (2016: 3–4) beschreiben die Schwierigkeiten, die aus der Annahme erwachsen, die menschliche Fähigkeit zum Spracherwerb sei per se auf Einsprachigkeit gerichtet (2016: 3). Auch die – nach der Chomsky-Linguistik – Annahme eines genetisch bedingten Mutterspracher**werbs**, der nur in einem kritischen Alter in der frühen Kindheit stattfinden kann, während weitere Sprachen später nur noch dazu **erlernt** werden können, sei irreführend. Möglich sei dann nur ein „paralle-

ler Monolingualismus“ (s. Heller 2006). (Aus dieser Annahme von „wahrer Zwei- oder Mehrsprachigkeit“ erstünden dann auch die Dringlichkeit zur Erforschung von sprachlichen Minderheiten wie auch die Forderungen („von Nicht-Linguisten“) nach finanzieller Unterstützung (Laakso et al. 2016: 4).

Statistisch gesehen gibt es weltweit mehr mehrsprachige als einsprachige Menschen, weshalb viele Forscher der Meinung sind, dass Mehrsprachigkeit die Regel ist und Einsprachigkeit die Ausnahme darstellt (Riehl 2013: 377). Anders als lange Zeit propagiert sei Mehrsprachigkeit der „Normalzustand“ und Sprache damit „multilingual by nature“, weshalb auch mehrsprachige Individuen im Fokus der Forschung stehen sollten (Laakso et al. 2016: 9).

8.2 Mehrsprachigkeit als Standard – Zur Diversität mehrsprachiger Identität

Da Mehrsprachigkeit für einen sehr großen Teil der Menschheit – Tendenz steigend – als Standard und nicht als Ausnahme angesehen werden kann, ist die Tatsache, in mehreren Sprachen kommunizieren zu können, per se keine herausragende Besonderheit, wenn auch dies in Populärmedien häufig so dargestellt wird. Anstatt also auf Multiple Identitäten auszuweichen, wäre es anzudenken, die Vorstellungen von Einsprachigkeit und Mehrsprachigkeit zu hinterfragen. Wie festgestellt wurde, ist Einsprachigkeit weniger als die Norm anzusehen, als dies häufig – wenigstens in westlichen Ländern – noch den Eindruck erweckt. Festgestellt wurde, dass die durchschnittliche Einwohnerzahl pro Sprache in Asien deutlich geringer ist als in Europa (Riehl 2014a: 9–10). Definitiv ist es dem Menschen nicht biologisch vorgegeben, nur eine Sprache zu sprechen (Riehl 2014a: 11). „Monolingualism“ wird daher bisweilen auch als das Ergebnis eines verarmten Umfelds angesehen, in dem das Potenzial der menschlichen Sprachfähigkeiten nicht voll ausgeschöpft und entwickelt werden kann (Meisel 2004: 92). Infolge solcher Werteverschiebungen werden „Vielfalt und Mehrsprachigkeit zum Normalfall“ (Vossmiller 2018: 48). Eine derartige Sichtweise könnte zudem ein ganz anderes Licht auf die häufig geführten Debatten um sprachliche Integration, Mehrsprachigkeit und Sprachpolitik werfen, wie sie so oft in hiesigen Gefilden ausgefochten werden.

Zum Mehrsprachigkeits-Idealismus

Gleichzeitig bedeute die Realität sehr unterschiedlicher Kontexte mit Sprachen und Identitäten in komplexen und hybridisierenden Beziehungen, dass auch eine ideologische Tendenz, die Laakso et al. (2016) erwähnen, vermieden werden müsse: der sogenannte Mehrsprachigkeits-Idealismus, der in der Tat eine Folge von einsprachiger Voreingenommenheit sei, da Mehrsprachigkeit dabei als zwei oder mehr vollständig parallele Monolingualismen betrachtet würde (Kontra et al. 2016: 227).
Es sei die Erwartung, dass ein mehrsprachiges Individuum im täglichen Leben mit jedem Gesprächspartner in einer der Sprachen seines Sprachrepertoires über jedes Thema und jede Situation spricht, was oft als Ziel einer positiven, offenen und fortschrittlichen Sprachpolitik angesehen werde (Kontra et al. 2016: 227). Aber so wie Einsprachigkeit in der realen Welt selten ist (wenn nicht gar nicht vorhanden), so ist eine solche vollständig ausgewogene Mehrsprachigkeit selten anzutreffen; vielmehr wäre sie eine Seltsamkeit im täglichen Leben mehrsprachiger, multikultureller Menschen, die in Situationen leben, die durch eine Vielfalt von Unterschieden gekennzeichnet sei (Kontra et al. 2016: 227).
So wie der Monolingual Bias die Sprachkompetenz von der Leistung trennt, trennt der Mehrsprachigkeits-Idealismus die Sprachleistung von den Funktionen, die Sprachen in der Gesellschaft erfüllen (Kontra et al. 2016: 227). Laakso et al. (2016) befassen sich tangential mit diesem Problem, indem sie die hierarchische Anordnung von „nützlicheren“ globalen und Verkehrssprachen im Gegensatz zu den von Minderheitengemeinschaften verwendeten „weniger nützlichen“ Sprachen kontrastierten (Kontra et al. 2016: 227). Aus politischer Sicht lege der Mehrsprachig-

keits-Idealismus die Messlatte für nicht dominante Sprachen in Bezug auf die offizielle Anerkennung und sogar in Bezug auf ihre Sichtbarkeit sehr hoch (Kontra et al. 2016: 227).

8.2.1 Typologie und Definition von Mehrsprachigkeit

In der Spracherwerbsforschung finden sich verschiedene Typologien von Bilingualismus und Mehrsprachigkeit, die sich je nach Spracherziehung unterscheiden (Busch 2017: 44f.). Eine Möglichkeit ist zum Beispiel jene der zwei Sprachen zu Hause, die beide nicht Umgebungssprache sind. Ob ein Individuum als bilingual gilt, ist abhängig von der Definition, denn Bilingualismus und Mehrsprachigkeit kann weiter oder enger gefasst werden. Sehr eng fasst Bloomfield (1933: 56) den Bilingualismus als „native like control of two languages". Für die Kui trifft am besten Weinreichs (1974: 73) Definition zu, demzufolge der ideale bilinguale Sprecher abhängig von Gesprächssituation, -partner und -thema von Sprache zu Sprache wechselt. Ebenso passend ist Grosjeans Definition (2012 [1985]: 153, zit. n. Busch 2017: 46), wonach derjenige bilingual ist, der im alltäglichen Leben regelmäßig zwei oder mehr Sprachen verwendet. Diese Definition trifft auf die meisten Kui und sicher auch auf eine große Zahl anderer Minderheiten in Südostasien zu.

Mehrsprachigkeit kann nach Oksaar (1980) und Riehl (2013) funktional definiert werden: Mehrsprachigkeit setzt voraus, dass ein Individuum „in den meisten Situationen ohne weiteres von der einen Sprache zur anderen umschalten kann, wenn es nötig ist. Das Verhältnis der Sprachen kann dabei durchaus verschieden sein – in der einen kann, je nach der Struktur des kommunikativen Aktes, u. a. Situationen und Themen, ein wenig eloquenter Kode, in der anderen ein mehr eloquenter verwendet werden" (Oksaar 1980: 43, zit. n. Riehl 2013: 377).

Formen von Mehrsprachigkeit

Bei der Definition von Mehrsprachigkeit können drei verschiedene Formen unterschieden werden (Lüdi 1996a: 234; Riehl 2013: 377):

(1) **Individuelle Mehrsprachigkeit** bezieht sich auf den einzelnen Sprecher.
(2) **Territoriale Mehrsprachigkeit** oder wie auch immer gelagerte Koexistenz von mehreren Sprachen auf ein und demselben Territorium wie in der Stadt Brüssel (Niederländisch, Französisch);
(3) **Gesellschaftliche Mehrsprachigkeit** meint den Sprachgebrauch in mehrsprachigen Staaten oder Regionen.
(4) **Institutionelle Mehrsprachigkeit** meint die Verwendung mehrerer Arbeitssprachen in Institutionen.

Diese verschiedenen Perspektiven auf Mehrsprachigkeit sind miteinander verbunden, so geht vor allem gesellschaftliche und institutionelle Mehrsprachigkeit meist mit individueller Mehrsprachigkeit einher (Riehl 2013: 377).

Definition Mehrsprachigkeit aufgrund von Sprachgebrauch

Demnach gilt ein Individuum als mehrsprachig, sobald es regelmäßig in mehreren Sprachen kommuniziert, zunächst einmal unabhängig von der Häufigkeit des Gebrauchs und der jeweiligen Kompetenz (Lüdi 1996b: 322). Eine ganzheitliche Beurteilung der gesamten Sprachkompetenz Mehrsprachiger, die „nicht mehr als Addition zweier einsprachiger Kompetenzen, sondern als ein eigenständiges Ganzes erscheint (Grosjean 1982)“, führe auch zu einer Neubewertung tatsächlicher sprachlicher Defizite (Lüdi 1996b: 322).

Individuelle Mehrsprachigkeit

Individuelle Mehrsprachigkeit wird mittlerweile weniger normativ definiert als noch vor 50 oder 60 Jahren, als man davon ausging, Zweisprachigkeit sei nur dann gegeben, wenn ein Sprecher die gleiche Kompetenz in beiden Sprachen besitzt und sie gleichzeitig von Kind auf erlernt hat (vgl. Oksaar 2003: 27ff.; Riehl 2013: 377). Tatsächlich sind die meisten Mehrsprachigen selten in allen Situationen des Lebens in beiden (oder mehreren) Sprachen gleich kompetent; zudem weiß man heute, dass auch noch nach dem Kindesalter noch eine sehr hohe Kompetenz in einer Sprache erreicht werden kann (Riehl 2013: 377). Grundsätzlich kann daher davon ausgegangen werden, dass eine ‚perfekte' Mehrsprachigkeit, d. h. quasi-muttersprachliche Kompetenz in zwei oder mehr Sprachen, die Ausnahme bildet (Riehl 2013: 377).

Zudem sind individuelle Mehrsprachigkeit und gesellschaftliche Mehrsprachigkeit zwei verschiedene Dimensionen, die nicht miteinander verschmolzen werden können (Laakso et al. 2016: 19).

Mehrsprachigkeit ist aus Sicht eines Individuums nicht nur eine Frage der Einstellungen und Kontexte, sondern auch danach, wie und inwieweit einzelne Individuen in der Lage und bereit sind, die Sprachen zu verwenden, die sie kennen, und diese Art der individuellen (frei gewählten) Mehrsprachigkeit werde heute als „Mehrsprachigkeit" bezeichnet (Laakso et al. 2016: 19).

8.2.2 Mehrsprachige Kompetenz, Sprachtrennung und Sprachmischung

Mehrsprachige Kompetenz kann sich in vielfältiger Weise ausdrücken, wie in einem Hin- und Herwechseln von einer zur anderen Sprache, wobei die einzelnen Sprachen möglichst genau auseinandergehalten werden. Dann auch in Situationen, in denen mehr als eine Sprache gleichzeitig zum Einsatz kommt und sozusagen zwei- oder mehrsprachig kommuniziert wird (s. Lüdi 1996b: 322). In diesen Situationen treten die „transkodischen Markierungen", also die „Gesamtheit aller formalen Spuren des Sprachkontakts wie Lehnwörter, Interferenzen, Code-switching", sehr viel häufiger auf (Lüdi 1996b: 322).

Bei diesen Formen mehrsprachiger Kommunikationskultur handelt es sich nicht um rein willkürlich ablaufende, sondern präzisen formalen Regeln gehorchende Phänomene, die nach ebenso genau beschreibbaren soziopragmatischen Gesetzmäßigkeiten auftreten (Lüdi 1996b: 322; vgl. Myers-Scotton 1993a und 1993b). Allerdings beschreibt dies die

Situation von sprachlichen Minderheiten und Sprechern von Varietäten oder Mundarten, die „alle in gewissem Sinne zweisprachig" (Hinderling 2003: 130) sind, nicht adäquat. Spätestens im schulischen Umfeld wird in aller Regel noch eine Hoch- bzw. Verkehrssprache Gegenstand des täglichen Gebrauchs, die wenigstens für Lesen und Schreiben angewendet werden muss. In vielen Regionen der Welt ist die Sprache, in der Schulunterricht stattfindet, nicht die Erstsprache der Sprecher (Riehl 2014a: 121). Die Mehrsprachigkeit, die hier entsteht, wird aber nicht zwangsläufig positiv gewertet, im Gegenteil: Mundart oder Minderheitensprache gerät dabei zumeist „ins Blickfeld nicht als das *Andere*, sondern als das weniger Gute oder gar als das Schlechte, das Unlogische, das Willkürliche, Unordentliche bis hin zum Hässlichen und sogar moralisch Minderwertigen" (Hinderling 2003: 130). Rein grammatikalische Besonderheiten führen da nicht selten zu „geradezu rassistischen Einstellungen", die in vielen Fällen den Schulalltag von Minderheiten oder Dialektsprechern prägen (Hinderling 2003: 130). Diejenigen, deren erste Sprache nicht die Schulsprache war, werden insgesamt benachteiligt (Vossmiller 2018: 45f.). Warum die Mundart, die Variation, die Minderheit in der Sprache so gering geschätzt, geradenach der Lächerlichkeit preisgegeben wird, anstatt sie – wie das ansonsten bei raren Kenntnissen vorkommt – besonders hoch zu schätzen, muss hier offen bleiben. Stattdessen ein Blick auf die Lage der Kui:

In unserem Beispiel der Kui kann zumeist von bilingualem Erstspracherwerb ausgegangen werden, also L1 (Kui) + L1 (Thai), die simultan erworben werden, analog dazu bei den in Kambodscha oder Laos lebenden Kui L1 (Kui) + L1 (Khmer) oder L1 (Kui) + L1 (Lao). Gegebenfalls kommen noch weitere Sprachen als zusätzliche Erstsprachen in Betracht, sofern ein Familienmitglied eine weitere Minderheitenvarietät spricht. Zudem ist das Alltagsleben der Kui von Mehrsprachigkeit geprägt. Auf institutioneller Ebene dagegen, also in Schulen und Behörden, in den Medien herrscht eine nationale Einsprachigkeit vor.

Die Situation kann wohl am besten beschrieben werden als Kontinuum zwischen den Polen gesellschaftlicher Mehr- und Einsprachigkeit, in dem sich zwei verschiedene soziale Ebenen überlagern (Maas und Mehlem 2005: 265): zum einen die informellen Familiensprachen im Nahbereich (hier Kui, Khmer, Isan usw.), zum anderen die formellen Schul- und Bildungssprachen (im Falle der Kui: Thai, Khmer, Lao).
Bei der Mehrsprachigkeit der Kui kann man von einer Mehrsprachigkeit „als formale Artikulation der primären Entwicklungsstufe“ ausgehen, bei der das „Denken fürs Sprechen“ (Slobin 1991) sich mit den „unterschiedlichen idiomatisierten Formen arrangieren muss“ (Maas 2008: 439).

Gesellschaftliche Mehrsprachigkeit

Mit gesellschaftlicher Mehrsprachigkeit wird eine Situation beschrieben, dass auf ein und demselben Territorium mehrere Sprachen gesprochen werden, was in der Regel in Gebieten der Fall ist, in denen sog. Sprachminderheiten leben, wie beispielsweise in Nordostthailand (vgl. Riehl 2013: 378). Nicht alle in diesen Gebieten lebenden Menschen haben die gleiche Sprache als Erstsprache und manche sprechen zu Hause nur Khmer oder Kui, andere nur Thai oder Lao; wieder andere sprechen zwei oder mehr Sprachen des Territoriums von klein an, nämlich Kinder aus gemischtsprachigen Familien (vgl. Riehl 2013: 378).
Von Geburt an zwei- oder mehrsprachige Kinder unterscheiden sich von den „sekundär zweisprachigen“ Sprechern, die die zweite Sprache erst im Kindergarten oder gar in der Schule erlernen (vgl. Riehl 2001: 57; 213; 378).

Gesellschaftliche Mehrsprachigkeit versus territoriale Mehrsprachigkeit

Von der gesellschaftlichen Mehrsprachigkeit lässt sich die seltener anzutreffende territoriale Mehrsprachigkeit abgrenzen, die beispielsweise in der Schweiz, wo jede der Staatssprachen in einem eigenen Gebiet gesprochen wird, vorzufinden ist (Riehl 2013: 378). In dieser Form von mehrsprachigen Staaten können die Individuen, die in dem jeweiligen Gebiet leben, in allen Institutionen und Situationen ihre Erstsprache verwenden, nicht jedoch in den anderen Staatsgebieten (Riehl 2013: 378; Riehl 2009a: 60ff.; Matras 2009: 47ff.).

Institutionelle Mehrsprachigkeit

Institutionelle Mehrsprachigkeit ist dann gegeben, wenn die Verwaltung einer Stadt, eines Bezirks, eines Landes oder einer Organisation ihre Dienste in mehreren Sprachen anbietet, was häufig in den territorial mehrsprachigen Staaten oder in internationalen Organisationen der Fall ist (Riehl 2013: 378).

Diskursive Mehrsprachigkeit

In jüngerer Vergangenheit wurde zusätzlich zu diesen bisher in der Forschung diskutierten Formen von Mehrsprachigkeit von Franceschini (2011: 347) eine vierte Dimension, die diskursive Mehrsprachigkeit vorgeschlagen (Riehl 2013: 378). Von der individuellen Mehrsprachigkeit unterscheidet sich die diskursive Mehrsprachigkeit darin, dass sie als eine mehrsprachige Praxis definiert ist, nämlich als die Herstellung von Sinn im Dialog, worunter unter anderem die verschiedenen Praktiken des Code-Switchings, Gespräche zwischen Muttersprachlern und Nicht-Muttersprachlern, der Gebrauch einer Lingua Franca, von Ethnolekten zählen (Riehl 2013: 378). Diese Form der Mehrsprachigkeit spielt im Nordosten Thailands durchaus eine Rolle, wenn Lao (Phasa Isan) als Lingua Franca bezeichnet werden kann und in mehrsprachiger Praxis unterschiedliche Sprecher im Gespräch sind.

Erwerb von Mehrsprachigkeit und Verschiebung der Dominanz

Bei den Kui liegt definitiv auch eine individuelle Mehrsprachigkeit dahingehend vor, dass sie im Laufe ihres Lebens mehrere Sprachen erworben haben, wobei die Dominanz der Sprachen sich im Laufe ihres Lebens immer wieder verschieben kann, beispielsweise beim Eintritt in Schule oder Berufsleben (vgl. Riehl 2013: 378). Eine besonders gravierende Veränderung findet bei der „Spracherosion" (*language attrition*; vgl. Schmid 2011) statt, wenn Sprachen wieder ganz vergessen werden, wovon sogar die Erstsprache betroffen sein kann (Riehl 2013: 378).

Typen des Spracherwerbs: bewusstes Lernen und unbewusster Erwerb

Beim Erwerb mehrerer Sprachen kann grundsätzlich unterschieden werden zwischen „ungesteuertem (spontanem) Zweitspracherwerb (*second language acquisition*)" und „gesteuertem Zweitspracherwerb, d. h. Zweitspracherwerb durch Unterricht (*second language learning*)" (Riehl 2013: 378). Häufig sind beide Möglichkeiten gekoppelt, indem zum einen die Sprache spontan im Umgang mit Gleichaltrigen und aus der sonstigen sprachlichen Umwelt (*acquisition*) und gleichzeitig durch gezielten Sprachunterricht in der Schule (*learning*) gelernt wird, weshalb die Übergänge zwischen bewusstem Lernen und unbewusstem Erwerb fließend sind (Butzkamm 2002: 96; zit. n. Riehl 2013: 378f.).

Während sich mündliche Sprache auch durch das direkte Erleben und Leben in einer Gesellschaft erwerben lässt, ist das Erlernen von Schriftsprache meist an institutionelle Vermittlung in Form von (Schul-) Unterricht gekoppelt (Riehl 2013: 379; vgl. Riehl 2001: 71).

Herkunftssprachen, die nicht in der Schule gelehrt werden, wie Kui, werden nicht zuletzt aus diesem Grund meist nur in der mündlichen Form erworben (vgl. Riehl 2013: 379). In vielen – auch offiziell – mehrsprachigen Gesellschaften ist die Sprache, in der in der Schule unterrichtet wird, nicht die Erstsprache der Sprecher und so ist eine große Zahl von Sprachminderheiten, die nicht die Möglichkeit haben, Schulunterricht in der Erstsprache zu erhalten, in der Schriftlichkeit einsprachig (Riehl 2013: 379).

Positive Bewertung von Mehrsprachigkeit

Dennoch lässt sich auch eine positive Bewertung von Mehrsprachigkeit feststellen, nämlich dann, „wenn der Erwerb der zweiten Sprache und der Erwerb einer zweiten Kultur nicht als Gefahr für die erste gesehen wird und nicht als Notwendigkeit, eine Identität durch eine andere abzulösen, sondern wenn die Mehrsprachigkeit und die Multikulturalität als Identitätsmerkmal gesehen wird." (Oppenrieder und Thalmair 2003: 50). Dies scheint auf die Kui zumindest in Thailand zuzutreffen, bei denen kaum eine negative Interpretation der eigenen Mehrsprachigkeit aufzufinden war. Die Tatsache, dass die Kui in aller Regel von frühester Kindheit in die Mehrsprachigkeit sozusagen ‚hineinsozialisiert' werden, erlaubt zunächst auch keine negative Bewertung dieser Situation. Aus der Persönlichkeitspsychologie und Sozialpsychologie wissen wir, dass das Kind die Welt, in die es hineingeboren wird und die es in den ersten Jahren seines Lebens erlebt, als die einzig wirkliche und richtige versteht. Erst viel später, ggf. in drastischem Maße auch nie, gibt es einen Bruch dieser ersten Welt, zum Beispiel, wenn der Heranwachsende auszieht, um eine eigene Familie zu gründen. Gerade in traditionellen Kulturen, in denen der Einstieg ins Berufsleben und der Auszug aus dem Elternhaus keine gravierenden Veränderungen der Lebensumstände nach sich ziehen, kann dieser Verlauf jedoch recht fließend vonstattengehen und keine eigentlichen ‚Brüche' erfordern. Damit wäre die als gegeben erlebte Mehrsprachigkeit keiner negativen Bewertung zu unterziehen, da diese als natürlich und in der Tat als eigenes „Identitätsmerkmal" anzusehen wäre, über das in der Regel nicht einmal bewusst reflektiert werden wird, sofern keine Notwendigkeit dafür besteht. Und hier zeigt sich, dass ein gravierender Unterschied besteht zu der in der Literatur häufig beschriebenen Mehrsprachigkeit, die sich nach der Migration in eine neue Lebensumgebung entwickelt oder vielmehr entwickeln muss (Oppenrieder & Thalmair 2003; Lüdi 1996b; Gumperz 1982).

Die Bewertung als identitätsbedrohende Mehrsprachigkeit fände sich vor allem unter älteren Angehörigen der ersten Migrationsgeneration, während eine identitätsstiftende Mehrsprachigkeit eher bei der dritten Generation der Migranten zu finden sei (Oppenrieder &Thalmair 2003: 51). Oppenrieder und Thalmair (2003: 51) halten fest, dass sich diese Fälle der positiven Bewertung, ein neues Selbstbewusstsein und die Ansicht, dass kulturelle und sprachliche Identität nicht aufgeteilt werden muss, sondern gerade in der Multikulturalität und Multilingualität zu finden ist, besonders dann einstellen, wenn die mehrsprachigen Gruppen besonders groß und auch stabil sind (Lüdi 1996a: 240).

Das hehre Ziel, das Oppenrieder und Thalmair (2003: 57) als „Werde der, der du bist – und zwar in möglichst vielen Sprachen!" postulieren, mag positiv klingen, wird wohl aber insbesondere bei denjenigen Gehör und Umsetzung finden, die ohnehin schon in einer mehrsprachigen Realität zu Hause sind.

Im Folgenden werden die Zusammenhänge von Identität und Mehrsprachigkeit genauer untersucht. Eine Möglichkeit bieten biografische Zugänge zur Mehrsprachigkeit: Sprachbiografie und Spracherwerb.

8.2.3 Identitätsentwicklung bei mehrsprachigen Minderheiten und das „kulturelle Gedächtnis" der Kui

Biografische Interviews, Sprachenportraits und Sprachbiografien erlauben den Einblick in komplexe Netzwerke von Bezügen einzelner Individuen, die durch das Erzählen von ihren lebensgeschichtlichen und alltagsrelevanten Erfahrungen berichten können (Busch 2017; Riehl 2014a). Die Bedeutung von Mehrsprachigkeit für Identitätsbildung und bildungsbiografische Möglichkeiten mit Minderheitenstatus und mit damit von der Mehrheitsgesellschaft unterschiedlicher Herkunft wurden auch anhand von Parametern wie unterschiedlicher sozioökonomischer Schicht, sozialem Kapital und daraus resultierender sozialer Ungleichheiten untersucht (z. B. Bourdieu 1982, 1991a; Beck 1983; Mijic und Parzer 2017; Solga, Berger & Powell 2009; Vossmiller 2018). In den Kulturwissenschaften ist das „kulturelle Gedächtnis", also das, was von Kollektiven erinnert oder vergessen wird, ein wichtiges Thema, das sich im

Zusammenhang sowohl mit dem Selbstverständnis des Individuums als auch der Identität eines Kollektivs stellt: „Das Gedächtnis ist der Ort, an dem sich das *Ich* aufbaut“ (Assmann 2006: 67). Was Assmann als „kulturelles Gedächtnis“ beschreibt, setzt sich nicht einfach von selbst fort; vielmehr muss dieses Gedächtnis „immer neu ausgehandelt, etabliert, vermittelt und angeeignet werden“; Individuen und Kulturen bauen diese kollektive Erinnerung gemeinsam und „interaktiv durch Kommunikation in Sprache, Bildern und rituellen Wiederholungen auf“ (Assmann 2008: 20). Demnach kann das kulturelle Gedächtnis als kollektive Erinnerung zusammengefasst werden: „die Tradition in uns, die über Generationen, in jahrhunderte-, ja teilweise jahrtausendelanger Wiederholung gehärteten Texte, Bilder und Riten, die unser Zeit- und Geschichtsbewußtsein, unser Selbst- und Weltbild prägen“ (Assmann 2006: 70).

So verstanden, fungiert Sprache als Träger von Kultur und des kulturellen Gedächtnisses. In der Feldforschung lässt sich Sprache als eine Möglichkeit verstehen, Einblick in die gesellschaftlichen Strukturen zu erhalten (Badenoch 2011a). Am Beispiel von Laos und Kambodscha zeigt Badenoch (2011b), wie Mehrsprachigkeit die Identität von Sprechergemeinschaften stärkt und Zugang zu Märkten, Handel und Ressourcen über Grenzen hinaus ermöglicht. Erinnerung und Identität sind unmittelbar verbunden, weswegen sich aus den jeweils tradierten Geschichten und Narrativen auf die Identität des Individuums und des Kollektivs schließen lässt. Auch dies reflektiert die zentrale Rolle der Sprache für einen analytischen Zugang zu Kultur. Bei sprachlichen Minderheiten liegt es nahe, dass sie häufiger mehrsprachig sind, da davon auszugehen ist, dass sie sich in ihrer – häufig anderssprachlichen – Lebensumgebung zurechtfinden wollen. Nach Eichinger (1994) wird eine Gemeinschaft nicht zuletzt von der Sprache der einzelnen Mitglieder zusammengehalten. Sofern mehrere Sprachen gesprochen werden, ist die Gemeinschaft nicht so stark spürbar, wie dies bei einer Gruppe von Menschen der Fall ist, in der nur eine Sprache gesprochen wird. Eine Sprache verstärkt das

Gefühl der Zusammengehörigkeit, macht diese Zusammengehörigkeit den Menschen bewusster.
Da die Kui über keine eigene Schriftsprache verfügen und ihre soziokulturellen Werte ausschließlich mündlich tradieren, besteht für die Angehörigen der Kui-Minderheit die Gefahr, dass ein kollektives Vergessen (Assmann 2017: 222ff.) einsetzt.

Mehrsprachigkeit als Identitätsbedrohung

Auch wenn Mehrsprachigkeit bei weitem keine Seltenheit mehr ist, werden die positiven Auswirkungen von Mehrsprachigkeit häufig zurückgewiesen (Esser 2009; Vossmiller 2018). Eine negative Wahrnehmung von Mehrsprachigkeit oder gar eine „Identitätsbedrohung durch Mehrsprachigkeit lässt sich aus den Untersuchungen zum Code-Switching in den unterschiedlichsten Kontexten ableiten" (Oppenrieder & Thalmair 2003: 50). Demnach bewerten bilinguale Sprecher ihr Code-switching-Verhalten, also das Sprachenmischen und -wechseln als äußerst negativ (Oppenrieder & Thalmair 2003: 50; Gumperz 1982; Romaine 1995: 294ff.). Laut Oppenrieder und Thalmair (2003: 50) sei die „Einsprachigkeitsideologie" noch lange nicht überwunden und insbesondere die Sprachbenutzer selbst bewerten ihr Sprachmisch-Verhalten als eher negativ.
Ausgehend von der Funktion der positiven Selbstbewertung (Mummendey & Simon 1997b: 177) lässt sich fragen, welche Bedeutung diese Funktionen im Kontext von Sprache und sprachlichen Kompetenzen einnehmen können. Nach Taylor und Brown (1988: 204f.) sind zwei grundsätzliche Voraussetzungen für seelische Gesundheit erforderlich: weniger die genaue und zutreffende Wahrnehmung der Wirklichkeit als vielmehr die Fähigkeit, die Realität in eine Richtung zu verzerren, die das Selbstwertgefühl fördert, den Glauben an die persönliche Wirksamkeit aufrechterhält und dadurch optimistische Ansichten für die Zukunft fördert (zit. n. Mummendey & Simon 1997b: 177). Das heißt, die Fähigkeit, auf offensichtlich falschen Tatsachen, auf einer illusionären Grundlage ein positives Selbstbild aufrechtzuerhalten besitzt einen hohen Wert für

das psychische Wohlbefinden und damit die geistige Gesundheit. Demnach kann es dem Individuum nicht zum Vorwurf gemacht werden, sich nicht realistisch mit der Welt auseinandersetzen zu wollen. Vielmehr ist es eine Notwendigkeit für den Einzelnen, sich zugunsten des eigenen Wohlbefindens und der eigenen Gesunderhaltung sich und das eigene Agieren in der Umwelt quasi „schönzureden". Zur Wahrnehmung und Akzeptanz von Mehrsprachigkeit stellt Vossmiller (2018: 53) richtig fest, dass Mehrsprachigkeit zwar immer „individuell bewertet" werde, aber „weiterhin von der gesellschaftlichen Akzeptanz abhängig" bleibe. Aus zahlreichen Forschungsergebnissen weiß man heute, dass dem Menschen grundsätzlich das Bedürfnis zu eigen ist, sich selbst positiv bewerten zu wollen, und dass das Ziel, ein positives Selbstkonzept zu erlangen, auch gegen möglicherweise widersprechende Informationen geschützt und im Zweifelsfall der realistischen und angemessenen Bewertung des Selbst geopfert wird (Mummendey & Simon 1997b: 175; Taylor & Brown 1988; Sedikides 1993).
Die Herkunftssprache werde als integraler Bestandteil der Identitätsbildung von Menschen mit Zuwanderungsgeschichte vernachlässigt (Vossmiller 2018: 53; Kreß 2014). Mehrsprachigkeit kann nun eine positive, aber auch eine negative Bewertung erhalten.

8.3 Sprache und Identität bei Mehrsprachigkeit

Die – mehr oder weniger bewusste und freiwillige – Entscheidung eines Individuums für ein Leben in Mehrsprachigkeit hat eine klare identitäre Dimensionen (Lüdi 1996b: 324). Zum Zusammenhang von Sprache und Identität und zu den jeweiligen Wechselwirkungen liegt sowohl in den klassischen Sprachwissenschaften als auch in der Sozialpsychologie und in den Kulturwissenschaften eine ganze Reihe sehr guter Ausarbeitungen vor.[75] Dieses Kapitel gibt einen Überblick über die Punkte und Zusammenhänge, die in der vorliegenden Ausarbeitung genauer beleuchtet werden. Zudem wird auf einige Fallstricke hingewiesen, die sich bei der Rezeption bisheriger Definitionsansätze zum Konzept der (sprachlichen) Identität ergeben können und die es zu vermeiden gilt. Damit soll eines der in Kapitel 1.3 beschriebenen Ziele verfolgt werden, nämlich die bisherige Forschungslandschaft zur sprachlichen Identität zu reflektieren und im besten Fall eine abschließende Herangehensweise bzw. ein Modell herauszuarbeiten, das auf empirischen Sprachdaten basiert. Die weiteren Betrachtungen werden zeigen, inwiefern es möglich ist, eine konkrete Definition von sprachlicher Identität mit zugehörigem Forschungsansatz zu präsentieren, das sprach- und kulturübergreifend einsetzbar ist.

Denn bisher besteht hier eine Lücke in der Sprachwissenschaft, die aus der Erforschung der „Sprache ohne den Rekurs auf das für den Menschen wesentliche Phänomen der Sprachidentität“ entsteht (Pugliese 2017: 254). Hier lohnt sich der Blick auf die Kultur- und Sozialwissenschaften, in denen die Identitätsdiskussion längst „Karriere gemacht hat“ und die davon ausgehen, dass „personale Identität nicht ohne Sprache gedacht werden kann“. Doch bleibe selbst die Studie von Kresic (2006) „zu enzyklopädisch und verzichtet zu häufig auf begriffliche Schärfe.“ (Pugliese 2017: 256)

Kresic geht nach Coseriu (1979: 127) davon aus, dass das „Verständnis des Menschen [...] beim Verständnis der Sprache anfangen“ muss, und setzt sich zum Ziel, „durch das Verstehen der Funktionsweise von Sprache auf einer sprachtheoretischen Ebene zu einem Verständnis und Modell der Prozesse der Identitätskonstitution“ zu kommen. An Keupps

75 Beispielsweise hat der „Entscheid von Migranten, zweisprachig zu sprechen“, eine klare identitäre Dimensionen, „da er normativen Einstellungen sowohl der Herkunfts- wie auch der Aufnahmegesellschaft widerspricht“ (Lüdi 1996b: 324 unter Verweis auf Gumperz [1982]).

(1999) „Patchwork-Identität" kritisiert wiederum Kresic (2007: 5) die Marginalisierung von identitätskonstitutiven Funktion der Sprache im Hinblick auf die Konstituierung der einzelnen Teilidentitäten. Dass diese Kritik durchaus berechtigt ist, wurde bereits herausgestellt. Doch auch der Vorschlag von Kresic (2006: 251), der auf „Pluralität und Vielfalt sowie Dynamik und Flexibilität" als zentrale Merkmale der Identitätsstruktur verweist, wird zu prüfen sein. Kresic übernimmt ebenso das Konzept der Teilidentitäten, das ein mehrsprachiges Individuum ganz einfach als Anwender von „unterschiedliche[n] Text-, Gesprächs und Mediennutzungsformen sowie entsprechende[n] Sprachkompetenzen, zwischen denen gewechselt wird und die sich vermischen können", zu erklären versucht (Kresic 2006: 251).

Schon diese kleine Zitatauswahl spiegelt die kritische Haltung vieler Autoren zur Forschungslage wider und auch die Unübersichtlichkeit der Zugänge und Ansätze.

Kresic (2006: 41ff.) stellt eine ganze Flut von neueren Projekten vor, die sich seit den 1960er Jahren mit den gesellschaftlichen und sozialen Einflüssen auf das sprachliche Verhalten und damit im weitesten Sinne mit Sprache und Identität auseinandersetzen und dabei eine ganze Bandbreite wissenschaftlicher Subdisziplinen einbeziehen: Sprachsoziologie, Sozio- und Psycholinguistik, Gesprächs- und Konversationsanalyse, ethnografische Ansätze, variationslinguistische Zugänge und andere mehr. Thim-Mabrey (2003) führt in einem Symposiumsband zum Thema den Begriff der „Sprachidentität" ein, den Kresic (2006) in „Sprache, Sprechen und Identität" aufgreift und in einem umfangreichen Kapitel (S. 158–247) ausführlich bespricht.

Kresic (2006) selbst entwickelt ein umfassendes, jedoch sehr abstraktes Modell auf Basis bisheriger theoretischer Daten unterschiedlicher Disziplinen, insbesondere der Sozialpsychologie (Pugliese 2017; Sdroulia 2007). Wünschenswert für die Sprachwissenschaft wäre ein aus empirischer Sprachpraxis abgeleitetes Modell zur sprachlichen Dimension von Identitätskonstruktion. Bisherige Ansätze berücksichtigen zwar theoretische Modellierungen, jedoch kaum die spezifischen Aufgaben und die Situationsstruktur mündlicher Kommunikation und die spezifisch mündlichen Genres (z. B. Erzählen) sowie die Beteiligungsstrukturen (Sdroulia 2007).

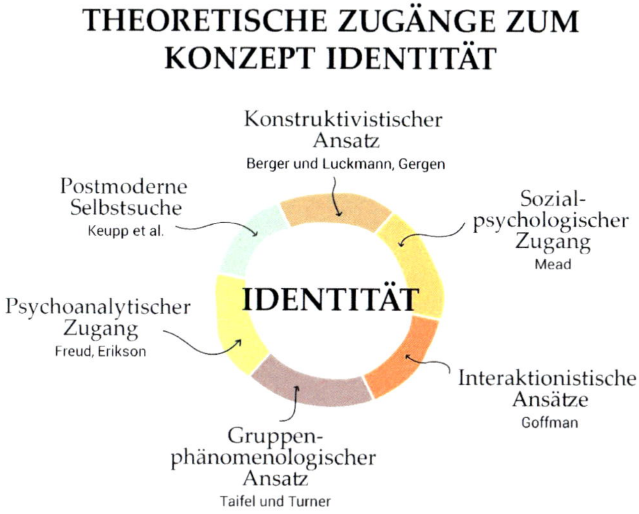

Abbildung 26: Theoretische Zugänge und Ansätze zur Identität

Eine Frage, welche die vorliegende Studie verfolgt, lautet, welchen Beitrag die soziolinguistische Sprachwissenschaft auf Basis empirischer Daten zur Modellbildung einer sprachabhängigen Identitätskonstruktion beitragen kann. Dieser Frage geht bereits Kresic in „Sprache, Sprechen und Identität" (2006) nach, indem sie fragt, welchen Beitrag Sprachwissenschaft und Sprachtheorie in Ergänzung zu sozialpsychologischen Identitätskonzepten zur Bearbeitung des komplexen Zusammenhangs von Sprache, Sprechen und Identität leisten können, wenn das *Konzept der Identität* den Ausgangspunkt bilden soll (Sdroulia 2007). Zu berücksichtigen sind dabei aus theoretischer Sicht insbesondere die in Abbildung 26 aufgeführten Disziplinen, die bereits umfassende Arbeiten zur Identitätskonstruktion und zum Konzept Identität vorgelegt haben.

8.3.1 Bisherige Forschung zu Sprache und Identität

Sprache und Identität werden in unterschiedlichen Zusammenhängen untersucht. Lüdi beschreibt beispielsweise für Sprache im Zusammenhang mit Migration, dass gerade die enge Verflechtung von Sprache und Identität ursächlich für die Veränderungen verantwortlich ist, denen das sprachliche Repertoire unter schwierigen Bedingungen ausgesetzt ist.[76] Damit werde jede Wahl einer Varietät, jeder Akzent und jede Verwendung transkodischer Markierungen zu einem „Identitätsakt“ (Le Page & Tabouret-Keller 1985), mit dem ein Individuum seine Zugehörigkeit mehr oder weniger bewusst ausdrückt und nachgerade dazu gezwungen ist, eine Einstellung auszudrücken (Lüdi 1996b: 323f.).
Und dennoch spiele die Funktion der Sprache im Identitätsdiskurs eine nach wie vor untergeordnete Rolle. Dies gilt sowohl für moderne als auch postmoderne Identitätstheorien, die sich dadurch auszeichnen, der Sprache als Medium der Identitätskonstitution einen untergeordneten Stellenwert beizumessen (Kresic 2007: 5). Kresic (2007: 5) bemängelt, dass die identitätskonstitutive Funktion selten oder gar nicht explizit in die jewei-ligen Modellbildungen einbezogen wird, was umso verwunderlicher sei, „als die Sprachwissenschaft und insbesondere die Soziolinguistik bereits seit den 60er Jahren die Zusammenhänge u.a. zwischen sozialer Zugehörigkeit (Schicht), nationaler sowie geschlechtlicher Identität und Sprache herausgearbeitet hat.“ Ebenso spiele auch in Eriksons Phasenmodell der Identitätsentwicklung Sprache und Sprachentwicklung kaum eine Rolle; nur wenige Anmerkungen werden zur Relevanz der Sprache für die kindliche Entwicklung gegeben (Kresic 2007: 5).

[76] Lüdi (1996b: 323) weist aber auch darauf hin, dass der Prozess der sozialen Identität umso mehr als eine auf stets wechselnde Situationen angepasste Interaktion zu verstehen ist, wenn dieser Prozess unter instabilen Umständen stattfinden muss.

Auch Keupp et al. (1999) lasse im Hinblick auf die „situativen Selbstthematisierungen“ die Einbeziehung von sprachlichen Formen vermissen (Kresic 2007: 5). Kresic (2007) weist zudem darauf hin, dass durch diese Vernachlässigung sprachlichen Verhaltens in der Theoriebildung aus dem Blick gerät, „dass es gerade der Gebrauch bestimmter Einzelsprachen und sprachlicher Varietäten ist, der die Identitäten von Akteuren konstituiert“. Diese treten in verschiedenen Situationen, in denen die jeweiligen Teil-Identitäten aktiviert seien, schließlich meist als sprechende Akteure auf. In der Tat weisen Identitätskonzepte, welche die Zeichen- und Sprachbasiertheit der Selbstkonstitution nicht in ihre Modellbildung integrieren, ein Defizit auf und verlangen nach einem Identitätskonzept, das die Flexibilität, den sprachlichen Charakter und auch den Zeichencharakter von Identität berücksichtigt. Kresic (2007: 6, 20) plädiert zudem dafür, das von der „AG Identität als zeichenbasierter Prozess“ vorgeschlagene Identitätskonzept mit den folgenden Thesen um eine vierte definitorische Funktion zu erweitern:

1. Identität ist ein Phänomen, das bezüglich seiner Merkmale, seines Skopus und seiner zeitlichen Dimension flexibel ist.
2. Identität wird von den Akteuren jeweils in kommunikativen (zeichenbasierten) Prozessen hergestellt/ausgehandelt.
3. Diese Prozesse umspannen sowohl dialogische als auch narrative Formen der Kommunikation.
4. Die Flexibilität und mögliche Multiplizität von Identität basiert zu einem wesentlichen Teil auf den innersprachlichen und fremdsprachlichen, d. h. auf den mehrsprachigen Kompetenzen von Individuen.

Diese vier Punkte nach Kresic (2007: 20) bieten für die Analyse von Identitäten in mehrsprachigen (ebenso wie in anderen) Kontexten einen sinnvollen Ausgangspunkt.

8.3.2 Multiple, hybride und mehrsprachige Identitäten

Die Frage nach der einen Identität oder multiplen Identitäten wird in den letzten Jahrzehnten häufiger gestellt. Dies gilt nicht nur für die „sprachliche Identität", sondern für das Selbstverständnis der Menschen an sich:

> „Zum anderen etabliert sich in den letzten Jahren im Zuge der fast flächendeckenden internetbasierten Netzwerke bei vielen Menschen die Tendenz, sich nicht mit *einer* Identität zufriedenzugeben, sondern mehrere oder viele Identitäten spielerisch aus- und anzuprobieren. Das Phänomen der multiplen Persönlichkeit, das früher als psychopathologisches Thema galt, hat inzwischen zumindest bei jüngeren Internetnutzern breit Einzug gehalten und wird in den sozialen Netzwerken als Normalität gehandelt." (Danzer 2017: 7; Hervh. i. O.)

Auch Rice (2015) spricht von „hybrider Identität" bei der Beschreibung der multiplen Anteile von Kulturen durch eine zunehmende Mobilität in Nigeria, die eine neue Form von „Africanness" hervorbringe (Rice 2015: 182).

Ausgehend von der Theorie der sozialen Identität (Tajfel & Turner 2004 [1986]) wurden in den letzten Jahren mehrere Modelle und Ansätze für das Konzept mehrsprachiger oder anderer multipler Identitäten entwickelt. Zu diesen zählen insbesondere:

- **Multiple linguistische Identität** (Kresic 2006, 2007, 2016)
- **Hybride Identitäten** (Foroutan 2013)
- **Patchwork-Identität** (Keupp et al. 2008 [1999])
- **Multiple ethnische Identitäten** (Bracker 2017; Keupp et al. 2008 [1999])
- **Multiple Identitäten** (Stets & Serpe 2013)
- **Fluide und überlappende Identitäten** (Laakso et al. 2016)

Wichtig ist in diesem Zusammenhang, dass nicht vorschnell der multiple Sprachgebrauch (*hybrid language use*) und eine hybride soziale Identität (*hybrid social identity*) gleichzusetzen sind (Auer 2005). Eine solche Gleichsetzung kann ebenso schwierig sein wie jene von Nation und Sprache, wie sie den traditionellen europäischen Sprachideologien zugrunde liegt.

Dies ist angesichts der Tatsache von Interesse, dass nur ein Drittel der Einwohner Thailands das Zentralthailändische als Muttersprache verwendet und dennoch aufgrund der großen öffentlichen Akzeptanz und Anerkennung der von der Regierung etablierten thailändischen (nationalen) Identität die ethnische Mobilisierung in Thailand minimal bleibt (Ricks 2019: 257).

Auch Laakso et al. (2016) bedienen sich des Begriffs der fluiden, multiplen und sich gegenseitig überlappenden Identitäten im Plural:

> „People, as also confirmed in our ELDIA[77] results, have multiple, fluid and overlapping identities. While claiming to take pride in their ethnic origins and their heritage language, they may simultaneously strive for integration and assimilation." (Laakso 2016: 23).

Kresic (2007: 8) bezeichnet den Sprecher bzw. die Sprecherin grundsätzlich als „Mehr-Identitäten-Redner"; es handle sich um ein Individuum, das „nicht simultan, sondern sukzessive in unterschiedlichen Sprechsituationen und -settings mehrere Normen" umsetze. Die „Wir-Identität" einer Sprechergemeinschaft konstituiere sich demnach durch Selektion einer bestimmten Norm aus dem Sprachsystem, während sich eine personale Identität durch die Realisierung bestimmter Normen in bestimmten Sprechsituationen bilde.

Kresic (2006: 228) entwickelt ein etwas abstraktes Modell multipler Sprachidentität, das sich aus mehreren „Sprach-Teil-Identitäten" zusammensetzt (Sdroulia 2007: 48) und dabei stark an Simmels Modell der sozialen Kreise (1890) und Sharifians Modell kultureller Schemata (2011: 6–8) erinnert, warum diese hier auch eher als soziale Rollen (s. Abbildung 27, S. 266) verstanden werden (s. zur Konstruktion der Identität

[77] Im Rahmen der „European Language Diversity for All (ELDIA)" Fallstudien stellt die Forschungsgruppe Laakso et al. (2016) mit dem „European Language Vitality Barometer" ein Werkzeug zur Messung sprachlicher Vitalität auf Gruppenebene vor (Laakso et al. 2016: 33).

und zu Teilidentitäten auch Keupp 2008). Sie bezeichnet zudem die mehrsprachige Identität „als Normalfall" in Anlehnung an Halwachs' (1993, 2001) Modell der Sprache als Polysystem, d. h. als dreischichtiges Modell kollektiver Repertoires mit Kernschicht (Basilekt), Zwischenschicht (Mesolekt) und der äußeren Schicht (Akrolekt) (Halwachs 1993: 73). Diesem Verständnis von Mehrsprachigkeit kann nach den bisherigen Ausführungen zur Mehrsprachigkeit nur zugestimmt werden. Halwachs beschreibt die gruppenspezifische und individuelle Mehrsprachigkeit als Repertoire. Auf diese Zusammenhänge wird in Kapitel 9.3 zur Mehrsprachigkeit der Kui und zu den Wechselwirkungen mit dem Konzept Identität der Kui genauer eingegangen.

8.3.3 Hybride oder mehrfache Identitäten und ihre Anwendbarkeit

Beinke (2008) ist der Ansicht, Abgrenzung sei nur als ein sekundäres Merkmal von Identität zu verstehen und stelle keine für den Identitätsbildungsprozess notwendige oder unvermeidliche Voraussetzung dar. Vielmehr bestimmten mehrfache oder hybride Identitäten die soziale Wirklichkeit und seien auch ohne eine Abwertung des Fremden möglich (Beinke 2008). Demnach hätte die symbolische Grenzziehung einen geringeren Stellenwert für die Herausbildung oder den Erhalt von Identität als andere Parameter. In Stern und Voss (2006) wird ebenfalls im Plural von „Sprachidentitäten" gesprochen, von hybriden Sprachidentitäten. Hybrid im Sinne von gebündelt oder vermischt deutet zumindest darauf hin, dass am Ende ein Gemischtes oder Gebündeltes übrig bleibt. Eine hybride sprachliche Identität wäre demnach eine Mischidentität, die mehrere Sprachen in einer Identität vereint. In einer kritischen Reflexion hinterfragt Trubeta (2006) die Verwendung des Konzepts „Hybridität" im postkolonialen Diskurs und in den südosteuropäischen Studien und weist auf die Gefahr hin, Hybridität tendiere zu einer Verwendung wie ein „plastic word" (Trubeta 2006: 31),

das ungeachtet seiner tatsächlichen Bedeutungslosigkeit verwendet werde (vgl. Detrez 2008: 122).
Der Begriff „Hybridität" hat in der Wissenschaftsgeschichte eine wichtige Funktion bei der Verbindung binärer Vorstellungen gespielt, geht nach Trubeta (2006) jedoch nicht weit genug, „da Identitäten in der Realität oft aus mehr als zwei Komponenten bestehen" (Bunčić 2007: 477), warum die Faktoren der vielschichtigen Interaktionen durch den Begriff der Hybridität nicht hinreichend erfasst würden. Auch Minnich (2006) verwendet „hybride Identität" für seine Ausführungen zur kollektiven Identitätsbildung und sprachlichen Identitäten im „Dreiländereck" (Minnich 2006: 103) der österreichisch-italienischen slowenischen Grenzregion. Auf Basis langer teilnehmender Beobachtung eruiert Minnich (2006) weniger politische, sondern vielmehr außersprachliche Faktoren wie die Almwirtschaft als identitätsstiftende Elemente der Dorfbewohner auf der österreichischen und italienischen Seite, die sich in unterschiedlichen Ausprägungen ihres slowenischen Dialekts äußert (vgl. Bunčić 2007: 479).

8.4 Zur Definition von sprachlicher Identität und zum Zusammenhang von Sprache und Identität

Wie in Teil I schon erörtert, ist Identität als Konzept weder nur den Sprachwissenschaften noch ausschließlich den Sozialwissenschaften zuzuordnen. Vielmehr ist es in einer ganzen Reihe von Disziplinen von Interesse, sodass hier eine Schnittstelle bei interdisziplinären Forschungsansätzen besteht. Ursprünglich ein Fachterminus in der Individualpsychologie, hat der Begriff *Identität* seit den 1960er Jahren „eine Ausweitung seiner Anwendungen" in den verschiedensten wissenschaftlichen Disziplinen erlebt (Haarmann 1996: 218). Synonyme, die auf spezifische Aspekte der Identität selbst Bezug nehmen wie Selbstverständnis, Selbsterfahrung, Selbstbewertung und Selbstgefühl (Haarmann 1996: 2019) erfassen nicht die gesamte „anthropologische Infrastruktur", die dem vollen Verständnis des Gesamtbilds der Identität dienlich wäre. Zu diesem Gesamtbild gehörten viele Elemente, wie „der Name eines Menschen,[78] seine Hautfarbe, seine Lebensgewohnheiten, seine Wertvorstellungen, das Rechtssystem“ usw. (Haarmann 1996: 219). In diesem Teil II liegt der Fokus klar auf dem Aspekt der Sprache, auf den immer wieder Bezug genommen wird.

8.4.1 Zum Konzept der sozialen Identität

Zur Identität in ihren verschiedenen Ausprägungen kann, wie oben schon deutlich wurde, auf eine ganze Reihe sehr detaillierter Arbeiten zurückgegriffen werden. Eine der bedeutendsten unter den Theorien zu Intergruppenbeziehungen in der kognitiven Sozialpsychologie ist die Theorie der sozialen Identität (Tajfel & Turner 2004 [1986]; s. Abrams & Hogg 1990a; B. S. 2000). Sie beruht auf der Annahme, dass Individuen ihre soziale Umwelt durch Kategorisierungen überschaubarer handhabbar machen, sodass zum Beispiel die unter bestimmten Aspekten als zusammengehörig wahrgenommenen Menschen unserer Umwelt zu Gruppen zusammengefasst werden (B. S. o. J.). Soziale Identität wird dann relevant, wenn ein Individuum selbst Mitglied einer bestimmten Gruppe ist (B. S. o. J.), was sich logisch aus der Definition ergibt, über die weitestgehend Konsens besteht: Soziale Identität wird demnach als der Teil des Selbstkonzepts definiert, den ein Individuum aus seiner Mitgliedschaft in einer sozialen Gruppe gewinnt. In Anbetracht dieser – limitierten – Bestimmung der sozialen Identität formulieren Tajfel und Turner die folgenden allgemeinen Annahmen (Tajfel & Turner 2004 [1986]: 283f.):

(1) Individuen bemühen sich, ihr Selbstwertgefühl zu erhalten oder zu verbessern: Sie streben ein positives Selbstkonzept an.

---

[78] Zur identitätsstiftenden Funktion von Personennamen s. Debus (2003).

(2) Soziale Gruppen oder Kategorien und die Mitgliedschaft sind mit positiven oder negativen Wertkonnotationen assoziiert. Daher kann soziale Identität je nach Bewertungen positiv oder negativ sein (die tendenziell sozial einvernehmlich sind, entweder innerhalb oder zwischen Gruppen) von jenen Gruppen, die zur sozialen Identität eines Individuums beitragen.

(3) Die Bewertung der eigenen Gruppe ist bestimmt durch Bezugnahme auf bestimmte andere Gruppen bzw. durch soziale Vergleiche in Bezug auf wertebezogene Attribute und Merkmale. Positive Abweichungen bei In-Group- und Out-Group-Vergleichen führen zu einem hohen Ansehen. Negative Abweichungen zwischen In-Group und Out-Group führen zu einem geringen Prestige.

Aus diesen Annahmen leiten Tajfel und Turner (2004 [1986]: 284) drei theoretische Prinzipien ab:

(1) Individuen streben danach, eine positive soziale Identität zu erreichen oder aufrechtzuerhalten.

(2) Positive soziale Identität basiert zu einem großen Teil auf günstigen Vergleichen, die zwischen der In-Group und einigen relevanten Out-Groups gemacht werden können: Die In-Group muss dabei als positiv differierend oder unterschiedlich von den relevanten Out-Groups wahrgenommen werden.

(3) Wenn soziale Identität unbefriedigend ist, streben Individuen entweder danach, ihre bestehende Gruppe zu verlassen und sich einer positiveren Gruppe anzuschließen und/oder ihre bestehende Gruppe zum Positiven zu verändern.

Da der Mensch als soziales Wesen verstanden werden kann, kann aus dem Gesagten geschlossen werden, dass Individuen ihre Identität und ihr Selbstkonzept maßgeblich auf der Rückversicherung in der Gruppe

und in Reflexion und Interaktion mit der Gruppe aufbauen, aufrechterhalten und weiterentwickeln.[79]
Identität ist zudem kein statischer Zustand, den es, einmal erreicht, zu erhalten gilt. Vielmehr ist das Konzept Identität einem ständigen und stetigen Veränderungsprozess unterworfen. Diese Prozesshaftigkeit greifen Oppenrieder und Thurmair (2003: 57) auf, wenn sie ihren Beitrag „Sprachidentität im Kontext von Mehrsprachigkeit" mit der Empfehlung schließen, der zu werden, der man ist – „und zwar in möglichst vielen Sprachen!" Auch Mead (1995: 244ff.) beschreibt die Verwirklichung von Identität in der gesellschaftlichen Situation als einen Prozess, als Phasen einer Entwicklung von Identität im gesellschaftlichen Netzwerk.
Im Zusammenhang mit der Identitätsforschung ist auch die Selbstkonzeptforschung zu nennen, da der Begriff Identität häufig auf den ersten Blick nicht leicht von den Begriffen Selbst und Selbstkonzept abzugrenzen ist (Mummendey 2006: 85). Durch „soziale Kategorisierungen" bildeten sich bei Individuen Selbstkonzeptvorstellungen in Minoritäts- und Majoritätsgruppen, „soziale Identitäten" (Tajfel 1972, 1974, 1981), die durch „Ableitung des Selbstkonzepts aus der Zugehörigkeit zu bestimmten sozialen Kategorien bei gleichzeitiger Verneinung der Zugehörigkeit zu anderen Gruppen" entsteht und gewöhnlich mit einer Aufwertung der eigenen und Abwertung der fremden Gruppe einhergeht (Mummendey 2000: 38).

[79] Bourdieu (1980) benennt unterschiedliche Formen des Kapitals: kulturell, sozial und ökonomisch. Nach Brewer (1991) wird die Auswahl einer sozialen Identität gespeist durch eine notwendige Balance von In-Group-Inklusion versus Out-Group-Unterscheidung. Dies beschreibt die *optimal distinctiveness theory*, also die Theorie der optimalen Abgrenzbarkeit/Unverwechselbarkeit des Individuums. Die soziale Identität hängt demnach maßgeblich davon ab, welche Besonderheiten mit der In-Group geteilt werden können und welche Merkmale die Distinktivität von der Out-Group hervorheben.

Die Theorie der sozialen Identität postuliert damit einen kausalen Zusammenhang von Intergruppendiskriminierung und positiver Selbstbeurteilung (Mummendey 2000: 38).

Durch einen geradezu inflationär anmutenden Gebrauch des Begriffs Identität in den Kultur- und Sozialwissenschaften (religiöse, personale, politische, nationale, soziale, sexuelle Identität usw.) wird die Eingrenzung und klare Abgrenzungen von anderen Begriffen nicht einfacher (Mummendey 2006: 85). Zumeist seien jedoch keine gewichtigen Unterschiede zwischen den Konzepten *Selbst* und *Identität* zu entdecken, weswegen Mummendey (2006: 86) zum Schluss kommt, dass der Identitätsbegriff sich – abgesehen von fachspezifischen Traditionen – kaum von den Begriffen Selbst und Selbstkonzept abgrenzen lässt: Ein Mensch besitze verschiedene soziale und situative Identitäten und sei doch stets mit sich selbst identisch. Gleichzeitig repräsentiere und präsentiere er unterschiedliche Arten des Selbst und verfüge zugleich über ein mehr oder weniger stabiles Konzept von der eigenen Person (Mummendey 2006: 86).

Die Zugehörigkeit zum und Orientierung am Kollektiv, die In-Group-Out-Group-Beziehungen, werden auch als das *kollektive Selbst* betrachtet (Mummendey 2006: 131). Theorien und Modelle zu *Selbst* und *Selbstkonzepten* stehen also durchaus in enger Verbindung mit dem Konzept der *Identität*, wenn die Begriffe nicht stellenweise sogar gleichzusetzen sind oder sich wenigstens überlappen (Mummendey 2000: 23ff.; 2006).

Der Stellenwert des Selbstwerts für die soziale Identität wird zudem deutlich an paradoxen Verhaltensweisen (wie Selbstschädigung), die eine wichtige Funktion für die Aufrechterhaltung und den Schutz des Selbstwerts einer Person haben kann und in Teilen sogar sozial erwünscht ist (Mummendey 2000: 132). Aus welchen Quellen Menschen ihren Selbstwert speisen, ist interindividuell verschieden (sog. Selbstwertkontingenz; contingencies of selfworth; Crocker et al. 2003). So hat beispielsweise für Minoritätsangehörige die affektive Bedeutung, die sie ihrer Gruppenzugehörigkeit beimessen, eine stärkere Selbstwertrelevanz als für Majoritätsangehörige (z. B. Twenge & Crocker 2002, nach Wolfgramm et al. 2010: 61).

Wie eingangs schon zitiert: „Am bewusstesten wird Identität wohl immer dann“, schreibt Fix (2003: 111), „wenn sie in Frage gestellt wird.“ Also genau dann, wenn „jemand anderes gleichsam mit dem Finger auf die Identitätsmerkmale der (anderen) Gruppe zeigt, zu denen auch deren Sprachgebrauch gehört, und wenn er Unverständnis bzw. Nichtakzeptanz der Handlungsweisen des Anderen zum Ausdruck bringt und damit dessen Identitätsgefühl beschädigt.“ (Fix 2003: 111). Gleichzeitig wird, wie bei Mead (1995: 251) ausführlich dargelegt, kaum zu einem anderen Zeitpunkt die eigene Identität für das Bewusstsein so deutlich erfahrbar wie im Tratsch mit Mitgliedern der eigenen Gruppe, und dies gelänge umso besser, je mehr die Mitglieder dieser Gruppe der Auffassung sind, andere Menschen können bestimmte Dinge weniger gut als die eigenen Gruppenmitglieder.

Eine wichtige Funktion bei dieser Bewusstwerdung und dem Erleben eines identitären Selbstverständnisses wird erst dadurch als Identität manifest, dass das Individuum sich seiner Identität bewusst wird, wenn es einen Schritt zurücktritt und sich mit den Augen des anderen sieht (Abels 2010: 24f.; Fix 2003: 111). Das Individuum begibt sich also auf eine „Metaebene, die Ebene der Reflexion“ (Fix 2003: 111). Identität wird demnach erst durch diese Reflexion, die Betrachtung von außen real und bewusst.

8.4.2 Identitätsbildungsprozess und Gruppe

Die Gruppe und die kooperative Tätigkeit der einzelnen Gruppenmitglieder erscheinen Mead für den Identitätsbildungsprozess zentral: „Der Prozess, aus dem heraus sich die Identität entwickelt, ist ein gesellschaftlicher Prozess, der die gegenseitige Beeinflussung der Mitglieder der Gruppe, also das vorherige Bestehen der Gruppe selbst voraussetzt.“ (Mead 1995: 207)

> „Given the fact that language is much more than just a means of communication as it is an *inseparable part of our culture and our sociocultural and sociopolitical identities*, this volume is essential for graduates and postgraduates who seek to venture into analyzing how languages are interwoven with identities and cultures." (Sarnou 2019 review of Evans 2018; Hervh. d. A.)

Oppenrieder und Thurmair (2003: 56) weisen darauf hin, dass insbesondere in den sich in den letzten Jahrzehnten herausbildenden „neuartigen Sprachmischungssituationen (und natürlich sonstigen kulturellen Melangen)" die „Rolle der Sprachen für die Identitätsbildung" neu eingeschätzt werden muss. Ihrer Meinung nach müsse Mehrsprachigkeit anders gewertet werden oder aber der Stellenwert der Sprache als identitätsstiftender Faktor dürfe nicht zu hoch veranschlagt werden. Für den beispielhaften Fall Europa führen sie aus, dass, wenn „die Bewohner Europas so etwas wie europäische Identität entwickeln sollen", entweder die Sprache kein sehr dominanter Faktor sein darf oder aber „ein Verhältnis zur Mehrsprachigkeit gefunden werden" muss, das die typische Einstellung zu dieser überwindet (Oppenrieder & Thurmair 2003: 57).

Volkan (2011: 238ff.) beschreibt die Identität von Großgruppen, also ethnischer, nationaler, religiöser oder politisch-ideologischer Gruppen, die aus Tausenden oder sogar Millionen Menschen bestehen. Auch wenn sich die meisten von ihnen im Leben nie kennenlernen werden, bestehe „bei allen ein Gefühl der Zusammengehörigkeit, das meist über Sprache, Wertvorstellungen, Kinderreime, Lieder, Tänze und Geschichtsempfinden" entstehe (Volkan 2011: 238f.). Diese „kulturellen Marker" (Mack 1979), die jeweils mit nur einer Großgruppe assoziiert werden, bilden eine „Quelle des Stolzes" für die Individuen (Volkan 2011: 239). Zudem entstehe der subjektive Eindruck, bestimmte nationale, ethnische oder religiöse Aspekte zu teilen, schon in der Kindheit, auch auf Anhänger politischer Gruppen treffe dies zu. Diese seien dann unter bestimmten Ideologien aufgewachsen (Volkan 2011: 239).

Je nach Kerninhalt der jeweiligen Großgruppenidentität seien Ethnizität, Religion, Nationalität und politische Richtung oder eine Kombination dieser Faktoren in beliebiger Gewichtung am wichtigsten für das Selbstverständnis (Volkan 2011: 239). Für ein Kind spiele es daher eine entscheidende Rolle, welche Themen (kulturelle, religiöse, politische usw.) für die Eltern und die Umgebung, in die es hineingeboren wird, wichtig sind, da bereits von Kindheit an die mutmaßliche Gruppenidentität des zukünftigen Erwachsenen angelegt werde (Volkan 2011: 239). Nach der Phase der Adoleszenz dauere „die Zugehörigkeit zu einer Großgruppe ein Leben lang" und dies gelte auch dann, wenn diese eine „Schattenidentität" werde, die sich „manchmal nach einer freiwilligen oder erzwungenen Migration" entwickle (Volkan 2011: 239). Das bedeutet, dass die Gruppenidentität, die ein Individuum besitzt, weniger auf eine freie Wahl zurückgeht denn auf die Umstände, die ein Mensch bei seiner Sozialisation vorfindet. Für die Kui lässt sich daraus schlussfolgern, dass sich ein Stolz auf die eigene Identität als Kui, als sprachliche und ethnische Minderheit, nur dann entwickeln kann, wenn das Umfeld und maßgeblich die ersten Bezugspersonen, meist die Eltern, einen solchen Stolz und ein Selbstverständnis als Kui zeigen und vorleben.

8.4.3 Zum Zusammenhang von Identität und Sprache

Der Zusammenhang zwischen Sprache und Identität sowie die Wechselwirkungen zwischen Sprache und Identitätsbildungsprozessen sind zum gegenwärtigen Zeitpunkt unbestritten. Wobei hier gleich eine kritische Anmerkung voranzustellen ist: Bei der Klärung des Zusammenhangs von Sprache und Identität erscheine es zielführender, nicht die „Beziehung von Sprache *und* Identität" ergründen zu wollen, sondern von „Sprache als einer Komponente *in* der Identität auszugehen" (Haarmann 1996: 219). Identität sei demnach keine Kategorie, die man Kultur oder Sprache beiordnen könne, sondern vielmehr eine übergreifende Größe, von der sowohl Kultur als auch Sprache gewissermaßen abhängig seien (Haarmann 1996: 219). Alleine Haarmanns Formulierungsvorschlag bestimmt die fragliche Verbindung schon, indem er eine gewisse Hierarchie festlegt. Demnach wäre Sprache als ein Teil der Identität zu verstehen, der ebensowenig vom Individuum getrennt werden kann wie die persönliche Biografie, die körperliche Gestalt, wenn auch bis zu einem gewissen Maß Einfluss darauf genommen werden kann.

Sprachidentitätskonflikte sind in den letzten Jahrzehnten in vielen Regionen der Erde zunehmend in den Blick der Forschung geraten. Ein Anliegen dieser Forschung besteht darin, ein Verständnis für die Möglichkeiten politischer und kultureller Emanzipation, die durch Sprache und offenen Diskurs entstehen können, zu erreichen (Evans 2019). Sammelbände wie „Language, Identity and Symbolic Culture“ (Evans et al. 2019) widmen dem Zusammenhang zwischen Sprache und individueller Identität mehr und mehr Raum. Neuere Untersuchungen befassen sich mit dem breiteren gesellschaftspolitischen Diskurs, der auch Themen wie Marginalisierung und Ausgrenzung beinhaltet. Ausgehend von den philosophischen Paradigmen der Sprache fragt sich Evans (2019), ob Sprache im täglichen Gebrauch persönliche Identitäten prägt oder lediglich ein Werkzeug ist, um die Welt zu beschreiben. An solchen und ähnlichen Fragestellungen, die sich in zahlreichen neueren Fallstudien aus der ganzen Welt finden, lässt sich die Aktualität der Thematik ablesen. Dabei wird die Rolle der Sprache aus unterschiedlichen Blickwinkeln betrachtet, die Fragen von Macht, Kolonialisierung, Marginalisierung und Bildung berücksichtigen (Evans et al. 2018).

8.4.4 Identität ist nicht gleich Rolle

Fix (2003: 107) hält fest, dass „es *eine* Identität oder *die* Identität gar nicht geben kann“. Soziale Identität bezieht sich demnach immer auf die Gruppe, an die sie in ihrem Selbstverständnis demnach gebunden ist.[80]

[80] Selbst wenn Identität kein statischer Zustand sein kann, so lässt sich auf das Konzept „Identität“ doch aus unterschiedlichen wissenschaftsdisziplinären Blickwinkeln schauen: „das psychologische Verständnis der Kategorie im Sinne von ‚Man-selber-sein‘ – Stichworte ‚Selbstkonzept‘ und ‚Selbstwertgefühl‘“ und mehr im soziologischen Sinne als „das Konzept von ‚sozialer Identität‘ (Dittmar 1997: 81, 133f.) bzw. von ‚kollektiver Identität‘ (Barbour & Stevenson 1998: 133).“ (Fix 2003: 107)

> „Identität und Identifikation, die mit Sprache verknüpft sind, beziehen sich immer auf eine Gruppen-Identität, auf mehrere Menschen also, welche gemeinsame Merkmale besitzen und die sich auf Grund dieser gemeinsamen Merkmale als zusammengehörig, als Gruppe fühlen. Ein solches Merkmal kann eben auch die Sprache sein. Nach dieser Auffassung hat jeder von uns mehrere Identitäten und manche davon – nicht alle – sind sprachlich markiert und symbolisiert." (Fix 2003: 107 zit. n. Löffler 1994: 19)

Der Ansicht, dass ein Individuum über mehrere Identitäten verfügt, kann jedoch nicht zugestimmt werden. Zielführender scheint dagegen das Konzept der sozialen Kreise nach Simmel (1890) und die Einordnung des Individuums in unterschiedliche Rollenzusammenhänge, die es zu erfüllen gilt.

Demnach ist keine Gleichsetzung von Rolle und Identität erlaubt. Eine Rolle erlaubt immer nur eine Momentaufnahme, weil sich jeder Mensch tagtäglich unterschiedlicher Rollen bedient. So würde die Gleichsetzung von Rolle und Identität das vernachlässigen, was den „über die ganze Lebensspanne hin unwandelbaren Kern ausmacht" (Mumm 2018: 25). Das Individuum kann in seiner Lebensumwelt und in seinen sozialen Beziehungen unterschiedliche Rollen ausüben und sich in unterschiedlichen sozialen Kreisen bewegen. Die Identität ist und bleibt jedoch über die Zeit stabil und im Kern bei jeglicher Rollenausübung und in jeglichem sozialen Kreis vorhanden. Anders gesagt: Über eine Identität verfügt das Individuum nur einmal, wenngleich diese Identität in stetigem Wandel befindlich und prozesshaft ständiger Entwicklung unterworfen sein mag. Die Variante der „Teilidentitäten" (Keupp 2000) scheint ebenso irreführend, suggeriert dieser Begriff doch, das Individuum lasse sich trennscharf aufspalten in einzelne Teile, die miteinander nichts zu tun haben. Dies geht in Richtung dessen, was die Psychologie als „Dissoziative

Identitätsstörung (DIS)“[81] versteht. Es erscheint also sinnvoller, von einer Identität und mehreren Rollen zu sprechen. Die in unterschiedlichen Situationen eingenommenen Rollen machen deutlich, dass nicht in jeder Situation alle Merkmale der eigenen Identität zum Ausdruck kommen, diese jedoch nicht verloren gegangen sind oder zu einer anderen (Teil-) Identität gehören, sondern lediglich in der aktuell ausgeführten Rolle weniger manifest werden.

An dieser Stelle sei nochmals daran erinnert, dass es immer um die Herstellung einer Passung zwischen dem subjektiven „Innen“ und dem gesellschaftlichen „Außen“ geht, also um die Produktion einer individuellen sozialen Verortung. Keupp beschreibt, dass die Notwendigkeit zur individuellen Identitätskonstruktion auf das menschliche Grundbedürfnis nach Anerkennung und Zugehörigkeit verweise. Es solle dem „anthropologisch als ‚Mängelwesen‘ bestimmbaren Subjekt eine Selbstverortung ermöglichen“, eine individuelle Sinnbestimmung liefern und den individuellen Bedürfnissen sozial akzeptable Formen der Befriedigung eröffnen. Identität bilde damit ein selbstreflexives Scharnier zwischen der inneren und der äußeren Welt, dem inneren und äußeren Erleben. Genau in dieser Funktion werde nach Keupp (2000) der Doppelcharakter von Identität sichtbar: „Sie soll einerseits das unverwechselbar Individuelle, aber auch das sozial Akzeptable darstellbar machen. Insofern stellt sie immer eine Kompromißbildung zwischen ‚Eigensinn‘ und Anpassung dar.“ Dies sei das grundlegende Problem der „Gleichheit in der

[81] Allgemeine Kennzeichen in verkürzter Form: der teilweise oder völlige Verlust der normalen Integration des Bewusstseins, der sich auf Erinnerungen an die Vergangenheit, Identitätsbewusstsein und unmittelbare Empfindungen sowie die Kontrolle von Körperbewegungen bezieht, ohne dass dieses durch eine körperliche Erkrankung zu erklären wäre. Als ein Hauptkriterium zur Diagnose wird die Unfähigkeit genannt, wichtige persönliche Informationen zu erinnern, die für eine einfache Vergesslichkeit zu ausgeprägt ist. Dies würde beinhalten, dass die einzelnen „Teilidentitäten“ oder „Teilpersönlichkeiten“ keine Kenntnis voneinander haben, was im Falle einer einfachen Rollenübernahme im sozialen Alltag nicht zutrifft. Der Vater erinnert sich sehr wohl an sein Spielen mit den Kindern, wenn auch dieses bei der geschäftlichen Verhandlung im beruflichen Kontext keine Rolle spielt.

Verschiedenheit", das die aktuellen Identitätstheorien beherrsche. Das konstante Gefühl des Sich-selbst-Gleichseins (Erikson 1956) als Teilaspekt der Identität kann nach Volkan (2011: 238) mit dem Begriff „Kernidentität" treffend beschrieben werden.

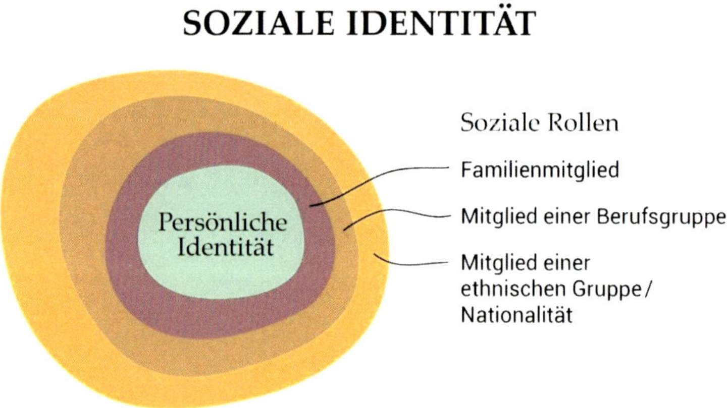

Abbildung 27: Persönliche und soziale Identität (in Anlehnung an Brewer 1991; Mummendey 2006; eig. grafische Darstellung)

Ein Mensch besitze verschiedene soziale und situative Identitäten und sei doch stets mit sich selbst identisch. Gleichzeitig repräsentiere und präsentiere er unterschiedliche Arten des Selbst und verfüge zugleich über ein mehr oder weniger stabiles Konzept von der eigenen Person (Mummendey 2006: 86). Im Gegensatz zu Mummendey (2006) versteht die Autorin die Funktionen von Individuen als Familienmitglied, Berufstätige oder Zugehörige einer Gruppe nicht als „soziale Identitäten", sondern als Rollen. Wie in Abbildung 27 veranschaulicht, verfügt ein Individuum demnach über einen stabilen Kern, die persönliche Identität, und erfüllt je nach Situation im Verlauf seines Lebens die Anforderungen unterschiedlicher Rollen im Rahmen von Berufstätigkeit, Freizeit, Familie und anderen Beziehungen und Zugehörigkeiten, wie in Abbildung 27 veranschaulicht. Diese wiederum bilden als Gesamtheit die soziale Identität eines Individuums mit all seinen Beziehungen zu anderen Individuen in seinem sozialen Umfeld. Diese unterschiedlichen Rollen, in der Forschung gelegentlich auch als Teilidentitäten, Metaidentitäten oder Selbste beschrieben (Straus & Höfer 1997: 281, 303; Myers 2014: 212),[82] führen nicht zu einer multiplen Identität. Diese Feststellung ist wichtig, wenn auch im Anschluss an die Auswertung der Identitäts-Konzepte unterschiedlicher Disziplinen festgestellt werden kann, dass eine umfassende Sicht auf ein so komplexes Phänomen, wie es die Identität darstellt, hilfreich und notwendig ist.

Identität muss im Zusammenhang vorliegender Studie auch kulturspezifisch und kulturabhängig betrachtet werden. In Südostasien, wie generell häufig in asiatischen Ländern, ist die Ausbildung von Identität mehr durch wechselseitige Abhängigkeiten definiert, also durch Zugehörigkeit zu einer Gruppe, und weniger durch Unabhängigkeit und individuelle Merkmale (Myers 2014: 161). Damit einhergehend ist es wichtig, Beziehungen zu pflegen und aufrechtzuerhalten, sich in seine Rolle einzupassen und die Erwartungen der Gruppe zu erfüllen (Myers 2014: 161).

Es liegt nahe, dass sich die Kui – nicht nur sprachlich – überwiegend den Umständen, also der Realität, anpassen und weniger versuchen, sie zu verändern, wie dies in individualistisch geprägten Gesellschaften oft zu finden ist.

8.4.5 Identität ist nicht gleich Sprache

Zur Verdeutlichung, dass Sprache und Identität nicht gleichzusetzen sind, soll zunächst ein Beispiel aus dem Code-Switching zur Veranschaulichung herangezogen werden. Riehl (2013: 385) definiert Code-Switching als einen „Wechsel zwischen zwei (oder mehr) Sprachen oder Varietäten innerhalb ein und derselben kommunikativen Interaktion", wobei der „Wechsel [..] sowohl einzelne Lexeme als auch einen ganzen

[82] Straus & Höfer (1997: 296) gehen noch weiter und beschreiben zusätzlich zu den Metaidenitäten noch einen Identitätskern, der ihrer Ansicht nach auf dreifache Weise hergestellt wird: über biografische Narrationen, über die Dominanz von Teilidentitäten und über den Generalisierungsprozess entlang der vier zentralen Erfahrungsmodi.

Diskursabschnitt betreffen" kann. Sehr viele Untersuchungen weisen darauf hin, dass Code-Switching zwischen zwei Sprachen einem Wechsel zwischen einem ***we-code*** und einem ***they-code*** gleichkommt und dass daher beim Code-Switching verschiedene soziale Identitäten der Sprecher aktiviert werden (Riehl 2013: 388; vgl. Auer 1998 und Mair 2003), wie das folgende Beispiel verdeutlicht (Riehl 2013: 388):

> „*Manchmal wenn ich deutschsprachige Bekannte treffe, spreche ich deutsch, otherwise I speak only English.*" (Clyne 2003: 160)

Beschrieben werden anhand des Beispiels we-code und they-code als zwei unterschiedliche Identitäten (s. Riehl 2013: 388):

> „Unter den Zuwanderern in Australien, von denen dieses Beispiel stammt, entspricht jede der beiden Sprachen einer anderen Identität: Deutsch hat die Funktion des *we-code* und Englisch die Funktion des *they-code.*" (Riehl 2013: 388)

Gumperz (1982: 93) stellte fest, dass jeder der beiden Codes mit bestimmten diskursiven Funktionen assoziiert ist: Der *we-code* passe eher zu einer persönlichen Aufforderung, zu Involviertheit oder persönlichen Meinungsäußerungen, der *they-code* eher zu einer sachorientierten Warnung, zu Distanz zum Geschehen oder zur Darstellung allgemeiner Fakten (Riehl 2013: 388). All diese Feststellungen sind sicher richtig und gut belegt. Hier stellt sich dennoch die Frage, ob we-code und they-code jeweils als eigene Identität verstanden werden sollten.

Aus dem Verständnis der Autorin vorliegender Arbeit werden bei diesem Beispiel unterschiedliche sprachliche Kodes mit Identitäten gleichgesetzt, was letztlich wieder zu einer multiplen Identität aller mehrsprachigen Individuen führen würde. Da, wie bereits weiter oben festgestellt wurde, Mehrsprachigkeit eher den Normalfall darstellt denn eine Ausnahme, wäre es für ein besseres Verständnis nicht zielführend, nun all diesen Mehrsprachigen multiple Identitäten zu unterstellen.

Zweifellos hat das Wechseln von der einen in die andere Sprache in vielen Fällen eine kommunikative Bedeutung (Riehl 2013: 388), und diese Identitätsfunktion der Sprache kann, wie Riehl weiter ausführt, auch der Grund sein, warum es überhaupt zu Code-Switching komme: „Bei For-

schungen zum Code-Switching bei deutschsprachigen und italienischsprachigen Einwanderern in Australien stellte sich heraus, dass häufig der *we-code* (also in diesem Fall das Deutsche oder Italienische) die schwächere Sprache der Probanden war“ (Riehl 2013: 388).
Und weiter wird ausgeführt:

> „Sie wählten aber aus Identitätsgründen diese Sprache als Konversationssprache; wurden dann aber Themen angesprochen, die in dieser Sprache nicht adäquat behandelt werden konnten, wechselten sie in die dominantere Sprache, in diesem Fall das Englische. In diesen Fällen wurde dann der Sprachwechsel häufig kommentiert, z. B. mit ‚Ich muss das jetzt auf Englisch sagen, weil ich nicht weiß, wie es auf Deutsch heißt.‘ Meist kehrte der Sprecher danach wieder zur Ausgangssprache zurück, indem er einfach den letzten Satz in dieser Sprache wiederholte.“ (Riehl 2013: 388; vgl. Riehl 2009a: 26)

Wichtig sei für die Wahl der Codes und für den weiteren Verlauf und die weiteren Entscheidungen, wie der Gesprächspartner auf einen Codewechsel eingehe, ob er ihn aufgreift oder zur Ausgangssprache zurückkehrt, und dabei konnte festgestellt werden, dass Gespräche oft nicht in der Sprache enden, in der sie begonnen haben (Riehl 2013: 388). Diese Prozesse der wechselseitigen Anpassung der Gesprächspartner werden auch als Akkommodation bezeichnet (Giles 1980; Riehl 2013: 388). Anhand dieser Beispiele kann gut gezeigt werden, dass der Wechsel der Sprache immer erst im Gespräch ausgehandelt wird (Riehl 2013: 388), was für die Untersuchung der Kui durchaus bestätigt werden kann.

Code ist nicht gleich Identität

In diesem Fall wird zwar beschrieben, dass Sprecher im Diskurs aus Identitätsgründen unterschiedliche Codes verwenden und dass die Entscheidung für den einen oder den anderen Code nicht in erster Linie von der Kompetenz, über die ein Sprecher verfügt, abhängig ist. Ein Hinweis darauf, dass jeder Code mit einer eigenen Identität verknüpft ist, lässt sich – auch anhand der gegebenen Beispiele – jedoch aus Sicht der Autorin hier nicht feststellen. Wenn unter dem Konzept Identität etwas Überdauerndes, im Kern Gleichbleibendes verstanden wird, können Erwerb und Anwendung weiterer Sprachen für das Individuum keine Aufspaltung seiner vorhandenen Identität und ebenso wenig den Neuerwerb weiterer Identitäten bedeuten. Hier wird der Klarifikation wegen vorgeschlagen, dabei zu bleiben, dass ein Individuum eine Identität besitzt, die im Laufe des Daseins zwar einem dauerhaften Prozess unterworfen ist, aber nicht quantitativ mehr oder weniger werden kann. Festhalten lässt sich daher, dass die Codewahl nicht allein durch Kompetenz bedingt ist und dass Code oder Sprache nicht mit Identität gleichzusetzen ist.

Nationalität erlaubt keine Rückschlüsse auf Hauptsprache eines Individuums

Zu bedenken ist zudem, dass Nationalität und Hauptsprache längst nicht mehr so häufig übereinstimmen, wie dies möglicherweise noch vor einhundert Jahren der Fall war (s. Lüdi 1996b: 321). Zudem: Unterschiedliche Lebenswirklichkeiten erzeugen unterschiedliche Formen von Mehrsprachigkeit. Und dabei ist die zuerst erworbene Sprache nicht zwangsläufig die am besten beherrschte und auch häufig nicht die am meiste verwendete Sprache der Sprecher (vgl. Lüdi 1996b: 323).
Dies ist ein weiterer Hinweis, warum die Gleichsetzung von Sprache und Identität nicht zielführend sein kann.

8.4.6 Zur Beziehung von Mehrheit und Minderheit

Kontakt und Beziehungen von Mehrheiten und Minderheiten werden häufig unter dem Gesichtspunkt der Probleme betrachtet, die aus den Verschiedenheiten erwachsen können. Doch können sie zweifellos gleichzeitig einen Gewinn für beide Seiten darstellen. Aus der Verschiedenheit, die in der Beziehung zwischen Majoritäten und Minoritäten zutage treten mag, können für die Gruppe als ganze durchaus Vorteile entstehen. Dies ist dann möglich, wenn die Vorteile von Vielfältigkeit durch das Vorhandensein von Minoritätsstandpunkten gesehen werden und rein homogene Gruppen davon abgehalten werden, „Hals-über-Kopf-Entscheidungen“ zu treffen und „in eingeschränkter Weise nach Informationen zu suchen“ oder „nur eine Sichtweise in

Betracht zu ziehen und in eingefahrenen Mustern zu denken" (Nemeth 1997: 121f.). Untersuchungen (z. B. van Dyne & Saavedra 1996) zu miteinander interagierenden, sich entwickelnden Gruppen konnten belegen, „daß Gruppen, bei denen ein Mitglied eine Minoritätsposition vertrat, flexibleres Denken zeigten, und schließlich originellere Lösungen lieferten, als Gruppen, in denen keine Minoritätsposition vertreten wurde" (Nemeth 1997: 122).

Nicht nur in Wirtschaftsunternehmen, sondern auch in der Wissenschaft werden die Vorteile inhomogener Gruppen genutzt (Honold 2012), wenngleich bekannt ist, dass es insgesamt schwieriger ist, Menschen dazu zu bringen, „längere Zeit mit Leuten zu interagieren, die anders sind als sie selbst" (Nemeth 1997: 123).

Wie bei der Studie von Laakso et al. (2016) liegt der Schwerpunkt der vorliegenden Untersuchung auf der Mehrsprachigkeit und die Beziehung zwischen Mehrheit und Minderheit ist dabei selten einfach (Laakso et al. 2016: 198).

Minderheiten-Sprecher beziehen ihre Statusposition beispielsweise nicht nur auf die der Mehrheitssprachensprecher, sondern auch auf andere Minderheitensprecher, also auf Khmer wie in Thailand gesprochen, auf Lao wie in Thailand gesprochen sowie alle anderen Sprachen, die im Nordosten Thailands verwendet werden, und sogar auf diejenigen, die sich weigern, die Minderheit als eine eigene Sprache anzuerkennen (vgl. Laakso et al. 2016: 198 zur Minderheit Kven in Norwegen).

In dieser Studie lag der Fokus auf der sprachlichen Identität und damit zusammenhängend insbesondere der sprachlichen Grenzziehung der Kui und deren Einstellung zu ihrer eigenen Identität. Die generelle Einstellung der Kui zu den Mehrheiten war darüber hinaus nicht Gegenstand der Forschung und es wurde nicht vertieft untersucht, was die Kui für ein Bild von den Thailändern, Khmer etc. haben oder was diese aus ihrer Sicht anders machen.

8.4.7 Terminologische Abgrenzungen

In diesem Kapitel soll möglichst übersichtlich dargestellt und zusammengefasst das Verständnis von Identität wiedergegeben werden, wie es in diesem Buch aufgrund der bisherigen Ausführungen und Diskussionen unterschiedlicher Ansätze entstanden ist und weiterhin verwendet werden soll. Dies wird nicht ganz ohne begriffliche Abgrenzung gelingen.

Die Notwendigkeit der Einbeziehung biologischer Grundlagen

Verwunderlich sei, so Mumm (2018), dass die Notwendigkeit der biologischen Identität so selten reflektiert werde, so als ob die biologischen Grundlagen, die untrennbar zum wahrnehmenden und handelnden sozialen Wesen dazugehören, zu einem anderen Fach gehörten, das nicht behandelt werden müsse:

> „Das Konzept der – emischen – sozialen Identitäten setzt wie das der personalen Identität *nolens volens* die – etische – biologische Identität voraus. Nicht dass die sozialen Relationen, die mit den Termini Gruppenzugehörigkeit, Rolle u. a. beschrieben werden, und der mit dem Begriff *Ich-Identität* bezeichnete Prozess des steten Ausgleichs nicht real wären. Aber ohne die Grundlage der biologischen Identität würden sie überhaupt nicht funktionieren. Die proteushaft sich aus vielfachen sozialen Identitäten und individuellen Triebkräften zusammensetzende persönliche Identität erhält ihren Spannungsreichtum und ihre Problematik überhaupt erst dadurch, dass es ein Individuum mit einer einzigen biologischen Identität ist, das sich mit all dem auseinandersetzt." (Mumm 2018: 26)

Dabei spiele die biologische Identität eine auch gesellschaftlich so zentrale Rolle, dass diese nicht zu übersehen sei (Mumm 2018: 26), warum er auch folgert, dass es notwendig sei, „zwischen subjektiver (*emischer*) und objektiver (*etischer*) Identität zu unterscheiden und beides in die Theorie menschlicher Identität aufzunehmen" (Mumm 2018: 27).

Das Problem der multiplen Identitäten

Dass so wie beim Bewusstsein auch beim Selbstbild die Erinnerungen und daraus entstehenden Perspektiven auf das eigene Selbst nicht zwangsläufig der Realität entsprechen und auch erheblich von dem in der Autopoiesis ablaufenden Identitätsprozess abweichen können (Mumm 2018: 31), wurde mehrfach belegt und bereits in den vorangegangenen Kapiteln angesprochen. Ein eindeutiges Kriterium dafür, dass das Selbstbild nicht mehr dem tatsächlich Stattgefundenen entspreche, könne daran abgelesen werden, „wenn jemand von sich bekennt, er habe ‚mehrere Identitäten'" (Mumm 2018: 31f.). Dieses Phänomen wurde ebenfalls bereits im Kapitel 2.6. als pathologische Entwicklung beschrieben, eine begriffliche Bestimmung, die für die weiteren Erörterungen nicht hilfreich verwendet werden kann.

Identität wird nachfolgend auch dann als stabil verstanden, wenn ein Mensch im Laufe seines Daseins mit mehreren Sprachen handeln kann. Zur Vermeidung von unnötiger Verwirrung wäre daher von „multiplen", „hybriden" oder auch „Patchwork"-Identitäten im Zusammenhang mit sprachlicher Identität Abstand zu nehmen. Während Rollen und soziale Beziehungen eines Individuums sehr wechselhaft sein können, bleibt die Identität erst einmal beständig, unabhängig davon, ob ein Individuum nun Spanisch oder Russisch spricht und sich im selben Lebensabschnitt im schriftlichen Austausch mit anderen Menschen in japanischer Sprache befindet. Die Identität muss nicht von Grund auf für jede neue Rolle, Handlung und Lebensaufgabe neu definiert werden. Gleiches gilt für die Sprache. Einzig der Erwerb einer weiteren Sprache verschafft dem Menschen keine neue Identität. Dies gilt auch dann, wenn sich durch den Spracherwerb vielfältige neue Denkansätze und Horizonte auftun, die mit dem Erlernen der Sprache für das Individuum an dieser Stelle ins Blickfeld geraten und relevant werden. Hier kommt die von Mumm (2018) trefflich ausgeführte Unterscheidung von *Identität* und Identitäts-*bewusstsein* zum Tragen, auf die ausdrücklich Bezug genommen wird.

Die *individuelle Identität* liegt demnach unwandelbar im Gesamtprozess der individuellen Autopoiesis, wobei „das Individuum nirgends über einen greifbaren Teil oder Aspekt" verfüge, „der lebenslang unwandelbar vorhanden wäre und den es wie einen kostbaren Schatz als seine Identität hüten könnte" (Mumm 2018: 34). Selbstverständlich habe das Ich-

Bewusstsein ebenfalls „seine Grundlagen in der erlebten und praktizierten Identität – und [gehe] in sie auch wieder ein – und [sei] kein willkürliches Konstrukt“, doch wisse die Psychologie, „dass das Identitätsbewusstsein sich, nicht selten mit äußerster Leidenschaft, seine eigenen Welten baut“ (Mumm 2018: 33).

Als beispielhafte Ausformungen von Identitäts*bewusstsein* – was eben nicht *Identität* ist – nennt Mumm (2018: 33f.) eine ganze Reihe von Stichpunkten, die hier in verkürzter Form wiedergegeben werden:

- Körperliches, auf die biologische Identität bezogenes und sozial geprägtes Identitätsbewusstsein: Geschlecht, Jugend/Alter, besondere körperliche Merkmale, Ernährungsgewohnheiten, Schönheit usw.
- Identitätsbewusstsein bezogen auf materielle Ausstattung und Absicherung, Verfügungsgewalt und Reichweite der eigenen Handlungsmöglichkeiten – abhängig von der isolierten oder aber familien- bzw. gruppenintegrierten ökonomischen Stellung des Individuums; damit eng verbunden:
- Identitätsbewusstsein, bezogen auf soziale Stellung, Einfluss, Durchsetzungsfähigkeit, Ansehen („Name“, „Gesicht“, „Ruhm“);
- Gefühl der Freiheit/Gefangenschaft in einer von anderen oktroyierten Identität („Rollenidentität“). Im Hinblick auf Rollen lassen sich unterscheiden:
    - Dienstfertigkeit, Verantwortungsbewusstsein, stolze Pflichterfüllung und Machtbewusstsein: jemand „geht ganz in seinen Rollen auf“
    - Zurückweisung von Verantwortung: jemand tut oder sagt etwas „nur in seiner Eigenschaft als xy“
    - Individualistischer/existenzialistischer Selbstentwurf: tief gefühlte und verantwortungsbewusste Ablehnung aller mit Rollen und Pflichten argumentierenden Ausreden
    - Ablehnung der Relevanz von Rollenbindung überhaupt; Rückgang auf die Unmittelbarkeit des Menschseins

- Sprachbezogenes Identitätsbewusstsein
- Weltzugewandtes Identitätsbewusstsein außerhalb sozialer Rollen: Glück, Liebe, Familie, Heimat, Volksgemeinschaft (jeweils als ganzheitlicher Ort der Geborgenheit)
- Weltabgewandtes oder -transzendierendes Identitätsbewusstsein: religiöse und mystische Seelenvorstellungen
- Momentane Zustände von Identitätsbewusstsein: künstlerische, virtuose, meditative, religiöse Versenkung; politisch-moralische Identifikationen; Heimatgefühle; Ekstase und Enstase
- Verirrtes Identitätsbewusstsein: Persönlichkeitsstörungen aller Art

Wenn nun aus dieser Auflistung von möglichen Ausformungen des Identitäts*bewusstseins* deutlicher wird, was genau Identität *nicht* ist, wohin aber bestimmte, individuelle Bewusstseinszustände führen können, dann ist hoffentlich das Konzept und die Erscheinungsform der Identität, die mit oben genannten Identitätsbewusstseinsformen nicht gleichgesetzt werden dürfen, etwas klarer geworden.

Doch auch auf die *kollektive Identität* ist abschließend einzugehen – wenngleich die verwickelte Semantik um die Bedeutung des Begriffs und die semantische Verschiebung, die mit der Bezugnahme auf das „Kollektive" einhergeht, nicht im Detail erläutert werden kann. Straub (2019: 135ff.) geht hierauf ausführlich ein. Er stellt fest, dass ungeachtet dessen, dass die personale Identität begrifflich geklärt sei, keinesfalls davon auszugehen sei, die kollektive Identität könne sich daraus ableiten, sich gewissermaßen selbst erklären (Straub 2019: 140f.).

Nach allem, was in den bisherigen Kapiteln gesagt wurde, ist prinzipiell Assmanns Zugang von 1992 anschlussfähig (Assmann 2017 [1992]): 132), den Straub (2009: 154) wie folgt wiedergibt:

> „Unter einer kollektiven oder Wir-Identität verstehen wir das Bild, das eine Gruppe von sich aufbaut und mit dem sich deren Mitglieder identifizieren. Kollektive Identität ist eine Frage der Identifikation seitens der beteiligten Individuen. Es gibt sie nicht ‚an sich', sondern immer nur in dem Maße, wie sich bestimmte Individuen zu ihr bekennen. Sie ist so stark oder so schwach, wie

> sie im Denken und Handeln der Gruppenmitglieder lebendig ist und deren Denken und Handeln zu motivieren vermag."

Das schließt mit ein, dass kollektive Identität niemals vorausgesetzt, hypostasiert oder postuliert werden darf, sondern methodisch kontrolliert rekonstruiert und sorgfältig explizieren muss, „wie bestimmte Gemeinsamkeiten zwischen Menschen zustande kommen, sprachlich artikuliert, praktisch zum Ausdruck gebracht und tradiert werden" (Straub 2019: 157). Jene Gemeinsamkeiten seien es nämlich, so Straub (2019: 157), die die dennoch weiterhin fragwürdig bleibende Konzeption von kollektiver Identität dann doch zu plausibilisieren und zu rechtfertigen vermögen.

Abschließende Definition des Konzepts Identität

Identität wird von Individuen, nicht kollektiv von Gruppen gebildet.

> „In reality, speech communities are often fragmented or dispersed and [] seldom operate in only one language. In some language-based communities, a considerable share of the members does not fluently master the heritage language at issue any more, although they may symbolically identify themselves with it." (Laakso 2016: 17)

Die Kui lassen sich zwar aufgrund gewisser ethnischer und sprachlicher Gemeinsamkeiten als Zugehörige einer Gruppe beschreiben, die jeweilige Identität bildet jedoch jedes Individuum für sich aus. Man vergleiche hierzu Laakso et al. (2016: 16), die zum Schluss kommen:

> „[I]t can dangerously simplify the complicated reality, **as it suggests a homogeneous group with a collective identity**, a sociogeographic unity or concentration and a link between each group and its language (the ‚ethnolinguistic assumption')." (Laakso 2016: 16; Hervh. d. A.)

8.5 Schriftsprache und Identität

In den vorangegangenen Kapiteln konnte dargestellt werden, wie eng Sprache und Identität miteinander verbunden sind und wie stark sie sich wechselseitig bedingen und beeinflussen. In diesem Kapitel soll anhand der schriftlichen Form von Sprache, der Verbindung von Identität und dem Vorhandensein einer solchen symbolischen Form von Sprache nachgegangen werden. Schriftlichkeit und Identität, insbesondere in

Bezug auf Minderheiten und kleine Sprachen, wird bisher in der Forschung wenig beachtet. Am Beispiel der mehrsprachigen Kui-Minderheitensprecher lässt sich dieses Phänomen der Schriftlosigkeit genauer betrachten.

8.5.1 Schriftlichkeit bei den Kui: Eine Minderheit ohne eigene Schriftsprache

Schon mehrfach in diesem Buch wurde Kui als Sprache ohne eigene Schrift bezeichnet. An dieser Stelle sei betont: Es geht um die eigene Schrift. Zunächst wird daher beschrieben, welche Wege die Kui beschreiten: (1) Übernahme einer anderen Schrift, (2) Entwicklung einer eigenen Schrift. Anschließend wird erläutert, warum Schrift überhaupt für die Thematik der Identität wichtig ist und was das Vorhandensein oder die Abwesenheit von Schriftsprache für Auswirkungen auf die sprachliche Identität der Kui haben kann. Abschließend wird in diesem Kapitel die Frage aufgeworfen, ob die Kui nicht nur mehrsprachig, sondern auch mehrschriftlich sind und was ihnen möglicherweise verloren geht, wenn keine eigene Schrift zur Verfügung steht und was das für die Sprache und die Menschen bedeutet.

8.5.2 Bedeutung von Schrift für Spracherhalt und Identität von Minderheiten

Orthografie, Schriftsprache und Spracherhalt in Thailand

In früheren Studien zu sprachlichen Minderheiten wurde festgestellt, dass Sprachen mit gut etablierten literarischen Standards, einer starken Medienpräsenz und / oder einer guten rechtlichen und institutionellen Unterstützung deutlich bessere Ergebnisse erhielten in Hinblick auf die selbsteingeschätzte Sprachkompetenz der Sprecher als weniger gut unterstützte und weniger weit verbreitete Sprachen (Laakso et al. 2016: 155f. zu Estnisch, Ungarisch und Nordsami). Minderheitensprachen, die bei der selbstbewerteten Sprachkompetenz am schlechtesten abschnitten, zeichnet ein langjähriger Mangel an Anerkennung und Unterstützung aus, was zum Teil bereits vor Generationen zu ernsthaften Problemen bei der Weitergabe der Sprache an die nächsten Generationen geführt hatte (Laakso et al. 2016: 156). Daraus kann die Bedeutung institutioneller Unterstützung, Standardisierung und Weitergabe an die jüngeren Generationen für die Stabilität einer Minderheitensprache abgeleitet werden (Laakso et al. 2016: 156). Gerade sprachliche Minderheiten werden in Hinblick auf die Schriftsprache bisher kaum eingehend untersucht, und falls ja, dann im Zusammenhang mit Spracherhalt und Language Maintenance.

Für einige Minderheitensprachen werden Schriftsysteme in Thailand verwendet, unter anderem an einigen Schulen neu belebt, wo sie zum Teil auch unterrichtet werden. Die auf der thailändischen Orthografie basierenden Schriftsysteme wurden für einige ungeschriebene Sprachen in Thailand wie Chong, Nyah, Kur entwickelt (Premsrirat 2006). Zudem lassen sich ähnliche Verhältnisse bei weiteren Minderheiten in Thailand beobachten. So sind auch die Lahu eine Minderheit ohne eigene Schrift (s. Pine 1999, 2015). Bradley (2010, 2011a, 2011b, 2019) weist Linguisten die Aufgabe zu, Sprechergruppen ohne eigene Schriftsysteme zu unterstützen, damit sie ihre eigenen Systeme entwickeln, sodass mit Sprachverlust einhergehender Kulturverlust verhindert werde.[83]

Im Zusammenhang mit der Entwicklung einer „Community based orthography" sieht Lew (2019) die Beteiligung der Gemeinschaft als wichtiger an denn die Vorgabe durch externe Fachkräfte, da sich autonome Orthografien auf phonologische Genauigkeit und Lernfähigkeit konzentrierten und nicht auf die kulturelle oder politische Identität einer Gemeinschaft. Entsprechend schlägt Lew (2019) einen gemischten Ansatz vor, um ein sprachlich optimales autonomes Orthografiedesign mit der partizipativen Methode zu kombinieren, das auf zuvor beschriebenen

83 Zur Kontroverse „Sprache gleich Kultur oder nicht" siehe auch die Ausführungen zu Schulze in Kapitel 9.2.4.

Verfahren in der Orthografieentwicklung basiere, ebenso wie auf Testverfahren während ihrer Forschungstätigkeit in Thailand, Myanmar, Kambodscha und Laos mit lateinischen und Brahmi-basierten Minderheitensprachen-Orthografien (Lew 2019).
Sprachgebrauch und Sprachkompetenz hängen also nicht nur von den Variablen wie Geschlecht, sozioökonomischer Status und Alter sowie den Einstellungen der Sprecher selbst ab, sondern auch von der Existenz eines orthografischen Systems. Die Gründe für die Einflüsse derart symbolischer Systeme auf die Identitätsbildungsprozesse der Sprecher sind vielfältig. In der Feldforschung konnte ich die Einstellung der Kui selbst zu ihrer Sprache und der Verwendung von Schrift in Interviews direkt erfragen und zusätzlich durch eigene Feldbeobachtungen validieren. Von Interesse war dabei, ob die Kui selbst denken, Kui sollte geschrieben werden, und wie sie ihre jeweilige Meinung begründen.

Kui-Schrift und Identität

Wie viele andere Sprachminderheiten haben die Kui keine eigene offizielle Schriftsprache. In der Regel wird die Thai-Orthografie und Schrift verwendet, wenngleich sie der Kui-Sprache nicht vollständig gerecht wird. Aufgrund des fehlenden eigenen Schriftsystems verwenden die Kui die Thai-, Khmer- oder laotische Schrift, um Kui zu schreiben. Diese Systeme sind jedoch nicht ganz ausreichend, um die Kuischrift adäquat darzustellen, wie im Folgenden am Beispiel des Thailändischen aufgezeigt wird. Die thailändischen Schriftzeichen reichen laut Aussage eines Kui-Sprechers nicht aus, um Kui wirklich wiederzugeben, wie es auch gesprochen wird. Zudem bestehe Druck auf Minderheiten wie die Kui in Thailand, die sogenannte nationale Identität zu übernehmen (Militär – Religion – Monarchie), wie in Kapitel 9 noch deutlicher ausgeführt wird.

Schriftlichkeit und Identität von Minderheiten

Wenn Schrift als ein sichtbares Symbol verstanden wird, das einer Sprachgemeinschaft ermöglicht, die eigene Gruppenidentifikation zu stärken und gleichzeitig mittels Schreibsystem als ein offen sichtbares Symbol das eigene Selbstbild zu visualisieren und zu stärken (Hans-Bianchi 2016), ist die eigene Schrift von Bedeutung für die Kui. Nun ist es bei den untersuchten Kui nicht so, dass die Ausdrucksmöglichkeit in schriftlicher Form gänzlich fehlen würde, wie sie etwa beim Analphabetismus vorliegt. Vielmehr bedienen sich die Minderheitensprecher einer Schrift, die nicht die Schrift der Kui ist, sondern von Thai, Khmer oder Laotisch, je nachdem in welchem Gebiet sie leben. Wie sich zeigte, hat die Mehrheit der Kui-Sprecher wenig oder gar nicht über den Umstand nachgedacht, dass keine eigene Schrift vorhanden ist, auf die sie zurückgreifen können, da sie wie selbstverständlich die Thai-, Khmer- oder laotische Schrift verwenden. Dennoch gibt es Kui-Sprecher, meist eher ältere, die sich stärker für den Erhalt ihrer Sprache einsetzen. Aus diesem Grund gibt eine erste eigene Kui-Schrift, die erst in den letzten Jahren von einem Sprecher selbst entwickelt und in privaten Veranstaltungen der Kui-Sprecherschaft vorgestellt wurde. Diese Schrift wird in Abbildung 28 mit Genehmigung des Sprechers abgebildet.[84] Bislang (Stand Juni 2021) wird diese Schrift jedoch nicht von den Sprechern selbst verwendet.

[84] Details zur Entwicklung und Lesung des Kui-Alphabets, sowie Töne und Zahlen im Anhang.

Abbildung 28: Kui-Alphabet entwickelt von Suksaweang (2018)

8.5.3 Schriftkultur als kulturelles Kapital und Bedeutungsträger

Von Bedeutung für die Untersuchung der Sprache der Kui soll im Folgenden die fehlende Schriftsprache und sich daraus ergebende Phänomene betrachtet werden. Schriftsprache lässt sich in ihrer gesellschaftlichen Funktion nicht nur als formal nutzbare Praxis betrachten, sondern auch als Träger kulturellen Kapitals sowie als Identifikationsmedium.

Bisweilen wird auch angegeben, Schrift könne – neben anderen Elementen der Kultur – als kultureller Wert zur Stärkung des Selbstvertrauens von Minderheiten dienen. Dies scheint insbesondere dann der Fall zu sein, wenn die Minderheit stigmatisiert wird. Insbesondere in Thailand, wo die Regierung ein starkes nationales ‚Thai-Gefühl' fördert (Blümel 2019; Farrelly 2016; Nitaya 2011; Thananithichot 2011), sind Minderheiten regelmäßig Stigmatisierungen ausgesetzt (Suraratdecha 2014, Premsrirat 2006).

Maas (2008: 390ff.) versteht die Schrift zu Recht als einen Teil kulturellen Kapitals. Schriftkulturelle Praktiken übernähmen ebenso gesellschaftliche Funktionen wie andere kulturelle Praktiken. Maas (2008: 419) versteht demnach die sprachbiografische Entfaltung eines Individuums als charakterisiert durch die Optimierung der Nutzung symbolischer Ressourcen, wobei der schriftsprachliche Ausbau letztlich zu einer Entlastung vom Stress sozialen Handelns führe, der mit der direkten Interaktion von Angesicht zu Angesicht konkurrieren und damit von kommunikativem Stress entlasten könne.

In neueren Studien ebenso wie im Diskurs der breiteren Öffentlichkeit wird Sprachenvielfalt mehr und mehr als Ausdruck gesellschaftlicher Entwicklung begriffen (Maas 2008: 33ff.). Maas (2008: 41ff.) unterscheidet die Register nach *Formalität* und *Öffentlichkeitsgrad*: formell vs. informell und öffentlich vs. intim. Demzufolge lassen sich (staatliche) Institutionen usw. in die Dimension der formellen Öffentlichkeit, Straßen und Geschäfte, Märkte in die Dimension der informellen Öffentlichkeit und Familie und Freunde in den Intimbereich einordnen (Maas 2008: 43). Je nach Öffentlichkeitsgrad und Formalität unterscheidet sich die sprachliche Praxis der Sprecher. Diese Unterscheidung nach Öffentlichkeitsgrad und Formalität lässt sich am Beispiel der Kui gut beobachten. Während im Intimbereich, zum Beispiel im häuslichen Umfeld der Sprecher, überwiegend Kui eine Rolle spielt, wird auf Märkten und in der Kommunikation mit umliegenden Dörfern häufig Thai verwendet. Der Bereich der formellen Öffentlichkeit, wie zum Beispiel die Unterrichtssprache an Schulen und Universitäten, ist zu einhundert Prozent von der Nationalsprache abgedeckt. Soweit zur mündlichen Ebene der Sprache. Was den schriftsprachlichen Bereich des sprachlichen Verhaltens angeht, ist dieser bei den Kui zu einhundert Prozent die Nationalsprache Thai. In den meisten Fällen wird sich bei sprachlichen Minderheiten ein ähnliches Verhältnis von Schriftsprache zu gesprochener Sprache zeigen. Dies gilt insbesondere natürlich für Sprachen, die über keine eigene Schriftsprache verfügen.

Festgehalten werden soll, dass das Vorhandensein einer eigenen Schrift den Status und das Selbstverständnis einer Sprache erhöhen und auch identitätsbildende Funktion übernehmen kann. Beispielhaft zur Schriftkultur und kulturellen Identität in Marokko merken (Maas und Mehlem 2005: 9) an, dass in den modernen Industriegesellschaften „der Aufbau nationaler Identitäten einen wesentlichen Faktor für die gesellschaftliche Integration“ bildete.

Zur identitätsstiftenden Rolle schriftlicher Ausdrucksmöglichkeit

Zu hinterfragen ist insbesondere die Rolle der Schriftlichkeit als notwendige oder unabdingbare Ausformung einer Sprache. Ebenso ist in diesem Zusammenhang die Rolle der Schriftlichkeit für den Erhalt der jeweiligen Kultur zu reflektieren, da diese, wie bereits angesprochen, ohnehin nicht mit Sprache gleichgesetzt werden darf. Schulze (2010) weist in diesem Zusammenhang auf „die vielfältigen Diskussionsbeiträge um die Rolle der Orthografie, als der schriftlichen Niederlegung von imaginierten oder tatsächlich artikulierten Sprechprodukten“, hin (Schulze 2010: 27). Diese würden leichtfertig die (beispielsweise deutsche) Orthografie als einen wichtigen Faktor der (zum Beispiel deutschen) Kultur ansehen und darüber hinaus sogar die Orthografie in ihrer integrativen Wirkung als eine Grundvoraussetzung für die freie Entfaltung des einzelnen in dieser Kultur auslegen (Schulze 2010: 27).

Schriftlichkeit: Gruppensymbol und Bedeutungsträger

Die schriftliche Form, die symbolische Umsetzung von mündlicher Sprache kann auch kulturelle, politische, religiöse und andere identitätsstiftende Bedeutung tragen. Da die einfache Übernahme von Schriftsystemen gewöhnlich mit einer starken Beeinflussung der Nehmer- durch die Gebersprache einherging und -geht (Coulmas 1996: 109), ist davon auszugehen, dass dies auch für die Kui gilt. Für eine Sprache ohne vorherige Orthografie gilt dies womöglich sogar noch mehr, da es nicht um die Integration von etablierten Schriftsystemen geht, mit der bestimmte Bedingungen und Restriktionen für die Möglichkeiten der Integration und Interferenz etabliert wurden (Coulmas 1996: 109); es wird das ganze Schriftsystem der Thai, Laoten und Khmer übernommen. Dass diese Übernahme auch die Übernahme von kulturellen, religiösen und politischen Besetzungen und Konnotationen bedeuten kann, sollte zumindest bedacht werden. Dies könnte in Südostasien beispielsweise die hierarchische Gesellschaftsordnung sein, die durch die Thai-Lexik selbstverständlich reflektiert wird, in der Kui-Gesellschaft bisher aber in dieser Form nicht vorzufinden war. Möglicherweise lässt sich hier langfristig eine Beeinflussung der Kui-Gesellschaft beobachten.

Eine Funktion von Orthografie kann dann relevant werden, wenn Minderheitensprachen über keine eigene Schriftsprache verfügen und dies als Defizit empfinden. Sprecher der Kui-Minderheit im Nordosten Thailands haben begonnen den Wert der eigenen Sprache zu sehen und diese gezielt an einen breiteren Adressatenkreis weiterzugeben. So gibt es beispielsweise seit 2018 einen Youtube-Kanal,[85] über den Kui unterrichtet wird. Der Betreiber dieses Kanals, der auch den Unterricht selbst durchführt, verwendet das thailändische Schriftsystem und bemängelt, dass nicht alle Töne der Kui-Sprache korrekt dargestellt werden können. Ein anderer Muttersprachler hat aus diesen Gründen bereits ein eigenes Kui-Alphabet entwickelt (Suksaweang 2018, Abbildung 28).

Das Schriftbild als Selbstbild beschreibt Hans-Bianchi (2016) und weist am Beispiel von Pennsylvania-Deutsch als „eine unter zahlreichen unverschrifteten Minderheitensprachen in den USA" auf die identitätsbildenden Funktionen von Schriftsprache hin.

Die grafische Repräsentation der Sprachen ist ein Teil ihres Systems. Coulmas (1996: 109) schlussfolgert daraus, dass Schriftsystem, Schrift und Orthografie außerdem oft Kulturgrenzen markieren, woraus sich für Sprachkontakt wichtige Konsequenzen ergeben: Eine der Ebenen, auf denen Sprachkontakt stattfindet, „Wörter entlehnt, als Modell für Lehnprägungen verwendet und integriert werden", ist das schriftliche Medium (Coulmas 1996: 109).

[85] „Swatsh Ayaze" mit 310 Abonnenten am 29. April 2021. Online: https://www.youtube.com/channel/UCXBfL6gm8IRu12Zb1Cwtndw (Zugriff 29.04.2021).

8.5.4 Schriftlichkeit in der Sprachkontaktforschung

In der Sprachkontaktforschung ist die Ebene der Schriftsprachen unterrepräsentiert. Für kleinere Sprachen wie Kui, die grundsätzlich ohne eigenes Schriftsystem auskommen, gilt das allemal. Grafischen Sprachkontakt gibt es praktisch, seitdem geschrieben wird; die Sprachkontaktforschung hat davon freilich wenig Notiz genommen, weswegen einschlägige Literatur rar ist und in verschiedenen philologischen Disziplinen gesucht werden muss (Coulmas 1996: 109).

Zu den Auswirkungen des Sprachkontakts auf der Ebene der Schrift ist bekannt, dass bestimmte Arten der Entlehnung (wie zum Beispiel Sumerogramme und Sinismen) nur im schriftlichen Medium und dank der speziellen Eigenschaften der Schriftsysteme möglich sind (Coulmas 1996: 109). Daher müssen auch die Schriften und Orthografien aufeinandertreffender Sprachen zu den Grundbedingungen der wechselseitigen Beeinflussung dieser Sprachen gezählt werden. Dies gilt besonders im Hinblick darauf, dass mancher Sprachkontakt primär schriftlich ist, jedoch auch darauf, dass Schriften und Orthografien Bedingungen für die Aufnahme und Umformung fremder Lexeme festlegen (Coulmas 1996: 109). Die Kui sprechen selbst davon, dass sie sich einerseits mit der Thaischrift „behelfen", andererseits durch diese Schrift eine Begrenzung erfahren, da sie nicht für alle Kui-Laute ein passendes Äquivalent vorhält.

Zudem spielt die Orthografie eine entscheidende Rolle beim Erlernen und damit auch beim Erhalt gefährdeter Sprachen. Die Bedeutung des Schriftsystems zur Identifikation der Kui und als Träger kultureller Konnotation muss gerade vor diesem Hintergrund mitgedacht werden. Die Auswirkungen von Sprachkontakt bei Sprachen mit und ohne Schriftsprache führen mit hoher Wahrscheinlichkeit eben zur Übernahme der bereits vorhandenen Orthografie der Gebersprache (wie Thai, Khmer oder Laotisch bei den Kui). Die Auswirkungen auf das Selbstverständnis der Minderheitensprecher sind bislang nicht erforscht.

Mehrsprachigkeit und Mehrschriftlichkeit generell und bei den Kui

Ein Aspekt, der deutlich weniger Beachtung in der Forschung findet als die Mehrsprachigkeit an sich ist die Ein- oder Mehrschriftlichkeit. Maas (2008: 53) weist darauf hin, dass diese Registerdifferenzierung essenziell ist, gerade im Hinblick auf die häufig bemühte „(normale?) Mehrsprachigkeit" von Gesellschaften. Ohne diese Unterscheidung seien Diskussionen allzu oft irreführend. Diese Unterscheidung ist insbesondere in Migrationskonstellationen von zentraler Bedeutung:

> „[Z]war haben Menschen, die aus solchen [informell mehrsprachigen] Kontexten einwandern, zumeist keine Probleme sich die erforderlichen kommunikativen Alltagsstrategien des neuen Heimatlandes anzueignen – aber diese (informellen) mehrsprachigen Kompetenzen nützen ihnen nicht sehr viel bei der Aneignung der [...] geforderten schriftsprachlichen Kompetenzen" (Maas 2008: 53).

Es ist daher von Bedeutung, dass den beschriebenen Differenzen in der praktizierten Mehrsprachigkeit auch durch eine konzeptuelle Unterscheidung Rechnung getragen wird (Maas 2008: 53).

Die genaue Anzahl ungeschriebener Sprachen weltweit ist schwer zu bestimmen. *Ethnologue* (24. Ausgabe) listet derzeit 7.139 lebende Sprachen auf, von denen rund 4.065 über ein entwickeltes Schriftsystem verfügen. Die tatsächliche Nutzung und Verbreitung dieser Systeme ist häufig jedoch nicht bekannt. Für die restlichen rund 3.074 muss aktuell davon ausgegangen werden, dass sie Sprachen ohne Schrift sind, das heißt, dass sie wahrscheinlich ungeschrieben sind (Eberhard, Simons & Fennig 2021).

Im Sprachkontakt, der von der geschriebenen Sprache ausgeht, haben beispielsweise in Europa viele Volkssprachen das Vokabular, aber auch die Strukturen der lateinischen Schriftsprache übernommen (Riehl 2013:

392).[86] Doch tendieren viele Sprecher, die mündlich mehrsprachig sind, „auf der Ebene der schriftsprachlichen Kommunikation eher zur Einsprachigkeit“ (Riehl 2014a: 121). Dies ist auch bei den Kui zu beobachten, die beispielsweise in der Kommunikation in sozialen Medien einzig auf die Thai-Schrift zurückgreifen und auch Thai schreiben, weil eine eigene Schriftsprache nicht vorhanden ist, aber sicher auch, weil das Thailändische von mehr anderen Nutzern verstanden und kommentiert werden kann. Doch selbst, wenn eine solche Schriftlichkeit vorhanden ist, müsste sie bei mehrsprachig aufwachsenden Kindern gesondert gefördert werden, „um die natürliche Mehrsprachigkeit für Individuum und Gesellschaft nutzbar zu machen“ (Riehl 2014a: 121).

Abgesehen von der fehlenden Schriftlichkeit der Kui an sich muss auf den generellen Verlust hingewiesen werden, den die Einschriftlichkeit von natürlich Mehrsprachigen mit sich bringt:

> „Schriftlichkeit bleibt Voraussetzung und Herausforderung für eine entwickelte Mehrsprachigkeit. Die einfache Aufteilung, nach der die Mündlichkeit der familialen Kommunikation zugeschlagen wird, die Schriftlichkeit monolingual allen anderen gesellschaftlich zentralen Bereichen, diese kommunikative Arbeitsteilung ist ziemlich verheerend und wirkt sich auch verheerend auf die Biografien derjenigen aus, die sich auf diese Option eingelassen haben bzw. einlassen müssen.“ (Ehlich 2010: 59 zit. n. Riehl 2014a: 122).

Demnach müsste für die Sprecher der Kui-Minderheit generell festgestellt werden, dass durch die fehlende eigene Schrift ein Teil der Identität verloren gehe. Zumindest aus den Untersuchungen in dieser Studie konnte dies nicht herausgefunden werden, wobei es natürlich für die Sprecher selbst schwer wäre, etwas zu benennen, das von Anfang an nicht da war: die eigene Schrift. Die „entwickelte Mehrsprachigkeit“ kann

[86] Riehl führt ein Beispiel aus einer Evangelien-Übersetzung des 9. Jahrhunderts (sog. ‚Althochdeutscher Tatian‘) an, in dem das lateinische Partizip *cadens* mit dem im Deutschen dafür neu gebildeten Präsenspartizip *nidarfallenti* (‚niederfallend‘) wiedergegeben wird (Riehl 2013: 392).

man den Kui aber mit Sicherheit nicht absprechen, da sie diese im Alltag intensiv leben.

Merkmale gesprochener und geschriebener Erzählung

Die Kui mit ihrem Reichtum an mündlich tradierter Erzählung ohne schriftsprachliche Dokumentation stehen im Mittelpunkt dieser Arbeit. Da sich unterschiedliche Merkmale von gesprochener und geschriebener Erzählungen feststellen lassen, seien diese hier eingangs genannt. Unterschiede finden sich auf den Ebenen Wortschatz, Syntax und Satzverknüpfung: Die gesprochene Sprache-Erzählung zeichnet sich durch einfacheren, alltäglicheren Wortschatz, einfachere Syntax und kürzere Sätze sowie einfache strukturierende Elemente zur Verknüpfung aus, wohingegen die schriftliche Sprache-Erzählung häufig elaborierteren Wortschatz sowie komplexere Syntax aufweist und häufiger durch narrative Gliederungssignale gereiht wird (Riehl 2014a: 128).

Mehrsprachigkeit und Mehrschriftlichkeit müssen also in der Dynamik des Sprachausbaus im Sinne von Maas (2008) betrachtet werden. Maas (2008) beschreibt die Dissoziierbarkeit verschiedener Dimensionen des sprachlichen Ausbaus. So sei es durchaus möglich, die „skribale Seite der Schriftkultur" vom literaten Ausbau ganz abzuspalten, wenn beispielsweise die literaten Grundstrukturen der Hochsprache wie selbstverständlich angeeignet werden und diese Fähigkeiten besonders eindrücklich bei „Verschriftungsaufgaben in ihren ‚ungeschriebenen' Familiensprachen unter Beweis" gestellt werden (Maas 2008: 518). Diese Verwendung der Schriftsprache als „Matrixsprache" sei aber eben nicht mit den literaten Strukturen gleichzusetzen, warum diese Schreiber, obwohl sie diese Schriftkompetenz aufweisen, in ihren schulischen Laufbahnen scheitern (Maas 2008: 518). Für die ungeschriebene Minderheitensprache Kui bzw. für die mehrsprachigen Individuen, die sich ethnisch den Kui in Laos, Thailand und Kambodscha zurechnen lassen, ist dies exakt der Punkt, an dem es anzusetzen gilt. Schriftsprache bedeutet damit für die Sprecher selbst nicht nur eine Möglichkeit, kulturelles Kapital zu tradieren, sondern auch das Potenzial ihrer sprachlichen Fähigkeiten in Bildungszusammenhängen gebührend einbringen zu können. Damit wird deutlich, dass es nicht nur so ist, dass (oraler) Spracherwerb allein eine erfolgreiche Integration ermöglicht, sondern mehr noch, dass auch ein kompetenter Einsatz von Schriftsprache der Mehrheitsgesellschaft (wie Thai von Kui-Angehörigen) noch keine Garantie für Bildungserfolg in der Mehrheitsgesellschaft ist. Schriftsprache als reine Matrixsprache, das heißt als Orientierung, darf nicht gleichgesetzt werden mit Schriftsprache als voller literater Kompetenz. Die Unterscheidung beider wurde aber bis zu diesem Zeitpunkt in nur wenigen Studien untersucht (z. B. Grießhaber 2002; Maas 2008: 532). Andere in diesem Zusammenhang unternommene Unterscheidungen sind die zwischen Arbeits- und Denksprache (Grießhaber et al. 1996) sowie neuere Arbeiten zum Schreiben in der Zweitsprache (Grießhaber et al. 2018).

Festhalten lässt sich, dass orthografische Systeme die (sozio-)linguistische Identität von Minderheitensprachlern bewahren und eine entscheidende Rolle beim Erlernen und Erhalt von insbesondere gefährdeten Sprachen spielen können.

9. Nationale und ethnische Identität in Thailand, Laos und Kambodscha

9.1 Zur Problematik des singulären Blicks auf „eine von vielen“ Identitäten

Zu überlegen wäre, ausgehend von oben Gesagtem, ob sich die Minderheit an sich bzw. vielmehr das Individuum, das einer Minderheit angehört, stärker über die nationale, also hier die thailändische, laotische oder kambodschanische Zugehörigkeit definiert oder ob die ethnische Identität eine wichtigere Rolle spielt. Wenn wir die ethnische Identität als eine besondere Art von sozialer Identität bezeichnen, dann ist diese noch nicht klar von der nationalen Identität unterscheidbar, da auch die nationale Identität zum sozialen Beziehungsgeflecht des Individuums gehört. Hier drängt sich die Vermutung auf, dass hinter all diesen Benennungen mehr die Interessenkonflikte wirtschaftlicher oder politischer Natur stehen, als dass wirklich das Durchdringen und das Verständnis des Menschen in seinem Selbsterleben an sich gefragt ist.

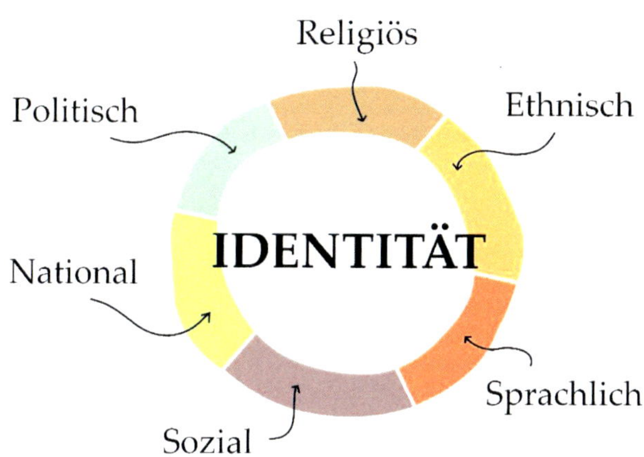

Abbildung 29: Zusammensetzung personaler Identität

Abbildung 29 illustriert die am häufigsten genannten Bereiche (Religion, Politik, Nation, Soziales Umfeld, Sprache, Ethnie), durch welche die Identität eines Individuums beeinflusst und geprägt wird. Versuche, das Konzept Identität begrifflich zu fassen (beispielsweise als *ethnische Identität* oder *sprachliche Identität*), sind in aller Regel defizitär, da sie immer nur einen Teil dessen abbilden, was die Identität eines Menschen beeinflussen kann. Das, was in Abbildung 29 aufgelistet wird, sind Aspekte, die gerade nicht voneinander abgetrennt werden können und auch keine sozialen Rollen im Sinne von Simmel sind. Vielmehr gehören all diese Bereiche je nach Ort der primären Sozialisation mehr oder weniger stark Einfluss nehmend zum Dasein des Menschen dazu und können schwerlich völlig isoliert von den anderen Bereichen betrachtet werden. Vielmehr beansprucht ein Individuum zu seinem (möglichen) nationalen Selbstverständnis auch ein politisches, ethnisches, religiöses usw. Selbstkonzept für sich. All diese als Identitäten zu bezeichnen, wird hier kritisch gesehen, wenn dies auch sehr häufig im Sinne von Teilidentitäten in der Literatur so gehandhabt wird. Sprachen lassen sich erlernen, politische Gesinnungen ändern, Religions- und Staatszugehörigkeiten wechseln, der Mensch kann in ein anderes Land umziehen. All diese Möglichkeiten beeinflussen zweifellos das Individuum in seinem Selbstverständnis und letztlich auch in der Fremdwahrnehmung. Die eine, überdauernde Identität, von der die Autorin auf Basis des in den vorangegangenen Kapiteln Ausgeführten, ausgeht, bleibt. Der Mensch erwirbt weder neue Identitäten dazu, noch verliert er frühere Identitäten. Demnach ergibt es wenig Sinn, an jeden nur denkbaren Bereich das Konzept Identität anzuhängen um anschließend von sprachlicher, ethnischer, politischer, nationaler, sozialer und persönlicher Identität zu sprechen. Zumal es die Bereiche nicht besser zu beschreiben vermag als die bereits verwendeten Begrifflichkeiten wie „politische Gesinnung“ „sprachliche Kompetenz“ usw. Am Beispiel der ethnischen und religiösen Identität macht Schäfer (2015) ganz ähnliche Kritik fest, wenn er schreibt:

> „Die Artikulation von ethnischen und religiösen Identitäten spielt nicht nur in älteren Territorialkonflikten eine Rolle (z.B. Nord-Irland, ehemaliges Jugoslawien). Identitätspolitik wird auch betrieben im Rahmen einer Rekulturalisierung internationaler politischer Beziehungen, etwa wenn es um politische und wirtschaftliche Partizipation oder um Assimilationsabwehr geht [...]. In diesem Zusammenhang kann gerade auch religiös artikulierte Identitätspolitik bis hin zur selbstmörderischen Militanz zugespitzt werden." (Schäfer 2015: 3)

Da Verweise auf eine religiöse oder ethnische Zugehörigkeit auch in „defensiv identitätsschützende oder auch offensiv fundamentalistische Strategien" (Schäfer 2015: 4) münden können, sind sie mit Vorsicht zu äußern. Identitätsbehauptung durch Rückgriff auf Religion und ethnische Zugehörigkeit erfolge im Rahmen von globalen Konkurrenz- und Kampfbeziehungen oft dann, wenn Handlungsressourcen politischer oder wirtschaftlicher Art nicht zur Verfügung stünden (Schäfer 2015: 4). Doch ist all diesen Einzelbeobachtungen entgegenzusetzen: Ein soziales und auch sprachliches Eingebundensein in die eigene Gruppe ergibt sich zwangsläufig aus dem Dasein in der Welt. Die Schwierigkeit entsteht also, sobald aus theoretischer Sicht eine klare Trennung der einzelnen Identitätsanteile vorgenommen werden soll.

Für das vorliegende Buch sind insbesondere die sprachliche Identität und die Zusammenhänge, die sich aus der sprachlichen Verortung des Individuums in einer Gruppe ergeben, von Bedeutung. Betont werden soll vorab jedoch, dass Sprache, Sprechen, sprachliche Identität und die durch Sprache und im Sprechen konstruierte Identität nicht unabhängig von den anderen genannten „Identitäten" betrachtet werden kann. Weil diese Trennung nicht möglich ist, wird im Folgenden die nationale und ethnische Identität (in Thailand, Laos und Kambodscha) näher betrachtet.

9.2 Nationale und ethnische Identität

9.2.1 Nationale Identität und Nationalstolz

Identität muss grundsätzlich nicht geplant werden. Wie im Fall der europäischen Identität wird dies aber durchaus getan und nicht selten auch forciert. Oft geschieht dies initial auch über die Sprache, also beispielsweise die Vorgabe einer gemeinsamen „nationalen Sprache". So werden bestimmte Sprachen verboten, andere gefördert, im öffentlichen Gebrauch eingeführt oder aus diesem eliminiert. Nicht immer geschieht dies mit dem Einverständnis der Menschen, insbesondere nicht denen, die durch sprachpolitische Entscheidungen auf ihre eigene Muttersprache und damit auf einen Teil ihrer ethnischen Identität verzichten sollen. In Laos, Thailand und Kambodscha wird von offizieller Seite eine einheitliche Nationalsprache angestrebt. Dies wir mehr oder weniger offen kommuniziert oder forciert.

Die nationale Identität nimmt eine besondere Stellung im Begriffsfeld der Identität ein. Einem „Volk" wird, so Hannah & Kramer 2014), unterstellt, dass es durch gemeinsame Kulturelemente wie Sprache, Religion und Traditionen sowie historische Erfahrungen alle dazugehörigen Individuen vereint. Der Terminus „Nation" hingegen bezeichne eine Gruppe, „die sich vor allem als politische Einheit versteht", wenngleich die Nation ebenfalls oft einen ethnisch-kulturellen Beigeschmack habe. Mit dem Begriff „Gesellschaft" wiederum würden die Mitglieder eines sozialen Systems bezeichnet, das weit über die Kernfamilie hinausgehe und durch relativ stabile Normen und Regeln der Interaktion gekennzeichnet sei (Hannah & Kramer 2014: 124).

Das Nationalbewusstsein kann verstanden werden als ein

> „Prozeß einer kollektiven politischen Bewußtwerdung, in dem die Mitglieder eines Volkes bzw. die Bewohner eines Territoriums entdecken, daß sie gemeinsame Traditionen und Interessen haben, daß sie eine Solidargemeinschaft sind […]. Das charakteristische Merkmal der nationalen Identität ist die Verbundenheit mit einem politischen Territorium, das als Vaterland verstanden wird." (Dann 1993: 12 zit. n. Mummendey & Simon 1997b: 178)

Mummendey und Simon (1997b: 179) fragen, ob demzufolge Nationalismus, Patriotismus, also die Wertschätzung des eigenen Volkes und Vaterlands, damit geradezu „notwendig für das kollektive Wohlbefinden“ wird und im Gegenzug ein fehlender Nationalstolz und eine mangelnde Heimatverbundenheit „auf ein Defizit an positiver Selbstbewertung und von ungesunder Wirkung auf die kollektive Identität“ schließen lasse. Den Ausführungen von Mead (1995: 251) zufolge wäre genau dies der Fall. Zugleich merken Mummendey und Simon (1997b: 180) an, dass unter bestimmten Umständen die positive Selbstbewertung aus anderen Selbst-Definitionen als der der nationalen Identität gewonnen werden kann und zum Teil auch muss (zum Beispiel bei Deutschen im Nachkriegsdeutschland angesichts der jüngeren Geschichte des eigenen Landes). Zusammengefasst lässt sich aus dieser Studie festhalten (Mummendey & Simon 1997b: 187):

> „Wenn die positive Bewertung der eigenen Nation (oder der Stolz auf die eigene Nation) auf dem Ergebnis eines sozialen Vergleichs zwischen eigener und fremder Gruppe gründet, dann verstärkt diese Bewertung, vermittelt über das Ausmaß der nationalen Identifikation, das Ausmaß der Ablehnung von Ausländern. Nationalstolz, gegründet auf den Vergleich mit anderen Nationen geht – vermittelt über eine positive nationale Identifikation – einher mit der Ablehnung von Fremden. Diese Beziehung finden wir jedoch nicht, wenn die Bewertung eben nicht auf Vergleichen zwischen Gruppen gründet.“

Das heißt,

> „Personen, die ihre positive Einstellung gegenüber der eigenen Nation (Deutschland) aus einem sozialen Vergleich mit anderen Nationen beziehen, zeigen die ‚klassischen‘ Effekte nationalistischer Einstellungen: Je positiver die eigene Nation gesehen wird, desto größer ist die Ablehnung sowohl von Ausländern außerhalb und von Minderheiten innerhalb der eigenen Nation.“ (Mummendey & Simon 1997b: 189)

Nach Weber teilt die

> „‚Nationalität‘ mit dem ‚Volk‘ im landläufigen ‚ethnischen‘ Sinn wenigstens normalerweise die vage Vorstellung, daß dem als ‚gemeinsam‘ Empfundenen eine Abstammungsgemeinschaft zugrunde liegen müsse, obwohl in der Realität der Dinge Menschen, welche sich als Nationalgenossen betrachten, sich nicht nur gelegentlich, sondern sehr häufig der Abstammung nach weit ferner stehen, als solche, die verschiedenen und feindlichen Nationalitäten sich zurechnen.“ (Weber 1980 [1921]: 242)

In der Tat ist das Empfinden von Nationalstolz von Nation zu Nation sehr verschieden (Beinke 2008). Mummendey und Simon (1997b) führten eine Studie mit jungen deutschen Versuchspersonen durch, um das Ausmaß der positiven Identifikation mit der eignen Nation zu testen und zu prüfen, worauf diese gründet bzw. welche Korrelationen es gibt. Die Analyse der Daten ergab: „Je mehr die Teilnehmer der Überlegenheit Deutschlands über andere Länder zustimmten, desto ablehnender waren sie gegenüber Ausländern eingestellt." (Mummendey & Simon 1997b: 184; auch Kapitel 9.1) Gemäß der Studie können positive Einstellungen gegenüber der eigenen Nation ganz unterschiedliche Bedeutungen haben, je nachdem, auf welche Art von Vergleich sie gründen. Ein interessanter Befund lautet: „Die ‚Nichtsozialen-Vergleicher' scheinen, was Fremdenfeindlichkeit und Ablehnung von Minderheiten angeht, unproblematisch zu sein." (Mummendey & Simon 1997b: 189) Die Anerkennung von Minderheiten ziehe keinesfalls zwangsläufig den Verzicht auf die eigene positive nationale Identität nach sich und demzufolge müsse auch nicht auf die daraus erwachsende positive Selbstbewertung mit einhergehendem Wohlbefinden verzichtet werden. Vielmehr sei es möglich, „die friedliche Koexistenz von vielen verschiedenen Identitäten für jeden einzelnen zu nutzen, als Rheinländer, als Handwerker, als Europäer oder als Vegetarier", und gerade diese friedliche Koexistenz verschiedener sozialer Identitäten sei es, „die das Potential für einen positiven Selbstwert auf breitem Fundament ebenfalls vielfältiger Vergleiche mit insgesamt zufriedenstellender Bilanz für die eigene Person und sogar für die jeweils anderen verspricht" (Mummendey & Simon 1997b: 191). Dem entgegen steht Meads (1995: 257) sehr eingängige Ausführung zur regelrechten Entspannung, die erst durch die Gruppe, auf die man trifft, entstehen kann, und zwar eine Gruppe, die „so wie man selbst denkt" und damit der Selbstbehauptung des Individuums dient.

Angesichts der Frage nach der nationalen Identität der Thai, der nationalen laotischen Identität und der nationalen Identität der Khmer ist die

Frage nach der *sprachlichen, kulturellen und ethnischen Identität Kui* nicht unabhängig von der jeweiligen nationalen Identität zu beantworten.

„Eine Nation, eine Sprache" – die ethnolinguistische Annahme

In den Sozialwissenschaften und der Linguistik, wie auch bei Richtlinien für Minderheitensprachen wird noch immer häufig „die ethnolinguistische Annahme", die Idee von „eine Nation, eine Sprache" zugrunde gelegt (Laakso et al. 2016: 10, 211, 226). Laakso et al. (216: 10) stellen klar, dass diese Sicht eine konstruierte ethnolinguistische Identität hervorbringe und die Vielfalt im Alltag der Mehrsprachigen in weiten Teilen herunterspiele oder ignoriere. Nicht zuletzt geht es dabei auch um die Frage der Macht, über die eine (nationale) Gruppe verfügt.

Sprachliche Grenzen und Grenzen von ethnischen Gruppen

Laut Allardt gibt es keine Kriterien für die Aufnahme in eine ethnische Gruppe, die alle Mitglieder der Gruppe erfüllen müssen; es sei jedoch erforderlich, dass einige Mitglieder alle Kriterien erfüllten und jedes Mitglied mindestens ein Kriterium erfüllt (Kontra et al. 2016: 227). Oft erfüllen die meisten Mitglieder alle Kriterien, aber es gebe auch einige mittelmäßige ethnische Gruppen und ethnische Selbsthasser, die sich nicht als Mitglieder einstufen, obwohl sie alle anderen Kriterien außer der Selbstkategorisierung erfüllen und von anderen als Mitglieder eingestuft werden (Kontra et al. 2016: 227). Es gibt „einen festen und stabilen Kern", für den nach Barth (1969) gilt: „[D]ie stabilen Merkmale einer ethnischen Gruppe sind nicht die Grenzen, sondern die Existenz von Mechanismen, die sie aufrechterhalten und regulieren"[87] (Allardt & Starck 1981: 12; zit. aus Kontra et al. 2016: 227). Man könnte hier „und reproduzieren sie" hinzufügen, was einer der wichtigen Gründe dafür sei,

[87] Übersetzung der Autorin aus dem Englischen: "the stable features in an ethnic group are not the boundaries but rather the existence of mechanisms which maintain and regulate them" (Kontra et al. 2016: 227).

warum Fragen der Minderheitenbildung so entscheidend sind und warum es so viel Widerstand gegen Schulen gibt, die andere Muttersprachen als Bildungsmedien verwenden. Auf Muttersprache basierende Bildung ermöglicht es der Gruppe, als Gruppe weiter zu bestehen (Kontra et al. 2016: 227).

9.2.2 Muttersprache und Identität

Zur Definition von „Muttersprache" geben Kontra, Lewis & Skutnabb-Kangas (2016: 221ff.) im Nachwort zu einer Sammlung umfassender Fallstudien zu Minderheitensprachen in Europa von Laakso et al. (2016) eine ausführliche Analyse:

Tabelle 5: Kurze Definitionen der Muttersprache(n) (Skutnabb-Kangas 1984: 18; aus Kontra et al. 2016: 222)

CRITERION	DEFINITION
ORIGIN	the language(s) one learnt first
IDENTIFICATION	
(A) INTERNAL.	a) the language(s) one identifies with
(B) EXTERNAL	b) the language(s) one is identified as a [native] speaker of by others
COMPETENCE	the language(s) one knows best
FUNCTION	the language(s) one uses most

Die Auseinandersetzung mit dem Thema Monolingualismus führe unweigerlich (wie nachvollziehbar bei Laakso et al. 2016) auf den Weg der Sprachidentifikation und in die Komplexität unscharfer sprachlicher Grenzen und sprachlicher Variabilität (Kontra et al. 2016: 222):

> „As a result, as linguists increasingly question the usefulness of the concept of autonomous languages (language as particle, cf. Lewis, 1999; Pike, 1959), **many users of heritage languages claim ever more strongly a linkage of ‚their language', ‚their mother tongue', to ‚their identity'.**" (Kontra et al. 2016: 222, Hervh. d. Autorin)

Demnach zögen die Sprecher von Herkunftssprachen selbst die Verbindung von „meine Sprache" zu „meine Muttersprache" und zu „meine Identität".

Zur Definition von Muttersprache und zur Sprachwahl der Minderheiten

Wenn sprachliche Minderheiten in einer Umgebung leben und arbeiten, in der die Mehrheitssprache gesprochen wird, dann wird diese zwangsläufig zur meistgenutzten Sprache. Aus diesem Grund wäre es nicht fair, den Begriff Muttersprache allein über die Häufigkeit der Sprachnutzung zu definieren. Ebenso erscheint es diesem Gedankengang folgend nicht ausreichend, den etwas missverständlichen Terminus „Muttersprache" durch den Begriff „Erstsprache" zu ersetzen, wie dies in der Sprachkontaktforschung üblich ist (Riehl 2014b: 13). Stattdessen schlagen Kontra et al. (2016: 223) eine Kombination von Definitionen nach den in Tabelle 5 genannten Kriterien vor: Ursprung bzw. Zeit des Erwerbs, Identifikation sowohl interne, als auch extern zugeschriebene, die jeweilige Kompetenz und die Funktion bzw. die Häufigkeit mit der die Sprache tatsächlich verwendet wird.

Da die Kui in Nordostthailand sich tagtäglich in ihrem Alltag in vielen anderen kleineren Sprachen und auch der Mehrheitssprache Thai austauschen, läuft die Sprache Kui auch weniger Gefahr, vollständig durch die Mehrheitssprache ersetzt zu werden, als die Muttersprache etwa der estnischen Minderheit in Deutschland, die in einem überwiegend deutschsprachigen Alltag lebt.

Kontra et al. (2016) sind der Ansicht, einige der Definitionen, die von Laakso et al. (2016) verwendet werden, könnten sinnvoll ergänzt werden. So sei „Muttersprache" eines der Konzepte, das detaillierter definiert werden könnte (Kontra et al. 2016: 222): Skutnabb-Kangas hat auch mehrere Thesen zu den Definitionen vorgelegt (unten in Auszügen von Skutnabb-Kangas 2008: 86–88; 2000: 105–115, mit minimalen Änderungen):

Dieselbe Person kann unterschiedliche Muttersprachen (MTs) haben, je nachdem, welche der Definitionen in der Tabelle (s. Tabelle 5) verwendet werden.

(1) Die Muttersprache einer Person kann sich während ihres Lebens sogar mehrmals ändern, gemäß allen anderen in der Tabelle aufgeführten Definitionen mit Ausnahme der Definition nach Herkunft.
(2) Eine Person kann mehrere MTs haben, insbesondere nach Definitionen nach Herkunft und Identifizierung, aber auch nach den anderen Kriterien, abhängig von der besprochenen Domäne.
(3) Die MT-Definitionen können hierarchisch nach ihrem Grad an sprachlichem Menschenrechtsbewusstsein organisiert werden. Dieser Grad in einer Gesellschaft kann beurteilt werden, indem geprüft wird, welche Definition(en) die Gesellschaft in ihren Institutionen, einschließlich der Gesetze, explizit und / oder implizit verwendet
(Kontra et al. 2016: 222)

> „Bei sprachlichen Mehrheiten (z. B. Sprecher von Norwegisch in Norwegen oder Sprecher von Russisch in Russland) konvergieren normalerweise alle Definitionen. Sie haben zuerst Norwegisch / Russisch gelernt, identifizieren sich mit Norwegisch / Russisch, werden von anderen als Muttersprachler von Norwegisch / Russisch identifiziert, sprechen Norwegisch / Russisch am besten und verwenden am häufigsten Norwegisch / Russisch. Somit kann eine Kombination aller Definitionen verwendet werden. Wenn sprachliche Minderheiten dort leben und arbeiten, wo die Mehrheitssprache dominiert, wird die Mehrheitssprache in den meisten formalen Bereichen und häufig auch informell zu ihrer am häufigsten verwendeten Sprache."
> (Kontra et al. 2016: 223; Ü. d. A.)

Daher sei es nicht fair, eine muttersprachliche Definition nach Funktion zu verwenden, da sich die Sprecher nicht frei dafür entschieden haben, die Mehrheitssprache am häufigsten zu verwenden (Kontra et al. 2016: 223). Der Ausdruck „nicht fair" bedeute dabei, dass die Definition die sprachlichen Menschenrechte nicht respektiere und hier insbesondere das Recht, frei zu wählen, welche Muttersprache man hat.[88] Dazu führen Kontra et al. (2016) weiter aus: Wenn sprachliche Minderheiten ihre Ausbildung in „Tauchprogrammen" erhalten, das heißt durch das Medium der Mehrheitssprache, wird die Mehrheitssprache häufig zu der Sprache, die sie in den meisten formelleren Bereichen am besten anwenden können, warum es auch nicht fair wäre, Muttersprache durch Kompetenz zu definieren (Kontra et al. 2016: 223). Gemäß der Definition (3) würden die Kui weniger in Schwierigkeiten geraten, wenn in einem Fragebogen die Muttersprache ausgewählt werden soll – sie könnten einfach Thai und Kui oder weitere Sprachen auswählen, wenn sie mit diesen Sprachen eine Vorstellung von „Muttersprache" verbänden. In der Datenerhebung zeigte sich eine erhebliche Schwierigkeit bei der Wahl der Muttersprache (s. Siebenhütter 2020c: 8f., 2021a: 20), die die Sprecher auf unterschiedliche Weise lösten: einmal bei der Antwort grundsätzlich Thai als die übergeordnete Landessprache zu wählen und gegebenenfalls in weiteren Gesprächen dann doch hier und da zu erwähnen, dass Kui die Muttersprache sei, und zum anderen, indem sie die Sprache mit dem angenommenen höheren Ansehen nannten, also in der Regel Thai (s. Siebenhütter 2021a: 20).

Abschließend:

Durch die umfassenden Erläuterungen und Diskussionen in Laakso et al. (2016) werden sowohl das, was die Muttersprache(n) eines Individuums

---

[88] „If linguistic minorities live and work where the majority language dominates, the majority language usually becomes their most used language in most formal domains and often also informally. Therefore it is not fair to use a mother-tongue definition by function – they have not chosen freely to use the majority language most. The expression ‚not fair' here means that the definition does not respect linguistic human rights, and here especially the right to choose freely what one's mother tongue is. If linguistic minorities get their education in submersion programmes, that is, through the medium of the majority language, the majority language often becomes the language they know best in most more formal domains. Therefore, it is not fair to use a mother-tongue definition by competence either." (Kontra et al. 2016: 223)

ist / sind und die Vorstellung von mehreren Zugehörigkeiten und sich ändernde Identitäten natürlicher und nachvollziehbarer (vgl. Kontra et al. 2016: 225).

In der Diskussion um die zu verwendenden Begriffe – Minderheit (vs. Mehrheit); „Sprachminderheit"; „Sprachbasierte Gemeinschaft" oder „Sprachgemeinschaft" – versuchten Laakso et al. (2016) zu vermeiden, was sie die „ethnolinguistische Annahme" nennen, also die Vorstellung eine Nation spreche eine Sprache, weil diese Vorstellung ihrer Meinung nach eine Gruppe fälschlicherweise homogenisiert (Kontra et al. 2016: 226). Nach Kontra et al. (2016: 226) könnte dies möglicherweise vermieden werden, indem die Kriterien von Allardt (1979) für die Definition einer ethnischen Gruppe und seine Thesen über eine ethnische Gruppe auf „sprachbasierte Gruppen" ausgedehnt würden.

Diese Kriterien zur Definition einer ethnischen Gruppe sind (Kontra et al. 2016: 226):

(1) Selbstkategorisierung (Selbstidentifikation)
(2) gemeinsame Abstammung (faktisch oder mythisch)
(3) spezifische kulturelle Merkmale, zum Beispiel die Fähigkeit, eine bestimmte Sprache zu sprechen
(4) eine soziale Organisation für die Interaktion sowohl innerhalb der Gruppe als auch mit Menschen außerhalb der Gruppe
(s. Allardt & Starck 1981: 4; Allardt et al. 1979; Ü. d. A., zit. aus Kontra et al. 2016: 227)

9.2.3 Die Frage nach der (ethnischen) Identität

Ein weiteres Merkmal, das häufig in Diskussionen um und mit Minderheiten eingebracht wird, ist die ethnische Herkunft einer solchen Minderheit. Eine Schwierigkeit stellt hierbei sicher die Tatsache dar, dass Begriffe wie *Ethnie* und *Ethnizität* oft politisch und ideologisch missbraucht und in rassistischen Zusammenhängen verwendet werden. So wird, nachdem Sprache längst als alleinige Legitimation nicht mehr ausreicht, um eine Region als Staat zu begründen, zunehmend ethnische Ideologie bemüht (vgl. Minnich 2006: 106). Um dem entgegenzutreten, seien die Begrifflichkeiten, wie sie die Autorin in diesem Buch verstanden wissen möchte, kurz angesprochen.

Es gibt zahlreiche Versuche, das Dickicht der Begriffsbestimmungen durch Abgrenzungen und separate Betrachtungen zu lichten. Zum Beispiel unterteilen Berry et al. (2010: 23) die kulturelle Identität in ethnische und nationale:

> „Ethnic identity was measured with items assessing ethnic affirmation (e.g. sense of belonging, positive feelings about being group member). A sample item is ‚I feel that I am part of [ethnic] culture.‘ National identity was assessed with measures of national affirmation and the importance of one's national identity. A sample item is: ‚I am happy that I am [national]‘."

Entsprechende Methodiken werden angewandt. Nationale Identität lässt sich beispielsweise nach Phinney und Devich-Navarro (1997) erfassen, ethnische Identität hingegen mit dem *Multigroup Ethnic Identity Measure* (Phinney 1992; Phinney/Ong 2007).[89]

Hans-Bianchi (2016: 244) bezeichnet die „ethnische Identität" als „eine besondere Art von sozialer Identität". Diese ethnisch-kulturelle Zugehörigkeit unterliegt im Laufe des Lebens stetiger Veränderung und Anpassung, ebenso wie sich die Lebenswirklichkeit des Individuums und damit das Alltagsleben je nach äußeren Bedingungen verändern kann (Keller 2004: 2; Hans-Bianchi 2016: 244).

---

[89] Studien greifen auf die Befragung mittels Skalenwerten zurück, wie unter anderem Horenczyk (2010): „Ethnic identity was measured with four items assessing ethnic affirmation (e.g., sense of belonging, positive feelings) based on the Multigroup Ethnic Identity Measure (Phinney 1992; Phinney/Ong 2007); for example, ‚I am happy to be of Russian origin.‘ National (Israeli) identity was measured with four parallel items (based on Phinney/Devich-Navarro 1997), worded with reference to majority identity (e.g., ‚I am happy that I am Israeli.‘). Respondents were asked to indicate their extent of agreement with each statement on a five-point scale, ranging from 1 (‚totally disagree‘) to 5 (‚definitively agree‘). Scores for each of the two identities were computed as the means of the responses to the items included in the respective scales. Internal consistencies of the two measures were satisfactory (ethnic identity: $\alpha = 0.65$; majority identity: $\alpha = 0.76$)." (Horenczyk 2010: 48)

Dabei gehören Sprache, Kultur und Ethnizität nicht zwangsläufig zusammen:

> „Allerdings muß betont werden, daß die hier genannte Kopplung von Sprache mit Domänen der Kultur und der Ethnizität keine Universalie darstellt. Versteht man unter ‚Kultur' die Tatsache, daß sich Individuen einer Gruppe ihre Welt über soziale Konstruktionen und über die Symbolisierung verallgemeinerter Erfahrungen, Handlungsoptionen und spezifische Muster der Weltinterpretation erschließen, muß dies nicht notwendigerweise bedeuten, daß Sprache involviert ist. Die Spezifikation einer Kultur in Form von Ethnizität kann durchaus ohne den Rekurs auf ‚Sprache' auskommen." (Schulze 2010: 41)

In diesem Sinne kann also nicht nur die Sprache unabhängig von der Kultur sein, auch das Konzept der *Ethnizität* wäre folglich unabhängig von Sprache denkbar. Schulze (2010) führt für eine solche ‚sprachfreie' Ethnizitätsdefinition die klassischen kaukasischen Kleingesellschaften an, deren Konstruktion von „kultureller Identität, also von Ethnizität" im Wesentlichen über Clan-Zugehörigkeit erfolge, mit der Adoptionsmöglichkeit auch fremdsprachiger Individuen und unter Bezug auf mythologische Ahnen, Spezifika der materiellen Kultur (wie handwerkliche Erzeugnisse), topografische und soziologische Spezifika, etwa Endogamie/Exogamie (Schulze 2010: 42). Für Schulze (2010) wäre demnach *kulturelle Identität* mit *Ethnizität* gleichzusetzen und bestehe aus Zugehörigkeit, dem Bezug auf gemeinsame Geschichte, spezifische materielle Güter und Erzeugnisse, topografische Besonderheiten und soziologische Gemeinsamkeiten.

In „Sprachgemeinschaft, Ethnizität, Identität" analysiert Mumm (2018) die Schlüsselkonzepte dieser Begrifflichkeiten: Sprachgemeinschaften entstehen demnach durch kommunikative Konventionalisierungsprozesse und werden des Weiteren von ihnen aufrechterhalten. Diese Prozesse sind real, also beobachtbar, vielschichtig und entwickeln sich ständig weiter (Mumm 2018: 1). Im Gegensatz dazu sei *Ethnizität* eine „Konstruktion, die auf praktizierten gesellschaftspolitischen Unterscheidungen zwischen ‚uns' und ‚anderen' basiert" (Mumm 2018: 1). Und auch hier wird auf den zentralen Aspekt der Grenzen verwiesen. „Ein wesentliches

Merkmal der ethnischen Zugehörigkeit, aber nicht der Sprachgemeinschaft, ist die Grenze zu anderen. In Sprachgemeinschaften gibt es auch Grenzen, aber sie sind abgestuft und definieren keine Merkmale." (Mumm 2018: 1)

Die sozialen Mechanismen hinter Sprachgemeinschaft und ethnischer Zugehörigkeit dagegen seien völlig unterschiedlich: Wenn die Sprachgemeinschaft oft als wesentliches Kriterium der ethnischen Zugehörigkeit angesehen werde, spiele der Identitätsbegriff eine zentrale Rolle (Mumm 2018: 1). Nicht zufällig werde *Ethnizität* auch *ethnische Identität* genannt, und nicht zufällig würden *Ethnizität* und *Ethnizitätsbewusstsein* ebenso fatal vermischt wie *Identität* und *Identitätsbewusstsein* (Mumm 2018: 82).

Um eine abschließende Entwirrung der Begrifflichkeiten bemüht, schlägt Mumm (2018) folgende Kurzdefinitionen für die von ihren Wurzeln her unterschiedlichen Begriffsbildungen *Sprachgemeinschaft, Ethnizität(sbewusstsein)* und *Kultur* vor (Mumm 2018: 82):

- Sprachgemeinschaft: Konventionalisierung in der Kommunikation
- Ethnizität: ‚unsere' Reproduktionsgemeinschaft gegenüber der von ‚denen'
- Kultur: erweiterte menschliche Autopoiesis.

Gemeinsam sei allen drei Dimensionen, dass sich Menschen aufeinander beziehen, aber Gründe und Ziele, Ausbreitungsprozess und Umfang sowie die imaginierten Ausstaffierungen dieser Dimensionen seien unterschiedlich (Mumm 2018: 82). Von Sprachgemeinschaft und von Kultur könne man auch dann reden, wenn keine ethnischen Grenzen definierend im Spiel seien, von Kultur auch ohne sprachliche und ethnische Grundlagen. Und obwohl es viele Berührungspunkte gebe, würden sich, so entflochten, die Begriffe nicht gegenseitig verunklaren und die Chance auf solide Analysen eröffnen (Mumm 2018: 82).

Die Makrostruktur der ethnischen Identität beschreibt Haarmann (1996: 223f.) sehr anschaulich anhand der Frage „Was macht ein X zum X?". Er unterscheidet dabei nach der gegebenen Abstammung (ethnische

Spezifik der Eltern, Großeltern usw.) und der etwas variableren Kulturmuster, die u. a. das soziale Gefüge der Umwelt vorgibt (s. Abbildung 30). Dazu zählt Haarmann auch die Sprache und weist darauf hin, dass diese Form der Identifizierung bis zu einem gewissen Grad variabel sei. Das Individuum kann seine sprachliche Zugehörigkeit ebenso wie den generellen Lebensstil und die persönlichen und beruflichen Beziehungen und seine religiösen Aktivitäten frei wählen und damit auch seine Identität beeinflussen und verändern (Haarmann 1996: 226). Die Abstammung hingegen ist unveränderlich und kann maximal verleugnet oder verdrängt werden.

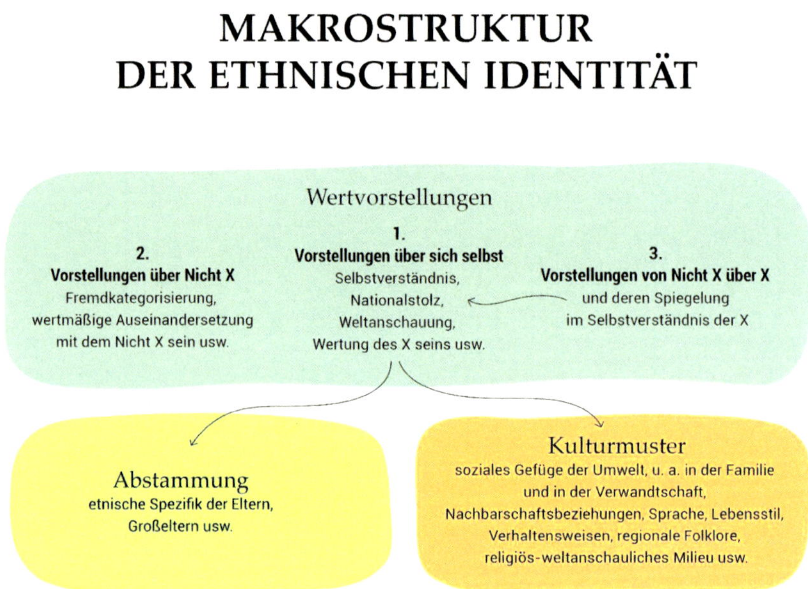

Abbildung 30: Makrostruktur ethnischer Identität nach Haarmann (1996: 224; eig. grafische Darstellung)

Kurz zusammengefasst: *Ethnizität* lässt sich gleichsetzen mit *ethnischer Identität* (Mumm 2018) oder *kultureller Identität* (Schulze 2010). Zudem kann die Sprache – hier Kui – und die Sprechergemeinschaft – hier der

Kui – demzufolge auch analysiert werden, ohne zwingend die ethnischen Grenzen definieren zu müssen.

9.2.4 Sind Sprache und Kultur eine Einheit?

Sprache wurde als zentrale Ressource für Kultur verstanden, sogar als dominante, weil sie kulturelle Bedeutungen widerspiegelt (Sapir 1921: 207; Dorfmüller-Karpusa 1993: 19). Dies impliziert, dass alle für eine Kultur zentralen Konzepte in der mit dieser Kultur verbundenen Sprache ausgedrückt werden können und dass sich die Sprache ändert, wenn neue kulturelle Konzepte entstehen (Sapir 1921: 193). (Laakso et al. 2016: 194) Gleichzeitig wurde Sprache als zentrale Ressource verstanden, durch die neue Erfahrungen in die Kultur eingebracht werden können (Linell 1982: 49). Eine schwache Form der Sapir-Whorf-Hypothese spiegelt sich in der sprachensoziologischen „Schule" von Joshua Fishman wider (Laakso et al. 2016: 194).

In „Sprache – Kultur – Ethnie: Eine kritische Reflexion" weist Schulze (2010: 27) auf den Umstand hin, dass Sprache und Kultur keinesfalls zwangsläufig als unauflösbare Einheit gesehen werden müssen und daraus resultierend der Verlust einer Sprache nicht gleichbedeutend mit dem Verlust der gesamten Kultur sei:

> „Eine gängige und in ihren praktischen Auswirkungen höchst bedeutsame Stereotypie des europäischen Kulturraums betrifft die Annahme, daß Sprache und Kultur eine unauflösbare Einheit darstellen und somit Sprachverlust zugleich Kulturverlust bedeutet. Daß in dieser Dyade der Sprache das Primat gegeben wird, drückt sich auch darin aus, daß seltener Formulierungen des Typs ‚Geht eine Kultur verloren, geht auch ihre Sprache verloren' zu finden sind." (Schulze 2010: 27)

Die genannte Stereotypie finde sich darüber hinaus nicht nur in Bezug auf – wie auch immer definierte – Minderheiten innerhalb eines über eine Mehrheit konstituierten Machtgebildes, sondern auch in Bezug auf die Mehrheit selbst, etwa wenn Sprachverfall – was auch immer darunter verstanden sein möge – als Signal für einen Kulturverfall interpretiert werde (Schulze 2010: 27). Eng verwandt mit derartigen Stereotypien sei „die vor allem in volkslinguistischer Sicht sehr populäre Annahme, wonach Sprache nicht nur eine unmittelbare Einheit mit ‚Kultur' darstellt, sondern auch mit der ‚Erfahrung' des Individuums, seine ‚Gedanken' und ‚Gefühle' vor allem nach Maßgabe der erlernten (Mutter-)Sprache auszudrücken", was dann dieser Sprache geschuldet sei (Schulze 2010: 27).

Was die Beziehung von Sprache, Kultur und Nation angeht, blickt Schulze (2010) etwas weiter zurück und kommt zum Schluss, dass die Verbindung von Nation, Kultur und Sprache maßgeblich durch den „sogenannten Sprachlichen Relativismus" geprägt sei, der ebenfalls eine „Stereotypie des europäischen Kulturraums" darstelle:

> „Spürt man der Forschungsgeschichte in Bezug auf die Kopplung der jetzt fünf Begriffe ‚Sprache', ‚Kultur', ‚Denken', ‚Wahrnehmung' und ‚Kollektiv/Nation/Volk' nach, zeigt sich schnell, daß diese Kopplung eng verbunden ist mit der philosophischen und politischen Essentialisierung neu entstehender, partikularer ‚Räume', sei es in Europa selbst oder in kolonialisierten Regionen." (Schulze 2010: 33)

Insgesamt muss darauf geachtet werden, nicht leichtfertig die (möglicherweise von eurozentrischer Voreingenommenheit geprägten) eigenen Konzepte und Vorstellungen unhinterfragt auf die zu untersuchenden Objekte zu projizieren, um damit lediglich das eigene Vorwissen zu bestätigen. Wie schon an anderen Stellen deutlich wurde, bieten keineswegs alle Grundlagen – Konzepte, Modelle, Theorien –, die bisher als gesetzt galten, eine gute Basis für die Untersuchung außereuropäischer Verhältnisse.

9.3 Nationale Identität und Minorität in Südostasien

Die staatsführende und kulturell dominierende Mehrheitsbevölkerung wird in vielen Staaten auf dem Festland Südostasiens nur von einer Ethnie gestellt: beispielsweise von den Thai mit rund 80 % der Gesamtbevölkerung in Thailand und den Khmer mit 92 % in Kambodscha (Seitz 2006: 192). Nicht entziehen kann sich ganz Südostasien dem gewaltigen und ständig wachsenden Einfluss Chinas. Angesichts dieser nicht mehr zu ignorierenden wachsenden Bedeutung Chinas in Südostasien – wie auch weltweit – „scheint es offenbar leichter, nicht auf der eigenen nationalen Kultur zu beharren, sondern eine gemeinsame asiatische Identität zu konstruieren.“ (Floßbach 2019: 4) Rüland beispielsweise versteht den „ASEAN Way“ als eine (südost-)asiatische Kooperationskultur, die sich grundlegend vom international dominanten Kooperationsmodell der EU und anderen westlichen Staatenverbünden unterscheidet und als ein „Versuch asiatischer kollektiver Identitätsfindung“ gesehen werden könne (Rüland 2006: 242f.).

9.3.1 Kollektive Identität und kollektives biografisches Gedächtnis

Zur Modellierung des nationalen Gedächtnisses, das für die Mehrheitsgesellschaften in den Nationen Thailand, Laos und Kambodscha anwendbar ist, eignet sich das Konzept des „sozialen Rahmens“ (Halbwachs 1985), das sich damit beschäftigt, welche Erinnerungen wiederaufleben dürfen und welche vergessen werden sollen, worüber gesprochen werden kann oder darf und worüber nicht (Assmann 2020). Zudem lässt sich mittels der soziologischen Rahmenkonzeptionen nach Halbwachs (1985) und Goffman (1980) analysieren, welche Funktionen dem sozialen Erinnern zukommen und wie Erzählungen und Erinnerungen sich verbinden und auf diese Weise Gemeinschaft und Identität stiften. Bei Simmel (1995) zeigt der Rahmen die Konturen der Identität an, das heißt, der Rahmen als „Grenzkonzept“ ist am deutlichsten (Dimbath 2013: 40).[90] Hier kann das Konzept des Rahmens als soziales Gedächtnis bezüglich Zeit, Raum, Sprache oder Erfahrung als strukturbildende Elemente, die das Individuum in einer Gruppe vorfindet, verwendet werden (Dimbath 2013: 41ff.), um sich an die Konzeption der Identität von In-

[90] Auch wenn sich bei Halbwachs keine Bezugnahme auf Simmels Überlegungen zum Rahmen nachweisen lässt, ergänzt dessen Entwicklung der Begriffe Rahmen und Grenze die jüngeren Rahmenkonzepte durch eine plausible These im Hinblick auf ihre Entstehung (Dimbath 2013: 40).

dividuen anzunähern insofern, als eine „unverkürzte Bestimmung von Identität im Grunde genommen auf biografische und historische Vergegenwärtigung vergangener Wirklichkeiten angewiesen" ist (Straub 2019: 99). Und diese vergangene Wirklichkeit war zwangsläufig in die Umstände oder den sozialen Rahmen eingebettet, in dem sich das Individuum nach seinen Möglichkeiten bewegen konnte. Die Erzählung erlaubt damit – wenigstens in den meisten Fällen[91] – eine Annäherung an das Selbstverständnis, letztlich die Identität der Kui. Das hier als „nationales Gedächtnis" Bezeichnete soll auf die Inhalte hinweisen, deren Vergessen gewünscht oder sogar forciert wird. Was niemand „erinnert" und worüber alle schweigen, das gibt/gab es also gar nicht.[92] Der soziale Rahmen als Konzept bietet einen Ansatzpunkt für die Identität des Individuums im Sinne einer Konstruktion von Erinnerung, die in sozial gewachsenen Bezugsrahmen entsteht (Dimbath 2013: 29). Biografisches Bewusstsein bzw. das Geschichtsbewusstsein sei damit nicht nur *irgendeine*, „sondern die reichste und tiefste", umfassendste Quelle der Identität (Straub 2019: 100).

9.3.2 Identität, Indigenität und Ethnizität in Laos

Buddhismus und Sozialismus haben seit der Unabhängigkeit des Landes die nationale Identität von Laos geprägt (Resminingayu 2018: 195). Es gab also ab 1975 einen Wandel und diese Veränderungen haben die Identität der Menschen nicht nur aus ihrem politischen, sondern auch aus ihrem soziokulturellen Leben heraus dynamisch beeinflusst, wie

[91] Straub (2019: 99f.) weist auf den Umstand hin, dass dies zumindest nicht universal angenommen werden dürfe und wenigstens in gewissen Kulturen die Identität einer Person weder formal noch inhaltlich-qualitativ ohne eine Bezugnahme auf Biografie und Geschichte zureichend bestimmbar sei.

[92] Auf die Verleugnung von offensichtlich vorhandenen Gruppen oder Sprachen aus politischen oder ideologischen Gründen hat unter anderem Nassenstein (2016) hingewiesen. Auch Laakso et al. wiesen auf diese Möglichkeit hin: Umstrittene Sprachgrenzen und umstrittene Sprachen äußern sich nicht selten in sublimer Diskriminierung durch Statusverweigerung oder die Schaffung neuer Identitäten (Laakso et al. 2016: 9).

Resminingayu (2018) konstatiert.[93] Er berichtet weiter, dass der Buddhismus größtenteils auferlegt wurde, um die verschiedenen ethnischen Gruppen zu homogenisieren, und letztlich die Dominanz einer ethnischen Gruppe legitimierte. Zu gleich betonte der Sozialismus den Begriff der Ethnizität und die kulturelle Gleichheit zwischen den ethnischen Gruppen. Dennoch konnte dieses Ziel der Gleichheit aufgrund von politischen Interessen der Staatsoberhäupter nicht verwirklicht werden und weder der Buddhismus noch der Sozialismus haben eine förderliche Situation für die Integration von Minderheiten schaffen können (Resminingayu 2018: 195). Solche Minderheiten gibt es in Laos mit seinen sieben Millionen Einwohnern sehr viele: Die laotische Bevölkerung lässt sich anhand von anthropogeografischen, ethnolinguistischen und soziokulturellen Merkmalen in rund 49 ethnische Gruppen einteilen (Timmann 2020). Sie können – wenngleich diese Einteilung offiziell nicht (mehr) existiert – in drei Hauptgruppen unter anderem geografisch-räumlich eingeteilt werden (Jerndal & Rigg 1998; Timmann 2020), wie in Tabelle 6 dargestellt:

Tabelle 6: Ethnische Gruppen in Laos (nach Jerndal & Rigg 1998; Timmann 2020)

Bezeichnung	**Lebensraum / Erreichbarkeit**	**Bevölkerungsanteil**[94]	**Besonderheiten**	**Gewinn durch Reformen**
Lao Loum	Tiefland / gut	ca. 55–68%	dominieren in Wirtschaft, Politik und Administration	signifikant
Lao Theung	Berghänge und Hügel / schlecht	ca. 22–35%		moderat
Lao Sung	höher als 1.000 m / sehr schlecht	ca. 9–10%	zahlenmäßig kleinste Gruppe	insignifikant

[93] Er diskutiert die laotische Identität am Beispiel der Minderheit Hmong in Laos unter Verwendung von drei ethnischen Ansätzen, nämlich Primordialismus, Instrumentalismus und Konstruktivismus, um die dynamische Identität der Hmong zu erklären. Diskutiert werden die Auswirkungen der Hmong als eine der ethnischen Minderheiten, die häufig von der offiziellen Diskussion über ethnische Gruppen in Laos ausgeschlossen sind.

[94] Chinesen und Vietnamesen machen dann noch als viertgrößte Gruppe ca. 1 % der Bevölkerung aus.

Minderheitengruppen in Laos beklagen, dass ihre ethnische Besonderheit im Interesse der nationalen Einheit zwar herausgestellt werde, jedoch die Wirtschafts- und Sozialpolitik in die Gegenrichtung weise, hin zu einer Marginalisierung und Verdrängung ins Hochland mit schlechteren Anbaubedingungen und schlechterer infrastruktureller Anbindung (Jerndal & Rigg 1998: 825).

Zur sprachlichen Situation lässt sich skizzieren, dass die meisten Menschen Phasa Lao, Laotisch, sprechen. Viele ältere Laoten sprechen zudem noch Französisch, das durch den wachsenden Einfluss des Englischen mehr und mehr verdrängt wird (Timmann 2020). Laut *Ethnologue* existieren über 80 Sprachen in Laos, einige von ihnen sind vom Aussterben bedroht (Eberhard et al. 2021). Lao- und Thai-Sprecher können sich gegenseitig verstehen. Lao und Thai teilen weitere kulturelle Eigenschaften und sind verbunden durch eine lange mehr oder minder gemeinsame Geschichte (Jerndal & Rigg 1998: 826). Dessen ungeachtet – oder eben deswegen – hat Laos mit den Thailändern und mit Thailand eine heikle Beziehung (Jerndal & Rigg 1998: 825).

Die laotische Identitätspolitik ist schwierig und widersprüchlich (Rehbein 2006: 227). So werden die Anstrengungen der laotischen Regierung, der Bevölkerung einen Stempel nationaler Identität aufzudrücken und das Land stärker zu zentralisieren, durch ökonomische Reformen und Tendenzen der Dezentralisierung herausgefordert (Jerndal & Rigg 1998: 828).

In Laos vertrete nicht einmal die Elite einen einheitlichen Nationalismus und man könne höchstens sagen, dass sie eine nationale Einheit propagiere (Rehbein 2006: 233).

Das Verständnis von Indigenität und Ethnizität lässt sich gut am Beispiel von Minderheiten in Laos erörtern. Im Gegensatz zu einigen anderen Ländern in Südostasien, die das Konzept der indigenen Minderheit zunehmend angenommen haben, tut die Regierung der Demokratischen Volksrepublik Laos (Laos PDR) dies nicht; stattdessen wird ethnische Vielfalt zwar anerkannt, jedoch in einem Rahmen, in dem alle ethnischen Gruppen als gleichgestellt betrachtet werden (Baird 2015: 54).

Wichtig für das Selbstverständnis und die Anerkennung von „Indigenität" ist in vielen Ländern der Sprachgebrauch in der formalen Bildung. Eine Zusammenfassung der etwas widersprüchlichen Verhältnisse in Laos findet sich bei Baird (2015: 60) und sei hier in Ausschnitten wiedergegeben:

Ebenso wie in Thailand und Kambodscha wird auch in Laos eine breite Palette von Sprachen verwendet und die Sprache des Schulunterrichts ist häufig entscheidend für den Sprachgebrauch. Einige Länder, zum Beispiel Kambodscha und Vietnam, befürworten den zweisprachigen Unterricht als Übergang von der Minderheitensprache zur Mehrheitssprache, und die Beschränkungen für die Verwendung von Minderheitensprachen im Schulunterricht wurden auch in Thailand zumindest bis vor dem Militärputsch im Mai 2014 gelockert. In Laos ist dies anders: Zwar bestand dort die Hoffnung, dass die Regierung Anfang der 2000er Jahre zweisprachigen Unterricht einführen würde, doch letztlich lehnt das Bildungsministerium die Idee weiterhin ab, da es aus strategisch-politischen Gründen keine auf ethnische Vielfalt ausgerichtete Bildung befürwortet.[95] Einerseits hat die Regierung von Laos seit Ende der 2000er Jahre die Erstellung von laotischen schriftbasierten Orthografien für alle Minderheitensprachen des Landes gefördert, andererseits wurde die Erlaubnis zur Verwendung dieser Schriften in staatlich geführten Schulen nicht erteilt. Trotzdem scheint es Bemühungen zu geben, laotische Skripte in Minderheitensprachen sowie einige grundlegende Lehrmaterialien zu entwickeln, insbesondere für die südlichen Mon-Khmer-Sprachen Katu,

[95] 1981 befürwortete das Politbüro der Zentralparteiorganisation den zweisprachigen Unterricht in den Sprachen Khmu und Hmong im Norden von Laos, aber es scheint, dass der Plan nie umgesetzt wurde (Baird 2015: 60).

Lavi und Brao. Während Materialien für Minderheitensprachen nicht offiziell in das Bildungssystem integriert wurden, haben die Lehrer in vielen abgelegenen Dörfern einen erheblichen Ermessensspielraum in Bezug auf das, was sie in ihren Klassenzimmern tun, und bemühen sich sehr, um jüngere Kinder beim Übergang zur Verwendung der laotischen Sprache zu unterstützen. (Baird 2015: 60)

Neben der Sprache sind die kommunale Landverteilung und Benennung relevant für die Wahrnehmung der Minderheiten. Ein Thema, das immer wieder in den Medien auftaucht und unter den Minderheiten diskutiert wird, sind die Landrechte, da über diesen Weg Minderheiten offiziell Anerkennung erhalten oder entzogen bekommen können. Während in anderen Teilen Asiens, wie den Philippinen, Taiwan und Kambodscha, die Bereitstellung von kommunalen Landtiteln mit Gesetzen zur Anerkennung indigener Völker in Verbindung gebracht wurde, hat die Regierung in Laos kommunale Landtitel eingeführt, ohne diese mit der ethnischen Zugehörigkeit zu verknüpfen. Die Anerkennung lokaler Landansprüche bietet der als einheimisch definierten Bevölkerung eine Reihe möglicher Vorteile. Das Potenzial, Unterstützung von einem größeren Teil der Öffentlichkeit zu erhalten, steigt und es macht die Registrierung von Gemeindeland potenziell einfacher, schneller und kostengünstiger, da – im Gegensatz zu Kambodscha – der Prozess der Bestimmung und Registrierung von Gemeinschaften als legale indigene Einheiten nicht erforderlich ist, wenn jeder das gleiche Recht auf Gemeinschaftsland hat (Baird 2015: 60).

Eine der wichtigsten Messgrößen für die Bedeutung der Indigenität in Laos ist der Grad, in dem sich die Menschen selbst als „indigene Völker" (*xon phao pheun muang* oder *xon phao dang deum*) identifizieren (Baird 2015: 60). Der Begriff „indigen" sei – gerade unter Dorfbewohnern in ländlichen Gebieten – vielen gar nicht bekannt und die Sprecher selbst würden sich nicht als „einheimisch" identifizieren, was letztlich aber nicht bedeute, dass das Konzept vollständig von außen auferlegt wurde. Innerhalb bestimmter Gruppen bestehe eine teilweise Akzeptanz; viele Menschen in Laos hätten ein ausgeprägtes Gespür für ethnische Identifikation, und so spreche das Konzept der Indigenität auch einige Menschen in Laos an (Baird 2015: 60). Die meisten indigenen Völker in Laos identifizieren sich nur mit ihrer eigenen ethnischen Gruppe oder mit ihren Verwandten. Baird (2015) zitiert einen Brao-Sprecher, der erklärt, dass er das Konzept der indigenen Völker erst zu verstehen begann, als er Ende der 2000er Jahre an Schulungsaktivitäten in Chiang Mai in Thailand teilgenommen hatte:

> „‚Most indigenous peoples in Laos just identify with their own ethnic group, or with their relatives.' However, he went on to say, ‚I am beginning to think I am indigenous, but it was only after I studied that I began to feel this way.'" (Baird 2015: 60)

Eine weitere Aussage eines Sprechers in Laos verdeutlicht die Unterscheidung von „ethnischer Gruppe" und „Indigenität" ebenso wie die Problematik, die sich im Kontext des Bemühens der Regierung um Gleichheit ergibt:

> „I think that since 1975 Laos has been pushing for equality. That is most important. I am not attached to the concept of indigenous peoples. I am neutral about that. In some countries, such as in Laos, the governments don't recognize indigenous peoples. They just focus on equality. Inequality no longer exists in Laos. People in Laos identify based on ethnic group, not based on being indigenous." (Baird 2015: 60)

Und schließlich illustriert das Zitat eines Hmong-Mannes die gemischten Gefühle, die viele Menschen zumindest in Laos bezüglich ihrer Indigenität zu haben scheinen:

> „The Lao PDR doesn't allow the use of the term indigenous peoples. There are no indigenous peoples in Laos. Everyone migrated here. I have studied all 49 ethnic groups in Laos. There are no indigenous groups. Who are the indigenous peoples? How do we define [indigenous]? I want all ethnic groups to have equal rights. Members of minority ethnic groups should have the chance to become leaders. Some did not get much education in the past, but in the future that will change." (Baird 2015: 60)

Bei Aussagen von Sprechern müsse auch immer berücksichtigt werden, dass diese dem Druck der Regierung ausgesetzt sind, der Regierungsposition zu folgen, und dass zu erwarten ist, dass dies ihre Äußerungen beeinflussen kann (Baird 2015: 61).

9.3.3 Die thailändische Identität oder: „Wir haben keine eigene Identität"

Minderheiten werden im Fall von Thailand im Rahmen der „Thaiisierung" nach Möglichkeit kulturell in die Mehrheitsbevölkerung assimiliert, um eine einheitliche kulturelle Identität zu erreichen (Seitz 2006: 195). Die Mehrheitsbevölkerung der Thailänder ist sich der Identitätsfrage bewusst. Insbesondere junge Thailänder beklagen den Mangel an Identität in Thailand (Blümel 2019). Der Begriff „Thaiisierung" im weiteren Sinne umfasse alles, was Thai-ness oder Thai-Sein „widerspiegelt, was sowohl in verbalen als auch in nonverbalen Aspekten ausgedrückt werden kann" (Nitaya 2011: 45). Man muss sich die allgemeinen Erwartungen der Thailänder als Monarchie vorstellen: Es gibt drei Säulen des Thai oder Thai-Seins: „Nation, Religion und Monarchie", die für die Identität der thailändischen Bürger von wesentlicher Bedeutung sind und von ihnen nicht kritisiert werden sollten (Blümel 2019). Diese grundlegende Triade, das Militär, buddhistische Mönche und die Monarchie der königlichen Familie sind die Hauptidentitätsträger der thailändischen Nation und dürfen überhaupt nicht kritisiert werden (Blümel 2019; Farrelly 2016: 335, 338; Thananithichot 2011). Die Wahrnehmung von Mehrsprachigkeit wie auch von sprachlichem Verhalten generell wird auch durch politische und mediale Aufmerksamkeit gelenkt (Vossmiller 2018: 54), was umso relevanter für ethnische Minderheiten wie die Kui ist, da nationale Sprachpolitik zumindest in Thailand und Laos eine wichtige Rolle spielt. Dies gilt für viele kleine Sprachen Südostasiens, die ihre Position zwischen mächtigen Sprachen finden müssen, wie auch für die Tai-Kadai-Sprache Shan. Die Minderheitensprache, die in der Vergangenheit eine wichtige Verwaltungs- und Bildungssprache war und lange Zeit zwischen den Nationalsprachen Burmesisch und Thai stand, war zu unterschiedlichen Zeiten auf verschiedenen Ebenen und in verschiedenen Bereichen dem Einfluss dieser großen Sprachen ausgesetzt (Jenny 2016).

9.3.4 Die kambodschanische Identität

Ähnlich wie bei der Definition der thailändischen Identität findet sich auch für Kambodscha die Dreiheit Nation, Religion und Monarchie, wenn über nationale Identität gesprochen wird (Floßbach 2019: 2). Der Wahlspruch „Nation – Religion – König" dient in jüngerer Zeit vermehrt der Stärkung der eigenen Identität durch „Abgrenzung nach außen und gegen einen vermeintlichen Widersacher" (Floßbach 2019: 3). Ebenfalls ähnlich wie in Thailand leben auch die Minderheiten in Kambodscha zumeist in der Peripherie, in Gebirgsregionen, so zum Beispiel benannt als „mountain Khmer oder upland Khmer" (Lebar et al. 1964: 94, zit. n. Seitz 2006: 195). Für Kambodscha werden 28 dort gesprochene, etablierte, lebende Sprachen gelistet, davon 21 als einheimisch (Eberhard, Simons & Fennig 2021).

9.3.5 Zur Identität der Kui

Die Kui zählen zu den Minderheiten in Thailand, Laos und Kambodscha. Dennoch bezeichnen sich viele der Kui in Thailand als Thai und nicht als Kui, analog dazu in Laos und Kambodscha.

Aus dem bisher Gesagten werden erneut die drei bereits in Kapitel 1.5.3 genannten Perspektiven deutlich, die für die Betrachtung der (sprachlichen) Identität der Kui notwendig sind (s. Abbildung 2, S. 26): (1) Die Selbsteinschätzung, (2) die Fremdbewertung durch den Forschenden oder andere nicht zur Gruppe der Kui Gehörende und (3) die offizielle Sicht oder Ideologie, das heißt die von der Regierung oder den Medien eingenommene Haltung, die nicht selten auch in Südostasien mit sprachpolitischen Maßnahmen forciert wird. Zudem soll an die Kui-Sprecher in den drei politischen Staaten mit jeweils eigener Nationalsprache erinnert werden, die in Abbildung 31 dargestellt wird. Damit und mit Abbildung 32 soll verdeutlicht werden, dass die Kui zwar unterschieldichen Lebensumwelten ausgesetzt sind, die ihr Sein beeinflussen, gleichzeitig aber wie in Abbildung 32 angedeutet, es eine gemeinsame Basis gibt, auf der sich die Kui unabhängig von ihrer Lebensumgebung als eine Gruppe zusammenfassen lassen.

Abbildung 31: Einfluss der Lebensräume auf die Betrachtung der Kui-Identität

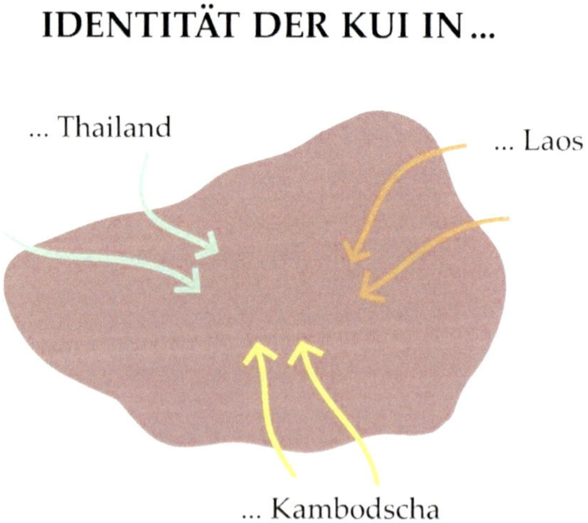

Abbildung 32: Gemeinsame Identität der Kui

Abbildung 32 versucht eine visuelle Darstellung der nationalen Einflüsse auf die Identität der Kui als Gruppe in den drei Nationalstaaten mit einem Bereich, in dem die Überschneidungen der Kui als eine Identität stehen. Das heißt, auch wenn es unterschiedliche Einflüsse aus den jeweiligen Nationalkulturen gibt, haben die Kui eine geteilte Identität, die in allen drei Gebieten gleichermaßen vorhanden ist. Der lila gefärbte Bereich stellt die gemeinsame Identität der Kui dar, also eine überlappende Identität der Kui, egal von wo sie ursprünglich kommen oder wo sie aktuell ihren Lebensmittelpunkt haben.

Zur Selbsteinschätzung

Die Minderheiten-Sprecher, die in der Feldforschung im Frühjahr 2019 befragt wurden, erwiesen sich allesamt als sehr interessiert an meiner Arbeit und freuten sich, von ihrer Sprache erzählen zu dürfen. Das ist keine Selbstverständlichkeit. Tatsächlich wirkte es so, dass ein großes Interesse bestand, die Minderheitensprache Kui aktiv zu halten und auch bekannt zu machen. Die Sprecher waren sehr stolz auf ihre Herkunft und erzählten mit Freude, sie würden die Sprache und das Erbe der Ahnen ehren und am Leben halten. Diese bejahende Haltung und positive Einstellung der Sprecher ließen sich auch bei der jungen Generation der unter 25-Jährigen feststellen.

Zur Fremdbewertung

In Bezug auf den sozialen Status werden Kui, Khmer, Lao und Isan (Lao in Thailand) als Sprachen mit niedrigem Ansehen (LPL) eingestuft, während Thai und Chinesisch einen höheren Status erhalten und daher mit hohem Ansehen (HPL) verbunden sind (Tomioka 2016; Woykos 1989). Personen, die in Thailand geboren wurden und dort leben, scheinen stolz darauf zu sein scheinen, Thai zu sein, unabhängig davon, ob sie als ethnische Minderheiten geboren wurden oder nicht (Ricks 2019). Dies steht im Einklang mit der Feststellung, dass ethnische Minderheiten häufig angeben, ihre Muttersprache sei Thai, obwohl sie die meiste Zeit ihres täglichen Lebens Kui, Laotisch oder andere Landessprachen verwenden (Siebenhütter 2020). Man könnte fragen, wie Minderheitensprecher ihre soziolinguistische Identität aufbauen: Auf unterschiedliche Weise und mit unterschiedlichen Fragen zu unterschiedlichen Zeiten wird hinsichtlich der Muttersprache der Kui-Sprecher der Minderheit eine andere Wahl getroffen, wobei manchmal Kui, manchmal Laotisch, Thailändisch oder Khmer eine Zuordnung als Muttersprache erfuhren (Siebenhütter 2020). Interessanterweise erwies es sich als ein westlicher Bias, zu erwarten, dass sich das Individuum für eine Sprache entscheiden müsste, zumindest dem Gefühl nach. Für die Kui scheint eine „besser als/lieber als“-Einteilung weder relevant noch notwendig zu sein. Vielmehr löste die Frage nach der bevorzugten Sprache Befremden aus. Ihnen erscheint nur logisch, dass die Sprache je nach Kontext und anwesenden Gesprächsteilnehmern angepasst wird. Dies könnte auf die Mehrsprachigkeit der Familien und die mehrsprachige Sozialisation zu Hause, in der Schule und in der Gemeinde zurückzuführen sein, in der Kinder aufwachsen. So besteht beispielsweise eine lokale Praxis des mehrsprachigen Betens. Gemäß Ricks (2019) mag es jedoch auch möglich sein, dass ihre starke Identifikation mit der erfolgreichen Isolierung eines Gefühls der nationalen Identität zusammenhängt.

Die offizielle Sicht/Ideologie

Tatsächlich spricht nur „ein Drittel der Einwohner Thailands“ Zentralthailändisch als Muttersprache (Ricks 2019: 257). Trotzdem bleibt die ethnische Mobilisierung in Thailand minimal, aufgrund der großen öffentlichen Akzeptanz der von der Regierung anerkannten thailändischen Identität. Wie in Kapitel 9.3.3 beschrieben, werden Minderheiten in Thailand im Rahmen der „Thaiisierung“ der Mehrheit der Bevölkerung kulturell angeglichen, um eine einheitliche kulturelle Identität zu erreichen (Seitz 2006: 195). Selbst unter den am stärksten benachteiligten Bevölkerungsgruppen des Landes, beispielsweise den Isan im Nordosten

Thailands, ist die Unterstützung für das Thailändische groß (s. auch Ricks 2019). Laut Studien zur Selbstidentifikation vertreten laut Ricks (2019) die meisten Einwohner Thailands die Ansicht, es sei besser, Thai zu sein, denn einer anderen ethnischen Gruppe zugeordnet zu werden (Ricks 2019: 257).

Wie bereits dargestellt, ist das Identitätsproblem nicht auf die Minderheiten in Thailand beschränkt. Die Mehrheit der thailändischen Bevölkerung ist sich auch der Frage der Identität bewusst. Vor allem junge Thailänder klagen über mangelnde Identität in Thailand (Blümel 2019). Danzer (2017: 13) versteht die Forderung identitätsstiftender Maßnahmen als Ausdruck fehlenden persönlichen Identitätserlebens:

> **„Je weniger davon Einzelne oder Gruppierungen** bei sich spüren, umso energischer **rufen und suchen sie nach Identität und identitätsstiftenden Maßnahmen**: Personale oder Ich-Identität, Corporate Identity, nationale, ethnische und religiöse Identitäten oder die Patchwork-Identität sind Begriffe, die seit Jahrzehnten die öffentliche Debatte in der westlichen Welt prägen und Klausurtagungen von seriösen Firmen (Corporate Identity) ebenso wie Psychotherapieprozesse (Ich-Identität) oder Soziologenkongresse (Patchwork-Identität) nachhaltig beschäftigen." (Danzer 2017: 13; Hervh. d. A.)

Thananithichot (2011: 258) erwähnt, wenn die Konstruktion der thailändischen nationalen Identität die Unabhängigkeit von Siam von den Kolonialmächten bewahren sollte, hätte sie ihre Mission bereits während der Regierungszeit von König Rama VI. erfüllt, aber das sei ein politisches Problem für die Zukunft.

Vor diesem Hintergrund erscheint es nicht überraschend, dass sich die Teilnehmenden der Studie als thailändisch bezeichneten und sagten, ihre Muttersprache sei Thailändisch (Siebenhütter 2020), ungeachtet dessen, dass viele der weniger gebildeten Menschen im Nordosten „nicht in der Lage sind, selbstbewusst zentrales Thailändisch zu sprechen" (McCargo & Hongladarom 2004: 226). Um jedoch den „Wir-Code" zu verwenden, der „die Rolle eines gruppeninternen Markers spielt", kann dieser „nur von Personen derselben Gruppe bequem verwendet werden und darf nicht beiläufig mit möglichen Außenstehenden geteilt werden" (McCargo und Hongladarom 2004: 226). Dies setzt voraus, dass die Sprecher in der

Sprache ihrer Wahl hinreichend sicher sein müssen. Dies scheint bei den Minderheitensprechern im Nordosten Thailands nicht der Fall zu sein (McCargo & Hongladarom 2004: 226). Ferner schauten Menschen aus Bangkok und Zentralthailand auf Bewohner des Nordostens herab (McCargo & Hongladarom 2004: 232). Trotz oder (besser) aufgrund dieser Tatsachen scheinen Minderheitensprecher im Nordosten Thailands lieber „thailändisch" zu sein und zu den „Stadtbewohnern einer höheren Klasse" zu gehören, anstatt als „Bürger zweiter Klasse" angesehen zu werden. (McCargo & Hongladarom 2004: 232). Der „Wir Code" bezieht sich nicht notwendigerweise auf die ethnische Sprache einer mehrsprachigen Gemeinschaft und der „Sie-Code" bezieht sich auf die Sprache der breiteren Gesellschaft, in der diese Gemeinschaft eine Minderheit bildet, wie von Sebba und Wootton (1998) vorgeschlagen. Wahrscheinlich gehört die Kui-Minderheit zur Gruppe der Thailänder und bewertet die Mehrheitssprache nicht als „Sie-Code", sondern es kann mehr als einen „Wir-Code" geben.

Interkulturelle Kompetenz

Bei den Kui kann davon ausgegangen werden, dass sie im Laufe ihrer Sozialisation eine „interkulturelle Kompetenz der besonderen Art" (Vossmiller 2018: 54) ausbilden, nämlich die „sprachliche Beherrschung der kulturellen Codes mindestens zweier Systeme". Von interkultureller Kompetenz wird zumeist gesprochen, wenn es sich um die Begegnung zweier sich sehr fremder Kulturen, wie etwa der chinesischen und der deutschen, handelt. Interkulturelle Kompetenz soll hier jedoch so verstanden sein, dass sie die Fähigkeit von Individuen beschreibt, in der Begegnung mit einer anderen Kultur kompetent und handlungsfähig zu bleiben, auch wenn der Grad an „Fremdheit" und „Andersartigkeit" ein variables Phänomen darstellt. Vossmiller (2018: 54) beschreibt diese Fähigkeit als einen „selbstbewussten Umgang mit sprachlichem *Know-how* und dessen stetige Weiterentwicklung", der aus Sicht der Autorin nicht als Selbstverständlichkeit verstanden werden darf, nur weil die Individuen selbst diesen als eine geradezu natürlich gegebene Tatsache hinnehmen, ohne sich dessen weitreichende Bedeutung allzu bewusst zu machen.

Teil IV: Ergebnisse und Diskussion

10. Identität und Mehrsprachigkeit bei Minderheitensprechergruppen

Ziel der vorliegenden Untersuchung war es, die „sprachliche Identität“ aus Sicht multilingualer Sprecher selbst auf der Mikroebene und daraus entstehende Bereicherungen für die Makroebene zunehmend mehrsprachiger Gesellschaften zu beleuchten und hiermit eine Lücke im bestehenden Forschungsdiskurs zu schließen. Zudem wurde eine Reihe an vorliegenden Modellen zu einer „sprachlichen Identität“ gesichtet mit der Überlegung, ob ein Modell auf Basis von empirischen Sprachdaten entwickelt werden könnte, das zugleich kulturunabhängig und allgemein anwendbar ist. Zugleich sollte die vorliegende Untersuchung einen theoretischen Beitrag zum wissenschaftlichen Diskurs der Mehrsprachigkeit in heterogenen Gesellschaften leisten, der sich weltweit anwenden lässt. Da Mehrsprachigkeit nicht nur eine wichtige Rolle in der Diskussion um Integration und Spracherwerb spielt, ist die Thematik aktuell und auch für die angewandte Forschung relevant.

In Teil IV nun sollen die Ergebnisse übersichtlich in einer Gesamtschau dargestellt werden. Dabei soll zudem diskutiert werden, inwiefern die vorgeschlagenen Ansätze und Analysen in anderen mehrsprachigen Settings angewandt werden können.

10.1 Zum Konzept der Identität

Selbst wenn man das Konzept der Identität auf spezifisch sprachwissenschaftliche Fragestellungen anwenden will, steht man vor einer Fülle an veröffentlichten Ausarbeitungen. Die Publikationen sind selbst bei so einem spezifischen Zugang ebenso zahlreich wie die darin erläuterten Konzeptionen von Identität unscharf. Multiple, hybride, diffuse, Patchwork- und andere Identität(en) sowie Komposita aus diesen wurden als die postmoderne Antwort auf die Frage nach der Begriffsklärung vorgeschlagen. Ob uns immer blumigere Formulierungen jedoch bei der Klärung der abstrakten Vorstellung Identität weiterhelfen können, bleibt dahingestellt. In diesem Sinne soll hier kein weiterer Terminus hinzugefügt werden, da es – wie sich hinlänglich in den vorangegangenen Kapiteln gezeigt hat – an der Benennung (wenigstens in diesem Fall) nicht liegen kann, wenn die Definition scheitert. Entscheidender wird sein, was mit der Frage nach der Identität erreicht werden soll und kann.

Vorstellungen und deren Benennungen in Form von wissenschaftlicher Terminologie lassen sich nicht zwangsläufig auf alle Regionen gleichermaßen anwenden. Ebenso deutlich wurde, dass Begrifflichkeiten, die auf einer westlichen Philosophietradition fußen, einem gewissen über Jahrhunderte tradierten Bias unterliegen. Daher liegt der Schluss nahe, dass es weniger eine Frage der korrekten Benennung – die per se unvollständig bleiben muss – ist, denn vielmehr um die korrekte ‚Befüllung' des Konzepts Identität geht, also den semantischen Gehalt oder die Reichweite, die mit der Terminologie abgedeckt werden soll.

Als Ergebnis der in diesem Buch angestellten Überlegungen ist festzuhalten, dass ein Modell zur Beschreibung sprachlicher Identität weder isoliert möglich noch erstrebenswert ist und das Kompositum *sprachliche Identität*, also die Verschränkung der Konzepte Sprache und Identität, irreführend ist und eher Verwirrung stiftet, als zur Klärung des Phänomens der Mehrsprachigkeit beizutragen.

Zur vorgeschlagenen „multiplen sprachlichen Identität" bei Mehrsprachigkeit mag der folgende exemplarische Fall illustrativ sein: Eine Sprecherin des Deutschen ab Geburt kann beispielsweise ab der Jugend Englisch lernen und in den darauffolgenden Jahren noch weitere europäische und asiatische Sprachen dazunehmen. Bei dieser Form von Mehrsprachigkeit (mit sicherlich unterschiedlichen Kompetenzniveaus in den jeweiligen Sprachen) wäre schwerlich zu argumentieren, dass die Sprecherin eine multiple Identität erworben habe, nur, weil sie ein bestimmtes Level an zusätzlichen Kompetenzen erworben hat. Jede Fähigkeit als eine eigene Identität einzuordnen ist nicht zielführend, das machen analoge Kombinationen wie „multiple handwerkliche Identität", „multiple musikalische Identität", „multiple sportliche Identität" schnell deutlich. Fähigkeiten oder Kompetenzen können nicht mit Identität gleichgesetzt werden. Bei der sprachlichen Kompetenz scheint dies aus irgendeinem Grund nicht so offensichtlich.

So ist festzuhalten, dass eine *multiple sprachliche Identität* weder als Kompositum sinnvoll noch wirklich nachvollziehbar und schon gar nicht hilfreich bei der Klärung mehrsprachiger Phänomene ist.[96] Als zielführend erwies sich dagegen die Unterscheidung von *Identität* versus *Identitätsbewusstsein* und ein daraus ableitbares sprachbezogenes Identitätsbewusstsein (Mumm 2018: 34), das die Sprache und die Identität in ein etwas differenzierteres Licht rückt, wobei der Bezug bestehen bleibt, jedoch die Sprache nicht als Basis von Identität generell gilt. Des Weiteren stellte sich heraus, dass eine häufig gewünschte und mit Sicherheit sinnvolle Interdisziplinarität erst dann fruchtbare Ergebnisse hervorbringen kann, wenn die Ebenen der Analyse einander angeglichen werden und sozusagen auf demselben „Level" arbeiten. Andernfalls würde die disziplinübergreifende Forschung im schlimmsten Fall nicht nur wenig hilfreich sein, sondern in einigen Fällen sogar schädlich, indem allzu Ungleiches vermischt wird und damit letztlich mehr Unklarheiten entstehen, als dies bei Konzentration auf die eigene Fachdisziplin je hätte geschehen können.

10.2 Mehrsprachigkeit, Schrift und die Rolle der Sprache bei der Entwicklung sozialer Identität von Minderheiten

Das übergeordnete Interesse dieses Buches lag bei dem Zusammenhang von Sprache und Identität. Dabei spielte die situationsbedingte Sprachwahl eine Rolle, aber auch das Selbstverständnis und eine (unter ande-

---

[96] Vergleiche zur Diskussion über Mehrsprachigkeit, *multiple sprachliche Kompetenzen* und die Frage nach der Existenz von *multipler Identität* zudem Siebenhütter (2021a) und Auer (2005).

rem) über die Sprachkompetenz herausgebildete Identität. Diese gründet nicht selten auf den Sprechern selbst nicht bewussten Motiven.

Für die Untersuchung unbewusster Motive für sprachliches Handeln wurden Methoden der Sozialpsychologie eingesetzt. Da in Fragebögen und direkten Befragungen in Interviews nur explizite (bewusste) Einstellungen erhoben werden können, wurde für die impliziten (unbewussten) Einstellungen eine andere Form der Analyse nötig. Für die kleine Sprache Kui ist bislang keine qualitative Analyse vorgenommen worden. Die sozialpsychologischen Faktoren und die aus psychologischer Sicht zu befriedigenden Bedürfnisse, die sprachlichem Handeln zugrunde liegen, stellen ebenso wenig ein ausführlich bearbeitetes Forschungsfeld dar wie die Beschreibung jener Bedürfnisse, auf denen politische Einstellungen und radikale Handlungen beruhen.

Ausgehend von Ansätzen zum Sprachwandel im Rahmen von Sprachkontakt sowie der Mehrsprachigkeitsforschung wurde festgestellt, dass ein Hauptziel des sprachlichen Handelns der soziale Erfolg ist. Für die Kui bedeutet dies in ihrer besonderen Situation als mehrsprachige Minderheit, die sich in täglichem Sprachkontakt mit anderen Sprachen befindet, weniger das Streben nach mehr Prestige. Vielmehr muss es um ein Sich-Einpassen in den allgemeinen Kontext der sich darstellenden Lebensumwelt gehen. Wenngleich im Feld ein gewisser Stolz auf das eigene „So-Sein", also „Kui-Sein" beobachtet werden konnte, erschien ein Bedürfnis nach expliziter Abgrenzung von anderen Gruppen weniger stark ausgeprägt, als dies in anderen Zusammenhängen beim Aufeinandertreffen unterschiedlicher Gruppen bereits festgestellt wurde. Zu beachten ist hier aber, dass es sich bei den Kui nicht um eine kürzlich, also in den letzten Jahrzehnten, zugezogene Minderheit handelt, die sich erst in der neuen Lebensumgebung einen Platz sichern müsste.

Die Situation der Kui und ihre ganz eigene Sichtweise sowie ihre Bewegungen im sozialen Raum wurden oben mit dem Ziel, die Mechanismen sprachlicher Phänomene in dieser speziellen Konstellation zu verstehen, betrachtet. Unter Einbeziehung sozialpsychologischer, soziolinguistischer und sprachlicher Faktoren wurde damit eine Annäherung an das Konzept der Identitätsentwicklung der mehrsprachigen Kui und im Besonderen die Rolle der Sprache für das Selbstverständnis der Individuen im Prozess ihrer ganz eigenen Identitätskonstruktion erreicht.

10.3 Mehrsprachigkeit in der Kui-Gesellschaft

Die Minderheitensprache Kui ist eine der größeren austroasiatischen Sprachen in Thailand (Premsrirat 2006: 643), die in den Grenzgebieten im Dreiländereck Kambodscha – Thailand – Laos gesprochen wird (s. Abbildung 33). Fast alle Kui sind mehrsprachig mit mindestens zusätzlich der jeweiligen Landessprache (Thai, Lao, Khmer). So wird Thai in Thailand von fast 100 % der Kui ab Spracherwerb gesprochen; mehr als 50 % können Thai in allen Situationen des täglichen Lebens fließend anwenden (Siebenhütter 2020: 11). Es sind nur noch wenige abgelegene Dörfer übrig (etwa wie in Abbildung 33 dargestellt), in denen Kui als Muttersprache (Erstsprache) verwendet wird (Bos 2009), was die Dringlichkeit der Erforschung von Kui zeigt. Kui gilt in Thailand und Laos als bedroht (*threatened*), das heißt, die Sprache verliert aktive Sprecher, wobei berücksichtigt werden muss, dass seit den letzten Hochrechnungen im Jahr 2006 für Thailand keine genauen Sprecherzahlen vorliegen (s. Kap. 1). In Kambodscha wird Kui von den Angehörigen den älteren Generationen (über 25 Jahre) untereinander gesprochen, jedoch nicht mehr an die Kinder weitergegeben (*shifting*) (Eberhard et al. 2021).

Aufgrund der ethnischen Stigmatisierung durch nationale Programme (Baumann 2018; Premsrirat 2006; Suraratdecha 2014; Yano 2019) verheimlichen Minderheiten wie die Kui, die sich weder äußerlich noch kulturell stark von den Khmer, Thai und Laoten unterscheiden, häufig ihren Minderheitenstatus, obwohl sie gleichzeitig auch stolz auf ihre Herkunft sind, wie in dieser Studie gezeigt werden konnte.

Kui wurde als Sprache ohne eigene Schrift beschrieben. In den jeweiligen Regionen werden die dort üblichen Landesschriftsprachen Thai, Khmer und Laotisch verwendet. Dennoch überliefern die Kui selbst ihr kulturelles Erbe nahezu ausschließlich mündlich. Die digitale Welt wird Kui trotz einiger engagierter Lehrer – auf Youtube und offline – wohl verschlossen bleiben, was für Tausende anderer Sprachen ebenso gilt.

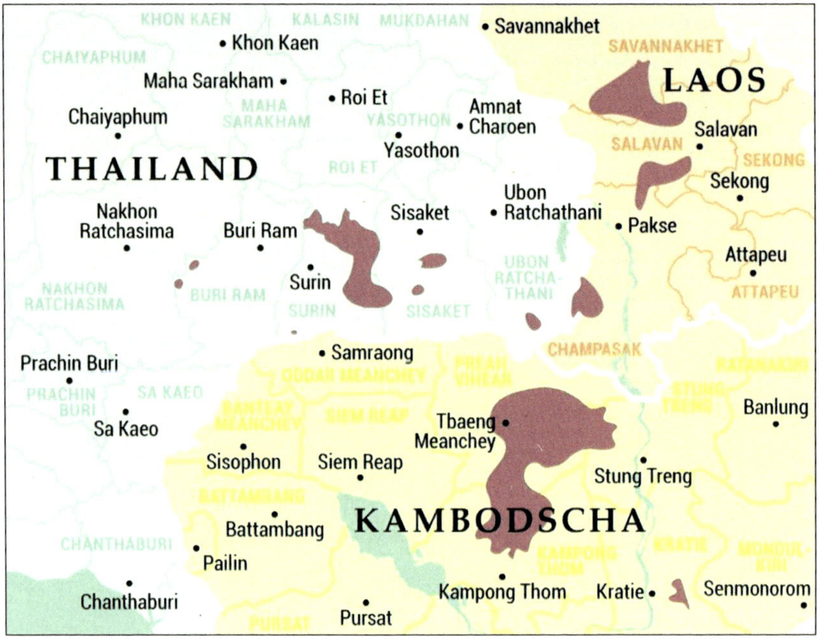

Abbildung 33: Gebiete mit Kui-Sprechern im Grenzgebiet (nach Eberhard et al. 2021, eigene Grafik)

Es erscheint daher dringlich, weiterhin die Überlieferungen der Kui ebenso wie jene weiterer kleiner Sprachen zu untersuchen, um diese rein mündlichen Dokumentationen von Vorstellungswelten zu bewahren, bevor sie womöglich verloren gehen. Beim Verschwinden einer Sprache kann nicht nur die Sprache selbst verloren gehen, sondern auch das mit dieser Sprache verbundene kulturelle Kapital in Form von Geschichten und Mythen, die rein mündlich überliefert wurden. Da die Kui grundsätzlich mehrsprachig sind und mindestens die Landessprache Thai gut sprechen, werden sie selbst zunächst womöglich keinen Verlust feststellen. Auf lange Sicht wird es dann aber wohl keine jüngere Generation mehr geben, die sich an die in Kui überlieferten Geschichten erinnern kann, da diese nicht mehr weitergegeben wurden. Der wissenschaftliche Wert der Arbeit mit Minderheitensprachen liegt also nicht nur in der reinen Dokumentation von sprachlichen Äußerungen einer spezifischen Minderheit, sondern steht stellvertretend und beispielhaft für die Dokumentation von Überlieferungen zahlreicher kleiner Sprachen und damit zugleich ihrer für sie eigenen kulturellen Wertesysteme.

Die gesellschaftsbildende Funktion der Sprache konnte an der kleinen Sprache Kui exemplarisch untersucht werden. Die Beobachtung von Kui in drei unterschiedlichen politischen Regionen bot eine zusätzliche Vergleichsmöglichkeit, sowohl was den Umgang der Sprecher selbst mit der eigenen Identität angeht als auch hinsichtlich des Umgangs der Mehrheitsgesellschaft mit der Minderheit Kui im eigenen Hoheitsgebiet.[97] Von diesem Punkt ausgehend war das Erkenntnisinteresse: (1): Beschreibung der kontinuierlichen Identitätsbildung einer kleinen Minderheit (Kui) durch Sprache innerhalb einer Mehrheitsgesellschaft (Perspektive Kui); (2): Beschreibung des Umgangs der Mehrheitsgesellschaft mit dieser Identität der Kui (Perspektive der Thai-, Khmer- und Laotisch-Sprachigen).[98]

---

[97] An dieser Stelle soll nochmals darauf hingewiesen werden, dass die vergleichende Untersuchung von Kui in allen drei Staatsgebieten nur bedingt im geplanten Umfang durchgeführt werden konnte, was nicht zuletzt den massiven Reisebeschränkungen und dauerhaften Grenzschliessungen in Kambodscha und Laos in den Jahren 2020 und 2021 geschuldet war.

[98] Zur Perspektive der Mehrheitsgesellschaft ist anzumerken, dass die Einstellungen der Thai-, Khmer- und Laotisch-Mehrheitssprachenvertreter nicht in Form von Fragebogen oder anderen standardisierten Verfahren erhoben wurden. Die Perspektive der Mehrheitsgesellschaft wurde vielmehr aus der vorhandenen Literatur abgeleitet, was bei Aussagen zu dieser Perspektive zu berücksichtigen war.

10.4 Mehrsprachige Identität(en)?

Bisherige Forschungen zu Mehrsprachigkeit und Identität bei Angehörigen von Minderheiten konzentrierten sich überwiegend auf die Integration Letzterer in eine Mehrheitsgesellschaft. Dass sich Minderheiten nicht allein durch Erwerb und Verwendung der Mehrheiten-Sprache in eine homogene Mehrheitsgesellschaft integrieren lassen, ist nach jahrzehntelangen Bemühungen um eine gelungene Integration von Migranten in den Sozial-, Kultur- und Bildungswissenschaften keine neue Erkenntnis mehr. In vorliegendem Buch wurde untersucht, wie der Fall für die Minderheit Kui aussieht, deren Migrationsbewegungen schon einige Generationen zurückliegen.

Bei der Mehrsprachigkeit der Kui liegt eine territoriale Mehrsprachigkeit (Prifti 2020) oder gesellschaftliche Mehrsprachigkeit (Riehl 2014a) vor, wie insgesamt für die thailändische, laotische und kambodschanische Gesellschaft eine gesellschaftliche Mehrsprachigkeit besteht. Diese ist von der individuellen und institutionellen Mehrsprachigkeit abzugrenzen. Mehrsprachigkeit wird noch immer häufig im Sinne einer Mehrzahl von *offiziellen* oder *Nationalsprachen* verstanden und jüngere Anstrengungen zum Erhalt der sprachlichen Vielfalt gründen zumeist auf dem Territorialprinzip: „zweisprachige Regionen gelten als Ausnahmen – und als Konfliktzonen, in denen eine Regionalsprache und eine weiter verbreitete Sprache um die Vorherrschaft kämpfen." (Lüdi 1996b: 320)

Wie festgestellt, wird linguistische Multiplität, also Mehrsprachigkeit, in der gegenwärtigen Forschung zumeist mit multipler (sprachlicher) Identität gleichgesetzt (u. a. *International Conference on Language, Identity and Education in Multilingual Contexts [LIEMC3]* im Februar 2020). Dies reicht jedoch als Grundlage für weitergehende Forschung nicht aus. Neuere Studien zum Zusammenhang von Identität und Sprache belegen, dass Mehrsprachigkeit nicht zwangsläufig mit einer multiplen Identität einhergehen muss (Siebenhütter 2020b) und dass eine pauschale Gleichsetzung von Sprache und Identität nicht angemessen ist (Auer 2005). So kann eine vorschnelle Gleichung des hybriden Sprachgebrauchs mit der hybriden (sozialen) Identität ebenso verhängnisvoll werden wie die Gleichung eine Nation gleich eine Sprache, die den traditionellen europäischen Sprachideologien zugrunde liegt und mit deren Folgen noch heute umzugehen ist.

Darüber hinaus wurde untersucht, ob mehrsprachige Minderheitensprecherinnen als „Führerinnen des sprachlichen Wandels“ in Richtung einer Umstellung auf die Mehrheitssprache Thai fungieren, entsprechend Labovs soziolinguistischem Modell, oder als Bewahrerinnen ihrer sprachlichen Minderheit. Es wurde ferner gefragt, ob die gesellschaftlichen Rollenerwartungen in kollektivistischen Kulturen das Modell des sprachlichen Wandels beeinflussen. Die Ergebnisse legten Sprachpräferenzen der Kui offen und erlauben Annahmen über den voraussichtlichen Sprachgebrauch zu formulieren, der in Richtung einer stabilen Situation der Mehrsprachigkeit zu münden scheint.

Folgender Abschnitt nimmt auf die in Teil I (Kapitel 3) formulierten Hypothesen Bezug und resümiert die entsprechenden empirischen Ergebnisse aus den Befragungen.

10.5 Sprachbewusstsein und Sprachassimilation

Zu Hypothese 1:

- Je höher das Sprachbewusstsein der Kui-Sprecher ist, desto höher ist die Tendenz zu Sprachassimilation im Sinne eines fortlaufenden Assimilationsprozesses in Koexistenz von Mehrheits- und Minderheitensprache(n).

Ein höheres Sprachbewusstsein war den Sprechern zumindest nicht abträglich bei ihren täglichen Sprachwahlentscheidungen. Bei genauerer Betrachtung stellte sich jedoch heraus, dass die Bewusstheit über das eigene sprachliche Verhalten keinesfalls eine Voraussetzung für einen fortlaufenden Prozess von Sprachassimilation ist. Auch konnten keine abschließend und eindeutig nachverfolgbaren Belege für eine Kausalbeziehung von Bewusstheit und sprachlicher Veränderung zutage gefördert werden. Die Kui verwenden, wie sich zeigte, je nach Situation die Sprache, mit der sie am ehesten ihr Ziel erreichen. Wenn sie also beispielsweise im benachbarten Dorf auf dem Markt einkaufen, wechseln sie beim Kontakt mit einer Nicht-Kui-Sprecherin zum Lao oder Khmer, um über Menge und Preis der Ware zu verhandeln. Das heißt, dass die Kui-Varianten mit den Mehrheitssprachen Thai, Khmer und Lao sowie anderen kleinen Sprachen koexistieren und gegebenenfalls, aber nicht zwangsläufig Elemente aus diesen integrieren. Es ist durchaus möglich, dass diese Sprachen auch gut auseinandergehalten werden, was keine Seltenheit bei mehrsprachigen Sprechern zu sein scheint, die mit mehr als drei Sprachen im Alltag umgehen (Clyne 1992, 2009).[99]

Das scheint kein spektakulärer Befund, doch ließen sich zum Gebrauch von Kui einige Korrelationen herausarbeiten. Sprachliche Variation im Gebrauch der Kui-Sprache korreliert demnach mit Alter, Geschlecht und Klasse, wobei die soziale Klasse bei der Bestimmung des Sprachgebrauchs einen größeren Einfluss als das Geschlecht zu haben scheint.

Aufgezeigt wurde, dass sowohl Gebrauch als auch Kompetenz der Kui-Sprache stark vom geschlechtsspezifischen Sprachbewusstsein und soziolinguistischen Einstellungen abhängig sind, beispielsweise deutliche Unterschiede im Sprachgebrauch und in den Kompetenzen nach sozioökonomischen Statusgruppen sowie zwischen Frauen und Männern bestehen. Insgesamt erwiesen sich Männer in der Gemeinde, auf dem Markt und mit anderen Dorfmitgliedern als aktiver mehrsprachig (insbesondere in thailändischer und laotischer Sprache). Hinsichtlich selbst bewerteter sprachlicher Kompetenz wurden für Sprecher aller

[99] Es gibt Beobachtungen (wie Clyne 1992, 2009), die zeigen, dass Sprecher mit drei und mehr Muttersprachen im Unterschied zu Bilingualen dazu tendieren, ihre Sprachen auseinanderzuhalten – dies zumindest bei westlichen Sprachen wie Deutsch, Englisch, Französisch u. ä.(Bisang 2021, p. K.). Inwiefern dies auf die Kui mit ihren unterschiedlichen Sprachen zutrifft, kann mit der in diesem Buch vorgestellten Untersuchung nicht in voller Breite beantwortet werden, da hierzu ein wesentlich umfangreicherer Abgleich der gesprochenen Sprachen stattfinden müsste, der auch methodisch einer anderen Ausrichtung bedürfte.

Statusgruppen hohe Werte für Mehrsprachigkeit bestätigt (mindestens fließende Sprachkenntnisse in basaler Konversation in Kui, Thai und Lao bzw. Phasa Isan). Die Kui-Sprachkompetenzen waren bei Frauen wie Männern aller betrachteter sozioökonomischer Klassen mit überwiegend „fließend in allen Situationen“ oder „fließend in basalen Konversationen“ sehr hoch ausgeprägt. Obwohl alle an der Befragung Teilnehmenden sich selbst als Kui identifiziert hatten, bewerteten sie ihre eigene Kui-Sprachkompetenz eher zurückhaltend: Männer der unteren Klasse (66,7 %) und Männer und Frauen der oberen Klasse (60 %) gaben diese mit „fließend in allen Situationen“ an. Einige Frauen der Mittelklasse bewerteten ihre eigene Kui-Kompetenz sogar als praktisch nicht vorhanden. Dennoch gaben Frauen aller sozialen Schichten an, wenigstens situativ Kui zu sprechen.

„Muttersprache“ kann in dieser Studie wörtlich verstanden werden dahingehend, dass Sprecherinnen Kui häufig zu Hause, mit Kindern und in der eigenen Dorfgemeinschaft und mit Freunden und Nachbarn sprechen. Im Anschluss an Labovs Erkenntnisse (2001) wären Kui-Frauen also nicht nur die frühen Anwenderinnen von Sprache, sondern auch ihre Bewahrerinnen. Doch auch die Männer sprechen nach eigenen Angaben insbesondere zu Hause, mit Kindern und in der eigenen Gemeinschaft Kui. Ein Sprachwechsel kann zudem nicht so einfach erklärt werden, da weder Sprachwechsel noch Variation einschichtige Phänomen sind (Ruch 2008), die sich einzig anhand einer Variable bestätigen ließen. Zudem werden Variationen auf einer Ebene auch die anderen Ebenen beeinflussen (Mattheier 1998). Wie beschrieben müsste das Modell des Sprachwandels daher neu organisiert werden, um kulturellen Unterschieden Rechnung zu tragen (Bisang 2016). Rollenerwartungen in kollektivistischen oder Gemeinschaftskulturen wie der Kui-Gesellschaft beeinflussen die Anwendung des Modells, obwohl die Ergebnisse der Studie im Gegensatz zu früheren Untersuchungen darauf hindeuten, dass sich die sprachliche Selbstwirksamkeit in der Kui-Gesellschaft von der in anderen kollektivistischen Kulturen unterscheidet.

Die Ergebnisse weisen bezüglich Status und Geschlechterrollen einen signifikanten geschlechtsspezifischen Effekt auf. Dies betrifft insbesondere die Verwendung von Kui unter den Sprecherinnen der Mittelklasse: Sie sprechen Kui zu Hause, mit Kindern und in der eigenen Gemeinschaft, verwenden jedoch mit Außenstehenden auf dem Markt oder Menschen aus anderen Dörfern Thai, Lao oder andere Sprachen. Der Sprachgebrauch von Frauen aus der Mittelschicht deutet bei den Kui in Thailand zudem eher auf eine stabile Situation der Mehrsprachigkeit als auf eine dauerhafte Verlagerung nach Thai oder Laotisch hin. In allen Situationen sprechen mehr Frauen der Oberschicht fließend Kui, was auf eine größere Chance für das zukünftige Überleben der Sprache hindeuten würde, wenn davon ausgegangen werden kann, dass diese Frauen auch zukünftig maßgeblich für die Kinderbetreuung zuständig sein werden. Die Ergebnisse können den Status von Kui als *threatened* in Thailand (Eberhard et al. 2021) nicht vollständig bestätigen. Vielmehr können Kui-Sprecher als Heritage-Sprecher gemäß der Definition von Polinsky und Kagan (2007) oder Valdés (2000) bezeichnet werden, wonach Kui auf einem Kontinuum anzusiedeln wäre, das von Sprechern, die Kui fließend sprechen (meist ältere Generationen), bis hin zu denen reicht, die Kui selten anwenden und/oder auch nie vollständig erworben haben (vgl. Montrul 2002, 2008) und nicht zuletzt aus diesem Grund nur wenig Kompetenz in Kui aufweisen.

Zu Hypothese 2:

- Aus Sprachprestigegründen passt sich Kui in Thailand an Thai an, Kui in Kambodscha an Khmer und Kui in Laos an Lao.

Zumindest für den Ausschnitt, der in der vorliegenden Studie untersucht werden konnte, muss festgestellt werden, dass diese Annahme nicht zutrifft. Festgestellt wurde, dass die Kui in Situationen des Alltags, wenn erforderlich, zum Thai oder zu anderen Sprachen wechseln. Die Gründe für diesen Sprachwechsel sind aber wie beschrieben häufig andere als reine Status- oder Prestigeüberlegungen. Anpassung im Sinne von sprachlicher Mischung konnte in dieser Studie nicht nachgewiesen werden. Hinweise darauf wären beispielsweise durch strukturelle Anpassungen möglich, zu denen im Rahmen der in diesem Buch vorgestellten Untersuchung keine ausreichenden Daten vorliegen.[100]

Zu Hypothese 3:

- Soziale Faktoren spielen bei Sprachwahlentscheidungen von Kui-Sprechern und somit für die zukünftige Entwicklung in Richtung Sprachwandel oder -stabilität eine entscheidende Rolle.

Die dritte Hypothese kann hingegen voll bestätigt werden. Zweifellos sind soziale Faktoren der wichtigste Grund für die täglichen Sprachwahlentscheidungen der untersuchten Kui-Sprecher. Ein Kui-Sprecher passt, um zu einer Gruppe zu gehören, zum Beispiel zu einer Internet-Community oder zum Kollegenkreis bei der Arbeit, sein Sprachverhalten temporär an – allerdings eben, indem er eine andere Sprache wählt, nicht durch ein angepasstes Kui (wie Hypothese 2 untersuchte). Eine wichtige Rolle bei der Sprachwahl spielt also auch bei den Kui der soziale Erfolg.[101]

Dass erst die nötige Sprachkompetenz für eine bestimmte Situation eine Sprachwahl ermöglicht, wird bei alle dem natürlich vorausgesetzt. Zu beobachten war eine insgesamt hohe sprachliche Kompetenz in Kui, auch bei jüngeren Sprecher unter 30 (s. auch Siebenhütter 2019a, 2019b, 2020a). Da die mehrsprachige Sozialisation den Spracherwerb beinhaltet

[100] So erwies sich, dass die im Vergleich zu Mehrheitsgesellschaften weniger hierarchisch strukturierte Kui-Gesellschaft sich weiterhin in Kui widerspiegelt, d. h., sozialer Status wird in den Kui-Dialekten nicht lexikalisch kodiert. Das ist in Khmer, Thai und Lao anders (Bos & Sidwell 2014: 876; Diller 1985, 2006; Rehbein & Sayaseng 1997, 2004). Die Erwartung, dass Kui-Sprecher zusätzliches Khmer-, Thai- oder Lao-Vokabular implementieren und verwenden, um die Lücken zu schließen, die aufgrund der unterschiedlichen Gesellschaftsstruktur bestehen, konnte nicht bestätigt werden.

[101] „Der Mensch hat das Ziel erfolgreich zu sein, und die Beeinflussung vermittels der Sprache ist ein wesentliches Element der Erklärung des sozialen Erfolgs.“ (Keller 2003 [1990]: 121).

und von Geburt an erfolgt, wird dies von den Sprechern selbst jedoch meist nicht als eine besondere Leistung verstanden. Entscheidend ist es, diese Kompetenz sozusagen als Werkzeug zur Verfügung zu haben. Festgestellt wurde darüber hinaus, dass unabhängig vom Geschlecht eine höhere Mehrsprachigkeit (also mehr Sprachkompetenz in mehr Sprachen) angegeben wurde, wenn der sozioökonomische Status höher war. Da es sich um eine Selbsteinschätzung mittels Fragebogen handelte, muss bei diesen Werten jedoch bedacht werden, dass die generelle Sicht auf die eigenen Kompetenzen mit dem höheren Status positiv korrelieren könnte, was nur im Rahmen von Testung der tatsächlichen und nicht der selbst eingeschätzten Sprachkompetenz ausgeschlossen werden könnte. Wie festgestellt wurde, werden Sprachgebrauch und Sprachkompetenz nicht nur von den Variablen Geschlecht, sozioökonomischer Status und Alter bestimmt, sondern auch von der Existenz eines orthografischen Systems beeinflusst. Es wurde beschrieben, wie Kui-Sprecher ein eigenes orthografisches System für ihre Minderheitensprache entwickeln, um ihre (sozio-)sprachliche Identität zu bewahren und das Erbe der Vorfahren auch mittels eigener Schrift festzuhalten. Zudem wurde aufgezeigt, dass Schrift und Orthografie eine entscheidende Rolle beim beim Erlernen und Erhalt von (gefährdeten) Sprachen spielen kann.

Über diese sprachbezogenen Hypothesen hinaus, die empirisch überprüft wurden, standen zwei übergreifende Annahmen zur Identität der Kui am Beginn dieses Buches (Kapitel 1.6).

1. Wenn sich junge Kui ihrer eigenen Gruppe, also den ethnischen Kui zugehörig fühlen, sind sie auch bereit und interessiert daran, sich für den Erhalt dieser Gemeinschaft im Denken und Handeln zu engagieren. Im Gegenzug wird sich bei fehlender Identifikation mit der Gruppe der Kui kein Wunsch nach dem Fortbestehenden dieser herausbilden.

Diese Annahme trifft bedingt zu. Für die Fälle, die in dieser Studie betrachtet wurden, war festzustellen, dass auch jüngere Kui sich für den Erhalt ihrer Sprache engagieren (Youtube-Kanal mit Kui-Sprachunterricht, Kui-Unterricht für Kinder im Rahmen des Spielraums, den ein Lehrer an der öffentlichen Schule eingeräumt bekommt). Zudem gaben auch diejenigen Kui, die nach Bangkok gehen, um dort zu studieren – mit anderen Worten: in einem anderen sozialen Umfeld erfolgreich zu sein – an, dass sie nach dem Studium in jedem Fall zurück in die Kui-Gemeinschaft gehen möchten, um eine Kui-Partnerin zu ehelichen. Dies sind keine Indizien dafür, dass sich die Kui-Minderheit in Auflösung befinden würde (vgl. Siebenhütter 2020c).

2. Der Schluss, dass die soziale Wirklichkeit von mehrfachen Identitäten geprägt ist, legt nahe, dass der symbolischen Grenzziehung ein weniger hoher Stellenwert für die Herausbildung oder den Erhalt von Identität (der Minderheit Kui) zukommt als anderen Parametern, die für die kollektive oder soziale Identitätsbildung eine Rolle spielen.

Um diese Annahme zu diskutieren, sei an die möglichen symbolischen Grenzziehungen nach Lamont (2012; 2014 [1996]) erinnert, die moralische, soziale und kulturelle Grenzziehung als Formen symbolischer Grenzen benennt. Die erste Frage ist, inwiefern die Grenzziehung für die Identität der Kui (also für die Stabilisierung ihres Selbstverständnisses bzw. für die Rückversicherung hinsichtlich ihrer sozialen Gruppenzugehörigkeit) überhaupt notwendig ist. Die kulturelle Grenzziehung, wie sie von Lamont beschrieben wird, scheint in der Tat eine sehr untergeordnete, wenn nicht sogar überhaupt keine Rolle zu spielen. Ebenso verhält es sich mit den sozialen Grenzen nach Lamont: Anzeichen dafür konnten in der Studie nicht zutage gefördert werden. Die mithin wichtigsten symbolischen Grenzziehungen, wenn wir Lamont zugrunde legen wollen, wären demnach die moralischen Grenzen, die spezifische Identifikation mit den eigenen Ritualen, auch religiösen (sich von anderen Gruppen abgrenzenden) Zeremonien und

Praktiken, in denen viele Kui sehr aktiv sind. Nach Lamont (2014: 388), sind jene, die moralische Grenzen ziehen, sehr an Charaktereigenschaften wie Aufrichtigkeit und Religiosität interessiert. Diese Art der Grenzziehung ist den Individuen selbstverständlich überhaupt nicht bewusst, weshalb sie auch in einer direkten Befragung à la „Welche Grenzen ziehen Sie, um mehr Nähe zu ihrer Gruppe herzustellen und sich von anderen Gruppen abzugrenzen?“ niemals genannt werden würde. So sehr das Modell der symbolischen Grenzziehung kritisiert werden könnte, in jedem Fall gibt es für das Verständnis, wie sich die Kui (oder andere Gruppen) selbst in der Gesellschaft verorten und welches Selbstverständnis sie in ihren Handlungen steuert, mehr Hinweise als manche theoretische Konzeption des schwer zu greifenden Identitätsbegriffs.

Im Anschluss an Analyse und Auswertung kann in einem nächsten Schritt die Frage gestellt werden, warum diese Ergebnisse genau in dieser Form zustande gekommen sind, das heißt, es gilt, die in dieser Untersuchung vorgenommene Momentaufnahme in den größeren theoretischen Rahmen zu setzen und eine andere Herangehensweise an den Zusammenhang von Identität und Sprache anzusteuern.

11. Identität und Sprache – sprachliche Identität als Modell?

Die Zusammenhänge von Sprache und Identität lassen sich sicherlich nicht durch die Fragen nach der Muttersprache und dem häuslichen Sprachgebrauch beantworten. Es ist eine hochkomplexe und dynamische, sich in ständiger Entwicklung befindliche Angelegenheit. Solche Fragen ermöglichen es zwar, mehr über die Selbstidentifikation der Sprecher mit einer oder mehreren Sprachen herauszufinden. Für eine abschließende Definition von Identität oder sprachlicher Identität reichen die Antworten jedoch bei Weitem nicht aus.

Seidenfaden (1952), beruflich Polizeitrainer im Nordosten Thailands, schrieb schon vor nunmehr rund 70 Jahren über die Sprache Kui und sagte voraus, dass diese aussterben werde:

> „[E]specially as our Kui are rapidly changing their language for that of Siamese (Lao) or Khmer, a process which has been going on for a long time, and which eventually may result in the disappearance of their ancient Môn-Khmer tongue." (Seidenfaden 1952: 144)

Und dennoch kann man im Jahr 2021 Kui finden, die aktiv die Sprache ihrer Vorfahren gebrauchen, stolz auf ihre Sprache und das Erbe ihrer Vorfahren sind und sogar eine eigene Kui-Schrift entwickeln.

Das Konzept der Identität und dessen Verbindung mit oder die Identifikation mit Sprache werden im wissenschaftlichen Kontext zum Teil kontrovers diskutiert. In ideologischen Machtkämpfen wird das Konzept der Identität nicht selten stark emotional aufgeladen und häufig nicht ohne das Ziel bestimmte religiöse, wirtschaftliche oder politische Interessen zu transportieren verwendet. Für Minderheiten selbst scheint das Thema der eigenen Identität häufig erst dann ein zu durchdenkendes Konzept zu werden, wenn der Blick von außen darauf gelenkt wird. Zumindest die Erkenntnisse zu den Kui, deren Aussagen in dieser Studie ausgewertet wurden, lassen diesen Schluss zu. Dennoch betrifft das

Thema der wie auch immer definierten Identität unterschiedliche Bereiche des Lebens von Mehrheiten und Minderheiten gleichermaßen, nicht zuletzt im institutionellen Sprachgebrauch. So ist es (beispielsweise im Hochschulkontext) in Thailand wie auch in Europa allgemein üblich, die politisch korrekte Benennung der gesprochenen Sprache und der ethnischen Zugehörigkeit der Menschen zu verwenden. Oft werden dann neutrale, eher allgemeine Begrifflichkeiten wie „lokale Sprache" verwendet, um alle verschiedenen Minderheitensprachen abzudecken, ohne detaillierte Angaben darüber zu machen, um wie viele Sprachen es sich handelt oder wie unterschiedlich diese sind.

Abschließend muss auf Basis der vorliegenden Ergebnisse festgestellt werden, dass ein Modell speziell zur Definition sprachlicher Identität nicht endgültig und für alle Untersuchungsgegenstände zielführend sein kann. Da sprachliche Identität nicht isoliert werden kann vom Konzept Identität an sich, ist eine sprachabhängige Identitätskonstruktion allenfalls als Teilbereich der individuell ausgebildeten und sich entwickelnden Identität des Individuums oder der Gruppe zu verstehen. Es erscheint nicht sinnvoll, die anderen Teilbereiche, die an der Identitätskonstruktion beteiligt sind, auszuklammern. Vermutlich kann diese Trennung gar nicht gelingen, da Sprache und andere kulturelle Merkmale so stark miteinander verwoben sind, dass letztlich nicht auszumachen ist, welche Phänomene auf welches Merkmal zurückzuführen sind. Festzuhalten bleibt nach Auffassung der Autorin in jedem Fall, dass allein die Fähigkeit, sich in mehreren Sprachen verständigen zu könnne, noch keine multiple Identität ausmacht. Hier ist es wichtig, das Konzept Identität nicht gleichzusetzen mit den Rollen, die ein Individuum in verschiedenen Kontexten einnimmt.

Identität – individuell oder kollektiv – kann nicht einzig über Sprache erzeugt werden, wenngleich diese zur Diskussion zwingend dazugehört. Folglich lässt sich Identität auch nicht auf rein sprachlicher Basis – sozusagen isoliert – betrachten und modellieren. Natürlich kann die Sprache als solche betrachtet werden, ebenso wie andere Phänomene einzeln betrachtet werden können. Dies geschieht dann aber jeweils im Bewusstsein, dass nur ein Teil des Ganzen betrachtet wird, da alles andere den wie auch immer vorgegebenen Rahmen sprengen würde. Das übergreifende Konzept der Identität nur in Ausschnitten betrachten und modellieren zu wollen, führt zu defizitären Ergebnissen und nicht selten sogar zu falschen Rückschlüssen. So wäre eben die oben kritisierte Schlussfolgerung, man könnte „multiple Sprachfähigkeit" respektive Mehrsprachigkeit mit multipler Identität gleichsetzen, nicht nur irreführend, sondern auch defizitär dahingehend, dass die kognitiven Fähigkeiten des Menschen auf eine Sprache begrenzt würden; ein Mensch (oder eine Gesellschaft) wäre also „richtig" oder „normal", solange er (oder sie) nur eine Sprache handhaben muss. In der Realität ist aber die Mehrsprachigkeit eher der „Normalfall" als eine reine Einsprachigkeit. Ebensowenig erwirbt ein Sprecher oder eine Sprecherin, der/die eine weitere Sprache erlernt, eine weitere Identität – absurd ist ja regelrecht der Gedanke, dass ein mehrsprachiger Mensch multipel im pathologischen Sinne würde. Ein weiterer Punkt ist, dass Mehrsprachigkeit nicht bedeutet, dass alle Sprachen auf dem selben Niveau beherrscht werden. Das ist sogar eher selten und eine Gewichtung der Kompetenzen im aktiven und passiven Sprachgebrauch oder Sprachverständnis ist die Regel.

Schaut man vor diesem Hintergrund noch einmal auf die eingangs beschriebenen Schwierigkeiten der „Harmonisierung" der Begrifflichkeiten, so sind diese Schwierigkeiten im Verlauf dieser Untersuchung noch deutlicher zutage getreten. Die am Beispiel der Kui erörterten Phänomene legen nahe, dass die bisher unbefriedigenden Modellierungen von sprachlicher Identität aus einer unzureichenden wissenschaftlichen Basis resultieren. Der postulierte Zusammenhang von Sprache und Kultur als unauflösbare Einheit und die Herleitung, dass ein Sprachverlust zugleich Kulturverlust bedeute, könnten auf durchaus gravierenden Fehlannahmen beruhen. Im unerfreulichsten Fall wäre es tatsächlich unmöglich, diese Mängel gänzlich zu beheben, da sie auf einer einseitigen Stereotypie beruhen (Schulze 2010: 35), wodurch auch die daraus abgeleiteten Fragestellungen in die Irre führen würden. Inwiefern es in diesem Buch gelungen ist, sowohl den Zusammenhang von Sprache und Kultur als auch jenen von Identität und Sprache zu mehr Klarheit zu führen, bleibt durch den Leser oder die Leserin zu beurteilen. Sicher ist, dass zur Frage nach einer wie auch immer definierten sprachlichen Identität das letzte Wort noch nicht gesprochen ist.

11.1 Sprachliche Grenzziehung als identitätsbildende Maßnahme

Sprachliche Kompetenzen erlauben eine Abgrenzung und auch eine Ausgrenzung anderer Individuen von der eigenen Gruppe. Für die untersuchte Minderheit Kui scheint diese Grenzziehung zumindest auf der Ebene der Sprache weniger relevant zu sein. Dennoch verfügen die Kui sehr wohl über ein Bewusstsein einer eigenen ethnischen Identität, wie sowohl die Befragungen als auch die Beobachtungen im Feld, zum Beispiel zu Ritualen, zeigten. Dieses Bewusstsein schließt für den einzelnen Sprecher oder die einzelne Sprecherin keineswegs aus, sich jederzeit an andere Gruppen anpassen zu können, beispielsweise die Gruppe der Thailänder als große, übergeordnete Gruppe. Dabei geht die Minderheiten-Identität Kui nicht verloren, vielmehr kann beides gleichzeitig existieren.

Für den Fall der Kui und deren Selbstverständnis erlaubt die Unterscheidung der symbolischen Grenzziehung nach Lamont in eine kulturelle, eine moralische und eine soziale Grenzziehung ein besseres Verständnis als die alleinige Konzentration auf Abgrenzung durch Sprache. Ein Gefühl der Unterlegenheit – ob sprachlich oder auf anderen Ebenen – konnte in den Befragungen nicht festgestellt werden. Zwar werden bestimmte Bezeichnungen wie „Isan“ von einzelnen Sprechern als abwertend empfunden oder die englische Schreibweise *Kui* wird gegenüber dem häufig in der Literatur verwendeten *Kuy* bevorzugt.[102] Doch wurden diese Aspekte nicht als relevant genug erachtet, um sie als Abwertung der eigenen Identität zu verstehen. Eine problematische Stigmatisierung von sprachlichen oder ethnischen Minderheiten hängt maßgeblich davon ab, ob sich ein Individuum einer Gruppe in einem solchen Maße zugehörig fühlt, dass es Sicherheit erleben kann und seine Grundbedürfnisse nach sozialer Einbindung und Anerkennung erfüllt weden. Weniger entscheidend erwies sich für die Kui dabei die Größe der eigenen Minderheiten-Gruppe, also der eigenen In-Group.

Die Kui scheinen insbesondere die Sprache selbst nicht als hauptsächlich abgrenzende und damit aktiv distanzierende identitätsbildende Maßnahme zu benötigen, weil sie sich gleichzeitig als Thailänder, Khmer oder Laoten verstehen.

Obwohl sich in dieser Studie feststellen ließ, dass die Identität der Kui auch auf weiteren Merkmalen wie geteilten Praktiken und Werten basiert und nicht allein auf der eigenen indigenen Sprache, teilen die Kui auch viele Praktiken und Werte mit den Vertretern der Mehrheitssprache, die nicht nur in Thailand, sondern auf dem gesamten südostasiatischen Festland für die Menschen von Bedeutung sind (wie z. B. Affinität zu Elefanten, traditionelle Kleidung, bestimmte buddhistische Zeremonien). Als Betrachter von außen könnte nun der Eindruck entstehen, dass die Kui – abgesehen von der Sprache, die nicht bei allen im gleichen Umfang im Alltag vorkommt – wenig Eigenes zur Identifikation mit der eigenen Gruppe vorweisen können. Zweifellos lassen sich auch viele Gemeinsamkeiten mit der Mehrheitsgesellschaft und anderen Minderheiten in Südostasien beobachten. Dies ist nicht zuletzt dadurch zu begründen, dass die Kui-Minderheit ja nicht – wie die syrische Minderheit in Deutschland beispielsweise – erst vor einem oder zwei Jahren ein-

[102] Die Menschen in „Pak Isan“ bezeichnen sich im Allgemeinen selbst als „Lao“, aber aus politischen Gründen müssen sie den Begriff „Khon Isan“ (‚Mensch Isan‘) verwenden und das, was sie sprechen, als „Phasa Isan“ (‚Sprache Isan‘) bezeichnen, meint eine Sprecherin an der Universität in Ubon Ratchathani.

gewandert ist, sondern schon seit Jahrzehnten in Thailand und – soweit sich dies durch Forschung nachweisen lässt – ganz grundsätzlich auf dem südostasiatischen Festland beheimatet ist.[103]

Wie oben bei der persönlichen Identität beschrieben – ein großer Kreis, in dem sich ein kleiner Kreis befindet (Abbildung 27, S. 266). Der kleine Kreis fühlt sich im großen durchaus wohl, denn man ist sich ja nicht völlig fremd, wenn auch die Sprache abweicht. Worauf in dieser Studie besonderes Gewicht gelegt wurde, war die Sicht der Kui selbst. Und derzufolge haben die Kui neben den geteilten Werten und Praktiken noch etwas Eigenes, das sie in ihrer Selbsteinschätzung betonen und wodurch sie sich auch von anderen Gruppen (Thai, Lao, Khmer etc.) abgrenzen können und wollen. Was für den Außenstehenden sehr ähnlich oder gar gleich anmuten mag, wie beispielsweise eine generelle Nähe zu Elefanten, die in Südostasien beheimatet sind, können die Kui selbst ganz klare Abgrenzungen zu anderen Gruppen in Thailand oder Kambodscha benennen und ihr spezifisches Verhältnis zu diesen Tieren deutlich von dem anderer Südostasiaten differenzieren und dies als ein Merkmal zur In-Group-Identifikation heranziehen. Deutlich wird daran auch, dass Minderheiten durchaus Werte der Mehrheitskultur teilen können, ohne ihre Minderheitenkultur deshalb opfern zu müssen (Hamers & Blanc 1989; zit. n. Liebkind 1996: 46).

Soziale Räume, Schriftlichkeit, sprachliche und sprachunabhängige Rituale und Praktiken prägen neben und im Zusammenspiel mit sprachlichem Handeln das identitäre Selbstverständnis von Individuen und Gruppen. Dieses Selbstverständnis lässt sich immer nur als Prozess begreifen. So, wie sprachliche Phänomene ständiger Veränderung unterworfen sind, kann auch eine sprachliche Identität – so es sie in dieser

---

103 Nach Aufzeichnungen im Wat Kongkaram im Bezirk Samrong Thap in der Provinz Surin stammen die Kui von einem der „ursprünglichen Khmer-Stämme“ (Kūy pĕn p̄hèā k̄hemr deim phwk h̄nụ ng – กูยเป็นเผ่าเขมรเดิมพวกหนึ่ง) ab, die sich zunächst im Norden und Nordosten Kambodschas fest niederließen (Quelle: https://schoolonly.wordpress.com, Zugriff 28.6.2021).

Form gibt – nur als ein sich im Fluss befindliches Phänomen verstanden werden.

11.2 Das Konzept Identität und das Phänomen Sprache

Es war der Autorin ein Anliegen, die theoretische Basis der unterschiedlichen Disziplinen nicht leichtfertig zu übernehmen, ohne hinreichend Klarheit über die jeweiligen Stadien der Ausarbeitung derselben erlangt zu haben, bevor deren Konzepte und Modelle für den eigenen Fachbereich übernommen werden.

Abschließend kann nach den theoretischen Analysen zum Konzept der Identität festgehalten werden, dass Konzepte multipler, Patchwork- und sonstiger Identitäten nicht hilfreich für eine sprachwissenschaftliche Betrachtung sind und dass es zu wesentlich mehr Klarheit führen kann, beim Konzept der Identität im Singular zu bleiben. Ein Individuum hat demnach eine Identität, die über die Lebensspanne, wie ausführlich dargestellt, zwar Schwankungen ausgesetzt ist und mittels unterschiedlicher sozialer Rollen Schwerpunkte setzt. Und dennoch – alle pathologischen Zustände außen vor gelassen – bleibt der Mensch bei einer, seiner Identität, die über die Zeit stabil ist. Dass es gefährliche, wenn nicht gar fatale Folgen haben kann, nun Identität und Sprache gleichzusetzen, ist nach den Ausführungen in diesem Buch hoffentlich hinreichend deutlich geworden. Bleibt festzuhalten, dass ein Individuum eine Identität besitzt und im Verlaufe seines Daseins durchaus mehrsprachig sein kann, möglicherweise sogar schon von Geburt an.

Die Ausprägung der Mehrsprachigkeit und die jeweiligen Kompetenzen in angewendeten oder passiv verstandenen Sprachen ist für die Identität nur insofern relevant, als sie ebenso neue Horizonte eröffnet und den Blick des Individuums weiten kann, wie das auch beim Erlernen neuer Bewegungsformen (Sport etc.) oder handwerklicher Fähigkeiten der Fall wäre. Daraus ergibt sich folgende einfache Formel für die Beschreibung von Mehrsprachigkeit und Identität: Eine Identität, der zwei und bis zu einer ganzen Reihe an Sprachen in unterschiedlich ausgeprägter Kompetenz und mit unterschiedlichem Zeitpunkt des Erwerbs zugehören können, also beispielsweise mit zwei Erst- (L) und einer beliebigen Anzahl weiterer Sprachen (S):

$$Identität + L_{1a} + L_{1b} + S_1 + S_2 + S_n \ldots$$ [104]

Diese Ausprägungen von Mehrsprachigkeit können dabei so verschieden sein wie die Forschung zur Zwei- und Mehrsprachigkeit dies beschreibt: von bilingual von Geburt an, mit einer hohen Kompetenz in beiden Sprachen oder auch einer Erstsprache L1 und im Laufe des Jugend- und Erwachsenenlebens dazugenommene weitere Sprachen S1, S2, S3 und so weiter, die je nach privatem und beruflichem Einsatz aktiv und/oder passiv, schriftsprachlich und/oder rein mündlich verwendet werden. Die Identität eines Individuums ist dabei vorhanden, und durch die sprachlichen Kontakte ist der Mensch bis zu einem gewissen Grad auch beeinflusst in seinem „Sein" und „Handeln", aber seine Identität wird nicht maßgeblich durch die Sprache(n) die er/sie passiv versteht oder aktiv spricht und im Alltag anwendet, verändert. Ebenso kann die Sprache nicht gänzlich von der Identität abgetrennt werden und gehört wie auch die körperliche Gestalt zu den Merkmalen eines Menschen, die zwar in gewissen Grenzen modifiziert, aber nie gänzlich von der Identität, vom Selbst eines Individuums abgetrennt werden können, warum das „+"-Symbol im Sinne von „und" in der Formel oben nur als Approximation verstanden werden darf. Zwangsläufig nehmen das soziale Umfeld und

[104] „L" bezeichnet hier Erstsprache bezüglich des Zeitpunkts des Spracherwerbs, also von Geburt an, während „S" für weitere, später erworbene Sprachen steht. Das Konzept der „Muttersprache", das im Kapitel 9.2.2 ausführlich verhandelt wurde, wird aus den dort genannten Gründen in diesem Modell nicht mehr berücksichtigt. Damit orientiert sich die Darstellung an der in der Sprachwissenschaft üblichen Unterscheidung von S1, S2 usw. und Erstsprache (L1), Zweitsprache (L2) usw., die jeweils mit unterschiedlicher Kompetenz beherrscht werden können (Riehl 2013: 390f.).

die Lebensumstände Einfluss auf das Individuum und seine Entwicklung; eine neue Identität erwirbt ein Individuum mit jeder neu erlernten Sprache – im Sinne eines additiven Prozesses – dabei jedoch wohl kaum. Sprache ist also vielmehr als ein Merkmal von Identität zu verstehen und ganz sicher nicht mit Identität gleichzusetzen. Dass diese Unterscheidung wichtig ist, zeigt die folgende schematische Gleichsetzung von Sprache und Identität deutlich:

$$\textit{Sprache}_1 + \textit{Sprache}_2 + \textit{Sprache}_3 + \textit{Sprache}_n = \textit{multiple Sprache}$$

$$\textit{Identität}_1 + \textit{Identität}_2 + \textit{Identität}_3 + \textit{Identität}_n = \textit{multiple Identität}$$

Mit dieser Gleichsetzung von Sprache und Identität wäre man wieder bei der multiplen Identität angelangt, sobald ein Individuum mehrere Sprachen sprechen und/oder verstehen kann. Für die weitere Forschung zur Mehrsprachigkeit und all ihren Facetten sollte mit diesen Ausführungen deutlich geworden sein, dass die Gleichsetzung von Identität und Sprache keine zielführende Basis sein kann. Ebenso wurde ausführlich beschrieben, dass in der Mehrheit der Fälle sogar bereits die Zusammenstellung von *Identität* und *Sprache*, also *Sprachliche Identität* wenig Erkenntnisgewinn verspricht. Eine klangvolle Begrifflichkeit allein kann dem Phänomen der Mehrsprachigkeit in seinen vielfältigen Ausprägungen, das ohnehin keine Seltenheit ist, wenig Bereicherndes hinzufügen.
Es bleibt zu hoffen, dass dieses Buch zu mehr Klarheit im Umgang mit Mehrsprachigkeit und Identität verhilft und die Konzentration zukünftiger Untersuchungen weniger auf begriffliche Moden, sondern mehr auf die Ausformungen der Mehrsprachigkeit an sich richtet.[105] Also konkret Sprachgebrauch, Formen und Umfang von Mehrsprachigkeit und

[105] Auf struktureller Ebene wäre eine genaue Analyse von Sprachkontaktphänomenen der mehrsprachigen Kui wünschenswert: Auftreten von Code-switching nach Art und Frequenz, Code-mixing, Entlehnungen, Interferenzen usw. Zu bedenken ist, dass für eine genaue Analyse solcher Sprachkontaktphänomene eine sehr gute Kompetenz in den beteiligten Sprachen und Varietäten erforderlich ist. Das wären mindestens die untersuchten Kui-Varietäten, Laotisch (wie in Nordostthailand gesprochen), Khmer und Thai.

sprachlicher Kompetenz, Schwierigkeiten auf individueller und gesellschaftlicher Ebene, die sich aus Mehrsprachigkeit ergeben, ebenso wie Chancen und Vorteile, die sich für den Einzelnen und für die Gesellschaft daraus ableiten lassen. Des weiteren sei die Vorstellung gestattet, dass die Ausführungen in diesem Band unzulässige Gleichsetzungen überdenken lassen und verwirrende Konzepte wie „multiple sprachliche Identitäten" vermieden werden können. Es bleibt, ganz generell in der typologischen Linguistik ein wichtiges Ziel, ein besseres Verständnis der Zusammenhänge von psychologischen, soziologischen und sprachwissenschaftlichen Fragestellungen zu erreichen, um zum Verständnis von Phänomenen wie Mehrsprachigkeit und Konzepten wie der Identität beitragen zu können und hilfreiche Erkenntnisse zu ermöglichen, die über die bloße Benennung von Sachverhalten hinausgehen.

Das Konzept der Identität und seine Anwendbarkeit auf spezifisch sprachwissenschaftliche Fragestellungen (Sprachwandel, Sprache und Geschlechterrollenerwartungen, Sprachkontakt, Spracheinstellungen etc.) wurde im vergleichenden Blick auf vorliegende Modelle zu *sprachlicher Identität* vorgestellt. Es erwies sich, dass ein solches Modell weniger auf der korrekten Benennung oder Definition beruht – die per se unvollständig bleiben muss –, denn eine Frage der Auslegung des Konzepts Identität ist. Ein Modell zur Beschreibung *sprachlicher Identität* erscheint abschließend weder isoliert möglich noch sonderlich erstrebenswert, da die Gleichsetzung ebenso wie die Zusammensetzung von *Sprache* und *Identität* leicht irreführend ist und auch zu einem besseren Verständnis des Phänomens der Mehrsprachigkeit wenig neues beizutragen vermag. Vielmehr kann einzig ein disziplinenübergreifendes Konzept von Identität zu einem Erkenntnisgewinn über vorhandenes Wissen hinaus und einem besseren Verständnis des Konzepts Identität für die Sprachwissenschaft führen.

12. Ausblick

Was die zukünftigen Entwicklungen im Bereich der Identitätsforschung in den Sprachwissenschaften angeht, wird Mehrsprachigkeit an sich ebenso wichtig bleiben wie Phänomene, die durch sprachliche Minderheiten im Zusammenleben mit sprachlichen Mehrheiten auftreten. Insbesondere wird es relevant sein, die Makroebene mehrsprachiger Gesellschaften – also die Gesamtgesellschaft betreffende Phänomene – zu beleuchten, die im bisherigen Forschungsdiskurs noch wenig thematisiert wurde, während sich mittlerweile eine Vielzahl von Studien zu kleineren Sprechergruppen und insbesondere im europäischen Raum zur Integration sprachlicher und ethnischer Minderheiten findet.

Übergreifend relevante Arbeiten werden erwartet zu Zusammenhängen bestehender Ungleichheiten und bestehender Chancen in den Lebensbiografien mehrsprachiger Minderheits- und Mehrheitssprachensprecher anstelle der bisherigen Fokussierung auf Bildungsunterschiede/-chancen von unterschiedlichen sozialen Schichten. Aus der vergleichenden Analyse von multilingualen Mehrheitssprachensprechern und Minderheitssprachenverwendern lassen sich Schlüsse auf Phänomene und Problemfelder in multilingualen Gesellschaften ziehen, deren Anzahl kontinuierlich ansteigt.

Der regionale Schwerpunkt der in diesem Buch vorgestellten Forschung lag auf dem Festland Südostasiens. Nun bleibt zu überlegen, wie die in dieser geografischen Region gewonnenen Ergebnisse auch auf andere Regionen der Erde übertragen werden können, also zur Klärung der Situation von Minderheiten-Sprechern ganz generell und auch außerhalb Südostasiens beitragen können. So können die Methoden und der Datenerfassungsprozess in weiteren Forschungen für andere Regionen repliziert werden. Vor allem in Zusammenarbeit mit anderen Wissenschaftlerinnen und Wissenschaftlern ist eine umfangreichere vergleichende Forschung möglich, also beispielsweise zur Identitätsbildung von

Minderheiten-Sprechern in Südostasien im Vergleich zu Minderheiten-Sprechern in Deutschland oder Europa, oder auch zu strukturellen Besonderheiten, die sich speziell bei kleinen Sprachgemeinschaften feststellen lassen.

Wer sich einen Überblick über die Fülle der Publikationen, die in den letzten Jahren zu den Stichworten Identität, Sprache, Integration und Migration veröffentlicht wurden und mit Sicherheit auch weiterhin noch werden, verschafft, kann schon erahnen, welchen Stellenwert diese Thematik für die zunehmend als mehrsprachig erkannten Gesellschaften einnehmen wird. Diese Relevanz beschränkt sich dabei ausdrücklich nicht auf die geisteswissenschaftliche Ebene oder Fragestellungen zu Bildung und Erziehung, sondern betrifft alle Bereiche der Gesellschaft. Die zu bearbeitenden Forschungsansätze sind dabei ebenso vielfältig und auf zahlreiche Disziplinen anwendbar wie die Inhalte selbst. So wird es beispielsweise für Medizinpersonal, für Menschen, die in der Pflege und in Heilberufen arbeiten, wichtig, sprachliche und identitäre Hintergründe im Auge zu behalten. Auch in der Psychologie finden mehr und mehr Diskussionen statt zur Frage, ob therapeutische Arbeit in einer Zweit- oder Drittsprache überhaupt gelingen kann und welche zusätzlichen Anforderungen auf zukünftig Praktizierende in mehrsprachigen Gesellschaften zukommen.

Die Ausführungen dieser Untersuchung und die daraus gewonnenen Erkenntnisse machen jedenfalls deutlich, dass ein Ergebnis insbesondere dann erzielt werden kann, wenn komplexe Konzepte (hier das der Identität) interdisziplinär betrachtet werden. Wie für das Konzept der Identität festgestellt wurde, unter Einbeziehung mindestens der Soziologie, der Psychologie und der Linguistik. Ein Phänomen, das nicht zielführend auf einen dieser Forschungsbereiche eingegrenzt werden kann – was sicher nicht nur für Identität gilt –, sollte auch interdisziplinär beforscht werden. Zukünftige Forschungsbedarfe sind beispielsweise die genaue Untersuchuchung von Identitätskonstruktionen in der soziolinguistischen Forschung, von Identität im Zusammenhang mit sprachlichen

Minderheiten ohne Minderheiten-Schriften sowie der genaueren Untersuchung möglicher Einflüsse der vorhandenen oder abwesenden Schriftsprache auf die Selbst-Identifikation von (Minderheiten-)Sprechern auf der individuellen und der gesamtgesellschaftlichen Ebene.

Ganz grundsätzlich verbessert die Forschung zu Mehrsprachigkeit und Identität langfristig gesehen nicht nur das Verständnis der soziokulturellen und soziolinguistischen Einflüsse auf die persönliche Entwicklung von zwei- und mehrsprachig aufwachsenden Sprechern. Vielmehr trägt sie auch dazu bei, ausgehend von der Mikro-Ebene des mehrsprachigen Individuums auf die zukünftige Entwicklung auf der Makro-Ebene der Gesellschaft als Ganzes im Hinblick auf den Sprachgebrauch besser zu verstehen und zu einem besseren Verständnis der Gesamtsituation von Mehrsprachigen im Allgemeinen beitragen.

Verzeichnisse

Abbildungen

Bildnachweise

Abbildung 1–2: eigene Grafik, Umsetzung durch ARTX Designagentur, Berlin
Abbildung 3: Original Otte (2017: 92), eigene grafische Darstellung
Abbildung 4: eigene Grafik, Umsetzung durch ARTX Designagentur, Berlin
Abbildung 5: mit freundlicher Genehmigung zum Abdruck durch https://schoolonly.wordpress.com/ประวัติความเป็นมาของชาป/ระวัติชนชาติกูย/ (Zugriff 17.7.21)
Abbildung 6–12: eigene Grafik, Umsetzung durch ARTX Designagentur, Berlin
Abbildung 13–23: privat mit freundlicher Genehmigung zum Abdruck
Abbildung 24: eigenes Foto
Abbildung 25: privat mit freundlicher Genehmigung zum Abdruck
Abbildung 26–27: eigene Grafik, Umsetzung durch ARTX Designagentur, Berlin
Abbildung 28: Original Suksaweang (2018), eigene grafische Darstellung
Abbildung 29: eigene Grafik, Umsetzung durch ARTX Designagentur, Berlin
Abbildung 30: Original Haarmann (1996: 224), eigene grafische Darstellung
Abbildung 31–32: eigene Grafik, Umsetzung durch ARTX Designagentur, Berlin
Abbildung 33: Original Eberhard et al. 2021, eigene graf. Darstellung, Umsetzung durch ARTX Designagentur, Berlin

Tabellen

Literatur

A

Abels, Heinz. 2010. *Interaktion, Identität, Präsentation. Kleine Einführung in interpretative Theorien der Soziologie.* 5. Aufl. Wiesbaden: VS Verlag für Sozialwissenschaften / Springer Fachmedien.

Aberson, Chirstopher L., Healy, M. R. & Romero, V. L. 2000. Ingroup bias and self-esteem: A meta-analysis. *Personality and Social Psychology Review*, 4, pp. 157–173.

Abrams, Dominic. 1994. Social self-regulation. *Personality and Social Psychology Bulletin*, 20, pp. 473–483.

Abrams, Dominic. 2009. Social identity on a national scale: Optimal distinctiveness and young people's self-expression through musical preference. *Group Processes and Intergroup Relations*, 12, pp. 303–317.

Abrams, Dominic & Christian, J. N. 2007. A relational analysis of social exclusion. In: D. Abrams, J. N. Christian & D. Gordon (Hg.), *Multidisciplinary Handbook of Social Exclusion Research* (pp. 211–232). Oxford: Wiley-Blackwell.

Abrams, Dominic & Hogg, Michael A. 1988. Comments on the motivational status of self-esteem in social identity and intergroup discrimination. *European Journal of Social Psychology*, 18, pp. 317–334.

Abrams, Dominic & Hogg, Michael A. (Hg.). 1990a. *Social identity theory: Constructive and critical advances.* New York: Springer.

Abrams, Dominic & Hogg, Michael A. 1990b. Social identification, self-categorization and social influencc. In: W. Stroebe & M. Hewstone (Hg.), *European Review of Social Psychology* (Vol. 1, pp. 195–228). Chichester, UK: John Wiley.

Abrams, Dominic & Hogg, Michael A. 2001. Collective identity: Group membership and self-conception. In: M. A. Hogg & R. S. Tindale (Hg.), *Blackwell Handbook of Social Psychology: Group Processes* (pp. 425–460). Oxford, UK: Blackwell.

Abrams, Dominic & Hogg, Michael A. 2004. Metatheory: Lessons from social identity research. *Personality and Social Psychology Review*, 8, pp. 98–106.

Abrams, Dominic & Hogg, Michael A. 2010. Social Identity and Self-Categorization. *The Sage Handbook of Prejudice, Stereotyping and Discrimination.* pp. 179–193.

Abrams, Dominic & Randsley de Moura, Georgina. 2002. The psychology of collective political protest. In: V. C. Ottati, R. S. Tindale, J. Edwards, D. O'Connell, E. Posavac, E. Suarez-Balcazar, L. Heath & F. Bryant (Hg.). *The Social Psychology of Politics: Social Psychological Application to Social Issues* (Vol. 5, pp. 193–214). New York: Plenum Press.

Abrams, Dominic, Georgina Randsley de Moura, Paul Hutchison & José M. Marques. 2008. Innovation credit: When can leaders oppose their groups? *Journal of Personality and Social Psychology*, 95, pp. 662–678.

Abrams, Dominic, Adam Rutland, Joseph Pelletier, & Jennifer Ferrell. 2009. Group nous and social exclusion: The role of theory of social mind, multiple classification skill and social experience of peer relations within groups. *Child Development*, 80, pp. 224–243.

Abuzahra, Amani 2012. *Kulturelle Identität in einer multikulturellen Gesellschaft.* Dt. Erstausg. Wien: Passagen-Verl. (Passagen Philosophie).

Adachi, Nobuko. 2014. Japanese Brazilians: A Positive Ethnic Minority in a Racial Democracy. *Studies on Asia.* Series IV, Volume 4, No. 2, October 2014, pp. 35–77.

Aikhenvald, Alexandra Y. 2008. Grammars in contact: a cross-linguistic perspective. In: Dies./R. M. W. Dixon (Hg.): *Grammars in Contact. A Cross-Linguistic Typology.* Oxford: Oxford University Press, pp. 1–66.

Altemeyer, Bob. 1998. The other „authoritarian personality". In: M. Zanna (Ed.), *Advances in Experimental Social Psychology* (Vol. 30, pp. 47–92). Orlando, FL: Academic Press.

Ashforth, Blake E. & Mael, Fred A. 1989. Social identity theory and the organization. *Academy of Management Review*, 14, pp. 20–39.

Alexander, Saowanee T. & McCargo, Duncan. 2014. Diglossia and identity in Northeast Thailand: Linguistic, social, and political hierarchy. *Journal of Sociolinguistics*, 18(1), pp. 60–86.

Allardt, Erik and Starck, Christian. 1981. *Språkgränser och samhällsstruktur. Finlandssvenskarna i ett jämförande perspektiv* (Language borders and societal structure. The Finland Swedes in a contemporary perspective). Stockholm: Almqvist & Wiksell.

Allardt, Erik 1979. *Implications of the Ethnic Revival in Modern, Industrialized Society. A Comparative Study of the Linguistic Minorities in Western Europe.* Helsinki: Societas Scientiarum Fennica.

Amantea, Franco. 2009. *Dress, Textiles, and Identity of the Black Thai of Loei Province, Northeastern Thailand.* White Lotus, Bangkok.

Andresen, Liv. 2015. *Persönlichkeitsspezifische Sprachvariation: Eine empirische Untersuchung zum Zusammenhang von Extraversion und Nähesprachlichkeit.* (Germanistische Linguistik – Monographien). Hildesheim, Zürich, New York: Olms.

Ansaldo, Umberto. 2004. Contact, typology and the speaker: the essentials of language. *Language sciences*, 26 (5), pp. 485–494.

Antaki, Charles & Widdicombe, Sue. 1998. Idetntities in Talk. London: Sage.

Aracil, Lluis. 1965. *Conflit linguistique et normalization linguistique dans l'Europe nouvelle*, Nancy.

Asanger, Roland & Gerd Wenninger (Hrsg.). post 2006, cop. 1999. *Handwörterbuch Psychologie.* Weinheim: Beltz, PsychologieVerlagsUnion. Online verfügbar unter http://www.socialnet.de/rezensionen/isbn.php?isbn=978-3-621-27698-6.

Aßmann, Elena. 2018. Schenken. In: Frey, Dieter (Hrsg.). Psychologie der Rituale und Bräuche. 30 Riten und Gebräuche wissenschaftlich analysiert und erklärt. 1. Aufl. 2018. Berlin, Heidelberg: Springer, S. 223–231.

Assmann, Aleida. 2018. *Erinnerungsräume. Formen und Wandlungen des kulturellen Gedächtnisses.* München: C.H. Beck (C.H. Beck Paperback, 6331).

Assmann, Aleida. 2020. *„Die Wiedererfindung der Nation: Erinnerung, Identität, Emotionen" Vortrag am 28. Januar 2020, Europa-Universität Viadrina in Frankfurt an der Oder.* https://www.deutschlandfunknova.de/beitrag/erinnerungsforschung-die-nation-nicht-den-nationalisten-ueberlassen (Zugriff 11.3.2020)

Assmann, Jan. 2006. *Thomas Mann und Ägypten. Mythos und Monotheismus in den Josephsromanen.* München: Beck.

Assmann, Jan. 2017 [1992]. Das kulturelle Gedächtnis. Schrift, Erinnerung und politische Identität in frühen Hochkulturen. München: C.H. Beck (Beck'sche Reihe, v.1307), 7. Aufl. 2017.

Atteslander, Peter. 2006. *Methoden der empirischen Sozialforschung.* 11., neu bearbeitete und erweiterte Auflage. Berlin: Erich Schmidt Verlag.

Auer, Peter. 1984. *Bilingual Conversation*, Amsterdam/Philadelphia.

Auer, Peter. 1990. „A Discussion Paper on Code Alternation". In: *ESF Network on Code-Switching and Language Contact: Papers for the Workshop on Concepts, Methodology and Data. Basel, 12–13 January 1990*, Straßburg, pp. 69–87.

Auer, Peter. 2004. Sprache, Grenze, Raum. Zeitschrift für Sprachwissenschaft 23(2).

Auer, Peter. 2005. A postscript: code-switching and social identity. In: *Journal of Pragmatics*, vol. 37, no. 3, pp. 403–410. https://doi.org/10.1016/j.pragma.2004.10.010.

Auer, Peter. 2007. Introduction. In: Peter Auer (Hg.), *Style and social identities: Alternative approaches to linguistic heterogeneity* (Language, Power, and Social Process 18), 1–24. Berlin, New York: Mouton de Gruyter.

Augé, Marc. 1995. *Non-places. Introduction to an anthropology of supermodernity.* Translated by John Howe. London: Verso.

B

B. S. o. J. Soziale Identität. Spektrum LEXIKON DER PSYCHOLOGIE. Online: https://www.spektrum.de/lexikon/psychologie/soziale-identitaet/14513 (Zugriff 04.05.2021).

Badenoch, Nathan. 2011a. The Practice of Language: Linguistic Diversity and Multilingualism in South East Asia. *CSEAS Newsletter No. 63, Spring 2011*, pp. 18–20.

Badenoch, Nathan. 2011b. Language Networks: Identity and resources in regionalization. In: Proceedings of the Joint International Workshop Plural Co-existence: *East Asian Experiences in Comparative and Interdisciplinary Perspectives*, 17–18 December 2011, pp. 119–133.

Badenoch, Nathan. 2018. Translating the State: Ethnic Language Radio in the Lao PDR, *Journal of Contemporary Asia, https://doi.org/10.1080/00472336.2018.1462888.*

Badenoch, Nathan. 2019. Elaborate Expressions in the Bit Language: Parallelism and Performance in a Multilingual Context, *The Journal of Lao Language, Vol. 1*, 2019–2020.

Baird, Ian G. 2015. Translocal assemblages and the circulation of the concept of „indigenous peoples“ in Laos, *Political Geography 46: 54–64, 2015.*

Barbour, Stephen & Stevenson, Patrick. 1998. *Variation im Deutschen. Soziolinguistische Perspektiven.* Berlin (De Gruyter Studienbuch).

Barth, Fredrik (Hg.). 1969. *Ethnic Groups and Boundaries. The Social Organization of Culture Differences*, Oslo: Universitetsforlaget.

Barthes, Roland. 1994. *Das semiologische Abenteuer.* [3. Aufl.]. Frankfurt a. M.: Suhrkamp (Edition Suhrkamp, 1441: Neue Folge; 441).

Barr, Julie & Pawley, Eric. 2013. Bahnaric Language Cluster survey of Mondul Kiri and Kratie Provinces, Cambodia.*SIL Electronic Survey Reports, Language Assessment, Sociolinguistics.* Online: https://www.sil.org/resources/publications/entry/52517 (Zugriff 29.04.2021).

Bauer, Joachim. 2017. Vortrag über Schamgefühl. Symposium über Angst, Scham und Trauer. Stadthalle Weinheim an der Bergstrasse. https://www.youtube.com/watch?v=Xn0I1Z1oyag (Zugriff 30.10.2019).

Baumann, Benjamin. 2018. Anthropologe aus Leidenschaft. 24.04.18 erstellt von Stabsstelle Presse- und Öffentlichkeitsarbeit im Presseportal Humboldt-Universität zu Berlin. Autorin: Nora Lessing. Online: https://www.hu-berlin.de/de/pr/nachrichten/april-2018/nr_180424_00 (Zugriff 11.07.2021).

Baetens Beardsmore, Hugo. 1986. *Bilingualism: Basic Principles*, Clevedon.

Beck, Ulrich. 1983. Jenseits von Stand und Klasse? Soziale Ungleichheiten, gesellschaftliche Individualisierungsprozesse und die Entstehung neuer sozialer Formationen und Identitäten. In: Reinhard Kreckel (Hrsg.): Soziale Ungleichheiten. Göttingen: Schwartz, 35–74. (Gekürzter Wiederabdruck in: Heike Solga, Justin Powell und Peter A. Berger (Hrsg.). 2009. Soziale Ungleichheit. Klassische Texte zur Sozialstrukturanalyse. Frankfurt a. M.: Campus, S. 221–237.)

Becker-Mrotzek, Michael/Knopp Matthias (2018): Theoretische und empirische Perspektive auf Inklusion. Ein Systematisierungsversuch aus Sicht der Sprachdidaktik. In: *Didaktik Deutsch. Halbjahresschrift für die Didaktik der deutschen Sprache und Literatur*, Didaktik Deutsch 44/2018, S. 84–100.

Beinke, Inga. 2008. Identität – Konstruktion und soziale Tatsache. In: Dahm, Christof (Hrsg.) 2008. *Selbstbilder – Fremdbilder. Schwerpunkt: Identitäten in Europa.* Ost-West Europäische Perspektiven (OWEP) 2/2008: Renovabis, Friedrich Pustet: Regensburg. Online: https://www.owep.de/artikel/634/identitaet-konstruktion-und-soziale-tatsache (Zugriff: 26.12.2019).

Belmar, Guillem. 2018. Minority Languages on Social Media. Multilingual Practices and Digital Presence. *Conference on Frisian Humanities: Multilingualism.* April 25–26, 2018. Rijksuniversiteit Groningen. Groningen, Netherlands.

Benjamin, Walter. 1991. *Gesammelte Schriften* V. Hg. v. Rolf Tiedemann. Frankfurt a. M.: Suhrkamp.

Berger, Peter L.; Luckmann, Thomas. 1966. *Die gesellschaftliche Konstruktion der Wirklichkeit. Eine Theorie der Wissenssoziologie.* Frankfurt a. M.: Fischer (10. Aufl. 1993).

Berger, J. & Heath, C. 2008. Who drives divergence? Identity-signaling, out-group dissimilarity, and the abandonment of cultural tastes. *Journal of Personality and Social Psychology*, 95, pp. 593–607.

Berry, John W., Jean S. Phinney, David L. Sam & Paul Vedder,: Immigrant youth. Acculturation, identity and adaptation. In: Allemann-Ghionda, Cristina [Hrsg.]; Stanat, Petra [Hrsg.]; Göbel, Kerstin [Hrsg.]; Röhner, Charlotte [Hrsg.]: *Migration, Identität, Sprache und Bildungserfolg.* Weinheim u. a.: Beltz 2010, S. 17–43. (Zeitschrift für Pädagogik, Beiheft; 55). URN: urn:nbn:de:0111-opus-6943.

Berry, John W. 1997. Immigration, acculturation and adaptation. In: *Applied Psychology* 46, pp. 5–68.

Berry, John W. & Sam, David L. 1997. Acculturation and adaptation. In: Berry, J. W./Segall, M.H./Kagitcibasi, C. (Hg.): Handbook of cross-cultural psychology, vol. 3: *Social behaviour and applications.* Boston: Allyn & Bacon, pp. 291–326.

Bisang, Walter. 1996. Areal typology and grammaticalization: Processes of grammaticalization based on nouns and verbs in East and mainland South East Asian languages. *Studies in Language*, 20.3, pp. 519–597.

Bisang, Walter. 2004. Dialectology and typology — an integrative perspective. In: Kortmann, Bernd (Hg.) *Dialectology meets typology. Dialect grammar from a cross-linguistic perspective*, pp. 11–45. Berlin: Mouton de Gruyter.

Bisang, Walter. 2006a. „Contact-induced convergence: Typology and areality". In: Brown, Keith (Hg.), *Encyclopedia of Language and Linguistics*, Vol. 3, pp. 88–101. Oxford: Elsevier.

Bisang, Walter. 2006b. „Linguistic areas, language contact and typology: Some implications from the case of Ethiopia as a linguistic area". In: Matras, Yaron, April McMahon and Nigel Vincent (Hg.), *Linguistic Areas. Convergence in Historical and Typological Perspective*, pp. 75–98. Hampshire: Palgrave MacMillan.

Bisang, Walter. 2013. Language contact between geographic and mental space. In: Auer, P., M. Hilpert, A. Stukenbrock and B. Szmrecsanyi, *Linguistic Perspectives on Space: Geography, Interaction, and Cognition*, pp. 61–100. Berlin: Mouton de Gruyter (Series Linguae et Litterae).

Bisang, Walter. 2014. Modern Khmer. In: Sidwell, Paul & Mathias Jenny (Hg.), *The Handbook of Austroasiatic Languages (2 vols)*, pp. 677–716: Brill.

Bisang, Walter. 2015. Problems with primary vs. secondary grammaticalization: the case of East and mainland Southeast Asian languages. *Language Sciences* 47, pp. 132–147.

Bisang, Walter. 2016. Linguistic change in grammar. In: Keith Allan (Hg.), *The Routledge handbook of linguistics* (Routledge handbooks in linguistics), pp. 366–384. Milton Park, Abingdon, Oxon, New York, NY: Routledge.

Black, Rebecca W. 2006. Language, Culture, and Identity in Online Fanfiction. *E-Learning, Volume 3, Number 2*, 2006.

Blair, Frank. 1990. *Survey on a shoestring: A manual for small-scale language surveys*. Dallas: The University of Texas at Arlington.

Bleuler, M. 1987. Schizophrenie als besondere Entwicklung. In: K. Dörner (Hrsg.), Neue Praxis braucht neue Theorie. Gütersloh: Verlag Jakob van Hoddis, S. 18–25.

Bloomfield, Leonard. 1933. *Language*. New York: Henry Holt & Co.

Blümel, Margarete. 2019. Thailand. Mönche, Militär und Monarchie. Beitrag. In: Deutschlandfunk: *Aus Religion und Gesellschaft*, 03.04.2019. Online: https://www.deutschlandfunk.de/thailand-moenche-militaer-und-monarchie.2540.de.html?dram:article_id=442489 (Zugriff 11.07.2021).

Bond, Rod & Smith, Peter B. 1996. Culture and conformity: A meta-analysis of studies using Asch's 1952b, 1956) line judgment task. *Psychological Bulletin*, 119, pp. 111–137.

Bogardus, Emroy S. 1925a. Social Distance and Its Origins. In: Journal of Applied Sociology 9, pp. 216–226.

Bogardus, Emroy S. 1925b. Measuring Social Distance. *Journal of Applied Sociology* 9, pp. 299–308.

Bogardus, Emory S. 1933. „A Social Distance Scale." *Sociology and Social Research* 17 (1933), pp. 265–271.

Bos, Kees Jan. 2008. *Kui Phonology: Preliminary Statement – Class A.* ICC/SIL. https://www.sil.org/contributor/bos-kees-jan (Zugriff 07.02.2017).

Bos, Kees Jan. 2009. *Kuy Grammar Sketch: A basic grammar sketch of the Kuy Ntua language in Cambodia.* ICC/SIL. Online: https://www.sil.org/contributor/bos-kees-jan (Zugriff 07.02.2017).

Bos, Kees Jan. 2012. Trilingual Picture Dictionary Kui (ntua dialect) – English – Khmer. ICC/SIL. https://www.sil.org/contributor/bos-kees-jan (Zugriff 07.02. 2017).

Bos, Kees J. & Paul Sidwell. 2014. 11 Kui Ntua. In: Sidwell, Paul & Mathias Jenny (Hg.), *The Handbook of Austroasiatic Languages (2 vols)*, pp. 835–880: Brill.

Bohleber, Werner 1997. Zur Bedeutung der neueren Säuglingsforschung für die psychoanalytische Theorie der Identität. In: Keupp H.; Höfer, R. (Hrsg.) *Identitätsarbeit heute.* Suhrkamp, Frankfurt a. M, S. 93–119.

Bolander, Brook. 2017. Language and Identity on Facebook. In: Thorne S., May S. (Hg.) Language, Education and Technology. Encyclopedia of Language and Education (3. Aufl.). Springer, Cham. Online: https://link.springer.com/referencework entry/10.1007/978-3-319-02328-1_11-2 (Zugriff 11.07.2021).

Bourdieu, Pierre und Jean-Claude Passeron. 1971. Die Illusion der Chancengleichheit. Untersuchungen zur Soziologie des Bildungswesens am Beispiel Frankreichs. Stuttgart: Klett, S. 19–45.

Bourdieu, Pierre. 1979. Les trois états du capital culturel. *Actes de la recherche en sciences sociales*, vol. 30, n° 30, p. 3–6. Online: http://www.persee.fr/we ... 5322_1979 _num_30_1_2654 (Zugriff 08.04.2018).

Bourdieu, Pierre. 1982. *Die feinen Unterschiede. Kritik der gesellschaftlichen Urteilskraft.* 1. Aufl. Frankfurt a. M.: Suhrkamp.

Bourdieu, Pierre. 1983. Ökonomisches Kapital, kulturelles Kapital, soziales Kapital. In: *Soziale Ungleichheiten.* Göttingen: Schwartz, S. 183–198.

Bourdieu, Pierre. 1991a. *Sozialer Raum und „Klassen".* 2. Aufl. Frankfurt a. M.: Suhrkamp (Suhrkamp-Taschenbuch Wissenschaft, 500).

Bourdieu, Pierre. 1991b. *Language and symbolic power.* Cambridge: Polity Press.

Bourdieu, Pierre. 1996. Die feinen Unterschiede. Kritik der gesellschaftlichen Urteilskraft. 8. Aufl. Frankfurt a. M.: Suhrkamp (Suhrkamp-Taschenbuch Wissenschaft, 658).

Bourdieu, Pierre. 1996. *Die feinen Unterschiede. Kritik der gesellschaftlichen Urteilskraft.* 8. Aufl. Frankfurt a. M.: Suhrkamp (Suhrkamp-Taschenbuch Wissenschaft, 658).

Bourdieu, Pierre. 2005. *Was heißt sprechen? Zur Ökonomie des sprachlichen Tausches.* 2. Aufl. Wien: Braumüller.

Bourhis, Richard Y., Itesh Sachdev & André Gagnon. 1994. Intergroup research with the Tajfel matrices: Methodological notes. In: M. Zanna & J. Olson (Hg.), *The Psychology of Prejudice: The Ontario Symposium* (Vol. 7, pp. 209–22). Hillsdale, NJ: Erlbaum.

Bracker, Philip. 2017. *Die Entstehung ethnischer Identität bei „Menschen mit türkischem Migrationshintergrund"*. 1. Auflage. Münster: Waxmann Verlag GmbH.

Bradley, David. 2010. Resilience Linguistics: Case Studies of Gong and Lisu. Anthropological Linguistics, 52 (2), pp. 123–140.

Bradley, David. 2011a. *Resilience Linguistics, Orthography and the Gong.* Language and Education, 25 (4), pp. 349–360.

Bradley, David. 2011b. Resilience Tinking and Language Endangerment. In: B. Bai & D. Bradley (Hg.), *Extinction and Retention of Mother tongues in China* (pp. 1–43). Beijing: Nationalities Press.

Bradley, David. 2019. Resilience for Minority Languages. In: Hogan-Brun G., O'Rourke B. (Hg.) *The Palgrave Handbook of Minority Languages and Communities.* Palgrave Macmillan, London. https://doi.org/10.1057/978-1-137-54066-9_20.

Branscombe, Nyla R., Michael T. Schmitt & Richard Harvey. 1999. Perceiving pervasive discrimination among African Americans: Implications for group identification and well-being. *Journal of Personality and Social Psychology*, 77, pp. 135–149.

Breakwell, Glynis. 1986. *Coping With Threatened Identities.* London: Methuen.

Breitenbach, Patrick & Nils Köbel. 2016. Wie ich wurde, wer ich bin, und was wir einmal sein werden. Streifzüge durch den Garten der Philosophie. Unter Mitarbeit von Isabella Blatter. Originalausgabe, [1. Aufl.]. Köln: Lübbe.

Brewer, Marilynn B. 1991. The Social Self: On Being the Same and Different at the Same Time. In: *Pers Soc Psychol Bull* 17 (5), pp 475–482. DOI:10.1177/01461672911 75001.

Brewer, Marilynn B. 2001. The many faces of social identity: Implications for political psychology. *Political Psychology*, 22, pp. 115–125.

Brewer, Marylinn B. & Gardner, Wendi. 1996. Who is this „we"? Levels of collective identity and self representations. *Journal of Personality and Social Psychology*, 71, pp. 83–93.

Bromley, Dennis B. 1986. *The case-study method in psychology and related disciplines.* New York: Wiley.

Brown, Rupert J. & Hewstone, Miles. 2005. An integrative theory of intergroup contact. In: M. P. Zanna (Ed.), *Advances in Experimental Social Psychology* (Vol. 37, pp. 255–343). Orlando, FL: Academic Press.

Bruner, Jerome S. 1957. On perceptual readiness. *Psychological Review*, 64, pp. 123–152.

Bucholtz, Mary, & Hall, Kira. 2004. Language and identity. In: A. Duranti (Ed.), A companion to linguistic anthropology (pp. 369–394). Malden, MA: Blackwell Publishing.

Bucholtz, Mary & Hall, Kira. 2005. *Identity and interaction: a sociocultural linguistic approach*, In: *Discourse Studies,* vol. 7, no. 4–5, pp. 585–614. https://doi.org/ 10.1177/ 1461445605054407.

Bunčić, Daniel. 2007. Rezension zu Dieter Stern & Christian Voss (Hg.): Marginal Linguistic Identities. Studies in Slavic Contact and Borderland Varieties (= Eurolinguistische Arbeiten 3). *Zeitschrift für Slavische Philologie, 65*(2), pp. 477–481.

Burusphat, Somsonge. 1989. The functions of kʌʔ in oral Kui narrative. Mon-Khmer Studies (MKS) 18–19, pp. 223–231. [สมทรง บุรุษพัฒน์. (2535). หน้าที่ของ ker ในเรื่องเล่าภาษากูย. มอญ-เขมรศึกษา , 18–19, pp. 223–231.] Online: http://sealang.net/sala/ archives/pdf8/somsonge1989-1990functions.pdf (Zugriff 11.07.2021).

Burusphat, Somsonge. 1993a. Kui narrative repetition. Mon-Khmer Studies (MKS) 22:149–162. [สมทรง บุรุษพัฒน์. (2536). การซ้ำในเรื่องเล่าภาษากูย. มอญ-เขมรศึกษา, 22, pp. 149–162.], http://sealang.net/sala/archives/pdf8/somsonge1993kui.pdf (Zugriff 18.07.2020).

Burusphat, Somsong. 1993b. Abschließende Worte für das Aussprechen von Mala in der Kui-Koi (Suei)-Sprache. Journal of Language and Culture, 12(1), 25–53. [สมทรง บุรุษพัฒน์. (2536). คำลงท้ายบอกมาลาในภาษากูย-กวย (ส่วย). วารสารภาษาและวัฒนธรรม, 12(1), pp. 25–53.]

Busch, Brigitta. 2017. *Mehrsprachigkeit.* 2. Auflage. Wien, Stuttgart: facultas; UTB GmbH.

Butler, Judith. 1990. *Gender trouble: Feminism and the subversion of identity.* New York: Routledge.

Butzkamm, Wolfgang. 2002. *Psycholinguistik des Fremdsprachenunterrichts. Von der Muttersprache zur Fremdsprache.* 3., neubearb. Aufl. Tübingen/Basel: Francke.

Bühner, Markus. 2010. Einführung in die Test- und Fragebogenkonstruktion. 2. aktualisierte Auflage. München u. a.: Pearson Studium.

C

Cadinu, Maria R. & Rothbart, Myron. 1996. Self-anchoring and differentiation processes in the minimal group setting. *Journal of Personality and Social Psychology*, 70, pp. 661–677.

Cadiot, Pierre. 1987. „Les mélanges de langue“. In: Vermes & Boutet, p. 50–61.

Cameron, James E. 2004. A three-factor model of social identity. *Self and Identity*, 3, 239–262.

Candry, Sarah, Julie Deconinck & June Eyckmans. 2017. Metalinguistic Awareness in L2 Vocabulary Acquisition: Which Factors Influence Learners' Motivations of Form-meaning Connections? *Language Awareness.*

Capitant, Henri. 1936. *Vocabulaire juridique.* Paris.

Cartwright, Dorwin. & Zander, Alvin. 1968. Group dynamics (3rd Ed.). Oxford, England: Harper & Row.

Casad, Eugene H. 1974. *Dialect, intelligibility, testing* (Summer Institute of Linguistics publications in linguistics and related fields 38). Norman: Univ. of Okl.

Castells, Manuel. 1997. The power of identity. Oxford: Blackwell.

Chaffey, Dave. 2018. *Global social media research summary 2018.* Smart insights. Retrieved April 15, 2018, from: https://www.smartinsights.com/social-media-marketing/social-media-strategy/new-global-social-media-research/

Charoenrat, Chirat. 1982. ภาษากวย (ส_วย) ท จ“งหว“ดส%พรรณบ%ร [The Kuay (Suay) language of Suphanburi province]. Bangkok: Department of Oriental Languages, Silpakorn University MA thesis. Online: http://www.thapra.lib.su.ac.th/thesis/showthesis_th.asp?id=0000000321.

Cheesman, Patricia. 2004. *Lao-Tai textiles: The textiles of Xam Nuea and Muang Phuan.* Chiang Mai: Studio Naenna.

Child, Irvin L. 1943. *Italian or American? The Second Generation in Conflict*, New Haven.

Chinowat, Ekawit. 1983. ศ_กษาเปร ยบเทยบว_ธสร_างค_าในภาษาก_ย บร_ และโซ_ [A comparative study of the morphological processes of Kuy, Bru, and So]. Bangkok: Chulalongkorn University MA thesis.

Choo, Marcus. 2009. *Katuic Bibliography. Research Project SU9.* Linguistics Institute Payap University. Chiang Mai, Thailand.

Chwe, Michael Suk-Young 2013. Rational Ritual. Culture, Coordination, and Common Knowledge. Princeton: Princeton University Press. Online: http://ebook central.proquest.com/lib/umainz/detail.action?docID=1114880.

Cheshire, Jenny. 2011. Linguistic variation and social function. In: J. Coates & P. Pichler (Hg.), Language and gender. A reader (2nd ed) (pp. 27–37). Malden, MA: Wiley, Blackwell.

Chong, Dennis & Druckman, James N. 2007. Framing Theory. In: *Annual Review of Political Science* 10, pp. 103–126.

Clyne, Michael. 1991. *Community Languages: The Australian Experience.* Cambridge: Cambridge University Press.

Clyne, Michael (Hg.). 1992. *Pluricentric Languages: Differing Norms in Different Nations,* 2012 edn. (Contributions to the Sociology of Language [CSL] 62). Berlin, Boston: de Gruyter Mouton.

Clyne, Michael. 2003. *Dynamics of Language Contact. English and Immigrant Languages.* Cambridge: Cambridge University Press.

Clyne, Michael G. 2009. *Dynamics of language contact: English and immigrant languages* (Cambridge approaches to language contact). Cambridge: Cambridge Univ. Press.

Coetsem, Frans van. 2000. *A General and Unified Theory of the Transmission Process in Language Contact.* Heidelberg: Winter.

Collins, Randall. 2014. Interaction Ritual Chains. Princeton: Princeton University Press (Princeton Studies in Cultural Sociology). Online: http://ebookcentral.proquest.com/.

Corcoran, Katja & Mussweiler, Thomas. 2011. Der wichtige andere: Soziale Vergleichsprozesse und relative Deprivation. In: Dieter Frey/Hans-Werner Bierhoff: *Sozialpsychologie – Interaktion und Gruppe* (2011), S. 19–38.

Coseriu, Eugenio. 1974 [1958]. *Sincronía, diacronía e historia: El problema del cambio lingüístico.* Montevideo. (Dt.: Synchronie, Diachronie und Geschichte. Das Problem des Sprachwandels. München.)

Coseriu, Eugenio. 1979. Das Phänomen der Sprache und das Daseinsverständnis des heutigen Menschen. In: Coseriu, Eugenio: *Sprache: Strukturen und Funktionen. XII Aufsätze zur allgemeinen und romanischen Sprachwissenschaft.* Tübingen: Narr. 3. Aufl., S. 109–128.

Coulmas, Florian. 1996. Orthographie und Graphemik. In: Hans Goebl, Peter H. Nelde, Zdeněk Starý & Wolfgang Wölck (Hg.), *Kontaktlinguistik / Contact Linguistics / Linguistique de contact, Part 1*, S. 104–109. Berlin, New York: Walter de Gruyter.

Coupland, Nikolas. 2007. *Style. Language variation and identity.* Cambridge: Cambridge University Press.

Crocker, Jennifer, Andrew Karpinski, Diane M. Quinn & Sara K. Chase. 2003. When grades determine self-worth: Consequences of contingent self-worth for male and female engineering and psychology majors. In: *Journal of Personality and Social Psychology* 85, pp. 507–516.

Crocker, Jennifer, Riia K. Luhtanen, Lynne M. Cooper & Alexandra Bouvrette. 2003. Contingencies of self-worth in college students: Theory and measurement. In: *Journal of Personality and Social Psychology* 85, pp. 894–908.

Czachur, Waldemar. 2016. Erinnerungsdiskurs und sprachliche Muster. Eine Analyse am Beispiel der Bezeichnung Friedliche Revolution aus der Sicht der kultursensensitiven Linguistik. In: Edyta Grotek und Katarzyna Norkowska (Hrsg.): *Sprache und Identität - philologische Einblicke.* Berlin: Frank & Timme (Germanistik international, Band 1), S. 129–140.

Chassy, Philippe. 2019. How Language Shapes Social Perception. In: David Evans (Hg.): *Language, identity and symbolic culture.* [S.l.]: BLOOMSBURY ACADEMIC, pp. 36–54.

Clifton, John M., Deborah A. Clifton, Peter Kirk & Roar Ljøkjell. 2002. The Sociolinguistic Situation of the Udi in Azerbaijan. In: John Clifton (Hg.), *Studies in Languages of Azerbaijan*, vol. 1, pp. 107–123. Baku: Academy of Sciences of Azerbaijan and St. Petersburg, Russia: SIL International.

Crisp, Richard, Nurcuan Ensari, Miles Hewstone & Norman Miller. 2003. A dual-route model of crossed categorization effects. In: W. Stroebe & M. Hewstone (Hg.), *European Review of Social Psychology* (Vol 13, pp. 35–74). New York: Psychology Press.

Cross, Susan E., Erin E. Hardin & Berna Gercek-Swing. 2011. The what, how, why, and where of self-construal. *Personality and Social Psychology Review*, 15, pp. 142–179.

D

Dahm, Christof (Hrsg.). 2008. *Selbstbilder – Fremdbilder. Schwerpunkt: Identitäten in Europa.* Ost-West Europäische Perspektiven (OWEP) 2/2008: Renovabis, Friedrich Pustet: Regensburg.

Dammann, Gerhard, Marc Walter & Cord Benecke. 2011. Identität und Identitätsstörungen bei Borderline-Persönlichkeitsstörungen. In: Birger Dulz, Sabine C. Herpertz, Otto F. Kernberg und Ulrich Sachsse (Hrsg.): *Handbuch der Borderline-Störungen.* 2., vollständig überarbeitete und erweiterte Auflage. Stuttgart, Germany: Schattauer (Trauma, Borderline), S. 275–285.

Dann, Otto. 1993. *Nation und Nationalismus in Deutschland 1770–1990.* München: Verlag C.H. Beck.

Danzer, Gerhard. 2017. *Identität: Über die allmähliche Verfertigung unseres Ichs durch das Leben.* Berlin, Heidelberg: Springer-Verlag.

Deaux, Kay, Anne Reid, Kim Mizrahi & Kathleen A. Ethier. 1995. Parameters of social identity. *Journal of Personality and Social Psychology*, 68, pp. 280–291.

Debus, Friedhelm. 2003. Identitätsstiftende Funktion von Personennamen. In: Nina Janich, Christiane Thim-Mabrey (Hg.): *Sprachidentität – Identität durch Sprache.* Tübingen: Narr (Tübinger Beiträge zur Linguistik, 465), S. 77–90.

de Cillia, Rudolf. 2010. Mehrsprachigkeit statt Zweisprachigkeit – Argumente und Konzepte für eine Neuorientierung der Sprachenpolitik an den Schulen. In: R. de Cillia, M. Gruber, M. Krzyzanowski and R. Menz (eds) *Diskurs – Politik – Identität* [Discourse – Politics – Identity] (S. 245–255). Stauffenburg: Festschrift für Ruth Wodak.

de Cremer, David & van Vugt, Mark. 1999. Social identification effects in social dilemmas: A transformation of motives. *European Journal of Social Psychology*, 29, pp. 871–893.

De Jong, Gordon F., Kerry Richter & Pimonpan Isarabhakdi. 1996. Gender, values, and intentions to move in rural Thailand. International Migration Review, *30*(3), pp. 748–770.

De Gaia, Susan. 2018. *Encyclopedia of women in world religions*. Santa Barbara: ABC-CLIO, LLC.

Deger, Petra & Hettlage, Robert. 2007. *Der europäische Raum. Die Konstruktion europäischer Grenzen*; [Ausgangspunkt war eine Tagung mit dem Titel „United States. On the significance of space and borders in modernity. Europe and the USA in comparison." 1. Aufl. Wiesbaden: VS Verlag für Sozialwissenschaften | GWV Fachverlage GmbH Wiesbaden.

Denzin, Norman K. 1989. *Interpretive biography*. London: Sage.

Destatis. 2019. Jede vierte Person in Deutschland hatte 2018 einen Migrationshintergrund. *Pressemitteilung Nr. 314 vom 21. August 2019*. Statistisches Bundesamt (Destatis). https://www.destatis.de/ (Zugriff: 10.03.2020).

Detrez, Raymond. 2008. Rezension zu Dieter Stern & Christian Voss (Hg.): Marginal Linguistic Identities. Studies in Slavic Contact and Borderland Varieties (= Eurolinguistische Arbeiten 3). Harrassowitz: Wiesbaden 2006. In: Zeitschrift für Balkanologie, 44 (2008) 1, 122-125.

Dhawan, Nisha, Ira J. Roseman, R. K. Naidu, Khomilla Thapa & S. Ilsa Rettek. 1995. Self-concepts across two cultures: India and the United States. *Journal of Cross-Cultural Psychology*, 26, pp. 606–621.

Díaz, Koldo. 2011. Euskal identitatearen garapena on-line sare sozialen bidez: gazteen praktika sozialak Facebooken. [Entwicklung der baskischen Identität durch soziale Online-Netzwerke: soziale Praktiken junger Menschen auf Facebook.] *Gogoa Aldizkaria* (1), 11, pp. 61–86.

Dimbath, Oliver. 2013. Soziologische Rahmenkonzeptionen. Eine Untersuchung der Rahmenmetapher im Kontext von Erinnern und Vergessen. In: René Lehmann & Öchsner (Hg.), *Formen und Funktionen sozialen Erinnerns*, S. 25–48. Wiesbaden: Springer Fachmedien Wiesbaden.

Diffloth, Gérard. 2013. *Preshistory of the Kuay words for „charcoal" and „iron"*. No. 14–15 (2012–2013). École Francaise d'Extrême-Orient.

Diffloth, Gérard. 2011. *Kuay in Cambodia. A vocabulary with historical comments*. Tuk-Tuk Editions: Siem Reap. Cambodia.

Diener, Alexander D. & Hagen, Joshua. 2012. Borders: A very short introduction. Oxford: Oxford University Press.

Diener, Ed. 1980. Deindividuation: The absence of self-awareness and self-regulation in group members. In: P. B. Paulus (Ed.), *Psychology of Group Influence* (pp. 209–242). Hillsdale, NJ: Erlbaum.

Diller, Anthony. 1985. High and low Thai: Views from within. In: David Bradley (Hg.), *Language policy, language planning and sociolinguistics in South-East Asia* (9), pp. 51–76.

Diller, Tony. 2006. Polylectal grammar and Royal Thai. In: Felix K. Ameka, Alan Dench und Nicholas Evans (Hg.): *Catching language. The standing challenge of grammar writing.* Berlin: de Gruyter (Trends in linguistics Studies and monographs, 167), pp. 565–608.

Dittmar, Norbert. 1997. *Grundlagen der Soziolinguistik – Ein Arbeitsbuch mit Aufgaben.* Berlin: De Gruyter (Konzepte der Sprach- und Literaturwissenschaft, 57).

Dobrushina, Nina, Aleksandra Kozhukhar & George Moroz. 2019. Gendered multilingualism in highland Daghestan: Story of a loss. Journal of Multilingual and Multicultural Development, *40*(2), pp. 115–132.

Dong, Jinyu Y. 2014. Study on gender differences in language under the sociolinguistics. Canadian Social Science, *10*, pp. 92–96.

Dorfmüller-Karpusa, Käthi. 1993. *Kinder zwischen zwei Kulturen. Soziolinguistische Aspekte der Bikulturität.* Wiesbaden: DUV.

Dörfler, Tobias, Jeanette Roos & Richard J. Gerrig (Hg.). 2018. *Psychologie,* 21. Aufl. (ps psychologie). Hallbergmoos: Pearson.

Dreitzel, Hans P. 2007. *Emotionales Gewahrsein. Die Mensch-Umwelt-Beziehung aus gestalttherapeutischer Sicht.* Reflexive Sinnlichkeit 1. Bergisch Gladbach: EHP-Verlag Andreas Kohlhage.

Drummond, Rob & Schleef, E. 2016. *Identity in variationist sociolinguistics*, in S. Preece (Hg.), *The Routledge handbook of language and identity*, Routledge, Abingdon and New York, pp. 50–65.

Duff, Patricia. 2012. *Identity, agency, and second language acquisition.* In: S. M. Gass & A. Mackey (Hg.), *The Routledge handbook of second language acquisition,* Routledge, London, New York, NY (Routledge Handbooks in Applied Linguistics), pp. 410–426.

Dufossé, Dr. 1934. Monographie des peuplades Kouys du Cambodge [Monograph of the Kuy peoples of Cambodia]. Extrême-Asie 83: p. 553–568.

Durkheim, Emile. 1893. De la division du travail social [Über die Teilung der sozialen Arbeit] Paris. Online: http://classiques.uqac.ca/classiques/Durkheim_emile/division_du_travail/division_travail.html (Zugriff 30.04.2021).

E

Eberhard, David M., Gary F. Simons & Charles D. Fennig (Hg.). 2021. *Ethnologue: Languages of the World. Twenty-fourth edition.* Dallas, Texas: SIL International. Online version: http://www.ethnologue.com.

Eckert, Penelope. 1989. *Jocks and burnouts: Social categories and identity in the high school.* New York: Teachers College Press.

Eckert, Penelope. 2000. *Linguistic variation as social practice.* Oxford/New York: Blackwell.

Eckert, Penelope & Sally McConnell-Ginet. 2003. *Language and gender.* Cambridge: Cambridge University Press.

Eder, Klaus. 2007. Die Grenzen Europas. Zur narrativen Konstruktion europäischer Identität. In: Petra Deger, Robert Hettlage (Hrsg.), *Der europäische Raum. Die Konstruktion europäischer Grenzen*; [Ausgangspunkt war eine Tagung mit dem Titel „United States. On the significance of space and borders in modernity. Europe and the USA in comparison."] 1. Aufl. Wiesbaden: VS Verlag für Sozialwissenschaften | GWV Fachverlage GmbH Wiesbaden, S. 187–208.

Edwards, John. 1992. „Language in group and individual identity." In: *Social psychology of identity and the self concept.* G. Breakwell (Ed.), Oxford.

Egli, Mirjam & Lüdi, Georges. 1994. „Bilittératie chez des enfants bilingues". In: *Proceedings of the Workshop on Contexts of Literacy*, Frith, U./Lüdi, G./Egli, M./Zuber, C.-A. (Hg.), Straßburg, European Science Foundation, pp. 129–163.

Ehlich, Konrad. 1980. Der Alltag des Erzählens. In: Konrad Ehlich (Hrsg.), Erzählen im Alltag. Frankfurt a. M.: Suhrkamp (Suhrkamp-Taschenbuch Wissenschaft, 323), S. 11–27.

Eichinger, Ludwig. 1994. Sprachliche Kosten-Nutzen-Rechnung und die Stabilität mehrsprachiger Gemeinschaften. In: Uta Helfrich, Claudia Maria Riehl (Hrsg.): *Mehrsprachigkeit in Europa – Hindernis oder Chance?* Wilhelmsfeld: Egert Verlag 1994, S. 31–54.

Eigmüller, Monika & Georg Vobruda (Hg.) 2016. *Grenzsoziologie. Die politische Strukturierung des Raumes.* Wiesbaden: Springer.

Elfenbein, Hillary A. & Ambady, Nalini. 2002. On the universality and cultural specificity of emotion recognition: A meta-analysis. Psychological Bulletin, 128, pp. 203–235.

Elfenbein, Hillary A. & Ambady, Nalini. 2003. Universals and cultural differences in recognizing emotions. Current Directions in Psychological Science, 12, pp. 159–164.

Elias, Norbert. 1987. Wandlungen der Wir-Ich-Balance. In: Norbert Elias & Michael Schröter (Hrsg.): *Die Gesellschaft der Individuen.* 2. Aufl. Frankfurt a. M.: Suhrkamp, S. 209–314.

Elias, Norbert. 1997. *Über den Prozess der Zivilisation. Soziogenetische und psychogenetische Untersuchungen. Wandlungen des Verhaltens in den weltlichen Oberschichten des Abendlandes.* 20., neu durchges. und erw. Aufl. Frankfurt a. M.: Suhrkamp (Suhrkamp-Taschenbuch Wissenschaft, 158) Band 1.

Elias, Norbert. 1977. *Über den Prozeß der Zivilisation, soziogenetische und psychogenetische Untersuchungen. Wandlungen der Gesellschaft, Entwurf zu einer Theorie der Zivilisation.* Frankfurt a. M.: Suhrkamp (Suhrkamp-Taschenbuch Wissenschaft, 159) Band 2.

Ellemers, Naomi, Russell Spears & Bertjan Doojse. (Hg.). 1999a. *Social Identity.* Oxford, UK: Blackwell.

Ellemers, Naomi, Kortekaas, P. & Ouwerkerk, J. W. 1999b. Self-categorization, commitment to the group and group self-esteem as related but distinct aspects of social identity. *European Journal of Social Psychology*, 29, 371–389.

Ellemers, Naomi. 2002. Social Identity and Relative Deprivation. In: Heather J. Smith & Iain Walker (Hg.), *Relative deprivation: Specification, development, and integration*, 239–264. Cambridge: Cambridge University Press.

Ellis, Robert. 1956. Social Status and Social Distance. In: *Sociology and Social Research* 40: pp. 240–246.

Enfield, Nicholas. 2003. *Linguistic epidemiology. Semantics and grammar of language contact in mainland Southeast Asia.* London: RoutledgeCurzon (RoutledgeCurzon Asian linguistics series).

Enfield, Nicholas & Comrie, Bernard (Hg.). 2015. *The languages of Mainland Southeast Asia: The state of the art* (Pacific linguistics 649). Berlin: De Gruyter Mouton.

Erikson, Erik H. 1956. The problem of ego identity. *Journal of the American Psychoanalytic Association* 4(1), pp. 56–121.

Erikson, Erik H. 1964. Einsicht und Verantwortung. Stuttgart: Klett.

Erikson, Erik H. 1966. *Identität und Lebenszyklus. Drei Aufsätze*; Frankfurt a. M. 1966; 2. Aufl. 1973.

Erikson, Erik H. 1970. *Identität und Lebenszyklus.* Drei Aufsätze. 5.–7. Tsd. Frankfurt a M.: Suhrkamp (Theorie).

Erikson, Erik H. 1988. *Der vollständige Lebenszyklus.* Frankfurt a. M.: Suhrkamp.

Ervin, Susan M. & Osgood, Charles E. 1954. „Second Language Learning and Bilingualism". In: *Journal of Abnormal and Social Psychology 49*, pp. 139–146.

Esser, Hartmut. 2009. Der Streit um die Zweisprachigkeit: Was bringt die Bilingualität? In: Ingrid Gogolin und Ursula Neumann (Hrsg.): *Streitfall Zweisprachigkeit – The Bilingualism Controversy.* Wiesbaden: Verlag für Sozialwissenschaften, S. 69–88.

Ernst, Heiko. 2002. Ein neuer Blick auf das eigene Leben. In: Psychologie heute, Juni 2002, S. 21–26.

Emler, Nicholas & Reicher, Stephen D. 2005. Delinquency: Causes or consequences of social exclusion? In: D. Abrams, M. A. Hogg & J. M. Marques (Hg.). *The Social Psychology of Inclusion and Exclusion* (pp. 211–242). New York: Psychology Press.

Esser, Hartmut. 2009. Der Streit um die Zweisprachigkeit: Was bringt die Bilingualität? In: Ingrid Gogolin und Ursula Neumann (Hrsg.): *Streitfall Zweisprachigkeit – The Bilingualism Controversy*. Wiesbaden: Verlag für Sozialwissenschaften, S. 69–88.

Evans, David (Hg.) 2018. Language, identity and symbolic culture. London: Bloomsbury, 2018. Reviewed by Dallel Sarnou. Language in Society 48 (2019). doi:10.1017/S0047404519000290.

Evans, David. 2019. The Identities of Language. In: David Evans (Ed.): Language, identity and symbolic culture. [S.l.]: Bloomsbury Academic, pp. 15–35.

F

Faltermaier, Toni, Philipp Mayring, Winfried Saup & Petra Strehmel. 2014. *Entwicklungspsychologie des Erwachsenenalters*, 3. Aufl. (Grundriss der Psychologie Band 14). Stuttgart: Verlag W. Kohlhammer. Online verfügbar unter http://gbv.eblib.com/patron/FullRecord.aspx?p=1613679.

Feagin, Crawford. 2013. Entering the Community. In: J. K. Chambers & Natalie Schilling-Estes (Hg.), *The handbook of language variation and change* (Blackwell handbooks in linguistics), pp. 17–37. Chichester, West Sussex: Wiley-Blackwell.

Field, Fredric. 2002. *Linguistic borrowing in bilingual contexts*. Amsterdam / Philadelphia: Benjamins.

Fine, Gary Alan & Sherryl Kleinman. 1979. Rethinking Subculture: An Interactionist Analysis. In: American Journal of Sociology 85: pp. 1–20.

Finke, Jobst & Stumm, Gerhard. 2012. Identität aus der Sicht der Gesprächspsychotherapie. In: Petzold, Hilarion G. 2012. *Identität: Ein Kernthema moderner Psychotherapie; interdisziplinäre Perspektiven* (Integrative Modelle in Psychotherapie, Supervision und Beratung). Wiesbaden: VS-Verl. S. 361–378.

Fischer, John L. 1958. Social influences on the choice of linguistic variant. *Word, 14*(1), pp. 47–56.

Fischer, Moritz Valentin. 2018. Rituale im Spitzensport. In: Frey, Dieter (Hg.): *Psychologie der Rituale und Bräuche. 30 Riten und Gebräuche wissenschaftlich analysiert und erklärt.* 2018. Berlin, Heidelberg: Springer Berlin Heidelberg. S. 257–267.

Fishman, Joshua A. 1971. *Sociolinguistique*, Brüssel & Paris.

Fishman, Joshua A. 1972a. „Domains and the Relationship between Micro- and Macrosociolinguistics". In: Gumperz, J. J./D. Hymes (Hg.): Directions in Sociolinguistics, New York, 436–453.

Fishman, Joshua A. 1972b. *Language in Sociocultural Change: Essays by Joshua A. Fishman.* Stanford: Stanford University Press.

Fishman, Joshua A. 1973. *Language and Nationalism.* Rowley, MA: Newbury House.

Fishman, Joshua A. 1985. *Rise and Fall of the Ethnic Revival: Perspectives on Language and Ethnicity.* Berlin: Mouton.

Fishman, Joshua A. 1989. *Language and Ethnicity in Minority Sociolinguistic Perspective.* Clevedon: Multilingual Matters.

Fishman, Joshua A. 1990. What is reversing language shift (RLS) and how can it succeed? *Journal of Multilingual and Multicultural Development* 11 (1,2), S. 5–36.

Fishman, Joshua A. 1991. *Reversing Language Shift: Theoretical and Empirical Foundations of Assistance to Threatened Languages.* Clevedon: Multilingual Matters.

Fishman, Joshua A. 1997. *In: Praise of the Beloved Language: A Comparative View of Positive Ethnolinguistic Consciousness.* Berlin: Mouton.

Fishman, Joshua A. (Hg.) 2001. *Can Threatened Languages Be Saved? Reversing Language Shift, Revisited: A 21st Century Perspective.* Clevedon: Multilingual Matters.

Fiske, Susan T., Amy J. C. Cuddy, Peter Glick & Jun Xu. 2002. A model of (often mixed) stereotype content: Competence and warmth respectively follow from perceived status and competition. *Journal of Personality and Social Psychology*, 82, pp. 878–902.

Fix, Ulla. 2003. Identität durch Sprache – eine nachträgliche Konstruktion? In: Nina Janich, Christiane Thim-Mabrey (Hrsg.): *Sprachidentität – Identität durch Sprache.* Tübingen: Narr (Tübinger Beiträge zur Linguistik, 465), S. 107–124.

Flader, Dieter & Michael Giesecke. 1980. Erzählen im psychoanalytischen Erstinterview – eine Fallstudie. In: Konrad Ehlich (Hg.), Erzählen im Alltag. Frankfurt a. M.: Suhrkamp (= stw, 323), S. 209–262.

Flick, Uwe (Hrsg.). 2013. *Qualitative Forschung: Ein Handbuch.* Orig.-ausg., 10. Aufl. Reinbek bei Hamburg: Rowohlt.

Foley, William A. 2016. Anthropological linguistics and field linguistics. In: Keith Allan (Hg.), *The Routledge handbook of linguistics* (Routledge handbooks in linguistics), pp. 250–263. Milton Park, Abingdon, Oxon, New York: Routledge.

Földes, Csaba. 1996. Mehrsprachigkeit, Sprachenkontakt und Sprachenmischung. In: *Flensburger Papiere zur Mehrsprachigkeit und Kulturenvielfalt im Unterricht* 14/15, S. 5–79.

Foroutan, Naika. 2013. *Hybride Identitäten. Normalisierung, Konfliktfaktor und Ressource in postmigrantischen Gesellschaften*, In: H.-U. Brinkmann & H.-H. Uslucan (Hrsg.), *Dabeisein und dazugehören – Integration in Deutschland*, Springer, Wiesbaden, S. 85–99.

Floßbach, Daniel. 2019. Kambodschanische Identität im Fokus. Vergangenheit, Gegenwart und Zukunft. In: *Länderberichte der Konrad Adenauer Stiftung.* Online: https://www.kas.de/ (Zugriff 29.01.2020).

Furnham, Adrian & Procter, Edward. 1989. Belief in a just world: Review and critique of the individual difference literature. *British Journal of Social Psychology*, 28, pp. 365–384.

Franceschini, Rita. 2011. Multilingualism and multicompetence: A conceptual view. In: *The Modern Language Journal* 95, pp. 344–355.

Freeland, Jane & Patrick, Donna. (Hg.). 2004. Language rights and language survival: Sociolinguistic and sociocultural perspectives. Manchester, Northampton: *St. Jerome.*

Freud, Sigmund. [1905] 1982. Drei Abhandlungen zur Sexualtheorie. In: Mitscherlich, A., Richards, A., Strachey, J. (Hg.), Sigmund Freud-Studienausgabe, Bd. V: Sexualleben. Fischer: Frankfurt a. M., S. 37–145 [bes. S. 63ff.].

Frey, Dieter, Hans-Werner Bierhoff & Katja Corcoran. 2011. Sozialpsychologie – Interaktion und Gruppe. Göttingen: Hogrefe (Bachelorstudium Psychologie).

Frey, Dieter (Hg.). 2018. Psychologie der Rituale und Bräuche. 30 Riten und Gebräuche wissenschaftlich analysiert und erklärt. Springer: Berlin, Heidelberg. Online: https://doi.org/10.1007/978-3-662-56219-2.

Fridland, Valerie. 2015. Language and society. In: *The great courses. What your speech says about you.* Virginia: The Teaching, Company.

Fuchs, Werner. 1984. Biographische Forschung. Eine Einführung in Praxis und Methode. Opladen: Westdeutscher Verlag.

G

Gaertner, Lowell, Constantine Sedikides & Kenneth Graetz. 1999. In search of self-definition: Motivational primacy of the individual self, motivational primacy of the collective self, or contextual primacy? *Journal of Personality and Social Psychology*, 76, pp. 5–18.

Gaertner, Samuel L. & Dovidio, John F. 2000. *Reducing Intergroup Bias: The Common In-group Identity Model.* New York: Psychology Press.

Gainey, Jerry. 1985. A comparative study of Kui, Bruu and So phonology from a genetic point of view. Bangkok: Chulalongkorn University MA thesis.

Galeandro, Cristina, Edo Poglia, Gé Stoks & Katya T. Bernasconi. 2010. Assessing linguistic competence through self-assessment. Bulletin *Suisse* de *Linguistique Appliquée. N° spécial, 2010/11*, pp. 65–73.

Galla, Candace. 2009. Indigenous Language Revitalization and Technology from Traditional to Contemporary Domains. In: Reyhner, J.; Lockard, L. (Hg.). Indigenous Language Revitalization: Encouragement, Guidance & Lessons Learned. Flagstaff: Northern Arizona University, pp. 167–182.

Gardès-Madray, Francois & Brès, Jacques. 1987. „Conflits de nomination en situation diglossique". In: *France, pays multilingue. t. 2: Pratiques des langues en France*, Vermes, G./Boutet, J. (Hg.), Paris, p. 78–90.

Garfinkel, Harold. 1967. *Studies in ethnomethodology*. Englewood Cliffs NJ: Prentice-Hall.

Gee, James Paul. 2000. Chapter 3: Identity as an Analytic Lens for Research in Education. In: *Review of Research in Education* 25 (1), pp. 99–125. DOI: 10.3102/0091732X025001099.

Gehrmann, Ryan. 2016. *The West Katuic languages: comparative phonology and diagnostic tools*. Chiang Mai: Payap University MA Thesis.

Gibbs, Jack P. 1965. Norms: The Problem of Definition and Classification. In: American Journal of Sociology 70, H. 5, pp. 586–594.

Giddens, Anthony. 1991. Modernity and self-identity. Cambridge: Polity.

Giles, Howard, Richard Y. Bourhis & Donald M. Taylor. 1977. Towards a theory of language in ethnic group relations. In: H. Giles (Hg.) *Language, Ethnicity and Intergroup Relations* (pp. 307–348). London: Academic Press.

Glaser, Barney G. & Strauss, Anselm L. 2010. *Grounded Theory. Strategien qualitativer Sozialforschung*. Bern: Verlag Hans Huber.

Goebl, Hans. 1989. „Spracheinheit – unité de la langue – unità della lingua – unidad de la lengua. Bemerkungen zur Problematik des Sprachunitarismus". In: *Fédéralisme, régionalisme et droit des groupes ethniques en Europe. Hommage à Guy Héraud*, Wien, S. 162–171.

Goffman, Erving. 1974. Frame Analysis, New York: Northern University Press. Online: https://is.muni.cz/ (Zugriff 30.04.2021).

Goffman, Erving. 1980. *Rahmen-Analyse. Ein Versuch über die Organisation von Alltagserfahrungen*. Frankfurt/Mainz: Suhrkamp.

Gordon, Raymond G. 2005. *Ethnologue: Languages of the World*. Dallas, TX: SIL International.

Greenwald, Anthony G. & Pratkanis, Anthony R. 1984. The self. In: R. S. Wyer & T. K. Srull (Hg.), *Handbook of Social Cognition* (Vol. 3, pp. 129–178). Hillsdale, NJ: Erlbaum.

Greule, Albrecht. 2003. …irgendwie'n anderer Mensch. Identität und Sprache – am Beispiel eines Anamnesegesprächs. In: Nina Janich, Christiane Thim-Mabrey (Hg.): Sprachidentität – dientität durch Sprache. Tübingen: Narr (Tübinger Beiträge zur Linguistik, 465), pp. 171–176.

Grice, Herbert Paul. 1975. ‚Logic and conversation', Syntax and Semantics 3: Speech Acts, New York: Academic Press. (Deutsch in G. Meggle (Hg.), Handlung, Kommunikation, Bedeutung, Suhrkamp 1979)

Grice, Herbert Paul. 1978. ‚Further notes on logic and conversation', Syntax and Semantics 9: Pragmatics, New York: Academic Press.

Grießhaber, Wilhelm. 2002. Türkisch auf deutscher Grundlage? Schreibprozesse eines türkischen Jungen in der schwächeren Sprache Türkisch, In: Corinna Perschel (Hg.): *Grammatik und Grammatikvermittlung*, Frankfurt a. M.: Lang, S. 163–178).

Grießhaber, Wilhelm, Sabine Schmölzer-Eibinger, Heike Roll & Karen Schramm. 2018. *Schreiben in der Zweitsprache Deutsch. Ein Handbuch.* Berlin/Boston: De Gruyter Inc (DaZ-Handbücher, Bd. 1). Online verfügbar unter https://ebookcentral.proquest.com/.

Grießhaber, Wilhelm, Bilge Özel & Jochen Rehbein. 1996. Aspekte von Arbeits- und Denksprache türkischer Schüler. In: *Unterrichtswissenschaft. Zeitschrift für Lernforschung.* 24 (1996) 1, S. 3–20.

Grillo, Ralph. 1989. *Dominant Languages: Language and Hierarchy in Britain and France.* Cambridge: University Press.

Grosjean, François. 1982. *Life with two Languages: an Introduction to Bilingualism*, Cambridge, MA.

Grosjean, François. 1987. „Vers une psycholinguistique du bilinguisme". In: Lüdi, G. (Hg.), p. 115–134.

Grosjean, François; Py, Bernard. 1991. „La restructuration d'une première langue: L'intégration de variantes de contact dans la compétence de migrants espagnols à Neuchâtel (Suisse)". In: *La Linguistique 27*, p. 35–60.

Grosejean, Francois. 2012 [1985]. The Bilingual as a Competent but Specific Speaker-Hearer. In: Nancy H. Hornberger (Hrsg.), *Educational Lingusitics*, pp. 152–163. London, New York: Routledge.

Guimond, Serge. 2006. Social comparison and social psychology. Understanding cognition, intergroup relations, and culture. New York: Cambridge University Press.

Gülich, Elisabeth. 1980. Konventionelle Muster und kommunikative Funktionen von Alltagserzählungen. In: Erzählen im Alltag. Hg. v. Konrad Ehlich. Frankfurt a. M.: Suhrkamp (= stw, 323), S. 335–384.

Gumperz, John J. 1970. *Verbal strategies in multilingual communication.* University of California, Institute of International Studies. (ERIC Document Reproduction Service No. ED 042 173).

Gumperz, John J. (Hg.) 1982. *Language and Social Identity.* Cambridge: Cambridge University Press.

Gumperz, John J. & Cook-Gumperz, Jane. 1982. *Introduction: language and the communication of social identity*, In: J. J. Gumperz (Hg.), *Language and social identity*, Cambridge University Press, Cambridge, pp. 1–22.

Günthner, Susanne; Katharina König. 2012. Die sprachliche Konstruktion migrationsbedingter Mehrsprachigkeit: Aspekte der interaktiven Konstruktion von „Andersheit". In: Heike Roll, Andrea Schilling (Hg.): *Mehrsprachiges Handeln im Fokus von*

Linguistik und Didaktik. Wilhelm Grießhaber zum 65. Geburtstag. With assistance of Wilhelm Grießhaber. Duisburg: Univ.-Verl. Rhein-Ruhr, S. 67–83.

H

Haarmann, Harald. 1991. *Basic Aspects of Language in Human Relations. Toward a General Theoretical Framework*, Berlin/New York.

Haarmann, Harald. 1996. Identität. In: Goebl, Hans, Nelde, Peter H., Starý, Zdenek, Wölck, Wolfgang (Hg.): *Kontaktlinguistik/Contact Linguistics/Linguistique de contact. Ein internationales Handbuch zeitgenössischer Forschung. An International Handbook of Contemporary Research. Manuel international des recherches contemporaines*. 1. Halbbd. Berlin, New York: de Gruyter, S. 218–233. [ES 555 G593-1+2].

Halbwachs, Maurice. 2003. *Stätten der Verkündigung im Heiligen Land. Eine Studie zum kollektiven Gedächtnis*. 1. Aufl. Konstanz: UVK-Verl.-Ges (Édition discours, 21).

Halbwachs, Maurice. 1985. *Das Gedächtnis und seine sozialen Bedingungen*. 6. Aufl. (1985). Frankfurt a. M.: Suhrkamp (Suhrkamp-Taschenbuch Wissenschaft, 538).

Halbwachs, Maurice. 2014 [1939]. Kollektives und historisches Gedächtnis. In: Frank Adloff, Sebastian M. Büttner, Stephan Moebius & Rainer Schützeichel (Hg.), *Kultursoziologie: Klassische Texte – aktuelle Debatten; ein Reader* (Campus Reader), S. 109–126. Frankfurt a. M., New York: Campus-Verl.

Hall, Stuart. 1992. The questions of cultural identity. In: S. Hall, D. Held and A. McGrew (Hg.) *Modernity and its Future*, pp. 274–325. Cambridge: Polity Press.

Hamers, Josiane F. & Blanc, Michel. 1983. *Bilingualité et Bilinguisme*, Brüssel.

Haugen, Einar. 1953. *The Norvegian Language in America*, Pennsylvania.

Halwachs, Dieter W. 1993. Polysystem, Repertoire und Identitat. In: *Grazer Linguistische Studien* 39/40/ 1993. S. 71–90.

Halwachs, Dieter W. 2001. *Soziolinguistik*. Online: https://archive.ph/20080218181228/http://www-gewi.kfunigraz.ac.at/ling/sozio/sozio.html (Zugriff 08.02. 2020).

Hamilton, David L. & Sherman, Steven J. (1996). Perceiving persons and groups. *Psychological Review*, 103, pp. 336–355.

Hans-Bianchi, Barbara. 2016. Das Schriftbild als Selbstbild. Zur Konstruktion von Identität in Pennsylvania Deitsch. In: Edyta Grotek und Katarzyna Norkowska (Hg.): *Sprache und Identität – philologische Einblicke*. Berlin: Frank & Timme (Germanistik international, Band 1), S. 243–260.

Hansen, Jette G. & Liu, Jun. 1997. Social Identity and Language: Theoretical and Methodological Issues, In: *TESOL Quarterly*, vol. 31, no. 3. https://doi.org/10.2307/3587839, pp. 567–576.

Hagendoorn, Louk & Hraba, Joseph. 1987. Social distance toward Holland's minorities: discrimination against and among ethnic outgroups. Ethnic and Racial Studies 10, pp. 317–333.

Hagendoorn, Louk & Kleinpenning, Gerard. 1991. The contribution of domain-specific stereotypes to ethnic social distance. British Journal of Social Psychology 30, pp. 63–78.

Haslam, S. Alexander. 2004. *Psychology in Organisations: The Social Identity Approach* (2nd edition). London: Sage.

Hanke, Katja. 2020. Deutschdefizite an Schulen – Ist Mehrsprachigkeit die Lösung? SWR2-Wissen-Sendung, Samstag, 18. Januar 2020, 8:30 Uhr. Online: https://www.swr.de/swr2/wissen/Bildung-Deutschdefizite-an-Schulen-Ist-Mehrsprachigkeit-die-Loesung,swr2-wissen-2020-01-18-100.html (Zugriff 18.01.2020).

Hannah, Matthew G. & Kramer, Caroline. 2014. Demographie und Bevölkerung. In: Julia Lossau, Tim Freytag & Roland Lippuner (Hg.), *Schlüsselbegriffe der Kultur- und Sozialgeographie* (UTB 3898), S. 124–137. Stuttgart: UTB GmbH; Ulmer.

Hartig, Matthias. 1996. Soziologie und Kontaktlinguistik Sociology and Contact Linguistics Sociologie et linguistique de contact. In: Hans Goebl, Peter H. Nelde, Zdeněk Starý & Wolfgang Wölck (Hg.), *Kontaktlinguistik / Contact Linguistics / Linguistique de contact, Part 1*, S. 23–31. Berlin, New York: Walter de Gruyter.

Hartig, Matthias & Kurz, Ursula. 1971. Sprache als soziale Kontrolle. Frankfurt/Main: Suhrkamp.

Hartig, Matthias. 1981. Sprache und sozialer Wandel. Stuttgart: Kohlhammer.

Hatsukano, Naomi. 2012. Will the Emerald Triangle Development Cooperation Be Reactivated? The Silent Cooperation Scheme between Cambodia, Lao PDR and Thailand. In: Masami Ishida (Hg.) *Five Triangle Areas in the Greater Mekong Subregion*, BRC Research Report No. 11, Bangkok Research Center, IDE-JETRO, Bangkok, Thailand.

Heinemann, Wolfgang & Sager, Sven F. (Hg.). 2001. Text- und Gesprächslinguistik. Ein internationales Handbuch zeitgenössischer Forschung. 2. Halbbd. Berlin; New York: de Gruyter (= Handbücher zur Sprach- und Kommunikationswissenschaft, 16/2), S. 1293–1309.

Heller, Monica (Hg.). 1988. *Codeswitching: Anthropological and Sociolinguistic Perspectives*, Berlin: Mouton de Gruyter.

Heckhausen, Heinz. 1980. *Motivation und Handeln*. Berlin: Springer.

Heller, Monica. 1999. *Linguistic Minorities and Modernity: A Sociolinguistic Ethnography*. London: Longman.

Heller, Monica. 2006. *Linguistic Minorities and Modernity: A Sociolinguistic Ethnography*. New York: Continuum.

Heller, Monica. 2001. Critique and sociolinguistics: Analysis of discourse. Critique of Anthropology, *21*(2), pp. 117–141.

Hennessy, Josephine & West, Michael A. 1999. Intergroup behavior in organizations. *Small Group Research*, 30, pp. 361–382.

Henry, Kelly B., Holly Arrow & Barbara Carini. 1999. A tripartite model of group identification: theory and measurement. *Small Group Research*, 30, pp. 558–581.

Hettlage, Robert. 2007. Europas vielfältiger Raum als Gegenstand von Identitätsmanagement. In: Petra Deger, Robert Hettlage (Hg.): *Der europäische Raum. Die Konstruktion europäischer Grenzen*; [Ausgangspunkt war eine Tagung mit dem Titel „United States. On the significance of space and borders in modernity. Europe and the USA in comparison." 1. Aufl. Wiesbaden: VS Verlag für Sozialwissenschaften | GWV Fachverlage GmbH Wiesbaden, pp. 273 305.

Hettling, Manfred. 2015. Geschichtsschreibung im Bann des Subjektiven? In: Heyde, Jürgen; Holste, Karsten; Hüchtker, Dietlind; Kleinmann, Yvonne; Steffen, Katrin (2015): *Dekonstruieren und doch erzählen. Polnische und andere Geschichten.* 1. Aufl. s.l.: Wallstein Verlag (Polen, v.2). Online: http://gbv.eblib.com/patron/FullRecord.aspx?p=4344200.

Heuwagen, M. 1974. *Die Verbreitung des Dialekts in der Bundesrepublik Deutschland* [Thesis] Bonn, Germany.

Hilpert, Thomas. 2018. Rituale zur Geburt. In: Frey, Dieter (Hg.): Psychologie der Rituale und Bräuche. 30 Riten und Gebräuche wissenschaftlich analysiert und erklärt. Berlin, Heidelberg: Springer Berlin Heidelberg, S. 81–90.

Hinderling, Robert. 2003. *Wej mir sog'n.* Sprache und Identität des Mundartsprechers in Nordostbayern. Erfahrungen bei der Erhebung des Materials für den Sprachatlas von Nordostbayern. In: Nina Janich, Christiane Thim-Mabrey (Hg.): *Sprachidentität – Identität durch Sprache.* Tübingen: Narr (Tübinger Beiträge zur Linguistik, 465), S. 125–136.

Honold, Jasmin. 2012. *Team-Vielfalt statt Einfalt: Die Auswirkung von Persönlichkeitsmerkmalen auf das Innovations- und Zukunftspotential von Arbeitsgruppen.* 1. Aufl. s.l.: Diplomica Verlag GmbH. Online: http://site.ebrary.com/lib/alltitles/docDetail.action?docID=10553125.

Hogan-Brun, Gabrielle & O'Rourke, Bernadette. 2019. Introduction: Minority Languages and Communities in a Changing World. In: Hogan-Brun, G. & O'Rourke, B. (Hg.) The Palgrave Handbook of Minority Languages and Communities. Palgrave Macmillan, London.

Hogg, Michael A. 1993. Group cohesiveness: A critical review and some new directions. In: W. Stroebe & M. Hewstone (Hg.), *European Review of Social Psychology* (Vol. 4, pp. 85–111). Chichester, UK: John Wiley.

Hogg, Michael A. 2007. Uncertainty-identity theory. In: M. P. Zanna (Hg.), *Advances in Experimental Social Psychology* (Vol. 39, pp. 69–126). San Diego, CA: Academic Press.

Hogg, Michael A. & Abrams, Dominic. 1988. *Social Identifications: A Social Psychology of Intergroup Relations and Group Processes*. London and New York: Routledge.

Hogg, Michael A. & Terry, Deborah J. 2000. Social identity and self-categorization processes in organizational contexts. *Academy of Management Review*, 25, 121–140.

Hogg, Michael A. & van Knippenberg, Daan. 2003. Social identity and leadership processes in groups. In: M. P. Zanna (Ed.), *Advances in Experimental Social Psychology* (Vol. 35, pp. 1–52). San Diego, CA: Academic Press.

Hollington, Andrea & Nico Nassenstein. 2015. 1. Youth language practices in Africa as creative manifestations of fluid repertoires and markers of speakers' social identity. In: Nico Nassenstein und Andrea Hollington (Hg.), *Youth Language Practices in Africa and Beyond* (Contributions to the Sociology of Language [CSL] 105), pp. 1–22. Berlin, München, Boston: de Gruyter.

Horenczyk, Gabriel. 2010. Language and identity in the school adjustment of immigrant students in Israel. In: Allemann-Ghionda, Cristina; Stanat, Petra; Göbel, Kerstin; Röhner, Charlotte (Hg.): *Migration, Identität, Sprache und Bildungserfolg*. Weinheim u. a.: Beltz 2010, S. 44–58. (Zeitschrift für Pädagogik, Beiheft; 55) – URN: urn:nbn:de:0111-opus-69440.

Hornberger, Nancy. 1989. „Continua of Biliteracy". In: *Review of Educational Research 59*, pp. 271–296.

Hornsey, Matthew J. & Hogg, Michael A. 2000. Assimilation and diversity: An integrative model of subgroup relations. *Personality and Social Psychology Review*, 4, pp. 143–156.

Hornsey, Matthew J., Tim Grice, Jolanda Jetten, Neil Paulsen & Victor Callan. 2007. Group directed criticisms and recommendations for change: Why newcomers arouse more resistance than old-timers. *Personality and Social Psychology Bulletin*, 33, pp. 1036–1048.

Houston, Diane M. & Andreopoulou, Alexia. 2003. Tests of both corollaries of social identity theory's self-esteem hypothesis in a real group setting. *British Journal of Social Psychology*, 42, pp. 357–370.

Höhle, Barbara. 2012. Erstspracherwerb: Wie kommt das Kind zur Sprache? In: Barbara Höhle (Hrsg.): Psycholinguistik. 2., unveränd. Aufl. Berlin: Akad.-Verl. (Akademie-Studienbücher), S. 125–140.

Hutchison, Paul, Dominic Abrams, Roberto Gutierrez & Tendayi Viki. 2008. Getting rid of the bad ones: The relationship between group identification, deviant derogation and identity maintenance. *Journal of Experimental Social Psychology*, 44, pp. 874–881.

Howard, Kathryn M. 2010. Social relationships and shifting languages in Northern Thailand. *Journal of Sociolinguistics* 14(3), pp. 313–340.

Howard, Martin, Raymond Mougeon & Jean-Marc Dewaele. 2013. Sociolinguistics and Second Language Acquisition. In: Robert Bayley, Richard Cameron & Ceil Lucas (Hg.), *The Oxford Handbook of Sociolinguistics*, pp. 340–359: Oxford University Press.

Howard, Michael C. 1994. *Textiles of Southeast Asia: An Annotated & Illustrated Bibliography*. Bangkok: White Lotus Press.

Howard, Michael C. 1998. Identity and Traditional and Tradition-based T'ai Textiles in Contemporary Society. In: M. C. Howard, W. Wattanapun und A. Gordon (Hg.) *Traditional T'ai Arts in Contemporary perspective*, pp. 13–45. Bangkok: White Lotus Press.

Howard, Michael C. 2000. Dress and Ethnic Identity in Irian Jaya. *Sojourn*, 15.1, 2000, pp. 1–29.

Howard, Michael C. 2004. *A world between the wraps: Southeast Asia's supplementary wrap textiles*. Bangkok: White Lotus Press.

Howard, Michael C. & Kim Be Howard. 2002. *Textiles of the Daic Peoples of Vietnam*. Bangkok: White Lotus Press.

I

ICD-10-GM 2021 Systematisches Verzeichnis. Internationale statistische Klassifikation der Krankheiten und verwandter Gesundheitsprobleme: 10. Revision – German Modifikation (2021). Unter Mitarbeit von Thomas C. Auhuber. Version 2021. Köln: Deutscher Ärzteverlag.

Institut für Soziologie der Universität Freiburg (IfSdUF). 2015. Zur „Repräsentativität" qualitativer Forschung – Wintersemester 2015/16. *Diskursivität in qualitativen Interviews: Methodische Herangehensweisen zu übergeordneten Diskurszusammenhängen*. Online: https://institut.soziologie.uni-freiburg.de/2015ws-repraesentatitvitaet-qualitativer-forschung/wpg_9401.html (Zugriff 04.05.2021).

Internet Health Report 2018. *Digitale Teilhabe. Spricht das Internet Deine Sprache?* (April 2018). Online: https://internethealthreport.org/2018/spricht-das-internet-deine-sprache/?lang=de (Zugriff 29.04.2021).

Ivkovic, Dejan & Lotherington, Heather. 2008. Multilingualism in cyberspace: conceptualising the virtual linguistic landscape. *International Journal of Multilingualism*(6), 1, pp. 17–36.

J

Jackson, Jay W. & Smith, Eliot R. 1999. Conceptualizing social identity: A new framework and evidence for the impact of different dimensions. *Personality and Social Psychology Bulletin*, 25, pp. 120–135.

Jäger, Siegfried. 2006. Diskurs und Wissen. Theoretische und methodische Aspekte einer Kritischen Diskurs- und Dispositivanalyse. In: Keller (Hrsg.) *Handbuch sozialwissenschaftlicher Diskursanalyse*. Bd. 1. S. 83–114. Wiesbaden: VS-Verlag.

Janda, Laura A. 2006. From Cognitive Linguistics to Cultural Linguistics. In: *Slovo a smysl/ Word and Sense* 8, pp. 48–68.

Janich, Nina & Thim-Mabrey, Christiane (Hg.). 2003. Sprachidentität – dientität durch Sprache. *Internationales Symposium „Sprachidentität – Identität durch Sprache. Beiträge der Sprachwissenschaft zur Wissenschaftlichen und Öffentlichen Diskussion"*. Tübingen: Narr (Tübinger Beiträge zur Linguistik, 465).

Jarvis, Scott & Pavlenko, Aneta. 2008. *Crosslinguistic influence in language and cognition*. New York, NY: Routledge.

Jenny, Mathias. 2016. *Tai identity in Myanmar and beyond*. In: IIAS The Newsletter 75: 32-33.

Jerndal, Randi & Rigg, Jonathan. 1998. Making space in Laos: constructing a national identity in a ‚forgotten' country. In: *Political Geography*, Vol. 17, Issue 7, pp. 809–831.

Jetten, J., Tom Postmes & Brendan J. McAuliffe. 2002a. „We're all individuals": Group norms of individualism and collectivism, levels of identification, and identity threat. *European Journal of Social Psychology*, 32, pp. 189–207.

Jetten, Jolanda, Nyla Branscombe & Russell Spears 2002b. On being peripheral: effects of identity insecurity on personal and collective self esteem. *European Journal of Social Psychology*, 32, pp. 105–123.

Jirattikorn, Amporn. 2018a. Thai television dramas, a new player in Asian media circulation: A case study of full house Thai. In: N. Kawashima & H. K. Lee (Hg.), *Asian cultural flows, creative economy*. Singapore: Springer.

Jirattikorn, Amporn. 2018b. Thai popular culture: A new player in Asia media circulation and Chinese censorship. *Center for Southeast Asian Studies, Kyoto University Newsletter*, *76*, pp. 7–9.

Johnston, Beulah. 1976. Kuy. In: Smalley, William A. (Hg.), *Phonemes and orthography: language planning in ten minority languages of Thailand*, pp. 259–72. Canberra: Australian National University.

Johnston, Richard. 1969. Kuy basic word list. Mon-Khmer Studies (MKS) 3, pp. 1–4. http://sealang.net/sala/archives/pdf8/johnston1969kuy.pdf (Zugr. 29.4. 2021).

Jongbloed-Faber, Lysbeth; Hans van de Velde, Cor van der Meer & Edwin Klinkenberg. 2016. Language use of Frisian bilingual teenagers on social media. *Treballs de sociolingüística Catalana*, 26, pp. 27–54.

Jost, John T. & Hunyadi, Orsolya. 2002. The psychology of system justification and the palliative function of ideology. In: W. Stroebe & M. Hewstone (Hg.), *European Review of Social Psychology* (Vol. 13, pp. 111–153).

Jüttemann, Gerd & Thomae, Hans. (Hg.). 1987. *Biographie und Psychologie.* Berlin: Springer.

K

Kallus, K. Wolfgang. 2016. *Erstellung von Fragebogen*, 2. Aufl. (UTB 4465). Wien: facultas.

Karan, Mark E. 2011. Understanding and forecasting ethnolinguistic vitality. *Journal of Multilingual and Multicultural Development* 32(2), pp. 137–149.

Kawakami, Kerry & Dion, Kenneth L. 1995. Social identity and affect as determinants of collective action: towards an integration of relative deprivation and social identity theories. *Theory and Psychology*, 5, pp. 551–577.

Keating, Neal B. 2013. Kuy alterities: The struggle to conceptualise and claim Indigenous land rights in neoliberal Cambodia. *Asia Pacific Viewpoint* 54(3), pp. 309–322.

Keiji, Iwata. (o. J.). A comparative study of the folk beliefs and religious practices among the Thai, Kuy, and Khmer people, unpublished ms.

Keller, Christian B. 2004. Diverse German Immigrants and Ethnic Identity on the Eve of the Civil War. In: Valuska, David L.; Keller, Christian. (Hrsg.): *Damn Dutch: Pennsylvania Germans at Gettysburg*, Mechanicsburg (PA), S. 1–15.

Keller, Reiner. 2011a. *Diskursforschung: Eine Einführung für SozialwissenschaftlerInnen*, 4. Aufl. (Qualitative Sozialforschung Bd. 14). Wiesbaden: VS Verlag für Sozialwissenschaften / Springer Fachmedien Wiesbaden GmbH, Wiesbaden.

Keller, Reiner. 2011b. *Wissenssoziologische Diskursanalyse: Grundlegung eines Forschungsprogramms.* 3. Aufl. Wiesbaden: VS Verlag.

Keller, Reiner & Truschkat, Inga. 2013. Methodologie und Praxis der Wissenssoziologischen Diskursanalyse: Band 1: Interdisziplinäre Perspektiven. Wiesbaden: VS Verlag.

Keller, Rudi 1994. *On language change. The invisible hand in language.* London, New York, NY: Routledge.

Kelly, Caroline & Breinlinger, Sara. 1996. *The Social Psychology of Collective Action: Identity, Injustice and Gender.* London: Taylor & Francis.

Keller, Rudi. 2003 [1990]. *Sprachwandel. Von der unsichtbaren Hand in der Sprache.* 3., durchgesehene. Aufl. Tübingen, Basel: Francke (Uni-Taschenbücher, 1567).

Keller, Rudi. 2014 [1990]. *Sprachwandel. Von der unsichtbaren Hand in der Sprache.* 4. Aufl. Tübingen: A. Francke (UTB Linguistik, 1567). Online verfügbar unter http://www.utb-studi-e-book.de/9783838542539.

Keupp, Heiner. 1997. Diskursarena Identität: Lernprozesse in der Identitätsforschung. In: Heiner Keupp & Renate Höfer (Hg.), *Identitätsarbeit heute: Klassische und aktuelle Perspektiven der Identitätsforschung* (Suhrkamp Taschenbuch Wissenschaft 1299), S. 11–39. Frankfurt a. M: Suhrkamp.

Keupp, Heiner et al. 1999. *Identitätskonstruktionen. Das Patchwork der Identitäten in der Spätmoderne.* Reinbek bei Hamburg: Rowohlt.

Keupp, Heiner. 2000. Identität. Spektrum LEXIKON DER PSYCHOLOGIE: Online: https://www.spektrum.de/lexikon/psychologie/identitaet/6968 (Abruf 20.04.2021).

Keupp, Heiner. 2001. Identität. In: Otto, Hans-Uwe; Thiersch, Hans (Hg.): *Handbuch Sozialarbeit Sozialpädagogik.* 2. völlig überarbeitete Auflage. Neuwied; Kriftel: Luchterhand, S. 804–810.

Keupp, Heiner. 2012. Identität und Individualisierung: Riskante Chancen zwischen Selbstsorge und Zonen der Verwundbarkeit – sozialpsychologische Perspektiven. In: Petzold, Hilarion G. 2012. *Identität: Ein Kernthema moderner Psychotherapie; interdisziplinäre Perspektiven* (Integrative Modelle in Psychotherapie, Supervision und Beratung). Wiesbaden: VS-Verl., S. 77–105.

Keupp, Heiner, Thomas Ahbe, Wolfgang Gmür, Renate Höfer, Wolfgang Kraus, Beate Mitzscherlich & Florian Straus 2008. *Identitätskonstruktionen. Das Patchwork der Identitäten in der Spätmoderne.* 4. Aufl. Orig.-Ausg. 1999, Reinbek bei Hamburg: Rowohlt-Taschenbuch-Verl. (Rororo Rowohlts Enzyklopädie, 55634). https://dnb.info/958111871/04.

Keupp, Heiner & Höfer, Renate (Hg.). 1997. *Identitätsarbeit heute: Klassische und aktuelle Perspektiven der Identitätsforschung* (Suhrkamp Taschenbuch Wissenschaft 1299). Frankfurt a. M: Suhrkamp.

Kienbaum, Jutta & Schuhrke, Bettina. 2008. *Entwicklungspsychologie der Kindheit: Von der Geburt bis zum 12. Lebensjahr* (Urban-Taschenbücher 562). Stuttgart: Kohlhammer.

Kiesling, Scott F. 1998. Men's identities and sociolinguistic variation: The case of fraternity men. Journal of Sociolinguistics, *2*(1), pp. 69–99.

Kirchhoff, Sabine. 2010. *Der Fragebogen: Datenbasis, Konstruktion und Auswertung,* 5. Aufl. Wiesbaden: VS Verlag für Sozialwissenschaften.

Kitayama, Shinobu, Hazel R. Markus & Cary Lieberman. 1995. The collective construction of self-esteem: Implications for culture, self, and emotion. In: J. A.

Russell, J. Fernandez-Dols, T. Manstead & J. Wellenkamp (Hg.), *Everyday conceptions of emotion*, pp. 523–550, Dordrecht: Kluwer.

Klandermans, Bert. 1997. *The Social Psychology of Protest.* Oxford, UK: Blackwell.

Kleiner, Stefan. 2003. Bairisches in der Regionalsprache Bayerisch-Schwabens: Die Übernahme des Flexionssuffixes {-to} für die 2. Person Plural. In: Edith Funk (Hg.): Sprachgeschichten. Ein Lesebuch für Werner König zum 60. Geburtstag. Unter Mitarbeit von Werner König. Heidelberg: Winter (Schriften zum Bayerischen Sprachatlas, Bd. 7).

Knodel, John & Wongsith, Malinee. 1989. Monitoring the education gap in Thailand: Trends and differentials in lower and upper secondary schooling. *Asian and Pacific Population Fórum*, *3*(4), pp. 1–10, 25.

Koch, Günter (Hg.). 2013. *Sprachminderheit, Identität und Sprachbiographie* (Sprachen im Kontakt). Regensburg: Ed. Vulpes.

Koch, Timo. 2018. Wettbewerbsrituale. In: Frey, Dieter (Hg.): Psychologie der Rituale und Bräuche. 30 Riten und Gebräuche wissenschaftlich analysiert und erklärt. Berlin, Heidelberg: Springer Berlin Heidelberg, S. 269–278.

Kohut, Heinz. 1971. *Narzißmus. Eine Theorie der psychoanalytischen Behandlung narzißtischer Persönlichkeitsstörungen.* Frankfurt a. M.: Suhrkamp 1973.

Kondakov, Alexander. 2011. *Koch survey wordlists and sociolinguistic questionnaire* (SIL international). Online: https://www.sil.org/resources/publications/entry/41711 (Zugriff: 29.04.2021).

Kontra, Miklós; M. Paul Lewis & Tove Skutnabb-Kangas. 2016. Afterword: Disendangering Languages. In: Laakso, Johanna, Anneli Sarhimaa, Athanasia Spiliopoulou Åkermark & Reetta Toivanen. 2016. *Towards openly multilingual policies and practices: Assessing minority language maintenance across Europe* (Linguistic diversity and language rights 11). Bristol: Multilingual Matters, pp. 217–233.

Koreinik, Kadri. 2013a. *The Seto Language in Estonia: ELDIA Case-Specific Report, Studies in European Language Diversity* 24, Mainz &c: ELDIA. http://phaidra.univie.ac.at/o:356607.

Koreinik, Kadri. 2013b. *Võro in Estonia: ELDIA Case-Specific Report,* Studies in European Language Diversity 23, http://phaidra.univie.ac.at/o:308888.

Kornai, András. 2013. Digital Language Death. PLoS ONE 8(10): e77056. https://doi.org/10.1371/journal.pone.0077056.

Kotthoff, Helga, Damaris Nübling & Schmidt, Claudia. 2018. *Genderlinguistik. Eine Einführung in Sprache, Gespräch und Geschlecht.* Narr Studienbücher. Tübingen, Germany: Gunter Narr Verlag.

Köbel, Nils. 2018. *Identität – Werte – Weltdeutung: Zur biographischen Genese ethischer Lebensorientierungen.* Weinheim: Juventa Verlag.

Krapp, Andreas & Hascher, Tina. 2014. Die Erforschung menschlicher Motivation. In: Lieselotte Ahnert (Hg.), *Theorien in der Entwicklungspsychologie* (Springer Lehrbuch), S. 234–251. Berlin: Springer VS.

Kraus, Peter A. 2007. Intercultural recognition and linguistic diversity in Europe. In: D. Castiglione and C. Longman (Hg.): *The Language Question in Europe and Diverse Societies* (pp. 61–80). Oxford: Hart Publishing.

Kraus, Wolfgang. 1996. *Das erzählte Selbst: Die narrative Konstruktion von Identität in der Spätmoderne* (Münchner Studien zur Kultur- und Sozialpsychologie Bd. 8). Herbolzheim: Centaurus Verlags-GmbH & Co. KG.

Kresic, Marijana. 2006. *Sprache, Sprechen und Identität. Studien zur sprachlich-medialen Konstruktion des Selbst.* Zugl.: Hannover, Univ., Diss., 2005. München: Iudicium. Online verfügbar unter http://deposit.d-nb.de/cgi-bin/dokserv?id=2908566&prov=M&dok_var=1&dok_ext=htm.

Kresic, Marijana. 2007. Sprache der Identität. Vortrag auf dem selbst koordinierten Symposium „Signs of Identity – Exploring the Borders", veranstaltet von der Forschergruppe „Identität als zeichenbasierter Prozess", Philosophische Fakultät der Leibniz Universität Hannover, 8.6.2007.

Kresic, Marijana. 2016. Sprache und Identität. In: *Handbuch Sprache in der Bildung.* Berlin: De Gruyter, S. 122–140.

Kremnitz, Georg. 1987. „Diglossie/Polyglossie". In: *Sociolinguistics. An International Handbook of the Science of Language and Society.* Soziolinguistik. Ein internationales Handbuch zur Wissenschaft von Sprache und Gesellschaft, Ammon, U./Dittmar, N./Mattheier, Klaus (Hg.), Berlin/New York, pp. 208–218.

Krockow, Christian, Graf von. 1987. Symbolbildung und politische Identität. In: *Bundeszentrale für politische Bildung*, Bonn (Hg.), Wappen und Flaggen der Bundesrepublik Deutschland und ihrer Länder.

Kromrey, H. 2006. Empirische Sozialforschung: Modelle und Methoden der standardisierten Datenerhebung und Datenausweitung. Stuttgart: UTB.

Krueger, Joachim & DiDonato, Theresa E. 2008. Social categorization and the perception of groups and group differences. Social and Personality Psychology Compass, 2, pp. 733–750.

Kuckartz, Udo. 2012. *Qualitative Inhaltsanalyse. Methoden, Praxis, Computerunterstützung.* Weinheim: Beltz-Juventa.

Kuhn, Manford H. & McPartland, Thomas S. 1954. An empirical investigation of self-attitudes. *American Sociological Review*, 19, pp. 68–76.

Kuße, Holger. 2012. *Kulturwissenschaftliche Linguistik. Eine Einführung.* Göttingen: Vandenhoeck & Ruprecht (UTB Sprachwissenschaften, 3745). Online verfügbar unter http://www.utb-studi-e-book.de/9783838537450.

Küsters, Ivonne. 2014. Narratives Interview. In: Nina Baur & Jörg Blasius (Hg.), *Handbuch Methoden der empirischen Sozialforschung*, S. 575–580. Wiesbaden: Springer VS.

L

Laakso, Johanna, Anneli Sarhimaa, Athanasia Spiliopoulou Åkermark & Reetta Toivanen. 2016. *Towards openly multilingual policies and practices: Assessing minority language maintenance across Europe* (Linguistic diversity and language rights 11). Bristol: Multilingual Matters.

Labov, William. 1966. *The social stratification of English in New York City* (Urban language series). Washington: Center for Applied Linguistics.

Labov, William. 1968. *A study of the non-standard English of Negro and Puerto Rican speakers in New York City*. New York City: Columbia University.

Labov, William. 1972a. *Sociolinguistic patterns* (Conduct and communication 4). Philadelphia: Univ. of Pennsylvania Press.

Labov, William. 1972b. *The Social Stratification of (r) in New York City Department Stores, in* Sociolinguistic patterns *(Conduct and communication* 4*)*. Philadelphia: University of Pennsylvania Press.

Labov, William. 1972c. *Language in the inner city: Studies in the Black English vernacular.* Philadelphia: University of Pennsylvania Press.

Labov, William. 2001. *Principles of linguistic change: Social factors*. Oxford: Blackwell Publishing.

Labov, William. 2012. Dialect diversity in America: The politics of language change (Page-Barbour lectures). Charlottesville: University of Virginia Press.

Labov, William & Waletzky, Joshua. 1967. Narrative analysis: Oral versions of personal experience. In: Essays on the Verbal and Visual Arts. Hg. v. June Helm. Seattle: University of Washington Press, pp. 12–44.

Labov, William & Waletzky, Joshua. 1973. Erzählanalyse: Mündliche Versionen persönlicher Erfahrung. In: Literaturwissenschaft und Linguistik. Bd. 2. Hg. v. Jens Ihwe. Frankfurt a. M.: Athenäum, S. 78–126.

Ladisich-Raine, Almut & Pernter, Georg. 2012. Das Identitätsthema in Theorie und Praxis der Gestalttherapie In: Petzold, Hilarion G. 2012. *Identität: Ein Kernthema moderner Psychotherapie; interdisziplinäre Perspektiven* (Integrative Modelle in Psychotherapie, Supervision und Beratung). Wiesbaden: VS-Verl., S. 333–360.

Lamont, Michèle. 1992. Money, Morals, and Manners. The Culture of the French and American Upper-Middle Class. Chicago: University of Chicago Press.

Lamont, Michèle. 2014 [1996]. Das Wesen der Tugend: Symbolische Grenzen in der französischen und amerikanischen oberen Mittelklasse. In: Frank Adloff, Sebastian M. Büttner, Stephan Moebius & Rainer Schützeichel (Hg.), Kultursoziologie: Klassische Texte – aktuelle Debatten; ein Reader (Campus Reader), S. 377–396. Frankfurt, M., New York, NY: Campus-Verl. Aus: Lamont, Michèle. 1996. Das Wesen der Tugend. Symbolische Grenzen in der französischen und amerikanischen oberen Mittelklasse. In: *Berliner Journal für Soziologie* 6, S. 15–31.

Lamont, Michèle. 2012. Toward a Comparative Sociology of Valuation and Evaluation. In: Annual Review of Sociology 38, S. 201–221.

Lamont, Michèle & Molnár, Virág. 2002. The study of boundaries in the social sciences. In: *Annu. Rev. Sociol.* 2002. 28, pp. 167–195.

Laux, Lothar & Geßner, Anja. 2008. Persönlichkeitspsychologie, 2. Aufl. (Kohlhammer-Urban-Taschenbücher 560). Stuttgart: Kohlhammer. Online: http://www.content-select.com/index.php?id=bib_view&ean=9783170227774.

Leppänen, Sirpa, Samu Kytölä & Elina Westinen. 2017. Multilingualism and Multimodality in Language Use and Literacies in Digital Environments. In: Thorne S., May S. (Hg.) Language, Education and Technology. Encyclopedia of Language and Education (3. Aufl.). Springer, Cham. Online: https://link.springer.com/referenceworkentry/10.1007/978-3-319-02328-1_9-1.

Lévy, Paul. 1943. Recherches préhistoriques dans la région de Mlu Prei. Accompagnées de comparaisons archéologiques et suivies d'un vocabulaire Français-Kuy (PEFEO 30) [Prehistoric research in the region of Mlu Prei. Accompanied by archeological comparisons and followed by a French-Kuy vocabulary (PEFEO 30)]. Hanoi: Imprimerie d'Extrême-Orient.

Lew, Sigrid. 2019. Proposing a Facilitated Participatory Approach for Southeast Asian Minority Language Orthography Design. In: *Journal of the Southeast Asian Linguistics Society JSEALS 12.1* (2019): lxvii-lxxv, DOI: http://hdl.handle.net/10524/52451 University of Hawai'i Press.

L-Thongkum, Theraphan. 1986. An acoustic study of the register complex in Kui (Suai). Mon-Khmer Studies (MKS) 15, pp. 1–20. Online: http://sealang.net/sala/archives/pdf8/theraphan1986acoustic.pdf.

Lindenberg, Siegwart. 1990. Rationalität und Kultur. Die verhaltenstheoretische Basis des Einflusses von Kultur auf Transaktionen. In: Haferkamp, Heinz (Hg.): Sozialstruktur und Kultur. Frankfurt a. M.: Suhrkamp, S. 249–287.

Langacker, Ronald W. 2008. Cognitive Grammar. A basic introduction. Oxford [u. a.]: Oxford University Press.

Lea, Martin, Russell Spears & Daphne de Groot. 2001. Knowing me knowing you: Anonymity effects on social identity processes within groups. Personality and Social Psychology Bulletin, 27, pp. 526–537.

Leader, Tirza, Mullen, Brian & Abrams, Dominic. 2008. Without mercy: The immediate impact of group size on lynch mob atrocity. *Personality and Social Psychology Bulletin*, 33, pp. 1340–1352.

Lebar, Frank, Gerald C. Hickey & John K. Musgrave. 1964. *Ethnic Groups of Mainland Southeast Asia.* New Haven: Human Relations Area Files Press.

Le Page, Robert. 1978. Projection, focussing, diffusion, or, steps toward a sociolinguistic theory of language, illustrated from the Sociolinguistic Survey of Multilingual Communities, Stages I: Cayo Distict, Belize (formerly British Honduras) and II: St Lucia. York Papers in Linguistics 9, pp. 9–31.

Le Page, Robert B. & Tabouret-Keller, Andrée. 1985. *Acts of Identity*, Cambridge: Cambridge University Press.

Levy, Shery R. & Killen, Melanie. (Hg.) 2008. *Intergroup Attitudes and Relations in Childhood Through Adulthood.* Oxford, England: Oxford University Press.

Liebkind, Karmela. 1996. Social psychology and contact linguistics. In: Hans Goebl, Peter H. Nelde, Zdeněk Starý & Wolfgang Wölck (Hg.), *Kontaktlinguistik / Contact Linguistics / Linguistique de contact, Part 1*, S. 41–48. Berlin/New York: Walter de Gruyter.

Linell, Per. 1982. *The written language bias in linguistics* (SIC (Linköping) 2). Linköping: Dep. of communication studies [Kommunikation, Tema], Univ.

Löffler, Heinrich. 1994. *Germanistische Soziolinguistik.* 2., überarb. Aufl. Berlin: Schmidt (Grundlagen der Germanistik, 45).

Löffler, Heinrich. 2016. *Germanistische Soziolinguistik.* 5., neu bearbeitete Auflage. Berlin: Erich Schmidt Verlag (ESV basics, 28).

Lüdi, Georges & Py, Bernard. 1984. *Zweisprachig durch Migration*, Tübingen.

Lüdi, Georges (Hg.). 1987. *Devenir bilingue – parler bilingue*, Tübingen.

Lüdi, Georges. 1996a. Mehrsprachigkeit. In: Goebl, Hans u. a. (Hg.): *Kontaktlinguistik. Ein internationales Handbuch zeitgenössischer Forschung.* 1. Halbband. Berlin, New York (Handbücher zur Sprach- und Kommunikationswissenschaft 12.1), S. 233–245. Berlin/ New York: Walter de Gruyter.

Lüdi, Georges. 1996b. Migration und Mehrsprachigkeit. In: Goebl, Hans u. a. (Hg.): *Kontaktlinguistik. Ein internationales Handbuch zeitgenössischer Forschung.* 1. Halbband. Berlin, New York (Handbücher zur Sprach- und Kommunikationswissenschaft 12.1), S. 320–327. Berlin/New York: Walter de Gruyter.

Lukesch, H. 2006. Fragebogen zur Erfassung von Empathie, Prosozialität, Aggressionsbereitschaft und aggressivem Verhalten (FEPAA). Göttingen u. a.: Hogrefe.

M

Ma, Vaunne & Schoeneman, Thomas J. 1997. Individualism versus collectivism: A comparison of Kenyan and American self-concepts. *Basic and Applied Social Psychology*, 19, pp. 261–273.

Maas, Utz. 2008. Sprache und Sprachen in der Migrationsgesellschaft. Die schriftkulturelle Dimension. 1. Aufl. Göttingen: V & R Unipress (Schriften des Instituts für Migrationsforschung und Interkulturelle Studien (IMIS) der Universität Osnabrück, 15).

Maas, Utz & Mehlem, Ulrich. 2005. Schriftkulturelle Ausdrucksformen der Identitätsbildung bei marokkanischen Kindern und Jugendlichen in Marokko, Osnabrück: IMIS (https://www.imis.uni-osnabrueck.de/forschung/abgeschlossene_projekte/schriftkulturelle_ausdrucksformen_der_identitaetsbildung_bei_marokkanischen_ kindern_und_jugendlichen.html).

Macaulay, Ronald K. S. 1978. Variation and consistency in Glaswegian English. In: P. Trudgill (Hg.), Sociolinguistic patterns in *British* English, pp. 132–143, Baltimore: University Park Press.

Mack, John E. 1979. Foreword. In: *Cyprus: War and Adaption.* Volkan V.D. (Hg.). Charlottesville, VA: University Press of Virginia; ix-xxi. Mackinnon DF.

Mackie, Diane M., Thierry Devos & Eliot R. Smith. 2000. Intergroup emotions: Explaining offensive action tendencies in an intergroup context. *Journal of Personality and Social Psychology*, 79, pp. 602–616.

Maderthaner, Rainer. 2017. *Psychologie,* 2nd edn. (utb basics 2772). Stuttgart: UTB GmbH; facultas.

Magaspag, Chitse E. 2012. Language Use and Attitudes of Kachok Speakers: Towards an Assessment of the Kachok Language Vitality. *SIL Electronic Survey Reports, Language Assessment, Sociolinguistics.* Online: https://www.sil.org/resources/publications/entry/50817 (Zugriff 29.04.2021).

Major, Brenda, Wendy J. Quinton & Shannon K. McCoy. 2002. Antecedents and consequences of attributions to discrimination: Theoretical and empirical advances. In: M. P. Zanna (Hg.), *Advances in Experimental Social Psychology* (Vol. 34, pp. 251–330). San Diego, CA: Academic Press.

Ma-Kellams, Christine & Blascovich, Jim. 2011. Culturally divergent responses to mortality salience. *Psychological Science*, 22, pp. 1019–1024.

Malinowski, Bronislaw. 1929. Das Geschlechtsleben der Wilden in Nordwest-Melanesien. Leipzig/Zürich: Grethlein & Co.

Mann, Noel Walter & Markowski, Linda. 2005. *A rapid appraisal survey of Kuy dialects spoken in Cambodia.* SIL Electronic Survey Reports, Language Assessment, Sociolinguistics.

Mann, Franziska. 2018. Menschenunwürdige Initiationsrituale. In: Frey, Dieter (Hg.): Psychologie der Rituale und Bräuche. 30 Riten und Gebräuche wissenschaftlich analysiert und erklärt. Berlin, Heidelberg: Springer Berlin Heidelberg, S. 313–321.

Markus, Hazel R. & Kitayama, Shinobu. 1991. Culture and the self: Implications for cognition, emotion and motivation. *Psychological Review*, 98, pp. 224–253.

Markus, Hazel R., Patricia R. Mullally & Shinobu Kitayama. 1997. Selfways: Diversity in modes of cultural participation. In: U. Neisser & D. A. Jopling (Hg.), *The conceptual self in context*, pp. 13–61.

Markowski, Linda. 2005. *A comparative study of Kuy varieties in Cambodia* [Masters Thesis]. Chiang Mai, Thailand: Payap University.

Marques, José, Dominic Abrams, Dario Páez & Cristina Martinez-Taboada. 1998. The role of categorization and in-group norms in judgments of groups and their members. *Journal of Personality and Social Psychology*, 75, pp. 976–988.

Marques, José M, Dominic Abrams & Rui Serodio. 2001. Being better by being right: Subjective group dynamics and derogation of in-group deviants when generic norms are undermined. *Journal of Personality and Social Psychology*, 81, pp. 436–447.

Marques, José M. & Páez, Dario. 1994. The black sheep effect: Social categorization, rejection of in-group deviates, and perception of group variability. In: W. Stroebe & M. Hewstone (Hg.), *European Review of Social Psychology* (Vol. 5, pp. 37–68). Chichester, UK: John Wiley.

Markowski, Linda. 2005. *A Comparative Study of Kuy Varieties in Cambodia*. Language Assessment. Master Thesis. Payap University, Chiang Mai, Thailand.

Martínez, Matías. 2019. Erklären, Verstehen und Erzählen in den Geisteswissenschaften. Vortrag auf der *Tagung: Wie viel Erzählen brauchen die Geistes-, Kultur- und Sozialwissenschaften?* Kulturwissenschaftliches Institut Essen (KWI), 2. Oktober 2019.

Maslow, Abraham H. 1954. *Motivation and personality*. Harpers.

Matras, Yaron. 2009. *Language Contact*. Cambridge: Cambridge University Press.

Mattheier, Klaus J. 1998. Allgemeine Aspekte einer Theorie des Sprachwandels. In: W. Besch (Hg.), *Sprachgeschichte*. Ein Handbuch zur Geschichte der Deutschen Sprache und ihrer Erforschung, S. 824–836, Berlin.

May, Stephen. 2012. *Language and minority rights. Ethnicity, nationalism and the politics of language*. New York, Oxon, UK: Routledge.

Mayring, Philipp. 2015. *Qualitative Inhaltsanalyse. Grundlagen und Techniken*. 12., überarb. Aufl. Weinheim: Beltz (Beltz Pädagogik). Online verfügbar unter http://content-select.com/index.php?id=bib_view&ean=9783407293930.

Mayring, Philipp. 2016. *Einführung in die qualitative Sozialforschung. Eine Anleitung zu qualitativem Denken*. 6., überarbeitete Auflage. Weinheim, Basel: Beltz.

McAuliffe, Brendan J., Jolanda Jetten, Metthew J. Hornsey & Michael A. Hogg. 2003. Individualist and collectivist group norms: When it's OK to go your own way. *European Journal of Social Psychology*, 33, pp. 57–70.

McClosky, Herbert & Schaar, John H. 1965. Psychological Dimensions of Anomy. In: *American Sociological Review 30*, 14-40.

McGarty, Craig, Vincent Y. Yzerbyt & Russell Spears (Hg.). 2002. *Stereotypes as Explanations. The Formation of Meaningful Beliefs About Social Groups*. Cambridge: Cambridge University Press.

Mead, George Herbert. 1934. *Geist, Identität und Gesellschaft. Aus der Sicht des Sozialbehaviorismus.* 1.–2. Tausend. Hg. v. Charles W. Morris. Frankfurt a. M.: Suhrkamp. 1968.

Mead, George Herbert. 1973 [1968]. *Geist, Identität und Gesellschaft. Aus der Sicht des Sozialbehaviorismus.* 1. Aufl. Frankfurt a. M.: Suhrkamp (Suhrkamp-Taschenbuch Wissenschaft, 28).

Mead, George Herbert. 1995. (1995). *Geist, Identität und Gesellschaft aus der Sicht des Sozialbehaviorismus.* Mit einer Einleitung und hg. v. Morris, Charles W. 10. Aufl. Frankfurt a. M.: Suhrkamp (Suhrkamp-Taschenbuch Wissenschaft, 28).

Medina, José. 2010. *Language: Key concepts in philosophy.* London: Continuum.

Meisel, Jürgen M. 2004. The bilingual child. In: Bhatia, Tej K./Ritchie, William C. (Hrsg.), The Handbook of Bilingualism. Malden, Mass.: Blackwell, pp. 91–113.

META-NET. 2020. Online: http://www.meta-net.eu/whitepapers/overview (Zugriff 29.04.2021).

Mijic, Ana & Parzer, Michael. 2017. „Symbolic Boundaries“ als Konzept zur Analyse ethnischer und klassenspezifischer Ungleichheit in der Gegenwartsgesellschaft. In: Stephan Lessenich (Hrsg.) 2017: Geschlossene Gesellschaften. Verhandlungen des 38. Kongresses der Deutschen Gesellschaft für Soziologie in Bamberg 2016. Bd. 38 (2017): Geschlossene Gesellschaften.

Meyer, John W., John Boli, George M. Thomas & Francisco O. Ramirez. 2005. Die Weltgesellschaft und der Nationalstaat. In: John W. Meyer: Weltkultur. Wie die westlichen Prinzipien die Welt durchdringen. Frankfurt a. M.: Suhrkamp, S. 85–132 (Auszüge).

Milroy, Lesley. 1987. *Language and social networks*, Oxford: Basil Blackwell.

Minnich, Robert G. 2006. Collective Identity formation and linguistic identities in the Austro-Italian Slovene Border Region. In: Dieter Stern & Christian Voss (Hg.), *Marginal linguistic identities: Studies in Slavic contact and borderland varieties* (Eurolinguistische Arbeiten Bd. 3), pp. 103–118. Wiesbaden: Harrassowitz.

Montrul, Silvina. 2002. Incomplete acquisition and attrition of Spanish tense/aspect distinctions in adult bilinguals. *Bilingualism: Language and Cognition.* **5** (1), pp. 39–68. doi: 10.1017/s1366728902000135.

Montrul, Silvina. 2008. *Incomplete acquisition: Re-examining the age factor*. Philadelphia: John Benjamin North America.

Mohanty, Ajit K. 1995. *Bilingualism in a Multilingual Society*. Psycho-social and Pedagogical Implications. Mysore: Central Institute of Indian Languages.

Mohanty, Ajit K. (o. J.) *The Other Side of Multilingualism*. Bristol: Multilingual Matters.

Mohanty, Ajit K. 2018. *The multilingual reality: Living with languages* (Linguistic diversity and language rights 16). Bristol, Blue Ridge Summit: Multilingual Matters.

Moring, Tom. 2019. Minority Language Media: Issues of Power, Finance and Organization. In: Hogan-Brun G., O'Rourke B. (Hg.) The Palgrave Handbook of Minority Languages and Communities. Palgrave Macmillan, London.

Möller, Jens & Trautwein, Ulrich. 2020. Selbstkonzept. In: Wild E., Möller J. (Hg.) *Pädagogische Psychologie*, S. 187–209. Springer, Berlin, Heidelberg. https://doi.org/10.1007/978-3-662-61403-7_8.

Mumm, Peter-Arnold. 2018. Sprachgemeinschaft, Ethnizität, Identität. In: Peter-Arnold Mumm (Hg.), *Sprachen, Völker und Phantome: Sprach- und kulturwissenschaftliche Studien zur Ethnizität*, S. 1–96. Berlin, Boston: de Gruyter.

Mummendey, Amélie & Simon, Bernd. 1997a. Selbst, Identität und Gruppe: Eine sozialpsychologische Analyse des Verhältnisses von Individuum und Gruppe. In: Amélie Mummendey und Bernd Simon (Hrsg.): *Identität und Verschiedenheit. Zur Sozialpsychologie der Identität in komplexen Gesellschaften*. 1. Aufl. Bern: Huber (Aus dem Programm Huber, 1), S. 11–38.

Mummendey, Amélie & Simon, Bernd. 1997b. Nationale Identifikation und die Abwertung von Fremdgruppen. In: Amélie Mummendey und Bernd Simon (Hg.): *Identität und Verschiedenheit. Zur Sozialpsychologie der Identität in komplexen Gesellschaften*. 1. Aufl. Bern: Huber (Aus dem Programm Huber, 1), S. 175–194.

Mummendey, Hans Dieter. 2000. *Psychologie der Selbstschädigung*. Göttingen: Hogrefe.

Mummendey, Hans Dieter. 2006. *Psychologie des „Selbst". Theorien, Methoden und Ergebnisse der Selbstkonzeptforschung*. Göttingen: Hogrefe.

Muschg, Adolf. 2008. Europa – Identität und Andenken. In: Helmut König, Julia Schmidt, Manfred Sicking (Hg.): *Europas Gedächtnis. Das neue Europa zwischen nationalen Erinnerungen und gemeinsamer Identität*. s.l.: transcript Verlag (Europäische Horizonte, 3), S. 105–120.

Mühlhäusler, Peter. 1994. „Language Planning and Small Languages". In: Lüdi, G. (Hg.), *Sprachstandardisierung*, Fribourg: Acedemic Press Fribourg, S. 131–160.

Müller, Natascha et al. 2011. *Einführung in die Mehrsprachigkeitsforschung. Deutsch – Französisch – Italienisch*. 3., überarb. Aufl. Tübingen: Narr.

Myers, David G. 2014. *Psychologie*, 3. Aufl. (Springer-Lehrbuch). Heidelberg: Springer.

Myers-Scotton, Carol. 1993a. *Social motivations for codeswitching. Evidence from Africa*, Oxford.

Myers-Scotton, Carol. 1993b. *Duelling languages. Grammatical structure in code-switching* Oxford.

N

Nassenstein, Nico. 2014. *A grammatical study of the youth language Yanké.* München: LINCOM GmbH.

Nassenstein, Nico. 2015. *Kisangani Swahili: Choices and variation in a multilingual urban space* (Languages of the world/Materials 506). München: LINCOM GmbH.

Nassenstein, Nico. 2016. Speaking with a difference: Border Thinking in Rufumbira. Dissertation Köln.

Nassenstein, Nico. 2017a. Kirundi Slang – Youth Identity and Linguistic Manipulations. In: Augustin E. Ebongue & Ellen Hurst (Hg.), *Sociolinguistics in African Contexts: Perspectives and Challenges* (Multilingual Educationv.20), pp. 247–267. Cham: Springer International Publishing.

Nassenstein, Nico. 2017b. Style, sociability and innovations in Makerere English. In: Beyer, Klaus & Raija Kramer (Gast-Hg.), Language Change under Multilingual Conditions: Case Studies from Africa. *Frankfurt African Studies Bulletin* 24, pp. 73–92.

Nassenstein, Nico. 2018. Rural youth language practices: Linguistic creativity and the globalized African village. In: Seale, Elizabeth & Christine Mallinson (Hg.), *Rural Voices: Language, Identity, and Social Change across Place*, pp. 105–124. Lanham/London: Lexington Books.

Nassenstein, Nico. 2019. Speaking with a Difference: Border Thinking in Rufumbira. Dissertation, Universität zu Köln. Open Access.

Nassenstein, Nico und Andrea Hollington (Hg.). 2015. *Youth Language Practices in Africa and Beyond* (Contributions to the Sociology of Language [CSL] 105). Berlin, München, Boston: de Gruyter.

Nelde, Peter H. 1983. Plädoyer für eine Linguistik von Sprachen in Kontakt. In: Ders. (Hg.): *Theorien, Methoden und Modelle der Kontaktlinguistik.* Bonn: Dümmler, S. 3–13.

Nelde, Peter H. 1994. Sind Sprachkonflikte vermeidbar? In: Claudia M. Riehl/Uta Helfrich (Hg.): *Mehrsprachigkeit in Europa – Hindernis oder Chance?* Wilhelmsfeld: Egert, S. 115–125.

Nelde, Peter, Miquell Strubell & Glyn Williams. 1996. *Euromosaic: The Production and Reproduction of the Minority Language Groups of the European Union.* Brussels: Office for the Official Publications of the European Union.

Nemeth, Charlan Jeanne. 1997. Beziehungen zwischen Majoritäten und Minoritäten: Der Wert von Vielfalt und abweichenden Meinungen. In: Amélie Mummendey und Bernd Simon (Hg.): *Identität und Verschiedenheit. Zur Sozialpsychologie der Identität in komplexen Gesellschaften.* 1. Aufl. Bern: Huber (Aus dem Programm Huber, 1), S. 109–126.

Niediek, Silvia. 2019. Auf dem Weg nach Thailand 4.0. In: Bundesinstitut für Berufsbildung (BIBB): *xPort - Das iMOVE-Exportmagazin.* 1/2019 (23.07.2019). Bundesministerium für Bildung und Forschung (BMBF). S. 26–30.

Ninyoles, Rafael. 1969. *Conflicte linguistic valencià*, Valencia.

Nitaya, Kanchanawan. 2011. Thai-ization. *The Journal of the Royal Institute of Thailand.* Volume III – 2011, pp. 45–53.

O

Oakes, Penelope J. 1987. The salience of social categories. In: J. C. Turner, M. A. Hogg, P. J. Oakes, S. D. Reicher & M. S. Wetherell (Hg.). *Rediscovering the Social Group: A Self-Categorization Theory* (pp. 117–141). Oxford: Blackwell.

Oakes, Penelope J., S. Alexander Haslam & John C. Turner. 1994. *Stereotyping and Social Reality.* Oxford, UK: Blackwell.

Oksaar, Els. 1980. Mehrsprachigkeit, Sprachkontakt, Sprachkonflikt. In: Peter H. Nelde (Hg.): *Sprachkontakt und Sprachkonflikt.* Wiesbaden: Steiner, S. 43–52.

Oksaar, Els. 2003. *Zweitspracherwerb. Wege zur Mehrsprachigkeit und zur interkulturellen Verständigung.* Stuttgart: Kohlhammer.

Opp, Karl-Dieter. 2001. Norms. In: Smelser, Neil J./Baltes, Paul B. (Hrsg.): International Encyclopedia of the Social and Behavioral Sciences. Oxford: Elsevier, pp. 10714–10720.

Opp, Karl-Dieter. 2013. Norms and Rationality. Is Moral Behavior a Form of Rational Action? In: Theory and Decision 74, pp. 383–409.

Oppenrieder, Wilhelm & Thurmair, Maria. 2003. Sprachidentität im Kontext von Mehrsprachigkeit. In: Nina Janich, Christiane Thim-Mabrey (Hg.): *Sprachidentität – Identität durch Sprache.* Tübingen: Narr (Tübinger Beiträge zur Linguistik, 465), S. 39–60.

Otte, Gunnar. 2017. Was ist Kultur und wie sollen wir sie untersuchen? Entwurf einer sozialwissenschaftlichen Sozialstruktur- und Kulturanalyse. In: Julia Böcker, Lena Dreier, Melanie Eulitz, Anja Frank, Maria Jakob & Alexander Leistner (Hg.): *Zum Verhältnis von Empirie und kultursoziologischer Theoriebildung. Stand und Perspektiven.* Weinheim: Beltz Juventa, S. 74–104.

Otten, Sabine. 2002. „Me“ and „us“ or „us“ and „them“? The self as heuristic for defining novel ingroups. In: W. Stroebe & M. Hewstone (Hg.), *European Review of Social Psychology* (Vol. 13, pp. 1–33). Hove, UK: Psychology Press.

Oyserman, Daphna, Heather M. Coon & Markus Kemmelmeier. 2002. Rethinking individualism and collectivism: Evaluation of theoretical assumptions and meta-analyses. *Psychological Bulletin*, 128, pp. 3–72.

P

Packer, Dominic J. 2008. On being with us and against us: A normative conflict model of dissent in social groups. *Personality and Social Psychology Review*, 12, pp. 50–72.

Page B. Le, Robert & Tabouret-Keller, Andrée. 1985. *Acts of Identity: Creole-based approaches to language and ethnicity.* Cambridge: Cambridge University Press.

Page, Ruth, David Barton, Johann W. Unger & Michele Zappavinga. 2014. *Researching Language and Social Media: a student guide.* New York: Routledge.

Paradis, Michel. 1985. „On Representation of two Languages in one Brain“. In: *Language Sciences* 7, pp. 1–40.

Paradis, Michel. 1989. „Bilingual and Polyglot Aphasia“. In: *Handbook of Neuropsychology*, Boller, F./Grafman, J. (Hg.), Amsterdam, vol. 2.

Parsons, Talcott. 1951. *Social System.* New York: The Free Press.

Patricio-Martín, Santiago & Martínez-Cortés, Juan P. 2010. Nuevas vías de revitalización para lenguas minorizadas: la repercusión de internet en el caso del aragonés. [Neue Wege der Wiederbelebung für Minderheitensprachen: die Auswirkungen des Internets auf Aragonesisch.] *Digithum*, 12.

Paul, Sigrid. 1979. Begegnungen. *Zur Geschichte persönlicher Dokumente in Ethnologie, Soziologie und Psychologie*, 2 Bände. Hohenschäftlarn: Renner.

Pauwels, Anne. 2016. *Language maintenance and shift* (Key Topics in Sociolinguistics). Cambridge: Cambridge University Press.

Park, Robert E. 1924. The Concept of Social Distance. *Journal of Applied Sociology* 8, pp. 339–344.

Patzelt, Werner J. 1987. Grundlagen der Ethnomethodologie. Theorie, Empirie und politikwissenschaftlicher Nutzen einer Soziologie des Alltags. München: Fink.

Pavlenko, Aneta. 2016. Whorf's Lost Argument: Multilingual Awareness. *Language Learning* 66(3), pp. 581–607.

Penzkofer, Maximilian Josef. 2018. Karneval und Maskenspiele. In: Frey, Dieter (Hg.): Psychologie der Rituale und Bräuche. 30 Riten und Gebräuche wissenschaftlich analysiert und erklärt. Berlin, Heidelberg: Springer Berlin Heidelberg, S. 25–33.

Petrovićs, Tanja. 2006. Language ideologies in contact: The case of refugees from Croatia and Bosnia-Herzegovina in Serbia. In: Dieter Stern & Christian Voss (Hg.), *Marginal linguistic identities: Studies in Slavic contact and borderland varieties* (Eurolinguistische Arbeiten Bd. 3), 261–274. Wiesbaden: Harrassowitz.

Petzold, Hilarion G. 2012. *Identität: Ein Kernthema moderner Psychotherapie; interdisziplinäre Perspektiven* (Integrative Modelle in Psychotherapie, Supervision und Beratung). Wiesbaden: VS-Verl.

Pimienta, Daniel, Daniel Prado & Álvaro Blanco, UNESCO. 2009. Twelve years of measuring linguistic diversity in the Internet: balance and perspectives. In: *UNESCO publications for the World Summit on the Information Society*. Online: https://unesdoc.unesco.org/ark:/48223/pf0000187016 (Zugriff 29.04.2021).

Phinney, Jean S. 1992. The Multigroup Ethnic Identity Measure: A new scale for use with diverse groups. In: Journal of Adolescent Research 7, S. 156–176.

Phinney, Jean S. & Devich-Navarro, Mona. 1997. Variations in bicultural identification among African American and Mexican American adolescents. In: Journal of Research on Adolescence 7, S. 3–32.

Phinney, Jean S., Gabriel Horenczyk, Karmela Liebkind & Paul Vedder. 2001. Ethnic identity, immigration, and well-being: An interactional perspective. In: Journal of Social Issues 57, S. 493–510.

Phinney, Jean S. & Ong, Anthony D. 2007. Conceptualization and Measurement of Ethnic Identity: Current Status and Future Directions. In: *Journal of Counseling Psychology* 54/3, pp. 271–281.

Pickett, Cynthia L. & Marilynn B. Brewer. 2005. The role of exclusion in maintaining in-group inclusion. In: D. Abrams, M. A. Hogg & J. M. Marques (Hg.), *The Social Psychology of Inclusion and Exclusion* (pp. 89–112). New York: Psychology Press.

Pine, Judith. M. S. 1999. Lahu writing/writing Lahu: Literacy and the possession of writing. In: *Globalization and the Asian Economic Crisis: Indigenous Responses, Coping Strategies, and Governance Reform in Southeast Asia.* Vancouver, British Columbia: Institute of Asian Research, University of British Columbia, pp. 176–185.

Pine, Judith M. S. 2015. Writing right. *Pragmatics. Quarterly Publication of the International Pragmatics Association (IPrA)* 25(4), pp. 573–588.

Potowski, Kim. 2013. Language Maintenance and Shift. In: Robert Bayley, Richard Cameron & Ceil Lucas (Hg.), *The Oxford Handbook of Sociolinguistics*, pp. 321–339: Oxford University Press.

Polanyi, Livia. 1985. Conversational story telling. In: Handbook of Discourse Analysis. Vol. 3: Discourse and Dialogue. Hg. v. Teun A. van Dijk. London: Academic Press, pp. 183–201.

Polinsky, Maria & Kagan, Olga. 2007. Heritage languages: In the „wild" and in the classroom. Language and Linguistics Compass, *1*(5), pp. 368–395.

Poole, Willard C. 1927. Social Distance and Personal Distance. *Journal of Applied Sociology* 11, pp. 114–20.

Porst, Rolf. 2008. Fragebogen. Ein Arbeitsbuch. Wiesbaden: VS Verlag für Sozialwissenschaften.

Prangwatthanakun, Songsak & Cheesman, Patricia. 1987. *Lan Na textiles: Yuan, Lue, Lao.* Chiang Mai: Centre for the Promotion of Arts and Culture, Chiang Mai University.

Prasert, Srivises, Jerry W. Gainey & Theraphan L-Thongkum. 1978. Kui (Suai) – Thai – English dictionary. Bangkok: Indigenous Languages of Thailand Research Project, Chulalongkorn University, Language Institute.

Preecha, Sukgasame. 1988. Phonological interference between Kuay and Northeastern Thai in Surin. Bangkok: Mahidol University MA thesis.

Premsrirat, Suwilai. 2006. Thailand: Language Situation. *Encyclopedia of Language & Linguistics (Second Edition)*, pp. 642–644. Amsterdam: Elsevier.

Prentice, Deborah A., Dale Miller & Jenifer R. Lightdale. 1994. Asymmetries in attachment to groups and to their members: Distinguishing between common-identity and common-bond groups. *Personality and Social Psychology Bulletin*, 20, pp. 484–493.

Pries, Ludger. 2007. Integration als Raumentwicklung – Soziale Räume als Identifikationsräume. In: Petra Deger, Robert Hettlage (Hg.): *Der europäische Raum. Die Konstruktion europäischer Grenzen*; [Ausgangspunkt war eine Tagung mit dem Titel „United States. On the significance of space and borders in modernity. Europe and the USA in comparison".] 1. Aufl. Wiesbaden: VS Verlag für Sozialwissenschaften | GWV Fachverlage GmbH Wiesbaden, pp. 123–144.

Prifti, Elton. 2020. Audimax: Mehrsprachigkeit erfassen und erforschen. Interview von Julia Grillmayr am 22. Juli 2020 Online: https://medienportal.univie.ac.at/uniview/wissenschaft-gesellschaft/podcast-detail/artikel/audimax-mehrsprachigkeit-erfassen-und-erforschen/ (Zugriff 23. Juli 2020).

Pugliese, Rossella. 2017. Rezension von Kresic, Marijana: Sprache, Sprechen und Identität. Studien zur sprachlich-medialen Konstruktion des Selbst. In: *Informationen Deutsch als Fremdsprache* 35 (2–3), pp. 254–256. DOI: 10.1515/infodaf-2008-2-355.

Pyszczynski, Tom, Jeff Greenberg & Sheldon Solomon. 1997. Why do we need what we need? A terror management perspective on the roots of human social motivation. *Psychological Inquiry*, 8, pp. 1–20.

Q

Qasem, Sindyan & Karakuyu, Eşim. 2018. *„Was geht?", ein „Heft zu Identität, Sprachen und Grenzen".* Januar 2018. Bonn: Bundeszentrale für politische Bildung.

Quasthoff, Uta M. 1980. Erzählen in Gesprächen. Linguistische Untersuchungen zu Struktur und Funktion am Beispiel einer Kommunikationsform des Alltags. Tübingen: Narr (= Kommunikation und Institution, 1).

Quasthoff, Uta M. 1981. Zuhöreraktivitäten beim konversationellen Erzählen. In: Dialogforschung. Jahrbuch 1980 des Instituts für deutsche Sprache. Hg. v. Peter Schröder, Hugo Steger. Düsseldorf: Schwann, S. 287–313.

Quasthoff, Uta. 1987b. Sprachliche Formen des alltäglichen Erzählens: Struktur und Entwicklung. In: Mündliches Erzählen im Alltag, fingiertes mündliches Erzählen in der Literatur. Hg. v. Willi Erzgräber, Paul Goetsch. Tübingen: Narr, S. 54–85.

Quasthoff, Uta. 1999. Mündliches Erzählen und sozialer Kontext. Narrative Interaktionsmuster in Institutionen. In: Grenzüberschreitungen. Narratologie im Kontext / Transcending Boundaries: Narratology in Context. Hg. v. Walter Grünzweig, Andreas Solbach. Tübingen: Narr, S. 127–146.

Quasthoff, Uta. 2001. Erzählen als interaktive Gesprächsstruktur. In: Brinker, Klaus; Antos, Gerd; Heinemann, Wolfgang; Sager, Sven F. (Hg.): Text- und Gesprächslinguistik. Ein internationales Handbuch zeitgenössischer Forschung. Bd. 2. Berlin, New York: de Gruyter, S. 1293–1309.

R

Raab-Steiner, Elisabeth & Benesch, Michael. 2015. *Der Fragebogen: Von der Forschungsidee zur SPSS-Auswertung*, 4. Aufl. (UTB Schlüsselkompetenzen 8607). Wien: Facultas-Verl.

Randsley de Moura, Georgina, Dominic Abrams, Carina Retter, Sigridur Gunnarsdottir & Kaori Ando. 2009. Identification as an organizational anchor: How identification and job satisfaction combine to predict turnover intention. *European Journal of Social Psychology*, 39, pp. 540–557.

Randsley de Moura, Georgina R., Tirza Leader, Joseph Pelletier & Dominic Abrams. 2008. Prospects for group processes and intergroup relations research: A review of 70 years' progress. *Group Processes and Intergroup Relations*, 11, pp. 575–596.

Rath, Rainer. 1981. Zur Legitimation und Einbettung von Erzählungen in Alltagsdialogen. In: Dialogforschung. Jahrb. des IdS 1980. Hg. v. P. Schröder, H. Steger. Düsseldorf: Schwann, pp. 265–286.

Ravindranath, Maya & Evans Wagner, Suzanne. 2016. Sociolinguistics: language in social environments. In: Keith Allan (Hg.), *The Routledge handbook of linguistics* (Routledge handbooks in linguistics), pp. 264–280. Milton Park, Abingdon, Oxon, New York, NY: Routledge.

R Core Team. 2019. *R*: A language and environment for statistical computing. Wien: R Foundation for Statistical Computing. https://www.r-project.org/.

Reershemius, Gertrud. 2017. Autochthonous heritage languages and social media: writing and bilingual practices in Low German on Facebook. *Journal of Multilingual and Multicultural Development* (1), 38, pp. 35–49.

Rehbein, Boike & Sayaseng, Sisouk. 2004. *Laotische Grammatik. Phonologie, Formenlehre und Pragmatik.* Hamburg: Buske.

Rehbein, Boike & Sayaseng, Sisouk. 1997. *Lehrbuch der laotischen Sprache.* Hamburg: Buske.

Reinhardt, Jonathon. 2017. Social Networking Sites and Language Education. In: S. Thorne & S. May (Hg.), *Language Education and Technology* (pp. 1–12). Cham, Springer International Publishing.

Reinhardt, Jonathon & Thorne, Steven. 2017. Language Socialization in Digital Contexts. In: P. Duff & S. May (Hg.), *Language Socialization* (pp. 1–13). Cham, Springer International Publishing.

Rehbein, Boike. 2006. Nationalstaat, Nationalismus und Globalisierung in Laos. In: Boike Rehbein, Jürgen Rüland, Judith Schlehe (Hg.): *Identitätspolitik und Interkulturalität in Asien. Ein multidisziplinäres Mosaik.* Berlin: Lit-Verl. (Southeast Asian Modernities, 1), pp. 217–240.

Reicher, Steve D., Russell Spears & Tom Postmes. 1995. A social identity model of deindividuation phenomena. In: W. Stroebe & M. Hewstone (Hg.), *European Review of Social Psychology* (Vol. 6, pp. 161–198). Chichester, UK: John Wiley.

Reid, Scott A. & Giles, Howard. 2005. Intergroup relations: Its linguistic and communicative parameters. *Group Processes and Intergroup Relations*, 8, 211.

Reiher, Ruth & Kramer, Undine (Hg.). 1998. *Sprache als Mittel von Identifikation und Distanzierung.* Frankfurt a. M.: Lang (Leipziger Arbeiten zur Sprach- und Kommunikationsgeschichte, 5).

Renn, Manfred. 1994. Die Mundart im Raum Augsburg. Untersuchungen zum Dialekt und zum Dialektwandel im Spannungsfeld grossstädtisch-ländlicher und alemannisch-bairischer Gegensätze. Zugl.: Augsburg, Univ., Diss., 1992. Heidelberg: C. Winter (Sprache, Literatur und Geschichte, 9).

Renn, Manfred & König, Werner. 2009. Kleiner bayerischer Sprachatlas. München: Dt. Taschenbuch-Verl.

Resminingayu, Dewi Hermanawati. 2018. Turbulent National Identity in Laos: The Hmong Ethnic Group as a Case Study. In: *Paradigma Jurnal Kajian Budaya*, Vol. 8 No. 2. (2018), pp. 186–196.

Ricks, Jacob I. 2019. *Proud to be Thai: the puzzling absence of ethnicity-based political cleavages in Northeastern Thailand*, In: *Pacific Affairs*, vol. 92, no. 2, pp. 257–285. https://doi.org/10.5509/2019922257.

Rice, Erin. 2015. Patterned Identity: Textiles and Traces of Modernity in Contemporary Nigerian Art. In: Marlene Bainczyk-Crescentini, Kathleen Ess, Michael Pleyer & Monika Pleyer (Hg.), *Identitäten / Identities: Interdisziplinäre Perspektiven*. S. 169–189. Heidelberg: Heidelberg University Library.

Riehl, Claudia M. 2001. *Schreiben, Text und Mehrsprachigkeit. Zur Textproduktion in mehrsprachigen Gesellschaften am Beispiel der deutschsprachigen Minderheiten in Südtirol und Ostbelgien*. Tübingen: Stauffenburg.

Riehl, Claudia M. 2002. Codeswitching, mentale Vernetzung und Sprachbewusstsein. In: Johannes Müller-Lancé/Dies. (Hg.): *Ein Kopf – viele Sprachen: Koexistenz, Interaktion und Vermittlung*. Aachen: Shaker, S. 63–78.

Riehl, Claudia M. 2005. Code-switching in bilinguals: impacts of mental processes and language awareness. In: James Cohen et al. (Hg.): *ISB 4. Proceedings of the 4th International Symposium on Bilingualism*. Sommerville, MA: Cascadilla Press, pp. 1945–1957.

Riehl, Claudia M. 2009a. *Sprachkontaktforschung. Eine Einführung*. 2., überarb. Aufl. Tübingen: Narr.

Riehl, Claudia M. 2009b. Diskursmarkierung im mehrsprachigen Dialog. In: Monika Dannerer et al. (Hg.): *Gesprochen – geschrieben – gedichtet. Variation und Transformation von Sprache*. Berlin: Erich Schmidt, S. 205–222.

Riehl, Claudia M. 2010a. Mental representation of bilingualism (focus article). In: *Wiley Interdisciplinary Reviews Cognitive Science* 1, pp. 750–758.

Riehl, Claudia M. 2010b. Norm and variation in language minority settings. In: Alexandra Lenz/Albrecht Plewnia (Hg.): *Grammar between Norm and Variation*. Frankfurt a. M. u. a.: Lang, pp. 275–289.

Riehl, Claudia M. 2013. Mehrsprachigkeit und Sprachkontakt. In: Peter Auer (Hg.), *Sprachwissenschaft: Grammatik-Interaktion-Kognition* (Der Neue Pauly. Supplemente 8), S. 377–404. Stuttgart, Weimar: Metzler.

Riehl, Claudia M. 2014a. *Mehrsprachigkeit. Eine Einführung*. Darmstadt: WBG – Wissenschaftliche Buchgesellschaft.

Riehl, Claudia M. 2014b. *Sprachkontaktforschung: Eine Einführung*, 3. Aufl. (Narr-Studienbücher). Tübingen: Narr Verlag.

Riehl, Claudia M. 2018. *Sprachkontaktforschung* (Narr STARTER). Tübingen: Narr Francke Attempto.

Rippl, Susanne & Seipel, Christian. 2015. Methoden kulturvergleichender Sozialforschung. Eine Einführung. 2., aktualisierte Auflage. Wiesbaden: VS.

Roccas, Sonia & Brewer, Marilynn B. 2002. Social identity complexity. *Personality and Social Psychology Review*, 6, pp. 88–109.

Roccas, Sonia, Lilach Sagiv, Shalom Schwartz, Nir Halevy & Roy Eidelson. 2008. Toward a unifying model of identification with groups: Integrating theoretical perspectives. *Personality and Social Psychology Review*, 12, pp. 280–306.

Rolf, Eckard. 1994. Die Theorie der Implikaturen. In: Sagen und Meinen. VS Verlag für Sozialwissenschaften, Wiesbaden. https://doi.org/10.1007/978-3-663-01456-0_3.

Romaine, Suzanne. 1995. *Bilingualism*. 2. ed., reprinted. Oxford: Blackwell (Language in society, 13).

Romaine, Suzanne. 2006. Planning for the survival of linguistic diversity. Language Policy, 5(4), pp. 443–475.

Rongier, Jacques. 2005. *Parlons kouy. Une langue môn-khmer.* Collection dirigée par Michel Malherbe. L'Harmattan: Paris.

Rössel, Jörg. 2009. Sozialstrukturanalyse. Eine kompakte Einführung. Wiesbaden: VS.

Rubin, Mark & Hewstone, Miles. 1998. Social identity theory's self-esteem hypothesis: A review and some suggestions for clarification. *Personality and Social Psychology Review*, 2, pp. 40–62.

Ruch, Hanna. 2008. *Sprachwandelmodelle und ihr Erklärungspotential für sprachliche Variation. Labovs soziolinguistischer Ansatz und Kellers Theorie der unsichtbaren Hand: Ein Vergleich anhand zweier Beispiele aus der Deutschen Syntax.* Online: http://www.ds.uzh.ch/_files/uploads/studarb/23.pdf (Zugriff 16/08/2019).

Runciman, Walter G. 1966. *Relative Deprivation and Social Justice.* London: Routledge.

Rüland, Jürgen. 2006. Der ASEAN Way als Versuch kollektiver Identitätsfindung in Ost- und Südostasien. In: Boike Rehbein, Jürgen Rüland, Judith Schlehe (Hg.): *Identitätspolitik und Interkulturalität in Asien. Ein multidisziplinäres Mosaik.* Berlin: Lit-Verl. (Southeast Asian Modernities, 1), pp. 241–266.

Rüsch, Maren & Nassenstein, Nico. 2016. Ethno-regional ideologies and linguistic manipulation in the creation of the youth language Leb pa Bulu. *Critical Multilingualism Studies* 4,2: pp. 174–208.

S

Saarikivi, Janne & Toivanen, Reetta. 2015. Change and maintenance of plurilingualism in the Russian Federation and the European Union. In: H. Marten, M. Rießler,

J. Saarikivi and R. Toivanen (Hg.) *Cultural and Linguistic Minorities in the Russian Federation and the European Union: Comparative Studies on Equality and Diversity* (pp. 3–29). London: Springer.

Sacks, Harvey. 1971/2000. Das Erzählen von Geschichten innerhalb von Unterhaltungen. In: Sprachwissenschaft. Ein Reader. 2., verb. Aufl. Hg. v. Ludger Hoffmann. Berlin; New York: de Gruyter, S. 227–234. (zuerst engl. 1971).

Sapir, Edward. 1921. *Language*. New York: Harcourt, Brace & Word.

Saussure, Ferdinand de. 1967. *Cours de linguistique générale*. Ed. critique par Rudolf Engler. Wiesbaden: Harrassowitz.

Saldívar, José David. 1997. Border matters: Remapping American cultural studies. Berkeley: University of California Press.

Sanchez-Mazas, Margarita, Juan Antonio Perez, Gabriel Mugny & Juan Manuel Falomir. 1997. Veränderung von Einstellungen zwischen Gruppen: Sozialer Einfluß und Ausländerfeindlichkeit. In: Amélie Mummendey und Bernd Simon (Hrsg.): *Identität und Verschiedenheit. Zur Sozialpsychologie der Identität in komplexen Gesellschaften.* 1. Aufl. Bern: Huber (Aus dem Programm Huber, 1), S. 149–174.

Sani, Fabio. & Reicher, Steve D. 2000. Contested identities and schisms in groups: Opposing the ordianation of women as priests in the Church of England. *British Journal of Social Psychology*, 39, pp. 95–112.

Sarhimaa, Anneli. 2000. Online 2009. The divisive frontier: the impact of the Russian-Finnish border on Karelian. *International Journal of the Sociology of Language* 145(1), pp. 153–180.

Sarhimaa, Anneli. 2006a. Bilingual codes: the terminal stage in an ongoing language shift, or an intermediate stage in the evolution of a mixed language? In: Dieter Stern & Christian Voss (Hg.), *Marginal linguistic identities: Studies in Slavic contact and borderland varieties* (Eurolinguistische Arbeiten Bd. 3), pp. 119–134. Wiesbaden: Harrassowitz.

Sarhimaa, Anneli. 2006b. *Minority language, gender, and national identity.* Frau & Nation. Eine interdisziplinäre Tagung aus Anlass des 100jährigen Jubiläums des Frauenwahlrechts. Universität Wien. Abteilung Finno-Ugristik, 16.–17. Nov. 2006.

Sarhimaa, Anneli. 2008. *Minority narration and majority national discourses.* In: Johanna Laakso (Hg.), Woman & Nation. Wiesbaden: Otto Harrassowitz. 100-124.

Sarhimaa, Anneli. 2009. Social Network Theory as a framework for studying minor Finnic languages with special reference to Karelian. — *The Quasquicentennial of the Finno-Ugrian Society. Memoires de la Societe Finno-Ougrienne* 258. Helsinki, pp. 161–190.

Sarnou, Dallel. 2019. Book review on David Evans (Hg.), Language, identity and symbolic culture. London: Bloomsbury. 2018. In: Language in Society 48:3 (2019), pp. 473–474.

Sassenberg, Kai & Woltin, Karl-Andrew. 2008. Group-based self-regulation: The effects of regulatory focus. In: W. Stroebe & M. Hewstone (Hg.), *European Review of Social Psychology* (Vol. 19, pp. 126–164). New York: Psychology Press.

Scharioth, Claudia. 2015. Regionales Sprechen und Identität: Eine Studie zum Sprachgebrauch, zu Spracheinstellungen und Identitätskonstruktionen von Frauen in Schleswig-Holstein und Mecklenburg-Vorpommern (Deutsche Dialektgeographie). Hildesheim, Zürich, New York: Olms.

Schäfer, Heinrich W. 2015. Identität als Netzwerk: Habitus, Sozialstruktur und religiöse Mobilisierung (Research). Wiesbaden: Springer VS.

Schiefele, Ulrich. & Schaffner, Ellen. 2020. Motivation. In: Wild E., Möller J. (Hg.) *Pädagogische Psychologie*, S. 163–185. Berlin, Heidelberg: Springer. https://doi.org/10.1007/978-3-662-61403-7_7.

Schliesinger, Joachim. 2017. *The Chong People. A Pearic-Speaking Group of Southeastern Thailand and Their Kin in the Region.* (English Edition): booksmango digitalised by White Elephant Press (Kindle version online).

Schlobinski, Peter. 1987. Stadtsprache Berlin. Eine soziolinguistische Untersuchung. *Soziolinguistik und Sprachkontakt.* Berlin: De Gruyter.

Schlobinski, Peter. 1988. Sprachgemeinschaft. In: U. Ammon, N. Dittmar & K. J. Mattheier (Hg.), Sociolinguistics. An international handbook of the science of language and society (pp. 1258–1263). Berlin: De Gruyter.

Schmidt-Lux, Thomas, Monika Wohlrab-Sahr & Alexander Leistner. 2016. Kultursoziologie – eine problemorientierte Einführung. Weinheim: Beltz Juventa.

Schneewind, Klaus A., Gundo Schröder & Raymond B. Cattell. 1986. *Der 16-Persönlichkeits-Faktoren-Test: (16 PF); Testmanual,* 2nd edn. Bern: Huber.

Schneider, Jane & Annette B. Weiner. 2003. Introduction. In: Annette B. Weiner (Hg.), *Cloth and human experience* (Smithsonian series in ethnographic inquiry), pp. 1–25. Washington: Smithsonian Books.

Sdroulia, Amalia K. 2007. Rezension von Marijana Kresic: Sprache, Sprechen und Identität. In: Gesprächsforschung – Online-Zeitschrift zur verbalen Interaktion (ISSN 1617-1837) Ausgabe 8 (2007) (www.gespraechsforschung-ozs.de), S. 46–48.

Sa-Ard, Oranuch. 1984. Phrases to sentences in Kuay (Surin). Bangkok: Mahidol University MA thesis.

Seale, Elizabeth & Mallinson, Christine. 2018. Introduction. In: Seale, Elizabeth & Christine Mallinson (Hg.), *Rural Voices: Language, Identity, and Social Change across Place*, xiii-xxv. Lanham/London: Lexington Books.

Seidenfaden, Erik. 1952. „The Kui people of Cambodia and Siam." Journal of the Siam Society 39 (2), pp. 144–180.

Schmid, Monika S. 2011. *Language Attrition.* Cambridge u. a.: Cambridge University Press.

Schnabel, Annette. 2009. Wo kamen wir hin, wenn wir Ideologien reduzierten? Ideologien in methodologisch-individualistischer Perspektive. In: Greve, Jens; Schnabel, Annette; Schützeichel, Rainer (Hg.): Das Mikro-Makro-Modell der soziologischen Erklärung. Wiesbaden: Springer VS. S. 79–107.

Schneider, Jens. 2002. Vom Persönlichen zum Allgemeinen: Diskursivität und Repräsentativität in Interviews. *Forum qualitative Sozialforschung(3).*

Scholz, Urte, Benicio Gutiérrez Doña, Shonali Sud & Ralf Schwarzer. 2002. Is general self-efficacy a universal construct? European Journal of Psychological Assessment, *18*(3), pp. 242–251.

Schulze, Ilona. 2014a. Sprache als fait culturel: Studien zur Emergenz, Motiviertheit und Systematizität des Lexikons des Minderico (Portugal). Hamburg: Kovač (Schriftenreihe Philologia, 191) (Dissertation, Universität München).

Schulze, Ilona. 2014b. Methodologische Überlegungen zur soziokulturellen Dokumentation von Minderheiten in Armenien. Iran and the Caucasus Vol. 18, 2, pp. 169–193.

Schulze, Ilona. 2014c. Methodologische Überlegungen zur soziokulturellen Dokumentation von Minderheiten in Armenien. Iran and the Caucasus, *18*, S. 169–193.

Schulze, Wolfgang. 2010. Sprache – Kultur – Ethnie: eine kritische Reflexion. In: Matthias Theodor Vogt, Jan Sokol, Dieter Bingen, Jürgen Neyer, Albert Löhr (Hg.): *Minderheiten als Mehrwert.* Schriften des Collegium Pontes, Band VI, S. 27–43. Bern, Berlin, Bruxelles.

Schulze, Wolfgang. 2012. *Cultural Linguistics.* Online: http://wschulze.userweb.mwn.de/CL/CL/CL2.htm (Zugriff 03.05.2021).

Schulze, Wolfgang. 2016. How much Udi is Ud? In: Ramazan Korkmaz and Gürkan Doğan (Hg.), *Endangered Languages of the Caucasus and Beyond*, pp. 187–208. Leiden: Brill.

Schulze, Ilona & Schulze, Wolfgang. 2016. *A handbook of the minorities of Armenia: A sociocultural and sociolinguistic survey. In collaboration with Garnik Asatrian, Viktoria Arakelova, Vardan Voskanian, and others* (Schriftenreihe Socialia Band 144). Hamburg: Verlag Dr. Kovač.

Schütz, Alfred. 1962. *Collected Papers. 1. The problem of social reality.* Bd. 1. Dordrecht: Springer Netherlands.

Schütze, Fritz. 1976a. Zur soziologischen und linguistischen Analyse von Erzählungen. In: Internationales Jahrbuch für Wissens- und Religionssoziologie. Band X. Opladen: Westdeutscher Verlag, S. 7–41.

Schütze, Fritz. 1976b. Zur Hervorlockung und Analyse von Erzählungen thematisch relevanter Geschichten im Rahmen soziologischer Feldforschung. In: Arbeitsgruppe Bielefelder Soziologen (Hrsg.), Kommunikative Sozialforschung. München: Fink, S. 433–495.

Schütze, Fritz. 1977. Die Technik des narrativen Interviews in Interaktionsfeldstudien – dargestellt an einem Projekt zur Erforschung von kommunalen Machtstrukturen. Bielefeld. Manuskript.

Schütze, Fritz. 1983. Biographieforschung und narratives Interview. In: Neue Praxis. Kritische Zeitschrift für Sozialarbeit und Sozialpädagogik 13, S. 283–293.

Schütze, Fritz. 1984. Kognitive Figuren des autobiographischen Stegreiferzählens. In: M. Kohli, & G. Robert (Hrsg.): Biographie und Soziale Wirklichkeit: neue Beiträge und Forschungsperspektiven. Stuttgart: Metzler, S. 78–117. Online: https://nbn-resolving.org/urn:nbn:de:0168-ssoar-53097.

Schwarzer, Ralf, Judith Bäßler, Patricia Kwiatek, Kerstin Schröder & Jian Xin Zhang. 1997. The assessment of optimistic self-beliefs: Comparison of the German, Spanish, and Chinese Versions of the General Self-efficacy Scale, Spanish. *Applied Psychology*, *46*(1), pp. 69–88.

Schweizer, Herbert. 2007. *Soziologie der Kindheit. Verletzlicher Eigen-Sinn.* 1. Aufl. Wiesbaden: VS Verlag für Sozialwissenschaften | GWV Fachverlage GmbH Wiesbaden.

Schwitalla, Johannes. 1988. Erzählen als die gemeinsame Versicherung sozialer Identität. In: Zwischen Festtag und Alltag. Zehn Beiträge zum Thema „Mündlichkeit" und „Schriftlichkeit". Tübingen: Narr, S. 111–132.

Schumacher F. 2013. Norbert Elias' „sozialer Habitus" als Vorläufer des Bourdieu'schen Habitus? Eine vergleichende Analyse. In: Lenger, A.; Schneickert, C.; Schumacher, F. (Hg.) *Pierre Bourdieus Konzeption des Habitus.* Springer VS, Wiesbaden.

Schreiner, Peter. 1994. *Identitätsbildung in multikultureller Gesellschaft.* Beiträge eines interdisziplinären Kolloquiums. Münster 1994.

Sdroulia, Amalia K. 2007. Rezension von Marijana Kresic: Sprache, Sprechen und Identität. In: *Gesprächsforschung – Online-Zeitschrift zur verbalen Interaktion* (ISSN 1617-1837) Ausgabe 8 (2007) (www.gespraechsforschung-ozs.de), S. 46–48.

Sedikides, C. 1993. Assessment, enhancement, and verification determinants of the self-evaluation process. *Journal of Personality and Social Psychology*, 65, pp. 317–338.

Sedikides, Constantine & Gaertner, Lowell. 2001. A homecoming to the individual self. Emotional and motivational primacy. In: C. Sedikides & M. B. Brewer (Hg.), *Individual Self, Relational Self, Collective Self* (pp. 7–25). Philadelphia: Psychology Press.

Sedikides, Constantine & Strube, Miachael J. 1997. Self-evaluation: To thine own self be good, to thine own self be sure, to thine own self be true, and to thine own self be better. In: M. P. Zanna (Hg.), *Advances in Experimental Social Psychology* (Vol. 29, pp. 209–296). New York: Academic Press.

Seitz, Stefan. 2006. Minoritäten und nationale Identitätspolitik in Südostasien: Das Beispiel der Philippinen. In: Boike Rehbein, Jürgen Rüland, Judith Schlehe (Hg.):

Identitätspolitik und Interkulturalität in Asien. Ein multidisziplinäres Mosaik. Berlin: Lit-Verl. (Southeast Asian Modernities, 1), S. 191–216.

Selting, Margret et al. 1998. Gesprächsanalytisches Transkriptionssystem (GAT). In: Linguistische Berichte, 173, S. 91–122.

Sharifian, Farzad. 2011. *Cultural conceptualisations and language: Theoretical framework and applications.* Amsterdam [u. a.]: Benjamins (Cognitive linguistic studies in cultural contexts, 1).

Shorto, Harry L. 1982. The affinities of Kuy. *Bulletin of the School of Oriental and African Studies* (BSOAS) 45:3, pp. 574–576.

Sidanius, Jim & Pratto, Felicia. 1999. *Social Dominance: An Intergroup Theory of Social Hierarchy and Oppression.* Cambridge: Cambridge University Press.

Sidwell, Paul. 2005. *The Katuic languages: classification, reconstruction and comparative lexicon.* LINCOM studies in Asian linguistics 58. Munich: LINCOM Europa.

Siebenhütter, Stefanie. 2013. *Zur Typologie des Tempus-, Aspekt- und Modus-Systems im Vietnamesischen.* Unveröffentlichte Magisterarbeit an der Ludwig-Maximilians-Universität München.

Siebenhütter, Stefanie. 2016a. *Raum-Konzeptualisierungen im südostasiatischen Areal – Laotisch, Thai, Khmer und Vietnamesisch.* Dissertation, Universitätsbibliothek der Ludwig-Maximilians-Universität, München.

Siebenhütter, Stefanie. 2016b. Transkategoriale Variationen im Vietnamesischen. In: Holl, Daniel, Patrizia Noel Aziz Hanna, Barbara Sonnenhauser, Caroline Trautmann (Hg.), *Bavarian Working Papers in Linguistics: proceedings of the 5th Diskussionsforum Linguistik in Bayern ‚Variation und Typologie'.* October 5–6, 2015, Ludwig Maximilians University Munich, Germany.

Siebenhütter, Stefanie. 2018a. Vietnamese được in linguistic research. A critical literature survey. Festschrift für Wolfgang Schulze. *IJDL – International Journal of Diachronic Linguistics and Linguistic Reconstruction.*

Siebenhütter, Stefanie. 2018b. Study of Linguistic Areas: Evidence from Cultural Words, Semantic Maps, and Spatial Reference in Southeast Asia. In: Brunn, S.; Kehrein, R. (Hg.) Handbook of the Changing World Language Map. Springer, Cham. https://doi.org/10.1007/978-3-319-73400-2_83-1, S. 1–24.

Siebenhütter, Stefanie. 2018c. Methodological Approach to Language Awareness in Mainland Southeast Asia. *International Conference on Multilingual awareness and multilingual practices (mamp18),* 22–24 November 2018 Tallinn University, Tallinn, Estland.

Siebenhütter, Stefanie. 2019a. Kuy language practices in Southwestern Laos. *Sixth International Conference on Lao Studies (ICLS6),* June 13–15, 2019, Cornell University, Ithaca, New York USA.

Siebenhütter, Stefanie. 2019b. Kuy Youth language practices in Northeastern Thailand and Southwestern Laos. *29th meeting of Southeast Asian Linguistics Society.* May 27–29, 2019, KFC Hall & Rooms. Tokyo, Japan.

Siebenhütter, Stefanie. 2019c. Sociocultural Influences on Linguistic Geography: Religion and Language in Southeast Asia. In: Stanley D. Brunn und Roland Kehrein (Hg.): Handbook of the Changing World Language Map. Cham: Springer International Publishing; Imprint, Springer, S. 1–19.

Siebenhütter, Stefanie. 2019d. Conceptual Borrowing as an Areal Factor. Spatial Conceptualizations in Southeast Asia. Boston: De Gruyter, Inc (Pacific Linguistics [PL] Ser, v. 656).

Siebenhütter, Stefanie. 2020a. Multiple Identity Construction among Minority Speakers in Multilingual Settings. *Language, Identity and Education in Multilingual Contexts (LIEMC2020).* February 20–21, 2020. The Hague University of Applied Sciences. The Hague, Netherlands.

Siebenhütter, Stefanie. 2020b. Der Einfluss von sozialer Schicht und Geschlechterrollen auf sprachliche Kompetenzen von mehrsprachigen Minderheitensprechern in Thailand. *Sprach- und Informationswissenschaften, Forschungskolloquium des FB 3,* January 7, 2020, Stiftung Universität Hildesheim, Hildesheim, Germany.

Siebenhütter, Stefanie. 2020c. Language practices and attitudes among young minority language speakers in Thailand. In: *Journal of Multilingual and Multicultural Development* 2 (2), S. 1–26. DOI: 10.1080/01434632.2019.1711102.

Siebenhütter, Stefanie. 2021a. Multiple identities of multilingual minorities: Values and practices influencing social, national and personal identity formation. *Journal of Languages and Culture, Vol. 12*(1), pp. 13–26, January-June 2021 DOI: 10.5897/JLC 2020.0548, Article Number: 28C925766169, ISSN 2141-6540.

Siebenhütter, Stefanie. 2021b. Contact and convergence in the semantics of MSEA. In: Paul Sidwell und Mathias Jenny (Hg.): Languages and Linguistics of Mainland Southeast Asia. A comprehensive guide. (The world of linguistics/editor Hans Henrich Hock; volume 8). Berlin, Boston: de Gruyter Mouton, pp. 707–732.

Simmel, Georg. 1890. *Über sociale Differenzierung.* Sociologische und psychologische Untersuchungen. Leipzig: Duncker & Humblot (Staats- und sozialwissenschaftliche Forschungen, 42 = 10,1). Online: http://socio.ch/sim/differenzierung/dif_5.htm (Zugriff: 07.11.2019).

Simmel, Georg. 1903. Soziologie des Raums. In: Schmoller, Gustav (Hg.), *Jahrbuch für Gesetzgebung, Verwaltung und Volkswirtschaft im Deutschen Reich*, S. 27–71. Leipzig: Duncker & Humblot.

Simmel, Georg. 1908. Soziologie. Leipzig. Online: https://openlibrary.org/books/OL7010868M/Soziologie. (Zugriff: 30.04.2021).

Simmel, G. 1955. *Conflict and the Web of Group Affiliations.* New York: Free Press.

Simmel, Georg. 1995. „Der Bildrahmen. Ein ästhetischer Versuch". In: Kramme, Rüdiger, Rammstedt, Angela und Rammstedt, Otthein, *Georg Simmel, Aufsätze und Abhandlungen 1901–1908*, Band 1, Georg Simmel Gesamtausgabe, Bd. 7. Frankfurt/Main: Suhrkamp, S. 101–108.

Simon, Bernd. 2004. *Identity in a Modern Society: A Social Psychological Perspective*. Oxford: Blackwell.

Simon, Bernd & Klandermans, Bert. 2001. Politicized collective identity: A social psychological analysis. *American Psychologist*, 56, pp. 319–331.

Simon, Bernd, Micheal Loewy, Stefan Stürmer, Ulrike Weber, Peter Freytag, Corinna Habig, Claudia Kampmeier & Peter Spahlinger. 1998. Collective identification and social movement participation. *Journal of Personality and Social Psychology*, 74, pp. 646–658.

SIL International. 2017. *Language Assessment.* http://www.sil.org/language-assessment/language-vitality (Zugriff 07.03.2017).

Skutnabb-Kangas, Tove & Toukomaa, Pertti. 1976. *Teaching Migrant Children's Mother tongue and Learning the Language of the Host Country in the Context of the Socio-cultural Situation of the Migrant Family*, Tampere.

Skutnabb-Kangas, Tove. 2000. *Linguistic Genocide in Education – or Worldwide Diversity and Human Rights?* New Jersey: Lawrence Erlbaum.

Skutnabb-Kangas, Tove. 2008. Bilingual education and sign language as the mother tongue of deaf children. In: C. J. Kellett Bidoli and E. Ochse (Hg.) *English in International Deaf Communication.* Bern: Peter Lang, pp. 75–94.

Skutnabb-Kangas, Tove, Robert Phillipson, Ajit K. Mohanty & Minati Panda (Hg.). 2009. *Social justice through multilingual education* (Linguistic diversity and language rights). Bristol, UK, Buffalo, NY: Multilingual Matters.

Slobin, Dan I. 1991. Learning to Think for Speaking: Native Language, Cognition, and Rhetorical Style, In: *Pragmatics* 1, S. 7–25.

Smalley, William A., Chia K. Vang & Gnia Y. Yang. 1990. *Mother of writing: The origin and development of a Hmong messianic script.* Chicago: Univ. of Chicago Press.

Smalley, William A. 1964. Ethnolinguistic survey of northern Khmer speaking people in northeast Thailand (with data on Kuy).

Smalley, William Allen. 1964. *Ethnolinguistic Survey of Northern Khmer Speaking People in Northeast Thailand (with data on Kuy).* Thailand Mission of the Christian and Missionary Alliance.

Smalley, William A. 1994. Linguistic Diversity and National Unity: Language ecology in Thailand. Chicago: University of Chicago Press.

Smith, Edward E., Susan Nolen-Hoeksema, Barbara L. Fredrickson & Geoffrey R. Loftus (Hg.). 2007. Atkinsons und Hilgards Einführung in die Psychologie, 14. Aufl. Heidelberg: Spektrum Akademischer Verlag. Online verfügbar unter http://deposit.d-nb.de/cgi-bin/dokserv?id=2966314&prov=M&dok_var=1&dok_ext=htm.

Smythe, Hogh H. & Kono, Shigemi. 1953. A social distance test of the ETA cast of Japan. In: Sociology and Social Research 38, pp. 26–31.

Solga, Heike, Peter A. Berger & Justin Powell. 2009. Soziale Ungleichheit – Kein Schnee von gestern! Eine Einführung. In: Heike Solga, Justin Powell & Peter A. Berger (Hg.): Soziale Ungleichheit. Klassische Texte zur Sozialstrukturanalyse. Frankfurt a. M.: Campus, S. 11–22.

Soria, Claudia. 2016. What is digital language diversity and why should we care? *LinguaPax review 2016: Digital Media and Language Revitalization – Els mitjans digitals i la revitalització lingüística* (pp. 13–28). LinguaPax.

Spears, Russel, Bertjan Doosje & Naomi Ellemers. 1997. Self-stereotyping in the face of threats to group status and distinctiveness: The role of group identification. Personality and Social Psychology Bulletin, 23, pp. 538–553.

Stets, Jan E. & Burke, Peter J. 2000. Identity theory and social identity theory, Social Psychology Quarterly, vol. 63, no. 3, S. 224–237. Online: https://doi.org/10.2307/2695870.

Steinbach, Anja. 2004. Soziale Distanz. Zugl.: Chemnitz, Techn. Univ., Diss., 2003. VS, Verl. für Sozialwiss, Wiesbaden.

Stellmacher, Dieter. 1996. Namen und soziale Identität. Namentraditionen in Familien und Sippen. In: Eichler u. a. (Hg.): Namensforschung. Ein internationales Handbuch zur Onomastik. Bd. 2. Berlin, New York: de Gruyter, S. 1726–1731.

Stets, Jan E. & Serpe, Richard T. 2013. Identity theory, In: J. DeLamater A. Ward (Hg.), Handbook of Social psychology, 2. Aufl., 52, Springer Netherlands, Dordrecht (Handbooks of Sociology and Social Research) (pp. 31–60).

Stienen, Angela & Wolf, Manuela. 1991. Integration-Emanzipation: Ein Widerspruch. Saarbrücken.

Stigler, James W., Sheila Smith & Lian-wen Mao. (1985). The self-perception of competence by Chinese children. Child Development, *56*(5), pp. 1259–1270.

Stockkamp, Mariella Theresa. 2018. Abschluss-, Austritts- und Ausstoßriten, In: Frey, Dieter (Hg.): Psychologie der Rituale und Bräuche. 30 Riten und Gebräuche wissenschaftlich analysiert und erklärt. Berlin, Heidelberg: Springer Berlin Heidelberg, S. 323–331.

Stollberg-Rilinger, Barbara. 2013. Rituale [Elektronische Ressource]. Frankfurt: Campus-Verl. (Historische Einführungen, 16). Online: http://ebookcentral.proquest.com/lib/umainz/detail.action?docID=1458142.

Straub, Jürgen. 1989. Historisch-psychologische Biographieforschung. Heidelberg: Asanger.

Straub, Jürgen. 2011. Identität. In: Jäger, F.; Liebsch, B. (Hg.) *Handbuch der Kulturwissenschaften*, Bd 1. Metzler, Stuttgart.

Straub, Jürgen. 2019. *Das erzählte Selbst. Konturen einer interdisziplinären Theorie narrativer Identität. Ausgewählte Schriften* (Diskurse der Psychologie Band 1). Gießen: Psychosozial-Verlag.

Strauss, Anselm L. 2014. Sprache und Identität. In: Frank Adloff, Sebastian M. Büttner, Stephan Moebius & Rainer Schützeichel (Hg.), *Kultursoziologie: Klassische Texte – aktuelle Debatten*; ein Reader (Campus Reader), S. 222–230. Frankfurt/Main, New York: Campus-Verl. Aus: Anselm L. Strauss. 1974 [1959]. Spiegel und Masken. Die Suche nach Identität. Frankfurt/Main: Suhrkamp, S. 13–24.

Straus, Florian & Höfer, Renate. 1997. Entwicklungslinien alltäglicher Identitätsarbeit. In: Heiner Keupp & Renate Höfer (Hg.), *Identitätsarbeit heute: Klassische und aktuelle Perspektiven der Identitätsforschung* (Suhrkamp Taschenbuch Wissenschaft 1299), S. 270–307. Frankfurt a. M: Suhrkamp.

Stumpf, Reinhold. 2007. Narrative Sozialisation im Kontext alltäglicher Interaktionen. Norderstedt: GRIN Verlag.

Stürmer, Stefan & Siem, Birte. 2020. Sozialpsychologie der Gruppe. 2. aktual. u. erw. Auflage, bearbeitete Ausgabe. Stuttgart: UTB; Ernst Reinhardt.

Suchan, Susanna. 2018. Hochzeiten. In: Frey, Dieter (Hg.): Psychologie der Rituale und Bräuche. 30 Riten und Gebräuche wissenschaftlich analysiert und erklärt. Berlin, Heidelberg: Springer Berlin Heidelberg, S. 111–120.

Sukgasame, Preecha. 1993. Correlates of the register complex in Kuay. Mon-Khmer Studies (MKS) 22, pp. 245–251. Online: http://sealang.net/sala/archives/pdf8/preecha1993correlates.pdf

Sukgasame, Preecha. 2004. Tonal evolution in Suai (Kuay). Papers from the 11th annual meeting of the Southeast Asian Linguistics Society (SEALS) 2001, hg. v. Burusphat Somsonge, pp. 687–700. Tempe, Arizona: Program for Southeast Asian Studies, Arizona State University. http://sealang.net/sala/archives/pdf4/preecha 2004tonal.pdf.

Sukgasame, Preecha. 2005. Phonological variations and changes due to language contact: a case study of consonants in four Khuai-Kui (Suai) dialects. Mon-Khmer Studies (MKS) 35, pp. 37–54. Online: http://sealang.net/sala/archives/pdf8/preecha 2005phonological.pdf.

Suksaweang, Sanong. 2018. *Pasaa Kui.* Self published, Thailand.

Suleiman, Yasir. 2006. Constructing languages, constructing national identities. In: Omoniyi, Tope & Goodith White (Hg.), *The sociolinguistics of identity*, pp. 50–74. London: Continuum.

Supper, Sylvia. 1999. *Minderheiten und Identität in einer multikulturellen Gesellschaft.* Wiesbaden, s.l.: Deutscher Universitätsverlag (DUV).

Suraratdecha, Sumittra. 2014. Language and cultural rights in the ethnic revival movement of the Black Tai in Khaoyoi, Petchaburi. In: P. Liamputtong (Hg.), *Contemporary socio-cultural and political perspectives in Thailand.* Springer Science+Business Media Dordrecht.

Svalberg, Agneta M.-L. 2016. Language awareness research: Where we are now. Language Awareness, *25*(1–2), pp. 4–16.

Svalberg, Agneta M.-L. 2007. Language awareness and language learning. Language Teaching, *40*(4), pp. 287–308.

Swift, Peter. 2013. Changing ethnic identities among the Kuy in Cambodia: Assimilation, reassertion and the making of Indigenous identity. Asia Pacific Viewpoint 54(3), pp. 296–308.

T

Tagg, Caroline & Seargeant, Philip. 2015. Facebook and the discursive construction of the social network. In: A. Georgakopoulou & T. Spilioti (Hg.), *The Routledge Handbook of Language and Digital Communication* (pp. 339–353). Abongdon, Routledge. Online: http://oro.open.ac.uk/44607/ (Zugriff 29.04.2021).

Tajfel, Henri. 1959. Quantitative judgement in social perception. *British Journal of Psychology*, 50, pp. 16–29.

Tajfel, Henri. 1969. Cognitive aspects of prejudice. *Journal of Social Issues*, 25, pp. 79–97.

Tajfel, Henri. 1972. Social categorization. English manuscript of „La catégorisation sociale". In: S. Moscovici (Ed.), *Introduction à la Psychologie Sociale* (Vol. 1, pp. 272–302). Paris: Larousse.

Tajfel, Henri. 1974. *Intergroup Behaviour, Social Comparison and Social Change.* Unpublished Katz-Newcomb lectures, University of Michigan, Ann Arbor.

Tajfel, Henri. 1981. Social stereotypes and social groups. In: J. C. Turner & H. Giles (Hg.), *Intergroup Behaviour* (pp. 144–167). Oxford: Blackwell.

Tajfel, Henri. 1982. *Social Identity and Intergroup Relations.* Cambridge: Cambridge University Press.

Tajfel, Henri & Turner, John C. 1979. An integrative theory of intergroup conflict. In: W. G. Austin & S. Worchel (Hg.), *The Social Psychology of Intergroup Relations* (pp. 33–47). Monterey, CA: Brooks/Cole. (reprinted in M. A. Hogg & D. Abrams (2001) *Intergroup Relations*). New York: Psychology Press.

Tajfel, Henri. & Turner, John C. 2004 [1986]. The Social Identity Theory of Intergroup Behavior. In: J. T. Jost & J. Sidanius (Hg.), *Key readings in social psychology. Political psychology: Key readings* (pp. 276–293). Psychology Press. https://doi.org/10.4324/9780203505984-16.

Talbot, Mary M. 2010. Language and gender. 2. Aufl. Cambridge: Polity Press.

Taylor, Shelley E. & Brown, Jonathon D. 1988. Illusion and well-being: A social psychological perspective on mental health. *Psychological Bulletin*, 103, 193-210.

Taylor, Donald M. & Moghaddam, Fathali M. 1984. *Theories of Intergroup Relations: International Social Psychological Perspectives*. Westport Conn.: Praeger.

Tehan, Thomas M. & Markowski, Linda. 2017. An evaluation of So language vitality in Thailand. *Journal of the Southeast Asian Linguistics Society* 10.1, pp. 45–66, University of Hawaii.

Terry, Deborah J., Craig J. Carey & Victor J. Callan. 2001. Employee adjustment to an organizational merger: An intergroup perspective. *Personality and Social Psychology Bulletin*, 27, pp. 267–280.

Teruelle, Rhon. 2012. Social Media and Youth Activism. In: H. S. Noor Al-Deen & J. A. Hendricks (Hg.), *Social Media Usage and Impact* (pp. 201–217). Plymouth, Lexington Books.

Thim-Mabrey, Christiane. 2003. Sprachidentität – Identität durch Sprache. Ein Problemaufriss aus sprachwissenschaftlicher Sicht. In: Nina Janich, Christiane Thim-Mabrey (Hg.): *Sprachidentität – dientität durch Sprache*. Tübingen: Narr (Tübinger Beiträge zur Linguistik, 465), pp. 1–18.

Thomas, Edwin J. & Biddle, Bruce J. 1966. Basic Concepts for Classifying the Phenomena of Role. In: Biddle, Bruce J./Thomas, Edwin J. (Hg.): Role Theory: Concepts and Research. New York: Wiley. S. 23–45.

Thomason, Sarah. 2008. Social and Linguistic Factors as Predictors of Contact-Induced Change. *Journal of Language Contact* 2(1), pp. 42–56.

Thomason, Sarah G. 2001. *Language contact: An introduction*. Edinburgh: Edinburgh University Press.

Thomason, Sarah G., and Terrence Kaufman. 1981. *Are There Linguistic Prerequisites for Contact-Induced Language Change?* Paper presented at the annual University of Wisconsin – Milwaukee Linguistics Symposoium on Language Contact, (10th Milwaukee, Wi, March 1981).

Thomason, Sarah G. & Terrence Kaufman. 1988. *Language contact, creolization, and genetic linguistics*. Berkeley: University of California Press.

Thomas, David D. 1966. Kuy basic word list. Văn-hoa Nguyệt-san (VHNS) 15:1, pp. 183–186.

Tienmee, Wanna. 1994. *Kānkračhāi k̨hōng phāsā Kūi nai Prathēt Thai* [The Distribution of Kui Dialects in Thailand]. Publications in Applied Linguistics No. 1, Nonthaburi: Foundation for Applied Linguistics.

Timmann, Anke. 2020. Laos. *LIPortal Das Länder-Informations-Portal.* Online: https://www.liportal.de/laos/gesellschaft/ (Zugriff 29.01.2020).

Toivanen, Reetta. 2001. *Minderheitenrechte als Identitätsressource: die Sorben in Deutschland und die Saamen in Finnland.* Hamburg: LIT Verlag.

Toivanen, Reetta. 2007. Linguistic diversity and the paradox of rights discourses. In: D. Castiglione, C. Longman (Hg.) *The Language Question in Europe and Diverse Societies* (pp. 101–121). Oxford: Hart Publishing.

Tomioka, Yutaka & Cavallaro, Francesco. 2017. Assessing Language Vitality and Endangerment of Minority Communities in Northeastern Thailand: A Necessity for Visualising Dynamic Language Shift. Paper presented at the 5th International Conference on Language Documentation and Conservation, University of Hawai'i, March.

Tomioka, Yutaka. 2019. „Linking Non-Linguistic Phenomena to Sociolinguistic Phenomena: A Case Study of Language Shift in a Bru Community in Northeastern Thailand.“ Paper presented at the 29th Southeast Asian Linguistic Society (SEALS), Tokyo, Japan, May 27–29.

Tomioka, Yutaka. 2016. The Language Shift and the Status of Lao in a Kuay Community in Northwestern Surin, Thailand. Presentation at the *Fifth International Conference on Lao Studies*, July 8–10, 2016 at Thammasat University, Bangkok, Thailand.

Tölke, Vanessa. 2015. *Lús de les llengües minoritàries en les xarxes socials: el valencià en* Twitter [Die Verwendung von Minderheitensprachen in sozialen Netzwerken: Valencian auf Twitter] (Unpublished). Online: https://www.researchgate.net/publication/301658499_L'Us_de_les_llengues_minoritaries_en_les_xarxes_socials_El_Valencia_en_Twitter (Zugriff 29.04.2021).

Tönnies, Ferdinand. 1887. Gemeinschaft und Gesellschaft. Leipzig: Fues. Online: https://www.deutschestextarchiv.de/book/view/toennies_gemeinschaft_1887?p=9 (Zugriff 30.04. 2021).

Triandis, Harry C. 1994. *Culture and social behavior.* New York: McGraw-Hill.

Triandis, Harry C. 1995. *Individualism and collectivism.* Boulder, CO: Westview.

Trubeta, Sevasti. 2006. Hybridity in post-colonial discourse and in Southeast European studies. In: Dieter Stern & Christian Voss (Hg.), *Marginal linguistic identities: Studies in Slavic contact and borderland varieties* (Eurolinguistische Arbeiten Bd. 3), pp. 31–44. Wiesbaden: Harrassowitz.

Trudgill, Peter. 1972. Sex, covert prestige and linguistic change in the urban British English of Norwich. Language in Society, *1*(2), pp. 179–195.

Trudgill, Peter. 1974. *The social differentiation of English in Norwich.* Cambridge: Cambridge University Press.

Tumin, Melvin M. 1967. *Social Stratification: The Forms and Functions of Inequality.* Englewood Cliffs, N. J.: Prentice-Hall, 1967. Print.

Turner, John C. 1982. Towards a cognitive redefinition of the social group. In: H. Tajfel (Hg.), *Social Identity and Intergroup Relations* (pp. 15–40). Cambridge, UK: Cambridge University Press.

Turner, John C. 1985. Social categorization and the self-concept: A social cognitive theory of group behavior. In: E. J. Lawler (Hg.), *Advances in Group Processes: Theory and Research* (Vol. 2, pp. 77–122). Greenwich, CT: JAI Press.

Turner, John C., Michael A. Hogg, Penelope J. Oakes, Stephen D. Reicher & Margaret S. Wetherell, 1987. *Rediscovering the Social Group: A Self-Categorization Theory.* Oxford, UK: Blackwell.

Twenge, Jean & Crocker, Jennifer. 2002. Race, ethnicity, and self-esteem: Meta-analyses comparing Whites, Blacks, Hispanics, Asians, and Native Americans, including a commentary on Gray-Little and Hafdahl (2000). In: *Psychological Bulletin* 128, pp. 371–408.

Tyler, Tom R. 1997. The psychology of legitimacy: A relational perspective on voluntary deference to authorities. *Personality and Social Psychology Review*, 1, pp. 323–345.

Tyler, Tom R. & Blader, Steven L. 2003. The Group Engagement Model: Procedural justice, social identity, and cooperative behavior. *Personality and Social Psychology Review*, 7, pp. 349–361.

U

Ullrich, Carsten G. 1999. Deutungsmusteranalyse und diskursives Interview. Leitfadenkonstruktion, Interviewführung und Typenbildung. *Arbeitspapiere – Mannheimer Zentrum für Europäische Sozialforschung* (3).

Ullrich, Johannes, Rolf van Dick & Sebastian Stegmann. 2011. Intergruppenbeziehungen. In: Frey, Dieter; Bierhoff, Hans-Werner; Corcoran, Katja (2011): *Sozialpsychologie – Interaktion und Gruppe.* Göttingen: Hogrefe (Bachelorstudium Psychologie), S. 265–284.

UNESCO's Culture Sector. 2011. *UNESCO's Language Vitality and Endangerment Methodological Guideline: Review of Application and Feedback since 2003. Background Paper.* Prepared by UNESCO's Culture Sector for expert meeting „Towards UNESCO guidelines on Language Policies: a Tool for Language Assessment and Planning" (30 May – 1 June 2011).

UNESCO. 1995–2010. UNESCO Interactive Atlas of the World's Languages in Danger. Online: http://www.unesco.org/languages-atlas/index.php?hl=en&page=atlasmap (Zugriff 20.04.2021)

V

Vaid, Jyotsna (Hg.). 1986. *Language Processing in Bilinguals. Psycholinguistic and Neuropsychological Perspectives.* Hillsdale, N. J.: Lawrence Erlbaum.

Valdés, Guadalupe. 2000. The teaching of heritage languages: An introduction for Slavic-teaching professionals. In: O. Kagan & B. Rifkin (Hg.), *The learning and teaching of Slavic languages and cultures*, pp. 375–403. Bloomington, IN: Slavica Publ.

Van Dyne, Linn & Saavedra, Richard. 1996. A naturalistic minority influence experiment: Effects of divergent thinking, conflict, and originality in work-groups. *British Journal of Social Psychology*, 35 (1), pp. 151–167.

Van der Haak, Feikje. 1987. Calling the spirits: an observation of its practice among the Kui in Thailand. Journal of the Siam Society (JSS) 75, pp. 108–128.

Van der Haak, Feikje & Woykos, Brigitte. 1987. Kui dialect survey in Surin and Sisaket. *Mon-Khmer Studies (MKS) 16–17*, pp. 109–142. http://sealang.net/sala/archives/pdf8/vanderhaak1987-1988kui.pdf.

Van der Haak, Feikje & Woykos, Brigitte. 1990a. Kui dialect survey in Surin and Sisaket. *Mon.-Khmer Studies, 16–17*, pp. 109–142.

Van der Haak, Feikje & Woykos, Brigitte. 1990b. History and life of the Kui people. Journal of Language and Culture (JLC) 9:1. 38-45.

van Leeuwen, Esther, Daan van Knippenberg & Naomi Ellemers. 2003. Continuing and changing group identities: The effects of merging on social identification and ingroup bias. *Personality and Social Psychology Bulletin*, 29, pp. 697–690.

Van Zomeren, Martijn, Tom Postmes & Russell Spears. 2008. Towards an integrative social identity model of collective action. A quantitative research synthesis of three socio-psychological perspectives. *Psychological Bulletin*, 134, pp. 504–535.

Verhoeven, Ludo. 1991. „Acquisition of Biliteracy". In: *Revue AILA*, pp. 61–74.

Verschueren, Jef. 2012. *Ideology in Language Use: Pragmatic Guidelines for Empirical Research.* Cambridge: Cambridge University Press.

Volkan, Vamik D. 2011. Die Identität von Individuen und von Großgruppen – was können wir aus der Arbeit mit Borderline-Patienten über internationale Verhandlungen lernen? In: Birger Dulz, Sabine C. Herpertz, Otto F. Kernberg & Ulrich Sachsse (Hg.), *Handbuch der Borderline-Störungen*, 2. Aufl. (Trauma, Borderline), S. 235–250. Stuttgart, Germany: Schattauer.

Vossmiller, Ksenija. 2018. Mehrsprachige Identität? Zur Bedeutung von Mehrsprachigkeit für die Identitätsbildung von Studierenden mit Zuwanderungsgeschichte. In: Beatrix Kreß, Vasco da Silva und Ioulia Grigorieva (Hg.): *Mehrsprachigkeit, Sprachkontakt und Bildungsbiografie*: Peter Lang D, S. 43–58.

W

Wagner, Ulrich, Linda R. Tropp, Gillian Finchilescu & Colin Tredoux (Hg.). 2008. *Improving Intergroup Relations: Building on the Legacy of Thomas F. Pettigrew.* Oxford: Blackwell.

Waldzus, Sven & Mummendey, Amélie. 2004. Inclusion in a superordinate category, in-group prototypicality, and attitudes towards out-groups. *Journal of Experimental Social Psychology*, 40, pp. 466–477.

Walker, Iain. & Mann, Leon. 1987. Unemployment, relative deprivation and social protest. *Personality and Social Psychology Bulletin*, 13, pp. 275–283.

Walker, Iain. & Smith, Heather. 2002. Relative deprivation. Specification, development, and integration. New York: Cambridge University Press.

Wandruszka, Mario. 1979. Die Mehrsprachigkeit des Menschen. München: Piper.

Wardhaugh, Ronald. 1986. *An introduction to sociolinguistics.* Oxford: Blackwell Publishing.

Watson-Jones, Rachel E. & Legare, Cristine H. 2016. The Social Functions of Group Rituals. In: *Curr Dir Psychol Sci* 25 (1), pp. 42–46. DOI: 10.1177/0963721415 618486.

Weber, Hannes. 2016. Mehr Zuwanderer, mehr Fremdenangst? Ein Überblick über den Forschungsstand und ein Erklärungsversuch aktueller Entwicklungen in Deutschland. In: Berliner Journal für Soziologie 25, S. 397–428.

Weber, Max. 1925. *Wirtschaft und Gesellschaft*, Tübingen.

Weber, Max. 1956. *Wirtschaft und Gesellschaft.* Unter Mitarbeit von Johannes Winckelmann. 4., neu hg. Aufl., besorgt von Johannes Winckelmann. Tübingen: Mohr (Siebeck).

Weber, Max. 1972 [1922]. *Wirtschaft und Gesellschaft.* Grundriß der verstehenden Soziologie. 5. revidierte Auflage. Tübingen: Mohr.

Weber, Max. 1980 [1921]. Wirtschaft und Gesellschaft. Grundriß der verstehenden Soziologie. Tübingen: Mohr, S. 177–180 und 531–540. (Gekürzter Wiederabdruck. In: Heike Solga, Justin Powell und Peter A. Berger (Hg.) (2009): Soziale Ungleichheit. Klassische Texte zur Sozialstrukturanalyse. Frankfurt a. M.: Campus, S. 127–142).

Weber, Max. 1975 [1920]. Die protestantische Ethik und der Geist des Kapitalismus. In: Max Weber: Die protestantische Ethik I. Eine Aufsatzsammlung. Herausgegeben von Johannes Winckelmann. 4. Auflage. Hamburg: Siebenstern. (Auszüge).

Wehler, Hans-Ulrich. 2008. Grenzen und Identität Europas bis zum 21. Jahrhundert. In: Helmut König, Julia Schmidt, Manfred Sicking (Hg.): *Europas Gedächtnis.*

Das neue Europa zwischen nationalen Erinnerungen und gemeinsamer Identität. s. l.: transcript Verlag (Europäische Horizonte, 3), pp. 121–132.

Weiner, Bernard. 1984. *Motivationspsychologie.* Weinheim: Beltz.

Weiner, Annette B. (Hg.). 2003. *Cloth and human experience* (Smithsonian series in ethnographic inquiry). Washington: Smithsonian Books.

Weinreich, Uriel. [1953] 1964. *Languages in Contact: Findings and Problems*, Ausg. 1979. Berlin, New York: de Gruyter.

Weinreich, Uriel. 1974. *Languages in Contact: Findings and Problems.* The Hague: Mounton.

Weinreich, Uriel. 2011. *Languages in contact: French, German and Romansh in twentieth-century Switzerland.* Amsterdam: Benjamins.

Weißmann, Regina, Nadja Al-Dawaf & Joachim Thomas. 2016. Identität und Migration: Welche Rolle spielt die Sprache? In: Monika Margarethe Raml (Hg.): *Wanderer zwischen den Welten. Deutsch-türkische SprachBiographien.* Unter redaktioneller Mitarbeit von Franziska Hodek. Würzburg: Königshausen & Neumann, S. 15–39.

Wendel, John & Heinrich, Patrick. 2012. A framework for language endangerment dynamics: The effects of contact and social change on language ecologies and language diversity. *International Journal for the Sociology of Language* 218, pp. 145–166.

Wenzel, Michael, Amélie Mummendey & Sven Waldzus. 2007. Superordinate identities and intergroup conflict: The ingroup projection model. In: W. Stroebe & M. Hewstone (Hg.), *European Review of Social Psychology* (Vol. 18, pp. 331–372). Hove, UK: Psychology Press.

Wildgen, Wolfgang. 2005. Sprachkontakforschung/Research in Language Contact. In: Ulrich Ammon (Hg.), *Sociolinguistics/Soziolinguistik: An international handbook of the science of language and society*, 2. Aufl. (Handbücher zur Sprach- und Kommunikationswissenschaft 2), S. 1332–1346. Berlin u. a.: de Gruyter.

Williams, Joyce E. 2007. Social Distance. In: George Ritzer (Hg.), *Blackwell encyclopedia of sociology online.* Malden, MA: Blackwell Pub.

Wimmer, Andreas. 1996. Kultur. Zur Reformulierung eines ethnologischen Grundbegriffs. In: Kölner Zeitschrift für Soziologie und Sozialpsychologie 48, S. 401–425.

Winnicott, Donald W. 2019 [1971]. *Vom Spiel zur Kreativität,* 16. Aufl. (Fachbuch). Stuttgart: Klett-Cotta.

Winter, Joanne & Pauwels, Anne. 2000. Gender and language contact research in the Australian context. Journal of Multilingual and Multicultural Development, *21*(6), pp. 508–522.

Winter, Joanne. & Pauwels, Anne. 2005. Gender in the construction and transmission of ethnolinguistic identities and language maintenance in immigrant Australia. Australian Journal of Linguistics, *25*(1), pp. 153–168.

Wittgenstein, Ludwig, Brian McGuinness & Joachim Schulte (Hg.). 1998. *Logisch-philosophische Abhandlung: Tractatus logico-philosophicus* (Suhrkamp Taschenbuch Wissenschaft 1359). Frankfurt a. M.: Suhrkamp.

Wodak, Ruth. 1985. Aspekte des Schicht-, Geschlechts- und generationsspezifischen Lautwandels in Wien: Eine Untersuchung zum Sprachverhalten von Müttern und Töchtern. In: M. Hellinger (Hg.), Sprachwandel und Feministische Sprachpolitik: internationale Perspektiven (S. 189–211). Opladen: Westdeutscher Verlag.

Wode, Henning. 1990. „But Granspa always goes like this … or: The Ontogeny of Code-Switching". In: *ESF Network on Code-Switching and Language Contact: Papers for the Workshop on Impact and Consequences: Broader Considerations. Brussels, 22.–24. November 1990*, Straßburg, pp. 17–50.

Wolf, Bernd. 2007. *The Vietnamese Diaspora in Germany. Structure and Potentials for Cooperation with a Focus on Berlin and Hesse.* Deutsche Gesellschaft für Technische Zusammenarbeit (GTZ) GmbH Economic Development and Employment Division Migration and Development Sector Project.

Woykos, Brigitte. 1989. Hochzeitsbräuche und -riten der Kui in Thailand. In: Philipp Zingg and Brigitte Woykos (Hg.), *Religiöser Mythos und Hochzeitsriten*, S. 93–125. Bad Liebenzell: Verlag der Liebenzeller Mission.

Wolfgramm, Christine, Melanie Rau, Lysann Zander-Music, Janine Neuhaus & Bettina Hannover. 2010. Zum Zusammenhang zwischen kollektivem Selbstwert und der Motivation, Deutsch zu lernen. Eine Untersuchung von Schülerinnen und Schülern mit Migrationshintergrund in Deutschland und der Schweiz. In: Cristina Allemann-Ghionda, Petra Stanat, Kerstin Göbel, Charlotte Röhner (Hg.), *Migration, Identität, Sprache und Bildungserfolg.* Weinheim u. a.: Beltz 2010, S. 59–77. (Zeitschrift für Pädagogik, Beiheft; 55) URN: urn:nbn:de:0111-opus-69459.

Wright, Stephen C., Art Aron & Linda R. Tropp. 2002. Including others (and groups) in the self: Self-expansion and intergroup relations. In: J. P. Forgas & K. D. Williams (Hg.), *The Social Self: Cognitive, Interpersonal, and Intergroup Perspectives* (pp. 343–363). New York: Psychology Press.

Wright, Stephen C., Donald M. Taylor & Fathali M. Moghaddam. 1990. Responding to membership in a disadvantaged group: From acceptance to collective protest. *Journal of Personality and Social Psychology*, 58, pp. 994–1003.

Wüllenkemper, Cornelius. 2020. *Schreiben als Existenzbeweis.* In: [Büchermarkt – Deutschlandfunk] Autochthone Literatur in Quebec. 20.03.2020. Online: https://podplayer.net/?id=99552512 (Zugriff 22.3.2020).

Y

Yan, Wenfan & Gaier, Eugene L. 1994. Causal attributions for college success and failure: An Asian-American comparison. *Journal of Cross-Cultural Psychology*, *25*(1), pp. 146–158.

Yano, Junko. 2019. Language Nationalism in Laos: Pathet Lao's Revolutionary Strategy. *Sixth International Conference on Lao Studies (ICLS6),* June 13–15, 2019, Cornell University, Ithaca, New York USA.

Yantreesingh, Pailin. 1980. The phonology of the Kuay language of Suphanburi with comparison to the Kuy language of Surin. Bangkok: Mahidol University MA thesis.

Yzerbyt, Vincent, Charles M. Judd & Olivier Corneille. (Hg.). 2004. *The Psychology of Group Perception: Perceived Variability, Entitativity, and Essentialism.* New York: Psychology Press.

Z

Zhou-min, Yuan. 2013. *Understanding identity discourse: a critical and sociolinguistic perspective.* In: *Journal of Multicultural Discourses,* vol. 8, no. 1, pp. 79–85. https://doi.org/10.1080/17447143.2012.749881.

Anhang

Kui-Alphabet: Entwicklung, Vokale, Töne, Zahlen

Tabelle 7: Kui-Alphabet (Suksaweang 2018)

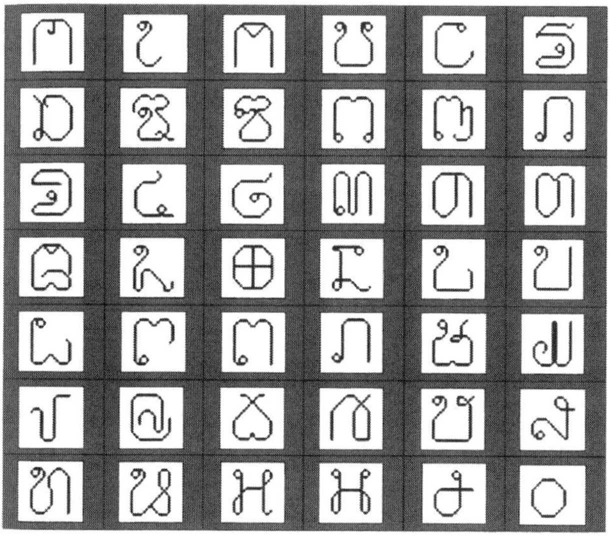

Tabelle 8: Kui-Töne (Suksaweang 2018)

Tabelle 9: Kui Zeichen und Lesung (Suksaweang 2018)

#	Kui letter	Kui pronounce	English pronunciation	Meaning
1			Ko Kui	Human beings
2		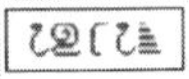	Kho Khoe	Cow
3			Co Ceel	Bee
4		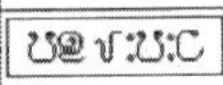	Co Racang	Bell
5	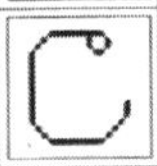		Ngo TaNgael	Tree Trunk
6		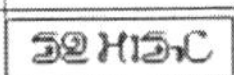	Jo Aageeng	Elephant
7		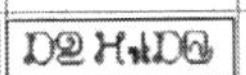	Jho Eujhael	Needle
8		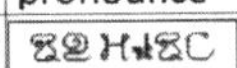	Sho Eushang	Oil
9		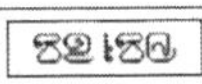	So Sael	Scale
10		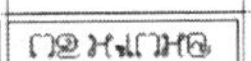	Cho Eucherl	Jumping for joy
11			Yau Yajooh	Spirit of village
12		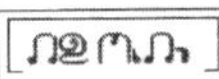	Dau Kudee	Monk's hut
13	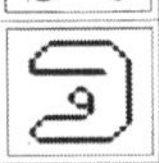	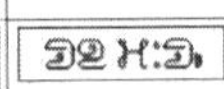	Thau Athi	Ash bone
14		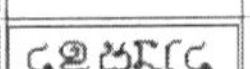	Tau Montoe	---

#	Kui letter	Kui pronounce	English pronunciation	Meaning
15		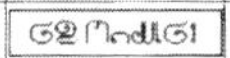	Tau Kuitao	Elderly
16			Nau Konnaen	Children
17	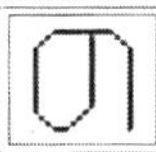		Dau Deah	Water
18			TTau TTrih	Buffalo
19			Tho Thea	Duck
20			To Tah	Push
21	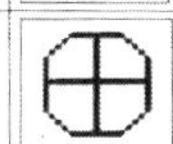	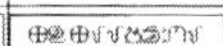	Tau Tammajak	Buddhist wheel

#	Kui letter	Kui pronounce	English pronunciation	Meaning
22	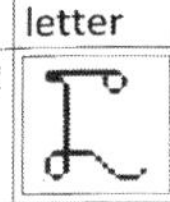	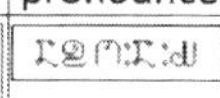	No Kanai	Mouse
23		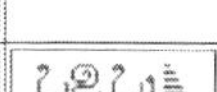	Bo Bhia	Two
24		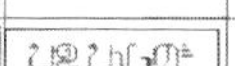	Po Preed	Banana
25		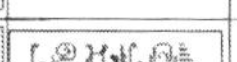	Pho Euphael	Tamarind
26		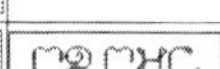	Po Pong	Dust
27	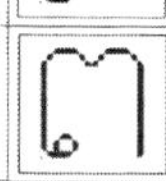		Fo Kongfon	Burning place
28		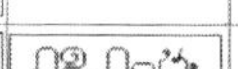	Po Pumi	Village

#	Kui letter	Kui pronouce	English pronunciation	Meaning
29		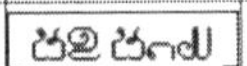	Mo Mui	One
30		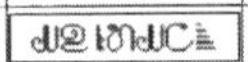	Yo Yhaeng	Gold
31	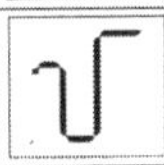	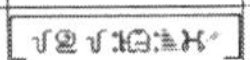	Ro Rathaeh	Cart
32		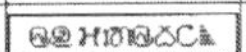	Lo A-lhuang	Wood
33		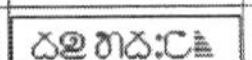	Wo Whang	Palace
34			So Saalaa	Road house
35		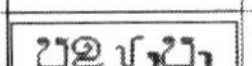	So Reusii	Hermit

#	Kui letter	Kui pronounce	English pronunciation	Meaning
36		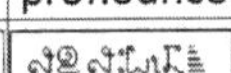	So Saphean	Bridge
37		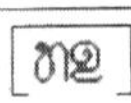	Ho	---?
38	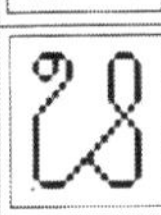	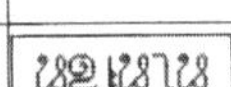	Hro HraeHrai	Field
39	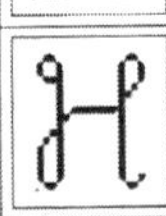		O Eu-oid	Sugar
40	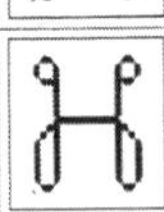	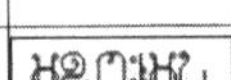	Ho Kahaeb	Centipede
41	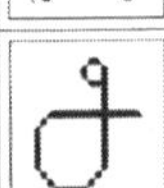	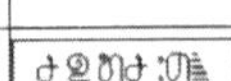	Nyo Nyhad	Stuffed

Tabelle 10: Kui-Zahlen (Suksaweang 2018)

1		2		3	
	Mui		Bhia	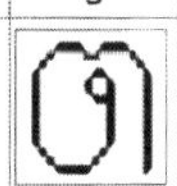	Pai
4		5		6	
	Pon		Seung		Kaphad
7		8		9	
	Ka pho le		Kachu al		Kachaeh

10.  Eujed

11		12		13	
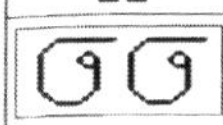	Eujed Mui		Eujed Bhia	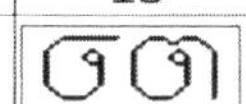	Eujed Pai
14		15		16	
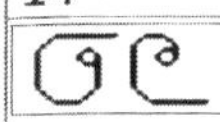	Eujed Pon	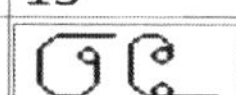	Eujed Seung	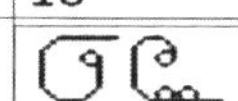	Eujed Kapha d
17		18		19	
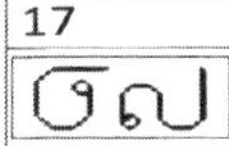	Eujed Ka phol e	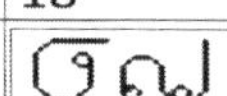	Eujed Kachu al	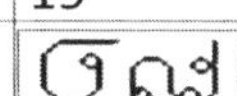	Eujed Kacha eh
20		30		40	
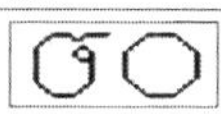	Chia w		Saa	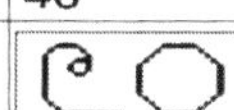	Sei
50		60		70	
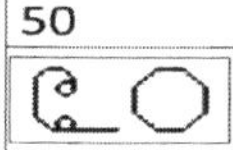	Haa	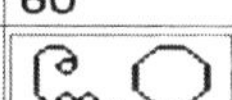	Hoe	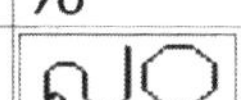	Jei
80		90		100	
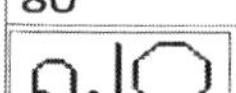	Paa	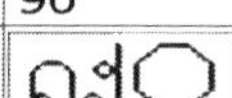	Kaa	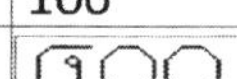	Muirh uai

Fragebogen

Fragengruppen in der Befragung

1 Biodata
2 Sociocultural Data
3 Sociolinguistic Data: Language use
4 Age
5 Gender
6 Social Class
7 Language Attitudes & Language Policy
8 Language Attitudes & Beliefs
9 Social Networks (Insiders-Outsiders)
10 Language and Migration
11 Language and Borders
12 Dialects and Dialectology
13 Registers, Politeness and Taboos

Kui Survey Thailand: Einleitungstext

Welcome to this questionnaire on Kui language and culture.
It is designed to shed new light on the nature of current social and cultural changes and innovations of Kui in Thailand, Laos, and Cambodia.
I am interviewing Kui (Cuoi, Khamen-Boran, Kuy, Kui Souei, Kuoy, Kuuy, Soai, Suai, Suay, Suei, Sui, Suoi) like you and trying to find out whether there are any changes in the way people talk and what you think about.
The questionnaire alludes topics such as your language, your community, your neighborhood, your hobbies, your work life and general personal experiences about living in Northeastern Thailand.
Because you were born and raised in Northeastern Thailand you can give us an insider's perspective on these issues and what's been happening to Kui over the last few generations. You are free to not answer questions if you do not want.
You can save your answers and continue later if the survey is too long for one time.
There are 147 questions in this survey. Thank you very much for participating.

1. Biodata

1 [BIO01] Please insert today's date *

Please enter a date:

2 [BIO02] Please note your survey-ID number *

3 [BIO03] What is your Name? *

Please write your answer here:

4 [BIO04] What is your Age? *

Please choose **only one** of the following:

- ☐ younger than 15
- ☐ 15-18
- ☐ 19-25
- ☐ 26-30
- ☐ 31-35
- ☐ 36-41
- ☐ 42-46
- ☐ 47-57
- ☐ 58-68
- ☐ 69-79
- ☐ 80 and older

5 [BIO05] What is your Sex? *

Please choose **only one** of the following:

- ☐ male
- ☐ female
- ☐ Other

6 [BIO06] How many people are living in your family? *

	count
living in our home	
living in your village	

7 [BIO07] Where are you living now and since when (village, district, province)? *

Please write your answer here:

8 [BIO08] Where are you born? How far is your home village from your current home? *

9 [BIO10] How many years did you go to school?

Please choose **only one** of the following:

- ☐ 0-1
- ☐ 2-3
- ☐ 4-6
- ☐ more than 6 years

10 [BIO11] What is your profession or work now? *

Please choose **only one** of the following:

- ☐ farmer
- ☐ workman
- ☐ officc worker
- ☐ driver
- ☐ employee
- ☐ student
- ☐ teacher
- ☐ civil servant

11 [BIO12] What is your marital status? *

Please choose **all** that apply:

- ☐ single
- ☐ in a relationship but not married
- ☐ married
- ☐ separated
- ☐ divorced
- ☐ widow
- ☐ Other:

12 [BIO13] Where is your spouse born (village, district, province)? *

Please write your answer here:

13 [BIO14] What is the local language mother tongue of your spouse? *

Please choose **only one** of the following:

- ☐ Kui
- ☐ Thai
- ☐ Lao (as spoken in Northeastern Thailand, Isan language)
- ☐ Lao (as spoken in Laos)
- ☐ Khmer (as used in Thailand)
- ☐ Khmer (as used in Cambodia)
- ☐ Other

14 [BIO15] What is your local language mother tongue? *

Please choose **only one** of the following:

- ☐ Kui
- ☐ Thai
- ☐ Lao (as spoken in Northeastern Thailand, Isan language)
- ☐ Lao (as spoken in Laos)
- ☐ Khmer (as used in Thailand)
- ☐ Other

2. Sociocultural Data

15 [SCD1] What is your religion? *

Please choose **only one** of the following:

- ☐ Buddhism
- ☐ Animism, Naturereligion
- ☐ Christian
- ☐ Islam
- ☐ Brahman-Hinduism
- ☐ No Religion
- ☐ Other

16 [SCD2] Please choose the expressions applicable for you *

Please choose all that apply and provide a comment:

- ☐ I can decide by myself if I want to marry someone
- ☐ I can decide what kind of job I want to choose
- ☐ Someone else decide for me who I should marry
- ☐ Somebody else decide for me what job I should do

17 [SCD3] What type of marriage is most usual in your village? Please rank *

Please choose the appropriate response for each item:

	individual partner choice	arranged marriage
most usual		
sometimes		
very rare but possible		
never		

18 [SCD4] Do you know about any Kui specific rituals or practices (dance, festivals...)? *

Please choose **only one** of the following:

- ☐ yes, I know about
- ☐ no, I don't know any

Make a comment on your choice here:

19 [SCD5] Can you do traditional Kui dances? (Please specify the name) *

Please choose **only one** of the following:

- ☐ able to dance
- ☐ unable to dance

Make a comment on your choice here:

20 [SCD6] Do you know Kui **traditional** songs? Please specify the names. *

Please choose all that apply and provide a comment:

- ☐ know
- ☐ don't know
- ☐ heard about some songs but do not remember

21 [SCD7] Do you know Kui **current** popular songs? Please specify the names. *

Please choose all that apply and provide a comment:

- ☐ know
- ☐ don't know
- ☐ heard about some songs but do not remember

22 [SCD8] Do you know any Kui myths, fairy tales or stories? Please specify *

Please choose all that apply and provide a comment:

- ☐ know
- ☐ don't know
- ☐ heard about some stories but do not remember

3. Sociolinguistic Data: Language use

23 [LU01] What is your mother tongue?

Please choose **only one** of the following:

- ☐ Kui
- ☐ Thai
- ☐ Lao (as spoken in Northeastern Thailand, Isan language)
- ☐ Lao (as spoken in Laos)
- ☐ Khmer (as spoken in Thailand)
- ☐ Khmer (as spoken in Cambodia)
- ☐ other

24 [LU02] In what languages do you usually speak in the following situations?

Please choose the appropriate response for each item:

	at home?	to the children in the community?	to friends/neighbours from my community?	to friends/neighbours from a different community?	in the market?	to people from neighboring villages?	to people from my own community?	to people from another community that is not nearby
Kui								
Lao (as spoken in Northeastern Thailand, Isan language)								
Thai								
Lao (as spoken in Laos)								
Khmer (as spoken in Thailand)								
Khmer (as spoken in Cambodia)								
other								

25 [LU03] What language do children in your community speak with each other?

Please choose the appropriate response for each item:

	2-5 years old	11-15 years old	16-18 years old	I don't know
Kui				
Thai				
Lao (as spoken in Northeastern Thailand, Isan language)				
Lao (as spoken in Laos)				
Khmer (as spoken in Thailand)				
Khmer (as spoken in Cambodia)				
other				

26 [LU04] What language do children (mainly) speak at school?

Please choose **only one** of the following:

- ☐ Kui
- ☐ Thai
- ☐ Lao (as spoken in Northeastern Thailand, Isan language)
- ☐ Lao (as spoken in Laos)
- ☐ Khmer (as spoken in Thailand)
- ☐ Khmer (as spoken in Cambodia)
- ☐ other

27 [LU05] What language is the medium of instruction at school?

Please choose **only one** of the following:

- ☐ Kui
- ☐ Thai
- ☐ Lao (as spoken in Northeastern Thailand, Isan language)
- ☐ Lao (as spoken in Laos)
- ☐ Khmer (as spoken in Thailand)
- ☐ Other

28 [LU06] What language do you use for praying in Kui local rituals?

Please choose **all** that apply:

- ☐ Kui
- ☐ Thai
- ☐ Lao (as spoken in Northeastern Thailand, Isan language)
- ☐ Lao (as spoken in Laos)
- ☐ Khmer (as spoken in Thailand)
- ☐ Other:

29 [LU07] What language do you use for praying in other rituals (praying at home/in the temple/church/mosque)?

Please choose **all** that apply:

- ☐ Kui
- ☐ Thai
- ☐ Lao (as spoken in Northeastern Thailand, Isan language)
- ☐ Lao (as spoken in Laos)
- ☐ Khmer
- ☐ Other:

30 [LU08] Which language do adults within your community speak with each other?

Please choose the appropriate response for each item:

	25-49 years old	50-69 years old	70-79 years old	80 years and older
Kui				
Thai				
Lao (as spoken in Northeastern Thailand, Isan language)				
Lao (as spoken in Laos)				
Khmer (as spoken in Thailand)				
Khmer (as spoken in Cambodia)				

31 [LU09] In what language do you usually listen to radio/TV programs?

Please choose all that apply and provide a comment:

- ☐ Kui
- ☐ Thai
- ☐ Lao (as spoken in Northeastern Thailand, Isan language)
- ☐ Lao (as spoken in Laos)
- ☐ Khmer (as spoken in Thailand)
- ☐ Other:

32 [LU10] Are there any radio/TV programmes in Kui?

Please choose **only one** of the following:

- ☐ yes
- ☐ no
- ☐ I don't know

33 [LU11] Have you seen any Kui books or newspapers (written in any characters)? Please specify title or resource (online, print, etc.)

Please choose **only one** of the following:

- ☐ yes, which?
- ☐ no, never

Make a comment on your choice here:

34 [LU12] Do you think Kui should be written? Why?

Please choose all that apply and provide a comment:

- ☐ yes, because
- ☐ no, because

35 [LU13] Will Thai/Khmer/Lao ever replace Kui completely in all situations?

Please choose **only one** of the following:

- □ no
- □ yes, for sure
- □ maybe

36 [LU14] Do you think it's good or bad if Thai / Khmer / Lao language will replace Kui language?

Please choose **only one** of the following:

- □ good
- □ bad
- □ I don't care

37 [LU15] Do you think that when your children's children grow up (30 years or so), that they will continue speaking Kui?

Please choose **all** that apply:

- □ yes, for sure
- □ maybe
- □ no
- □ I don't know
- □ good
- □ not good
- □ I don't care

38 [LU16] Do you think that when your children grow up (15 years or so), that they will continue speaking Kui? Is that good or bad?

Please choose **all** that apply:

- □ yes, for sure
- □ maybe
- □ no
- □ I don't know
- □ good
- □ not good
- □ I don't care

39 [LU17] Which of the following languages can you speak fluently? Please rank.

Please choose the appropriate response for each item:

	Kui	Thai	Lao (as spoken in Laos)	Khmer (as spoken in Thailand)	Khmer (as spoken in Cambodia)	Lao (as spoken in Northeastern Thailand, Isan language)	Chinese	Vietnamese
fluent in all situations								
fluent in basic conversation								
able to understand well but not able to speak well								
cannot speak but understand some words								
cannot understand nor speak at all								

4. Age

40 [A01] Are there Kui linguistic variations between old and young Kui speakers?

Please choose **only one** of the following:
- □ different
- □ not different
- □ I don't know

41 [A02]What kind of variation do you observe in your Kui speech community older and younger people?

Please choose **all** that apply:
- □ different words
- □ the way people build sentences
- □ the way people greet and interact
- □ different pronunciations
- □ Other:

42 [A03] Is there a special Kui speaking style for children/youths?

Please choose all that apply and provide a comment:
- □ yes, children use special Kui words
- □ yes, youths use special Kui words
- □ no, there is no specific child or youth speaking style
- □ Other:

43 [A04] Are there cases (within the Kui community) of Kui parents raising their kids in another language than Kui?

Please choose **all** that apply:

- ☐ yes, Thai
- ☐ yes, Lao (as spoken in Laos)
- ☐ yes, Khmer (as spoken in Cambodia)
- ☐ yes, Isan (phasa Isan/Lao Isan/Northeastern Thai)
- ☐ none
- ☐ Other:

44 [A05] How easily do these children get along with the Kui Language? Are these children accepted by the Kui community?

Please choose **all** that apply:

- ☐ easily/well
- ☐ normal
- ☐ accepted
- ☐ hardly/not accepted

45 [A07] What language do these children usually speak to other people in the village?

Please choose **only one** of the following:

- ☐ Kui
- ☐ Thai
- ☐ Lao (as spoken in Laos)
- ☐ Khmer (as spoken in Cambodia)
- ☐ Lao (as spoken in Northeastern Thailand, Isan language)
- ☐ Other

46 [A08] Are registers/forms of address towards old people used by younger speakers?

Please choose all that apply and provide a comment:

- ☐ fully respected
- ☐ to some extent
- ☐ not respected/replaced by new forms of address

5. Gender

47 [G01] Is there a variation of men's and women's speech in Kui?

Please choose **only one** of the following:

- ☐ Yes
- ☐ No

48 [G02] Variation between men and women occurs mostly at the level of...

Please choose **all** that apply:

- ☐ of sounds
- ☐ of conversation (e.g. the way people greet and interact)
- ☐ of words
- ☐ of sentence structure

49 [G03] Are there differences between men speaking to women and vice versa and people of the same sex?

Please choose **only one** of the following:

- ☐ yes
- ☐ no
- ☐ I don't know

50 [G04] Do you think young girls' tend to speak Thai more than boys in daily life?

Please choose **only one** of the following:

- ☐ Yes
- ☐ No

51 [G05] Do you have to change your language when talking to people? Is there something you cannot say in specific situations?

Please choose **all** that apply:

- ☐ yes, I speak Kui differently when talking to older people
- ☐ yes, I speak Kui differently when talking to younger people
- ☐ yes, I speak Kui differently when talking to people from the other sex
- ☐ no
- ☐ Other:

6. Social Class

Does language variation depend upon social class?

52 [SC01] Do you speak Kui differently when talking to people with a different status (teacher, monk, village head etc.)?

Please choose **only one** of the following:

- ☐ yes
- ☐ no, there is no socially motivated language variation

53 [SC02] Do you use the Kui language differently according to the level of education of the person you speak with?

Please choose **all** that apply:

- ☐ yes, sounds
- ☐ yes, words
- ☐ yes, sentences
- ☐ other
- ☐ no

54 [SC03] Can you tell from the way people are speaking Kui which social group they belong to? Please explain how.

Please choose all that apply and provide a comment:

- ☐ yes
- ☐ no

55 [SC04] Does this way of speaking Kui (of a specific social group) has a specific name?

Please choose all that apply and provide a comment:

- ☐ have
- ☐ don't have
- ☐ I don't know

56 [SC05] Do Kui villagers and Kui people in town speak differently?

Please choose **only one** of the following:

- ☐ different
- ☐ slightly different
- ☐ no

57 [SC06] Does a high social status (village head, monk, teacher...) influence somebody's way of speaking Kui?

Please choose **only one** of the following:

- □ very influential
- □ influence in a certain way
- □ not very much
- □ no influence

58 [SC07] How important is the way of speaking if you want to belong to a certain group?

Please choose **only one** of the following:

- □ important
- □ not very important
- □ not important at all

59 [SC08] Do people belonging to a specific group like farmers, monks, teachers etc. have their own way of speaking Kui?

Please choose **only one** of the following:

- □ yes
- □ no
- □ I don't know

60 [SC09] Do people in different villages have their own way of speaking Kui?

Please choose **only one** of the following:

- □ yes
- □ no
- □ I don't know

61 [SC10] Are there Kui speakers in the following countries?

Please choose **all** that apply:

- □ Cambodia
- □ Laos
- □ Vietnam
- □ I don't know
- □ Other

7. Language Attitudes & Language Policy

62 [LAP01] Which language do you prefer to use..
Please specify

Please choose all that apply and provide a comment:
- ☐ when talking with people in general
- ☐ when listening or singing songs

63 [LAP02] Is Kui as good as Thai?

Please choose **only one** of the following:
- ☐ equally good
- ☐ no, not equal

64 [LAP03] Is Kui as good as Lao (as spoken in Laos)?

Please choose **only one** of the following:
- ☐ equal
- ☐ not equal

65 [LAP04] Is Kui as good as Khmer?

Please choose **only one** of the following:
- ☐ equal
- ☐ not equal

66 [LAP05] Do you think Kui is better than Thai?

Please choose **only one** of the following:
- ☐ better
- ☐ not better

67 [LAP06] Is Kui better than Lao?

Please choose **only one** of the following:
- ☐ better
- ☐ equal
- ☐ not better

68 [LAP07] Is Kui better than Khmer?

Please choose **only one** of the following:
- ☐ better
- ☐ equal
- ☐ not better

69 [LAP08] What language should Kui children learn first?

Please choose **only one** of the following:

- ☐ Kui
- ☐ Lao (as spoken in Northeastern Thailand, Isan language)
- ☐ Thai
- ☐ Lao (as spoken in Laos)
- ☐ Other

70 [LAP09] In what way do you think, non-Kui speakers think about Kui?

Please choose **only one** of the following:

- ☐ positively
- ☐ negatively
- ☐ neutral

71 [LAP10] Do speakers of neighboring languages (Isan, Thai, Khmer, Lao, So, Bru etc.) show particular interest in speaking or learning Kui?

Please choose **only one** of the following:

- ☐ yes, interested
- ☐ no, not interested
- ☐ I don't know

72 [LAP11] Is the fact of speaking Kui in non-Kui-speaking areas perceived positively?

Please choose **only one** of the following:

- ☐ in a good way
- ☐ in a bad way
- ☐ neutral
- ☐ I don't know

73 [LAP12] Do you think, that Thai is perceived as a language of particular literacy or social prestige in Northeastern Thailand?

Please choose **only one** of the following:

- ☐ yes
- ☐ no

74 [LAP13] How are other minority/local languages (Khmer, Isan etc.) perceived by Kui speakers? Why?

Please choose **only one** of the following:

- ☐ positively
- ☐ neutral

- ☐ negatively
- ☐ I don't know

Make a comment on your choice here:

75 [LAP14] How is English perceived by Kui speakers? Why?

Please choose **only one** of the following:

- ☐ positively
- ☐ neutral
- ☐ negatively
- ☐ I don't know

Make a comment on your choice here:

76 [LAP15] How is Lao as spoken in Laos perceived by Kui speakers? Why?

Please choose **only one** of the following:

- ☐ positively
- ☐ neutral
- ☐ negatively
- ☐ I don't know

Make a comment on your choice here:

77 [LAP16] How is Khmer as spoken in Cambodia perceived by Kui speakers? Why?

Please choose **only one** of the following:

- ☐ positively
- ☐ neutral
- ☐ negatively
- ☐ I don't know

Make a comment on your choice here:

78 [LAP17] How are other national languages (Vietnamese, Chinese) perceived by Kui speakers? Why?

Please choose **only one** of the following:

- ☐ positively
- ☐ neutral
- ☐ negatively
- ☐ I don't know

Make a comment on your choice here:

79 [LAP18] Does Kui play an important role in media like TV, radio, newspapers (locally, in Ubon Ratchathani, Surin, Sisaket...)?

Please choose **only one** of the following:

- ☐ yes
- ☐ no
- ☐ I don't know

80 [LAP19] Does Kui play an important role in media like TV, radio, newspapers in Thailand?

Please choose **only one** of the following:

- ☐ yes
- ☐ no
- ☐ I don't know

81 [LAP20] How do you think French is seen by Kui speakers? Why?

Please choose **only one** of the following:

- good
- bad
- neutral
- I don't know

Make a comment on your choice here:

82 [LAP21] Is Kui (in your opinion) officially recognized as a Thailand language by the Thai government?

Please choose **only one** of the following:

- ☐ yes
- ☐ no
- ☐ I don't know

Make a comment on your choice here:

83 [LAP22] Is Kui (in your opinion) respected/promoted to the same extent by official government institutions as other languages (e.g. phasa Isan)?

Please choose **only one** of the following:

- ☐ respect and support
- ☐ not respected and supported

Make a comment on your choice here:

84 [LAP23] Is Kui marginalized or neglected on an official level? Why does this happen?

Please choose all that apply and provide a comment:

- ☐ Ethnic favoritism
- ☐ Result of colonialism
- ☐ Distance to Bangkok
- ☐ no, I don't think so
- ☐ I don't know
- ☐ Other:

8. Language Attitudes & Beliefs

85 [AB1] Should the public schools in your local area provide education in Kui to children who have it as mother language?

Please choose all that apply and provide a comment:

- ☐ yes, why?
- ☐ no, why not?

86 [AB2] Do you think it is important for your children to know Kui to understand their cultural heritage?

Please choose all that apply and provide a comment:

- ☐ yes, why?
- ☐ no, why not?

87 [AB3] When you go to the market to sell a chicken, if two people offer the same price at the same time, one speaks Kui, another speaks Isan (phasa Isan, Lao Isan/Northeastern Thai) or Thai, to whom would you sell the chicken? Please explain why?

Please choose all that apply and provide a comment:

- ☐ Kui speaker
- ☐ Isan/Thai speaker
- ☐ either one
- ☐ neither one
- ☐ Why?

88 [AB4] Should the public schools in your region provide education in Kui to children who have it as mother language?

Please choose **only one** of the following:

- ☐ strongly agree
- ☐ agree
- ☐ neither agree nor disagree
- ☐ disagree
- ☐ strongly disagree

89 [AB5] It has been said that it is more important for children to be fluent in Thai than maintain Kui. What do you think? What do you think about the saying *"The ability to speak, read and write fluently in Thai is it more important to preserve the language?"*

Please choose **only one** of the following:

- ☐ strongly agree
- ☐ agree
- ☐ neither agree nor disagree
- ☐ disagree
- ☐ strongly disagree

90 [AB6] Which of the following statements reflects your opinion about Kui best?

Please choose **all** that apply:

- ☐ Giving up my language is like giving up an important part of my identity
- ☐ I feel I can express myself best in Kui
- ☐ I like it that I can speak Kui
- ☐ I see myself as a bilingual, able to use two languages well in the relevant settings
- ☐ Which language I speak has never mattered that much to me
- ☐ I will continue speaking Kui but do not see value in making my children learn it
- ☐ Other:

91 [AB7] Please rank the level of social prestige of each language. What do you think is the rank of each language?

Please choose the appropriate response for each item:

	Kui	Thai	Lao (as spoken in Laos)	Khmer (as spoken in Cambodia)	Lao (as spoken in Northeastern Thailand, Isan language)	Khmer (as spoken in Thailand)	Chinese	Vietnamese
highest prestige of languages listed here								
high prestige								
average/neutral prestige								
low prestige								
lowest prestige of languages listed here								

9. Social Networks (Insiders - Outsiders)

92 [SN01] Are non-Kui speakers generally accepted and included into Kui-speaking communities (religious, organizations, social events, etc.)?

Please choose **only one** of the following:

- ☐ yes
- ☐ no

93 [SN02] Can outsiders (e.g. Thai/Lao speaking people) easily enter Kui communities and marry a Kui?

Please choose **only one** of the following:

- ☐ yes
- ☐ no

94 [SN03] Is there anybody in your enlarged family who does not speak Kui?

Please choose **only one** of the following:

- ☐ yes
- ☐ no

95 [SN04] Would you allow a non-Kui speaker to become a family member of yours (through marriage)?

Please choose **only one** of the following:

- ☐ yes
- ☐ no

96 [SN05] Do you have non-Kui speaking friends or colleagues?

Please choose **only one** of the following:

- ☐ yes
- ☐ no

97 [SN06] Do your friends have non-Kui speaking friends or colleagues?

Please choose **only one** of the following:

- ☐ yes
- ☐ no

98 [SN07] Are there Kui people you know participating in non-Kui activities in communities (religious organizations, sports clubs etc.)?

Please choose **only one** of the following:

- ☐ yes
- ☐ no

99 [SN08] Do you enjoy to hear people from other language groups speak Kui?

Please choose **only one** of the following:

- ☐ yes
- ☐ no

100 [SN09] Do non-Kui speakers have restricted access to Kui communities (fewer friends, less participation in daily life activities)?

Please choose **only one** of the following:

- ☐ yes
- ☐ no
- ☐ I don't know

Make a comment on your choice here:

101 [SN10] Do non-Thai speakers have restricted access to Thai communities (fewer job opportunities, fewer friends, less participation in daily life)?

Please choose **only one** of the following:

- ☐ yes
- ☐ no
- ☐ I don't know

Make a comment on your choice here:

10. Language and Migration

102 [LM1] Do Kui people coming from Laos to Thailand speak Kui differently?

Please choose **only one** of the following:

- ☐ yes
- ☐ no
- ☐ I don't know

103 [LM2] Do Kui people coming from Cambodia to Thailand speak Kui differently?

Please choose **only one** of the following:

- ☐ yes
- ☐ no
- ☐ I don't know

104 [LM3] Do Kui people from Cambodia and Laos keep their different way of speaking Kui or not?

Please choose **only one** of the following:

- □ yes
- □ no
- □ I don't know

105 [LM4] Is there a major or minor difference in speech style among Kui in Thailand, Laos, and Cambodia?

Please choose **only one** of the following:

- □ yes
- □ no
- □ I don't know

106 [LM5] Is there a lot of migration (due to economic reasons) of Kui speaking people from Northeastern Thailand/Isan to other parts of the country?

Please choose **all** that apply:

- □ yes, to the north
- □ yes, to the east
- □ yes, to the south
- □ yes, to central (including Bangkok)
- □ no
- □ Other:

107 [LM6] Do you know if people tell stories, use proverbs or sing about the fact of Kui people migrating/moving in Thailand/Laos/Cambodia?

Please choose **only one** of the following:

- □ yes
- □ no

108 [LM7] Do people such as soldiers, merchants and other Kui people traveling a lot speak Kui differently when coming back to Northeastern Thailand after a long time?

Please choose **only one** of the following:

- □ yes, different
- □ no, not different
- □ I don't know

11. Language and Borders

109 [LB01] Have you ever crossed the borders around the Laos/ Thailand/ Cambodia border area? Have you ever crossed the borders around the Emerald Triangle (Laos/Thailand/ Cambodia border)?

Please choose **only one** of the following:

- ☐ yes, to Laos
- ☐ yes, to Cambodia
- ☐ no, never

110 [LB02] If you have not crossed any of the borders to Laos or Cambodia, why not?

Please choose **all** that apply:

- ☐ I do not want to
- ☐ I did not have to
- ☐ I do not know anybody there
- ☐ Other:

111 [LB03] If you have crossed the borders to Laos and Cambodia, why?

Please choose **all** that apply:

- ☐ shopping
- ☐ visiting friends/family
- ☐ trade
- ☐ refugee/war
- ☐ job
- ☐ Other:

112 [LB04] Do you speak any of the languages spoken in the border area? If so, which one?

Please choose **all** that apply:

- ☐ Khmer
- ☐ Lao
- ☐ none
- ☐ Other:

113 [LB05] Is it easy for you to cross the borders to Laos and Cambodia?

Please choose **only one** of the following:

- ☐ easy
- ☐ not easy

114 [LB06] How is (in your opinion) the common perception of pak Isan/ Northeastern Thailand?

Please choose **only one** of the following:

- ☐ positive
- ☐ negative
- ☐ neutral

115 [LB07] How is (in your opinion) the common perception of Southern Laos?

Please choose **only one** of the following:

- ☐ positive
- ☐ negative
- ☐ neutral

116 [LB08] How is (in your opinion) the common perception of Northern Cambodia?

Please choose **only one** of the following:

- ☐ positive
- ☐ negative
- ☐ neutral

117 [LB09] Can political Instability (war, refugees) be prevented by closing the borders to Thailand/Laos/Cambodia? If yes, which one?

Please choose **only one** of the following:

- ☐ yes
- ☐ no
- ☐ I don't know

118 [LB10] Do you think that Kui (Cambodia) or Kui (Laos) are culturally closely related to Kui in Isan?

Please choose **only one** of the following:

- ☐ similar
- ☐ not similar

119 [LB11] Is there a lot of migration from Laos and Cambodia to Thailand? If so, why?

Please choose **only one** of the following:

- ☐ yes
- ☐ no
- ☐ I don't know

Make a comment on your choice here:

120 [LB12] Do immigrants from Laos/Cambodia who come to Isan quickly learn Thai/Isan/Kui? If yes, which language do they learn fast?

Please choose all that apply and provide a comment:

- ☐ yes
- ☐ no
- ☐ I don't know

121 [LB13] Do you know immigrants from Laos/Cambodia/other places who speak other languages and mix their language with Kui? Which is the original language that becomes mixed and where from are the immigrants coming?

Please choose all that apply and provide a comment:

- ☐ yes
- ☐ no
- ☐ I don't know

122 [LB14] Do Kui in Isan nowadays know Lao (as spoken in Laos)/ Khmer (as spoken in Cambodia)/ other countries people due to contact with immigrants?

Please choose all that apply and provide a comment:

- ☐ yes
- ☐ no
- ☐ I don't know

12. Dialects and Dialectology

123 [DD01] Have you ever meet any Kui or Suay from Cambodia or Laos? Please specify.

Please choose **only one** of the following:

- ☐ If yes, from which country?
- ☐ no, never met

Make a comment on your choice here:

124 [DD02] When they were speaking their own language, were you able to understand? How much could you understand?

Please choose **only one** of the following:

- ☐ yes (?? %)
- ☐ no

Make a comment on your choice here:

125 [DD03] Was their Kui exactly the same, a little different, or very different from yours?

Please choose **all** that apply:

- ☐ exactly the same
- ☐ no, different words
- ☐ no, different sentences
- ☐ no, different sounds

126 [DD04] Do you like their Kui speech?

Please choose **only one** of the following:

- ☐ like
- ☐ don't like

127 [DD05] Where (village, district, province, country) is the best/most beautiful Kui spoken? (Where is the next best Kui spoken?)

Please choose all that apply and provide a comment:

- ☐ in..
- ☐ in..
- ☐ I don't know

128 [DD06] Did you ever meet any Rabha people?

Please choose **only one** of the following:

- ☐ yes
- ☐ no

129 [DD07] If yes: When they were speaking their own language, were you able to understand? How much could you understand?

Please choose **only one** of the following:

- ☐ understand
- ☐ don't understand

130 [DD08] Was their speech exactly the same, a little different, or very different from yours?

Please choose **only one** of the following:

- ☐ yes, very different
- ☐ no, not (so) different

131 [DD09] Do you like their Kui speech?

Please choose **only one** of the following:

- ☐ yes
- ☐ no
- ☐ neutral

132 [DD10] Kui is (in your opinion) closely related to...

Please choose all that apply and provide a comment:

- ☐ Thai
- ☐ Khmer language (used in Thailand)
- ☐ Khmer language (used in Cambodia)
- ☐ Lao (as spoken in Northeastern Thailand, Isan language)
- ☐ Lao (as spoken in Laos)
- ☐ Other:

133 [DD11] Where is Kui spoken?

Please choose all that apply and provide a comment:

- ☐ Surin
- ☐ Sisaket
- ☐ Buriram
- ☐ Laos
- ☐ Cambodia
- ☐ Ubon Ratchathani
- ☐ not sure
- ☐ Other:

134 [DD12] Is Kui in Northeastern Thailand (Isan) and in Northern Cambodia different?

Please choose **only one** of the following:

- ☐ different
- ☐ not different

Make a comment on your choice here:

135 [DD13] Did you ever hear from Kui in Southern Laos? Do you know any?

Please choose **only one** of the following:

- ☐ yes
- ☐ no

Make a comment on your choice here:

136 [DD14] Are there different types of Kui spoken in Isan (different accents, words, sentence structures)? Please specify the difference

Please choose **only one** of the following:

- ☐ different
- ☐ not so different

Make a comment on your choice here:

137 [DD15] Do you know if Kui, as spoken at the Lao border, is practically identical with Kui in your village?

Please choose all that apply and provide a comment:

- ☐ similar
- ☐ not similar
- ☐ I don't know

138 [DD16] Do you know if Kui, as spoken at the Cambodian border, is practically identical with Kui in your village?

Please choose all that apply and provide a comment:

- ☐ similar
- ☐ not similar
- ☐ I don't know

13. Registers, Politeness and Taboos

139 [RPT01] Are there specific ways of Kui greeting old or honored people (like the village oldest, mayor)?

Please choose **only one** of the following:

- ☐ yes
- ☐ no
- ☐ I don't know

140 [RPT02] Are there specific ways of Kui greeting younger people or children?

Please choose **only one** of the following:

- ☐ yes
- ☐ no
- ☐ I don't know

141 [RPT03] If you (as a young person) tell older people in Kui to help you with something, can you say this directly or do you have to be very polite?

Please choose **only one** of the following:

- ☐ direct
- ☐ indirect (very polite)
- ☐ I don't know
- ☐ Other

142 [RPT04] If you (as an old person) tell young people in Kui to help you with something, can you say this directly or do you have to be very polite?

Please choose **only one** of the following:

- ☐ direct
- ☐ indirect (very polite)
- ☐ I don't know
- ☐ Other

143 [RPT05] Are there any words in Kui that you are not supposed to use because those are considered "bad words" (impolite, offensive)?

Please choose **only one** of the following:

- ☐ yes
- ☐ no
- ☐ I don't know

144 [RPT06] If so, which topics do these belong to?

Please choose all that apply and provide a comment:

- ☐ men & women
- ☐ body and sexuality
- ☐ food/drinks
- ☐ religion
- ☐ ethnic groups
- ☐ violence/war
- ☐ nature/animals
- ☐ death/disease
- ☐ Other:

145 [RPT07] If people use these words, what will happen to them?

Please choose **only one** of the following:

- ☐ Socially sanctioned/excluded/punished
- ☐ nothing
- ☐ Other

146 [RPT08] Do some (young) speakers/groups intentionally use those words or sentences in order to get attention or show distance from society?

Please choose **only one** of the following:

- ☐ yes
- ☐ no
- ☐ I don't know

147 [RPT09] Have conflicts (war, refugees, land rights) in the border area brought new taboo words into Kui (like violence, war acts, rape, 'soldiers' language)?

Please choose **only one** of the following:

- ☐ agree
- ☐ disagree
- ☐ I don't know

Thank you very much for participating in this research project on Kui ethnic and linguistic minority in Thailand, Laos, and Cambodia.

Thank you for completing this survey.

Stichwortverzeichnis

K

T

U

V

W